T0349744

Hans-Jürgen Lüsebrink

Interkulturelle Kommunikation

Interaktion, Fremdwahrnehmung, Kulturtransfer

4., aktualisierte und erweiterte Auflage

Mit 32 Abbildungen und Grafiken

J. B. Metzler Verlag

Der Autor

Hans-Jürgen Lüsebrink ist Professor für Romanische Kulturwissenschaft und Interkulturelle Kommunikation an der Universität des Saarlandes; 1996 bis 2003 Sprecher des DFG-Graduiertenkollegs »Interkulturelle Kommunikation in kulturwissenschaftlicher Perspektive«; seit 2013 stellvertretender Sprecher des Internationalen DFG-Graduiertenkollegs »Diversity. Mediating Difference in Transcultural Spaces« der Universitäten Montréal, Trier und Saarbrücken.

MIX
Papier aus verantwor-
tungsvollen Quellen
FSC® C004472

Gedruckt auf chlorfrei gebleichtem, säurefreiem und alterungsbeständigem Papier

Bibliografische Information der Deutschen Nationalbibliothek
Die Deutsche Nationalbibliothek verzeichnet diese Publikation
in der Deutschen Nationalbibliografie; detaillierte bibliografische Daten sind
im Internet über http://dnb.d-nb.de abrufbar.

ISBN 978-3-476-02572-2
ISBN 978-3-476-05488-3 (eBook)

J.B. Metzler, Stuttgart
© Springer-Verlag GmbH Deutschland, 2016

Einbandgestaltung: Finken & Bumiller, Stuttgart (Foto: photocase.com / pepipepper)
Satz: primustype Hurler GmbH, Notzingen
Druck und Bindung: TenBrink, Meppel, Niederlande

J.B. Metzler ist Teil von Springer Nature
Die eingetragene Gesellschaft ist Springer-Verlag GmbH Deutschland
www.metzlerverlag.de
info@metzlerverlag.de

Inhaltsverzeichnis

Vorwort

»Interkulturalität«, »Interkulturelle Kommunikation«, »Interkulturelles Lernen« und »Interkulturelle Kompetenz« stellen Schlagworte der öffentlichen Diskussion dar, deren Aktualität mit der zunehmenden Internationalisierung und Globalisierung von Kulturen, Gesellschaften und Ökonomien verknüpft ist. Zugleich bezeichnen sie neue Wissenschaftsdisziplinen bzw. wissenschaftliche Orientierungen, die sich in den letzten beiden Jahrzehnten vor allem in Nordamerika und Europa entwickelt haben. Der vorliegende Band verfolgt die Zielsetzung, aus interdisziplinärer Perspektive in Fragestellungen, Methoden und Gegenstandsbereiche der Interkulturellen Kommunikation einzuführen. Hierbei sollen neben den – häufig in Lehre und Forschung allzu ausschließlich verfolgten – Aktualitätsbezügen auch die vielfältigen historischen Dimensionen interkultureller Prozesse beleuchtet werden.

Die vorliegende dritte, aktualisierte und erweiterte Neuauflage bezieht auch Neuentwicklungen innerhalb der Interkulturellen Kommunikation ein, vor allem in den Bereichen ›Interkulturelle Wirtschaftskommunikation‹ und ›Interkulturelle Medienanalyse‹ und im Rahmen des Möglichen wurden die bibliographischen und statistischen Angaben aktualisiert.

Konzeption und Inhalt des Bandes verdanken vieles den Anregungen von Kolleg/innen und Studierenden im In- und Ausland. Entscheidende Impulse hierfür kamen von den Studierenden und insbesondere auch den Examenkandidaten/innen und Doktoranden/innen der Fächer »Französische Kulturwissenschaft und Interkulturelle Kommunikation« sowie »Grenzüberschreitende Deutsch-Französische Studien« an der Universität des Saarlandes, die ich betreut habe und deren Fragen, Kritiken, Ideen und Engagement eine permanente Herausforderung darstellen. Das DFG-Graduiertenkolleg »Interkulturelle Kommunikation in kulturwissenschaftlicher Perspektive« und das internationale Grad.-Kolleg (DFG/CRSH) der Universitäten Trier, Saarbrücken und Montréal über »Diversity« erwiesen sich als sehr anregende ›Laboratorien‹ für die interdisziplinäre Erprobung neuer Konzepte und Forschungsfelder, ebenso wie die Zusammenarbeit im Rahmen der *École Doctorale Transfrontalière* der Universitäten Saarbrücken, Lorraine, Trier, Mannheim, Liège und Luxembourg und die Kooperation mit Kollegen/innen aus Kanada, den USA, Osteuropa und afrikanischen Ländern. Stellvertretend sei hier gedankt Rainer Hudemann, Lutz Götze, Manfred Schmeling, Astrid Fellner, Peter Dörrenbächer und Christian Scholz (Saarbrücken), Volker Stein (Siegen), Jürgen Bolten (Jena), Bernd Müller-Jacquier und Ute Fendler (Bayreuth), Matthias Middell (Leipzig), Adelheid Schumann (Siegen), Werner Schiffauer (Frankfurt/Oder), Johannes Paulmann (Mannheim), Michel Grunewald und Jacques Walter (Metz), Christoph Barmeyer (Passau), Ursula Lehmkuhl und Beatrice Bagola (Trier), Michel Espagne, Michael Werner, Karine Grandpierre, Papa Samba Diop und Damien Ehrhardt (Paris), Walter Moser (Ottawa), Robert Dion, Laurent McFalls, Gilles Dupuis, Robert Schwarzwald und Micheline Cambron (Montréal), Jean-Claude Bationo (Koudougou/Burkina Faso) und David Simo (Yaoundé/Kamerun), Albert Gouaffo (Dschang/Kamerun), Sylvère Mbondobari (Libreville/Gabun) Michael Müller-Verweyen (Hongkong), Maguèye Kassé und Ibrahima Diagne (Dakar) sowie Christoph Vatter und meinen Mitarbeiter/innen Julia Frisch, Aliénor Didier und Thomas Schmidtgall sowie den Doktoranden/innen und PostDocs der beiden genannten DFG-Graduiertenkollegs.

Richard van Dülmen und Jochen Schlobach, die beide kurz nach ihrer Pensionierung verstorben sind und denen ich diesen Band seit seiner Erstauflage im Jahr 2005 widme, haben, jeder auf seine Art und aus seiner Perspektive, wichtige Anregungen vor allem für die Exploration der historischen Dimensionen interkultureller Kommunikationsprozesse gegeben. Die vielen intensiven, kollegialen und freundschaftlichen Gespräche mit ihnen werde ich nie vergessen.

Hans-Jürgen Lüsebrink (Saarbrücken)

1 Interkulturelle Kommunikation: Herausforderungen, Praxisfelder, Wissenschaftsdisziplinen

1.1 | Herausforderungen

›Interkulturelle Kommunikation‹ ist zugleich ein wissenschaftliches Fach (bzw. eine Teildisziplin), ein Problemfeld der Lebens- und Alltagswelt, dem eine ständig wachsende Bedeutung zukommt, und ein Modebegriff. Der geradezu inflationäre Gebrauch von Begriffen wie ›Interkulturalität‹, ›Interkulturell‹ und ›Interkulturelle Kommunikation‹ lässt sich etwa an der Zahl der Treffer bei Internet-Suchmaschinen, an ihrer häufigen Verwendung in Feuilletons oder auch an ihrem Gebrauch in Kontexten ablesen, in denen vor 20 oder 25 Jahren noch völlig andere Begriffe gebräuchlich waren. So ist, obwohl teilweise dasselbe gemeint ist, häufig von ›interkulturellem Fremdsprachenunterricht‹ statt schlicht von ›Fremdsprachenunterricht‹ die Rede; statt von ›Kulturvergleich‹ wird zunehmend von ›interkulturellem Vergleich‹ gesprochen; und der eingebürgerte, aber mittlerweile etwas abgenutzt wirkende Begriff ›Landeskunde‹ wird gelegentlich durch die Voranstellung des Adjektivs ›interkulturell‹ modisch aufgewertet, ohne dass hiermit im Allgemeinen eine methodische oder inhaltliche Neuorientierung verknüpft wäre.

Zugleich verweist die Konjunktur des Begriffs ›Interkulturelle Kommunikation‹ auf die sprunghaft zunehmende Bedeutung eines Problemfeldes: der **Beziehungen zwischen unterschiedlichen Kulturen** und ihre Konfliktbereiche. Dieses Problemfeld weist eine lange historische Tradition auf, hat aber in der gegenwärtigen Phase der **Globalisierung** völlig neue Dimensionen erreicht. Zwar agierte der Handel bereits seit dem beginnenden 16. Jahrhundert, dem Zeitalter der großen Entdeckungen, weltumspannend, was – im Gegensatz zur Antike und zum Mittelalter – erstmals die Kulturen und Ökonomien Europas, Asiens, Afrikas und Amerikas vernetzte (Gruzinski 2004), aber die in den 1980er Jahren beginnende aktuelle Phase der Globalisierung setzte völlig neue Maßstäbe. So ist in den letzten 30 Jahren im Zuge der beschleunigten **Globalisierung der Weltwirtschaft** zu beobachten, dass der Welthandel wesentlich schneller zunimmt als das Wachstum der Weltwirtschaft insgesamt. Der Anteil des weltweiten Warenexports am Welt-Bruttoinlandsprodukt (BIP) hat sich zwischen 1970 und 2008 von 9,7 % auf 26,2 % erhöht (Quelle: Bundeszentrale für politische Bildung www.bpb.de). »In ähnlicher Größenordnung nahm auch der Anteil der international gehandelten Dienstleistungen zu« (Baratta 2003, 1153), beflügelt nicht zuletzt durch die rapide Industrialisierung und ökonomische Modernisierung zahlreicher Staaten Ost- und Südostasiens sowie Südamerikas (Brasilien, Mexiko). Durch die zunehmend intensivere **Vernetzung der Volkswirtschaften** nahm nicht nur der Umfang der Auslandsinvestitionen, sondern auch die Zahl der Auslandsbeschäftigten vor allem seit den 1970er Jahren sprunghaft zu. So stieg der Prozentsatz von Beschäftigten deutscher Unternehmen in ausländischen Tochtergesellschaften zwischen der Mitte der 1970er Jahre und 1995 von 13,8 % auf 25,1 % an. Ca 14 % der deutschen Unternehmen mit mehr als 100 Beschäftigten haben allein im Zeitraum 2001–2006 Aktivitäten von Deutschland ins Ausland, vor allem nach Osteuropa und Ostasien verlagert (Quelle: Statist. Bundesamt). Bei den elf größten deutschen Unternehmen betrug der Anteil der Auslandsbeschäftigten bereits Mitte der 1990er Jahre 38,8 % und hat seitdem kontinuierlich weiter zugenommen (Barmeyer/Bolten 1998, 5), was völlig neue Herausforderungen für ein interkulturell ausgerichtetes **Personalmanagement** mit sich bringt. Durch die weltweiten Unternehmensfusionen der 1990er Jahre sind erstmals auf breiter Front transnationale Konzerne entstanden, ›Unternehmenskonglomerate‹ wie DaimlerChrysler, Aventis, Vivendi Universal oder Renault-Nissan, »die effektiv in mehreren Staaten gleichzeitig tätig sind, was über den seit langem üblichen Verkehr zwischen Mutterhäusern und Auslandsfilialen hinausreicht [...]. Auch Betriebe und Unternehmen haben keine scharf gezogenen Grenzen mehr; sie ähneln, bildlich gesprochen, Magnetfeldern oder Wolken, für die unscharfe und flüchtige Grenzen charakteristisch sind, und erst diese Elastizität erlaubt weltweit tätigen Unternehmen die notwendige Beweglichkeit« (Leggewie 2003, 23).

Die weltumspannende Einführung des Radios seit Anfang der 1920er Jahre, dann des Fernsehens seit dem Beginn der 1950er Jahre und schließlich des Internets seit Mitte der 1990er Jahre hat zur **Ausbildung einer globalen Informations- und Mediengesellschaft** geführt, in der Angehörige sehr unterschiedlicher Kulturen ungleich schneller und intensiver miteinander kommunizieren als in den von Buchdruck und Schriftlichkeit beherrschten Gesellschaften und Kulturen des 16. bis beginnenden 20. Jahrhunderts. Auch hier hatten Wissen und Informationen seit der Erfindung des Buchdrucks und dem Zeitalter der Entdeckungen einen potentiell globalen, weltumspannenden Verbreitungsradius, Ereignisse wie das Erdbeben von Lissabon 1755, der Sturm auf die Bastille 1789 in Paris oder der Ausbruch des Ersten Weltkriegs 1914 stellten gleichermaßen ›Weltereignisse‹ dar, die durch Zeitungen und die Bildpublizistik rund um den Globus verbreitet und kommentiert wurden – nur sehr viel langsamer, lückenhafter und fragmentarischer als im heutigen Zeitalter der Telekommunikation und des Internet.

Auch das Phänomen der **Migration**, des zeitweisen oder definitiven Aufenthalts von Personen in anderen Gesellschaften und Kulturen, des wohl wichtigsten lebensweltlichen Entstehungskontextes für interkulturelle Kommunikationsprozesse, hat in der zweiten Hälfte des 20. Jahrhunderts neue und bisher ungeahnte Dimensionen angenommen. Zwar war die gesamte Kolonialgeschichte, vom ausgehenden 15. Jahrhundert bis zur Mitte des 20. Jahrhunderts, von Bevölkerungsbewegungen geprägt, wie der Auswanderung von Millionen von Europäern nach Amerika und Afrika, dem transatlantischen Sklavenhandel und der Zwangsumsiedlung indigener Bevölkerungen, die von den europäischen Kolonialherren von ihren angestammten Ländereien vertrieben wurden, wie etwa in großen Teilen des amerikanischen Doppelkontinents, in Australien sowie in Algerien und in Südafrika. Aber die Migrationsbewegungen des 20. Jahrhunderts, vor allem im Kontext des Zweiten Weltkriegs, im Zusammenhang mit der Arbeitsimmigration seit den 1950er Jahren und schließlich als Folge der Bürgerkriege z. B. in Algerien, Indien, Ruanda, im Irak, in Syrien und im Sudan, verliefen in weitaus kürzeren, intensiveren und damit für die Betroffenen traumatischeren Zeiträumen.

Das **Bildungswesen** sieht sich auf allen Ebenen – von der Grundschule bis hin zum Sekundarschulsystem, zu den Berufsschulen, der Erwachsenenbildung und den Universitäten – durch die aktuelle Phase der Globalisierung vor völlig neue Herausforderungen gestellt. Zum einen müssen die Inhalte und didaktischen Vermittlungsformen angesichts des deutlich zunehmenden Anteils von Schüler/innen mit Migrationshintergrund verändert werden; und zum anderen erfordert die Globalisierung in zunehmendem Maße Kenntnisse über andere Kulturen und Gesellschaften sowie

Fremdsprachenkompetenzen (die über das Englische hinausgehen) und interkulturelle Kompetenzen, die das traditionelle, vom Nationalstaatsgedanken geprägte Bildungswesen nur in ungenügendem Maße vermittelt hat. Mit der Veränderung des Bildungssystems im Kontext der aktuellen Globalisierung gehen Prozesse der De-Nationalisierung (des Abrückens von national geprägten Bildungsstandards und -inhalten) und der Interkulturalität einher, die in sehr unterschiedlicher Ausprägung erfolgen (s. Kap. 3.4).

Im Bereich der **Entwicklungskooperation** mit Ländern der sogenannten Dritten Welt, die sich vor allem seit dem Ende der Kolonialära Anfang der 1960er Jahre herausgebildet hat, kommt interkulturellen Vorbereitungsmaßnahmen, interkulturellen Trainings sowie der Evaluierung von Entwicklungshilfeprojekten aus interkultureller Sicht eine stetig wachsende Bedeutung zu. Organisationen wie die Deutsche Gesellschaft für Internationale Zusammenarbeit (GIZ) oder die Carl-Duisberg-Gesellschaft, aber auch privatwirtschaftliche Consultingfirmen versuchen der Tatsache, dass der Erfolg von Kooperationsprojekten mit Partnern in Afrika, Südamerika und Asien in entscheidendem Maße von der Sensibilisierung für (inter)kulturelle Faktoren abhängt, durch das Angebot von Ausbildungsworkshops und Trainingsprogrammen gerecht zu werden.

Das **Phänomen des Massentourismus** schließlich stellt zweifellos seit den 1960er Jahren den – neben der Arbeitsimmigration und dem Welthandel – wichtigsten ›Motor‹ weltumspannender interkultureller Kommunikation dar. So hat sich die Zahl der Touristen, die ins Ausland reisen, zwischen 1960 und 2014 mehr als verfünfzehnfacht und ist von 69,3 Millionen auf 1,14 Milliarden gestiegen. Auch wenn selbst bei anspruchsvollen Studienreisen, wie eine Untersuchung am Beispiel deutscher Marokkoreisender gezeigt hat, »Klischees sich nur in geringem Maße ändern« und »Vorurteile weiterhin bestehen bleiben« (Popp 2004, 58), so hat der Tourismus doch die sozialen Kontakte zwischen Angehörigen unterschiedlicher Gesellschaften und Kulturen in ungeahnter Weise verstärkt. Auf den verschiedensten Gebieten entstand Bedarf an interkulturellem Wissen, das über die unterschiedlichsten Medien (Reiseführer, Sprachkurse, Vorbereitungsseminare, TV-Reisesendungen) befriedigt und zugleich verstärkt wurde (Nickel 1995, 201–209; Wierlacher 1996).

C. Leggewie (2003) sieht die aktuelle **Phase der Globalisierung** zusammenfassend durch **drei Charakteristika** gekennzeichnet:

- die *De-Territorialisierung* von Institutionen, Unternehmen und Gemeinschaften;
- die *Hybridisierung* von Kulturen, d. h. eine zunehmende gegenseitige Interaktion und Beeinflussung der Kulturen der Erde, in verschiedenen Formen und unter unterschiedlichen Vorzeichen (›Kulturaustausch‹, ›Amerikanisierung‹, s. Kap. 4);
- die *Globalisierung*, d. h. die lokale Aneignung globalisierter wirtschaftlicher und kultureller Phänomene, von der Imitation über die kreative Umformung bis zu Reaktionen der Abschottung und radikalen Ablehnung, wie sie sich am ausgeprägtesten in der Iranischen Revolution (1978) und der Taliban-Bewegung in Afghanistan (seit 1994) zeigten.

1.2 | Praxisfelder und Wissenschaftsdisziplinen

Interkulturelle Kommunikation als **wissenschaftliche Fachdisziplin** (oder Teildisziplin) ist seit den 1960er Jahren in den Vereinigten Staaten und Kanada entstanden. Im nordamerikanischen Kontext bildeten die aus der Immigration und der Herausbildung einer multikulturellen Gesellschaft entstehenden Probleme den entscheidenden Anstoß für interkulturelle Lehre und Forschung, die schwerpunktmäßig in der Psychologie, der Soziologie und der Pädagogik verankert wurde (Asante/Gudykunst 1989). Der Begriff »intercultural communication« wurde erstmals durch das Werk *The Silent Language* (1959) des US-amerikanischen Ethnologen und Verhaltensforschers E. T. Hall einer breiteren wissenschaftlichen Öffentlichkeit vermittelt. Die Entwicklung interkultureller Fragestellungen in Europa, die sich seit den 1980er Jahren vor allem in Deutschland, Frankreich und den skandinavischen Ländern zeigte, weist im Unterschied hierzu neben den Problemkreisen ›Immigration‹ und ›Multikulturalismus‹ **deutliche Schwerpunkte** in folgenden Bereichen auf:

- interkulturelle Wirtschaftskommunikation (Management, Personalentwicklung, Werbung, Marketing)
- interkulturelle Pädagogik
- Migrationsforschung

Hinzugekommen sind in den letzten Jahren auch **Forschungsrichtungen** wie:
- die interkulturelle Philosophie (Mall 1999)
- die interkulturell und kulturvergleichend ausgerichtete Psychologie (Thomas 1991a, 1991b)
- die interkulturelle Medienanalyse (Lüsebrink/Walter 2003) und die interkulturelle Literaturwissenschaft (Hofmann 2006; Kirsch 2011)
- interkulturelle Ausrichtungen der Nationalphilologien, insbesondere die Interkulturelle Germanistik (Wierlacher 2000, 61–79; Wierlacher 2001 und Wierlacher/Bogner 2003) und die Interkulturelle Romanistik (Lüsebrink 1996; 2007)
- interkulturelle Orientierungen in der Geschichtswissenschaft (Dinges 2004; Pernau 2011).

Auch der lange vernachlässigten **religiösen Dimension** wird in der interkulturellen Forschung, Lehre und Weiterbildung in den letzten Jahren zunehmende Aufmerksamkeit gewidmet, nicht nur, aber sicherlich auch wegen der aktuellen Krisen und Konflikte im Vorderen Orient und ihren Auswirkungen auf Europa. So wurden an der Universität Regensburg im Rahmen des Zusatzstudiums ›Internationale Handlungskompetenz‹ Ausbildungsmodule zur interreligiösen Kompetenz angeboten. ›Religion‹ wird hier als ein »Schlüssel zum Verstehen anderskultureller Gruppen sowie zur bewussten Auseinandersetzung mit eigenkulturellen Besonderheiten« gesehen – »zwei wesentliche Voraussetzungen für interkulturelles Lernen und für die Entwicklung interkultureller Kompetenz« (so A. Thomas im Prospekt einer Workshop-Tagung im Oktober 2004 zum Thema »Interreligiöse Kompetenz. Programm- und Qualifizierungsbausteine für die internationale Jugendarbeit«). Der aus der Republik Kongo stammende afrikanische Theologe Claude Ozankom hat für die Beschreibung der interkulturellen Übertragung religiöser Inhalte und Glaubensvorstellungen in andere Kulturräume den Begriff ›**Inkulturation**‹ geprägt. Bezogen auf die kreative Aneignung – und damit auch die Transformation – des Christentums in Afrika sind hiermit »Ausdrucksformen christlichen Glaubens gemeint, die sich immer entschiedener am afrikanischen sozio-kulturellen Kontext orientierten und unter dem Terminus Inkulturation in der Praxis erprobt und in der Theologie reflektiert werden« (Ozankom 2004, 17). Auch in den Schnittbereichen zwischen Natur- und Kulturwissenschaften finden interkulturelle Fragestellungen zunehmend Berücksichtigung: so etwa in der medizinischen Traumaforschung, in der Möglichkeiten und Grenzen der interkulturellen Übertragbarkeit okzidentaler Konzeptionen von Gesundheit und Krankheit, Trauma und Psychotrauma, Therapie und Prävention analysiert werden, beispielsweise in einem Forschungsprojekt des Hamburger Universitätsklinikums in Zusammenarbeit mit dem mosambikischen Traumatologen Victor Igreja.

Die ersten **wissenschaftlichen Zeitschriften** zur Interkulturellen Kommunikation entstanden in den 1970er Jahren mit dem *International Journal of Intercultural Relations* und der Zeitschrift *The International and Intercultural Communication*. Zwei **wissenschaftliche Gesellschaften** unterschiedlicher Ausrichtung repräsentieren seit den 1980er Jahren die interkulturelle Forschung im internationalen Kontext: die ARIC (*Association pour la Recherche Interculturelle*) und die SIETAR (*Society for Intercultural Education, Training and Research*), die einen deutlichen Schwerpunkt im Bereich des interkulturellen Consultings, Trainings und Managements aufweist und sich im Vergleich zur ARIC durch einen stärkeren Praxisbezug auszeichnet. In Deutschland wurde 2010 der Hochschulverband für Interkulturelle Studien gegründet.

Das Fach bzw. die Teildisziplin Interkulturelle Kommunikation ist seit Mitte der 1980er Jahre an einer ganzen Reihe deutscher Universitäten und Fachhochschulen mit unterschiedlichen Schwerpunktsetzungen verankert worden: so u. a. in
- Bayreuth (Interkulturelle Germanistik)
- Chemnitz (Interkulturelle Kommunikation/Linguistik)
- Regensburg (Interkulturelle Psychologie und Interkulturelle Europastudien) Jena (Interkulturelle Wirtschaftskommunikation)
- München (Ethnologie in Verbindung mit Interkultureller Kommunikation) Saarbrücken, Potsdam, Hamburg, Paderborn (Interkulturelle Medien-, Literatur- und Kulturwissenschaft)
- Fulda (Modularer Masterstudiengang »European Studies and Intercultural Communication«)
- Halle (Interdisziplinärer Studiengang »Interkulturelle Europa- und Amerikastudien«)
- Hildesheim (Interkulturelle Kommunikation in Verbindung mit Sprach- und Übersetzungswissenschaften)
- Heilbronn (Internationale Betriebswirtschaft/Interkulturelle Studien)

Der Schnittbereich von **Interkultureller Kommunikation und Wirtschaft** zählt in einer ganzen Reihe interdisziplinärer Studiengänge mit wirtschaftsbezogenen Komponenten zum Studieninhalt, sowohl an Universitäten als auch an zahlreichen Fachhochschulen, an denen auch in den letzten Jahren spezifische Professuren zu diesem Bereich ausgeschrieben und besetzt wurden (u. a. in Aalen, Fulda, Heilbronn, Hildesheim, München, Zwickau). Fragestellungen der Interkulturellen Kommunikation werden zudem mittlerweile in zahlreichen **interdisziplinären Lehr- und Forschungskontexten** berücksichtigt und diskutiert, vor allem in der Migrations- und Integrationsforschung, der Pädagogik (»Interkulturelles Lernen«), der Tourismusforschung, der angewandten Linguistik, beispielsweise im Bereich der Spracherwerbs- und Bilingualismusforschung, der Erwachsenenbildung und der Übersetzungsforschung (Götze 2004; Assmann 1999). Ihre gegenwärtige Entwicklung dokumentiere, so betont die Japanologin I. Hijiya-Kirschnereit, Herausgeberin eines interdisziplinären Sammelbandes zur japanisch-deutschen Übersetzungsproblematik, ein »geschärftes Bewußtsein hinsichtlich der Bedeutung und des besonderen

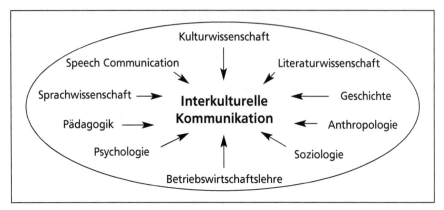

Abb. 1.1 Wissenschaftsdisziplinen und Interkulturelle Kommunikation

Gewichts, das Fragen der Übersetzung im interkulturellen Kontext zukommt« (Hijiya-Kirschnereit 2001, 9).

Seit dem Erscheinen der Erstauflage dieses Bandes im Jahr 2005 haben sich nicht nur in der Wissenschaftslandschaft, sondern vor allem auch im globalen Kontext Entwicklungen herauskristallisiert, die in erster Linie im letzten Jahrzehnt des 20. Jahrhunderts entstanden sind und die für die Fragestellungen und Methoden der Interkulturellen Kommunikation neue Herausforderungen darstellen. Sie betreffen Phänomene und Prozesse wie die Re-Nationalisierung von Kulturen und die Renaissance des von vielen bereits tot geglaubten Nationalstaats in Osteuropa, Asien, Lateinamerika und Teilen Afrikas; den Aufstieg der Ökonomien und Medienkulturen Chinas, Indiens, Japans und Brasiliens, die die Landkarte der Globalisierung grundlegend zu verändern beginnen; und, hiermit verknüpft, die Auseinandersetzung um die Universalität okzidentaler Werte und Normen, die seit dem Entdeckungszeitalter auch die europäische Expansion nach Übersee legitimierten und deren Kern seit dem 18. Jahrhundert Demokratie und Menschenrechte bilden, wie der US-amerikanische Politikwissenschaftler Immanuel Wallerstein prägnant formulierte:

»Europa und die von europäischer Kultur geprägten westlichen Mächte betrachten es als ihr selbstverständliches Recht, in anderen Regionen der Welt zu intervenieren und den dort lebenden Menschen – notfalls auch mit Gewalt – ein Leben nach den Maßstäben der abendländischen Kultur zu vermitteln« (Wallerstein 2007, Präsentation).

Die Analyse und Aufarbeitung dieser interkulturellen Phänomene und Prozesse der Gegenwart setzen, wie auch Wallerstein betont, den Rekurs auf die historische Dimension voraus, die in der interkulturellen Lehre und Forschung häufig vernachlässigt wird und zu kurz kommt. An verschiedenen Stellen des vorliegenden Buches soll versucht werden, den historischen Bedingungen und Dimensionen interkulturellen Handelns, die auch in der Geschichtswissenschaft in den letzten Jahren zunehmend Aufmerksamkeit gefunden haben (vgl. u. a. Paulmann 2004; Pernau 2011), den notwendigen Raum zu geben.

2 Konzepte und Problembereiche

2.1 | Konzepte

2.1.1 | Interkulturelle Kommunikation

Der Begriff ›Interkulturelle Kommunikation‹ wird, je nach Fachdisziplin und Kulturraum, unterschiedlich weit gefasst. Eine enge, vor allem von Linguisten vertretene Definition grenzt Interkulturelle Kommunikation auf den Bereich der *interpersonalen* Face-to-Face-Kommunikation zwischen Angehörigen unterschiedlicher Kulturen ein. Sie bezieht sich, so Hinnenkamp, »auf Kommunikationsformen, die die Menschen im interpersonalen Kontakt zum Ausdruck bringen – also zunächst einmal der ganze Bereich der verbalen, vokalen, non-verbalen, paraverbalen und ausdrucksmäßigen Kommunikation [...]. Weiterhin soll der Kommunikationsbegriff dialogisch verstanden werden: Wenigstens zwei Menschen sind beteiligt, jeder Beitrag hat seinen Gegenbeitrag, jede Kommunikation ist sozial eingebunden« (Hinnenkamp 1994, 5). Litters präzisiert: »Wenn eine interpersonale Kommunikationssituation zwischen Mitgliedern verschiedener kultureller Gruppen vorliegt, kann diese Interaktion als *interkulturelle Kommunikation* bezeichnet werden.« (Litters 1995, 20).

Ladmiral und Lipiansky betonen, dass nicht der Kontakt zwischen Nationen oder Kulturen, sondern zwischen *Personen* den Gegenstandsbereich der Interkulturellen Kommunikation ausmache (Ladmiral/Lipiansky 1989, 11). Maletzke schlägt vor, von Interkultureller Interaktion und Kommunikation zu sprechen, »wenn die Begegnungspartner verschiedenen Kulturen angehören und wenn sich die Partner der Tatsache bewußt sind, daß der jeweils andere ›anders‹ ist, wenn man sich also gegenseitig als ›fremd‹ erlebt.« (Maletzke 1996, 37). Bruck definiert in ähnlicher, auf die Kommunikations- und Interaktions*situation* fokussierter Perspektive den Begriff »interkulturell« wie folgt: »Als interkulturell werden alle Beziehungen verstanden, in denen die Beteiligten nicht ausschließlich auf ihre eigenen Kodes, Konventionen, Einstellungen und Verhaltensformen zurückgreifen, sondern in denen andere Kodes, Konventionen, Einstellungen und Alltagsverhaltensweisen erfahren werden. Dabei werden diese als fremd erlebt und/oder definiert« (Bruck 1994, 345). Müller-Jacquier verbindet den Begriff der Interkulturellen Kommunikation mit dem von ihm neu in die Diskussion eingeführten Terminus »Inter-Kultur« und versteht hierunter »das, was als spezifisch für die von Co-SprecherInnen aus verschiedenen Kulturen hergestellte Inter-Situation angeführt werden kann« (Müller-Jacquier 1999, 180). Schugk definiert Interkulturelle Kommunikation als »Kommunikation zwischen Vertretern zweier (oder mehrerer) verschiedener Kulturen« und grenzt den Begriff von dem der *Internationalen Kommunikation* ab: »So kann die interkulturelle Kommunikation grundsätzlich auch innerhalb einer Nation stattfinden, nämlich zwischen Vertretern verschiedener ethnischer Gruppen, genauso wie die internationale Kommunikation auch innerhalb eines Kulturkreises stattfinden kann. Insofern sind interkulturelle und internationale Kommunikation zwei unterschiedliche Bereiche, die sich jedoch teilweise überschneiden, ohne aber identisch zu sein.« (Schugk 2004, 52; vgl. Thieme 2000, 24).

Versteht man somit unter ›Interkultureller Kommunikation‹ die **kommunikative Dimension der Beziehungen zwischen Angehörigen unterschiedlicher Kulturen**, so kann der Gegenstandsbereich unterschiedlich weit definiert werden: Er kann sich, wie in den meisten linguistisch ausgerichteten Forschungen, ausschließlich auf die Ebene der unmittelbaren Interaktion beziehen, das heißt auf die Formen des verbalen, aber auch mit anderen kommunikativen Mitteln (Gestik, Körperbewegungen, Tonfall) geführten Dialogs zwischen Angehörigen unterschiedlicher Kulturen. Oder er kann, wie nachfolgend im Anschluss an zahlreiche Forschungen vorgeschlagen, weiter gefasst werden und über den Gegenstandsbereich der Face-to-Face-Kommunikation und -Interaktion hinausreichen.

Ein **weiter gefasster Begriff der Interkulturellen Kommunikation**, wie er auch diesem Buch zugrunde liegt, bezieht erstens neben der *interpersonalen* Interaktion auch die Ebene der *mediatisierten* Interkulturellen Kommunikation in ihren verschiedenen Facetten ein, denen in allen Bereichen eine zunehmende Bedeutung zukommt: das heißt die medialen Darstellungsformen Interkultureller Kommunikation in Film, Fernsehen, Radio, Internet und anderen Medien, die Formen der alltagsweltlichen Interkulturellen Kommunikation gleichermaßen darstellen, stilisieren und prägen, sowie die interkulturelle Ausbreitung von Kommunikationstechnologien und -medien. Dieses Problemfeld, das im Kontext der Globalisierung mittlerweile eine zentrale Rolle einnimmt, hat in der interkulturellen Lehre und Forschung international wachsende Aufmerksamkeit gefunden (D'Iribarne 2002; *Globalisierung und Identität* 2001). Es betrifft so **unterschiedliche Gegenstandsbereiche** wie

- Werbung (interkulturelle Adaptation von Werbebotschaften);
- Printmedienformate wie Autozeitschriften;
- Mediengenres wie Talkshows oder Reality-Shows, die in zunehmendem Maße exportiert, globalisiert und zugleich interkulturell auf die spezifischen Standards und Kommunikationsformen unterschiedlicher Kulturen adaptiert werden.

Zweitens zielt ein weiter gefasster Begriff der Interkulturellen Kommunikation darauf ab, interpersonale Kommunikationsprozesse zwischen Angehörigen unterschiedlicher Kulturen, auf interaktiver oder mediatisierter Ebene, in **ihren Kontexten, Verlaufsformen und Konsequenzen** zu betrachten: d. h. beispielsweise, den Verlauf von Kooperationsgesprächen zwischen deutschen und französischen Radiosendern mit der Analyse unterschiedlicher Kommunikations- und Medienstile sowie Medienstrukturen zu verknüpfen; oder die Analyse interkultureller Kommunikationssituationen in der Werbebranche mit der – für den Praxisbezug häufig relevanteren und zudem materiell fassbareren – Analyse der interkulturellen Adaptation der Werbetexte selbst zu verbinden.

2.1.2 | Interkulturelle Kompetenz

Interkulturelle Kompetenz ist in den letzten Jahrzehnten in allen beruflichen und zum Teil auch außerberuflichen Bereichen zu einer **Schlüsselqualifikation** geworden, die auf dem Arbeitsmarkt zunehmend nachgefragt wird (Bolten 2001; 2007).

Sie lässt sich als das Vermögen definieren, mit fremden Kulturen und ihren Angehörigen in adäquater, ihren Wertesystemen und Kommunikationsstilen angemessener Weise zu handeln, mit ihnen zu kommunizieren und sie zu verstehen.

Interkulturelle Kompetenz fächert sich auf in:

1. Verhaltenskompetenz;
2. Kommunikationskompetenz (die neben Fremdsprachenkenntnissen im engeren Sinn auch non-verbale Dimensionen der Kommunikation wie Gestik, Mimik und Proxemik (Bewegung im Raum) sowie paraverbale Faktoren wie Intonation und Sprechrhythmus umfasst);

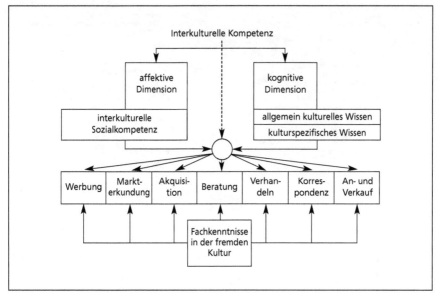

Interkulturelle Kompetenz

affektive
Dimension

kognitive
Dimension

interkulturelle
Sozialkompetenz

allgemein kulturelles Wissen

kulturspezifisches Wissen

Werbung | Markt-erkundung | Akquisi-tion | Beratung | Verhan-deln | Korres-pondenz | An- und Verkauf

Fachkenntnisse
in der fremden
Kultur

Abb. 2.1   Interkulturelle Kompetenz (am Beispiel des Wirtschaftsbereichs)

3. Verstehenskompetenz, die die Fähigkeit betrifft, symbolische Zeichen anderer Kulturen lesen, verstehen und interpretieren zu können, von der Literatur über Alltagsrituale bis hin zu Kleidungscodes und Medien.

Interkulturelle Kompetenz beruht somit zum einen auf einer *affektiven* Dimension, die Einfühlung in und Sensibilisierung für fremde Kulturen sowie eine hiermit verknüpfte Sozialkompetenz umfasst. Für die einzelnen Praxisbereiche – wie Pädagogik, Unternehmen, Medien, Entwicklungskooperation – lassen sich diese allgemeinen Kompetenzen in spezifische Fähigkeiten auffächern, die sowohl eine affektive als auch eine kognitive Dimension aufweisen. Für den wirtschaftlichen Bereich etwa lassen sich diese spezifischen Kompetenzen wie oben darstellen (s. Abb. 2.1).

Zum anderen beruht sie auf einer *kognitiven* Dimension, die neben allgemein kulturellem Wissen auch kulturspezifisches Wissen (zum Beispiel über kulturelle Werte und Kommunikationsstile) einschließt. Hinzu kommen, je nach Praxis- oder Berufsfeld, Fachkenntnisse in der fremden Kultur, beispielsweise im wirtschaftlichen Bereich über geschäftliche Verhandlungsstile, Zahlungsmodalitäten, Rechtsordnungen und Unternehmensstrukturen.

Jürgen Bolten hat dieses grundlegende Modell Interkultureller Kompetenz weiter ausdifferenziert und mit allgemeinen, nicht spezifisch die Kommunikation mit Angehörigen anderer Kulturen betreffenden Kompetenzen verknüpft. Nach Bolten (2007, 214) repräsentiert Interkulturelle Kompetenz weniger einen gesonderten Kompetenzbereich als eine spezifische, lern- und erfahrungsbasierte Ausprägung allgemeiner Kompetenzen, zu denen er die ›Methodenkompetenz‹, die ›Selbstkompetenz‹ und die ›soziale Kompetenz‹ zählt. Im Kern seines **Prozessmodells Interkultureller Kompetenz** stehen Fremdsprachenkenntnisse, landeskundlich-kulturelle Kenntnisse sowie die Fähigkeit, eigenkulturelle, fremdkulturelle und interkulturelle Pro-

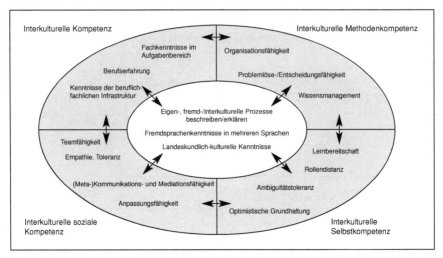

Abb. 2.2 Integratives Prozessmodell Interkultureller Kompetenz (in Anlehnung an Bolten 2007, 214)

zesse beschreiben und erklären zu können. Interkulturelle Kompetenz wird in diesem Modell nicht als etwas Statisches und Abgeschlossenes betrachtet, sondern als eine Fähigkeit, die sich fortwährend weiterentwickelt und in produktiven Wechselbeziehungen zu anderen, grundlegenden Kompetenzen steht (s. Abb. 2.2).

2.1.3 | Kultur

In der interdisziplinären Theoriediskussion der Kulturwissenschaft werden in erster Linie **drei grundlegende Kulturbegriffe** unterschieden:
1. der **intellektuell-ästhetische Kulturbegriff**, der mit Begriffen wie »Bildung« und »Kunst« eng verknüpft ist. Ihm liegt die Vorstellung eines Kanons ästhetischer, aber auch moralisch-ethischer Werte zugrunde, die durch die Werke großer Schriftsteller, Künstler und Komponisten verkörpert werden. Er grenzt die Sphäre der valorisierten Bildungs- und Elitenkultur ab von dem breiten Bereich der Massen- oder Volkskulturen. Diese umfassen ein breites Spektrum symbolischer Formen und damit auch die ganze Bandbreite der Medienkulturen (Presse, Fernsehen, Rundfunk, Internet). Die Trennlinie zwischen den beiden Sphären (oder »kulturellen Feldern« im Sinne von Bourdieu 1977) ist sowohl epochen- als auch kulturspezifischen und historischen Wandlungsprozessen unterworfen;
2. der **materielle Kulturbegriff**, auch »instrumenteller Kulturbegriff« genannt, der sich von der ursprünglichen Bedeutung von Kultur als »Agricultura« (Landwirtschaft) ableitet und Begriffe und Wirklichkeitsbereiche wie Handwerkerkultur, Unternehmenskultur, Gastronomiekultur, Ingenieurskultur etc. umfasst;
3. der **anthropologische Kulturbegriff**: Hier wird unter Kultur die Gesamtheit der kollektiven Denk-, Wahrnehmungs- und Handlungsmuster einer Gesellschaft verstanden. Hofstede definiert ›Kultur‹ im anthropologischen Sinn als »ein kollektives Phänomen, da man sie zumindest teilweise mit Menschen teilt, die im selben sozialen Umfeld leben oder lebten, d. h. dort, wo diese Kultur erlernt wurde. Sie

ist die **kollektive Programmierung des Geistes, die die Mitglieder einer Gruppe oder Kategorie von Menschen von einer anderen unterscheidet**« (Hofstede 1993, 19). Thomas (1993, 380) definiert ›Kultur‹ in ähnlicher Perspektive wie Hofstede und bezeichnet sie als ein kollektives »Orientierungssystem«:

>»Kultur ist ein universelles, für eine Gesellschaft, Organisation und Gruppe aber sehr typisches Orientierungssystem. Dieses Orientierungssystem wird aus spezifischen Symbolen gebildet und in der jeweiligen Gesellschaft usw. tradiert. Es beeinflusst das Wahrnehmen, Denken, Werten und Handeln aller Mitglieder und definiert deren Zugehörigkeit zur Gesellschaft. Kultur als Orientierungssystem strukturiert ein für die sich der Gesellschaft zugehörig fühlenden Individuen spezifisches Handlungsfeld und schafft somit die Voraussetzungen zur Entwicklung eigenständiger Formen der Umweltbewältigung.«

Kultur im anthropologischen Sinn bedeutet somit eine gewisse ›mentale (Vor-)Programmierung‹ des Denkens, Fühlens und Handels von Individuen, die einer Kultur-Gemeinschaft angehören. Kultur schließt, so der Kulturwissenschaftler Klaus P. Hansen, tendenzielles »kollektives Gleichverhalten« ein (Hansen 2011, 29), womit konkret Gewohnheiten, Normierungen und Konventionen gemeint sind, die das Verhalten von Individuen charakterisieren. Hansen definiert diese als *Standardisierungen* und unterscheidet hierbei vier Typen (ebd., 53–110):

- **Standardisierungen der Kommunikation:** Hierunter werden Zeichen verstanden, deren Bedeutungen »der Mehrheit eines Kollektivs vertraut sind« (ebd., 40), wie etwa Verkehrszeichen, Höflichkeits- und Begrüßungsformeln oder Kleidungskonventionen. Zu den Standardisierungen der Kommunikation zählen auch die spezifischen kulturellen Bedeutungen, die sprachlichen Zeichen innerhalb einer Kulturgemeinschaft zugewiesen werden. Zahlreiche Begriffe, die auf den ersten Blick ›leicht‹ zu übersetzen sind, weisen bei genauerer Betrachtung eine kulturelle Dimension auf, die es zu verstehen gilt. Selbst ein Zeichen wie ›Baum‹ kann nicht einfach übersetzt, sondern muss gegebenenfalls aus der Vorstellungswelt anderer Kulturen heraus übertragen werden. Während in der westlichen Auffassung ein Baum etwas ist, das nach oben wächst, wächst er in der fernöstlichen Vorstellung nach oben und unten, was entscheidend die kulturelle Bedeutung des Zeichens ›Baum‹ auch in seiner metaphorischen Dimension determiniert.
- **Standardisierungen des Denkens:** Hierunter werden Formen des kollektiven Wissens verstanden, die grundlegende Einstellungen einer Kulturgemeinschaft kennzeichnen, wie etwa Vorstellungen über ›Natur‹, ›Gemeinschaft‹, ›Religion‹, ›Magie‹ oder ›Reinheit‹.
- **Standardisierungen des Fühlens:** Hierunter werden kulturell geprägte Sichtweisen und Formen von Affekten verstanden, die sich bei allen Menschen und in allen Gesellschaften finden, aber in jeder Kulturgemeinschaft anders geäußert werden: wie Traurigkeit, Anteilnahme, Freude, Bestürzung, Abscheu oder Mutterliebe.
- **Standardisierungen des Handelns:** Auch universell verbreitete, anthropologische Handlungsmuster wie ›Essen‹, ›Einkaufen‹, ›Wohnen‹ oder ›Begrüßen‹ weisen eine deutliche kulturelle Prägung auf und sind ihrerseits mit sprachlichen, affektiven und kognitiven (wissensbasierten) Standardisierungen eng verknüpft.

Die »mentale Programmierung des Menschen« (Hofstede 1993, 19), seine Prägung durch Werte sowie Verhaltens-, Denk- und Wahrnehmungsweisen, erfolgt auf drei Ebenen:
- durch die menschliche **Natur**, die universell, biologisch konstituiert und individuell spezifisch vererbt wird;

- durch die individualspezifische **Persönlichkeit**, die durch Erbfaktoren sowie durch persönliches Erleben geprägt wird;
- durch die **Kultur**, die in Sozialisationsinstanzen wie der Familie, dem Familienclan, dem Kindergarten und der Schule sowie in Medien erlernt und erfahren wird und – beispielsweise innerhalb einer Nationalkultur (wie der deutschen, französischen oder chinesischen) – gruppen-, sozial- und regionalspezifischen Varianten unterworfen ist.

Der Kulturbegriff im anthropologischen Sinn, den Hofstede auch als »software of the mind« bezeichnet, liegt der Interkulturellen Kommunikation zugrunde. Er unterscheidet vier Tiefenebenen, auf denen sich kulturelle Unterschiede zwischen Kulturen manifestieren: Werte, Rituale, Helden und Symbole (s. Abb. 2.3, S. 13).

1. Unter **Symbolen** wird die äußere, manifeste Schicht einer Kultur verstanden, »Worte, Gesten, Bilder oder Objekte, die eine bestimmte Bedeutung haben, welche nur von denjenigen als solche anerkannt wird, die der gleichen Kultur angehören. Die Worte einer Sprache gehören zu dieser Kategorie, ebenso wie Kleidung, Haartracht, Coca-Cola, Flaggen und Statussymbole« (Hofstede 1993, 22).
2. Unter **Helden oder Identifikationsfiguren** werden »Personen verstanden, tot oder lebend, echt oder fiktiv, die Eigenschaften besitzen, welche in einer Kultur hoch angesehen sind; sie dienen daher als Verhaltensvorbilder« (ebd., 22). Kulturelle Identifikationsfiguren sind somit kulturspezifisch und stecken einen Kanon von Personen ab, mit denen sich eine Gesellschaft identifiziert und die sie in ihrem kollektiven Gedächtnis speichert – Schriftsteller, Politiker, Militärs, Künstler, religiöse Führer, Sportler. Dieser Kanon ist, obwohl er in jeder Kultur einen relativ stabilen, oft über Jahrhunderte oder gar Jahrtausende hinweg tradierten Kern aufweist, starken historischen Wandlungen unterworfen, die sich beispielsweise im raschen Wechsel der nationalen Identifikationsfiguren im künstlerisch-musikalischen, sportlerischen und politischen Bereich zeigen.
3. Unter **Ritualen** werden »kollektive Tätigkeiten« verstanden, die für das »Erreichen der Ziele eigentlich überflüssig sind, aber als sozial notwendig gelten: sie werden daher um ihrer selbst willen ausgeübt. Formen des Grüßens und der Ehrerbietung Anderen gegenüber sowie soziale und religiöse Zeremonien sind Beispiele hierfür. Geschäftliche und politische Zusammenkünfte, die aus scheinbar rationalen Gründen organisiert werden, dienen häufig bei genauerer Betrachtung vor allem rituellen Zwecken, beispielsweise um den führenden Persönlichkeiten Gelegenheit zur Selbstbehauptung zu geben« (Hofstede 1993, 23).
4. Als **Werte** schließlich, die den »Kern einer Kultur« bilden, »bezeichnet man die allgemeine Neigung, bestimmte Umstände anderen vorzuziehen«. Hofstede versteht hierunter in erster Linie »Gefühle mit einer Orientierung zum Plus- oder Minuspol hin«, wie vor allem das Verständnis von Gut und Böse oder die Unterscheidungen schmutzig/sauber, hässlich/schön, unnatürlich/natürlich, anormal/normal, paradox/logisch und irrational/rational (ebd.). Statt von Werten zu sprechen, wird in der interkulturellen Theorie häufig der Begriff **Kulturstandard** verwendet und in unterschiedlicher Weise definiert und empirisch operationalisiert (s. hierzu Kap. 2.1.5).

Der anthropologische Kulturbegriff mit seinen vier Tiefenebenen, wie sie Hofstede definiert, führt zur Unterscheidung kultureller Einheiten, die sehr unterschiedliche geographische Dimensionen aufweisen können. Die am häufigsten verwendete

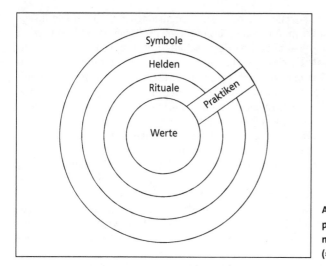

Abb. 2.3 Das anthro-
pologische Kulturmodell
nach Hofstede
(»Zwiebelmodell«)

Bezugsgröße in Untersuchungen zur Interkulturellen Kommunikation ist die **Nationalkultur**, die seit dem 19. Jahrhundert auf allen Ebenen – und am offensichtlichs-
ten in den Bereichen ›Sprache‹, ›Symbole‹ und ›Identifikationsfiguren‹ – eine deutliche Trennschärfe aufweist. Allerdings haben Nationalkulturen im Kontext der zeitgenössischen Globalisierung durch die transkulturelle Verbreitung etwa von
Kleidungsstilen (vor allem in der Jugendkultur), Konsummustern und partikular
auch von Kollektivsymbolen und Identifikationsfiguren (vor allem der Musik- und
Sportszene) zweifelsohne an Bedeutung eingebüßt, vor allem in Westeuropa. In
anderen Teilen der Welt wie Osteuropa, Afrika und Asien hingegen ist seit den
1990er Jahren eine deutliche ›Renaissance‹ des Nationalstaats und der Nationalkulturen zu beobachten. Für vormoderne Gesellschaften sowie tendenziell auch für
zeitgenössische postmoderne Kulturen der westlichen Welt erweisen sich jedoch
statt der kulturellen Bezugsgröße ›Nation‹ andere, soziale, religiöse und territoriale
Dimensionen von größerer Trennschärfe:

1. **Territorial-geographische Bezugsgrößen** wie ›Lokalkultur‹, ›Regionalkultur‹,
   ›kontinentale Kultur‹ (Europa, Afrika, Asien, Lateinamerika) sowie transkonti-
   nentale Kulturen, die häufig als »Zivilisationen« oder »Kulturkreise« definiert werden. So unterscheiden der französische Geowissenschaftler Lacoste (1997) und
   auch der US-amerikanische Politikwissenschaftler Huntington in seinem kontrovers diskutierten und zugleich äußerst einflussreichen Buch *The Clash of Civilizations and the Remaking of World Order* (1996) u. a. die Kulturen Europas, Nordamerikas, Australiens und Neuseelands, den orthodox-christlichen Kulturraum
   der slawisch-griechischen Welt (›Westlicher Kulturraum‹) und die islamische Zivilisation (s. hierzu Kap. 2.2.1).
2. **Soziale** bzw. **soziokulturelle Bezugsgrößen**: Kultur des Bürgertums, der Arbei-
   terschaft, der Bauern, der Nomaden; für die Untersuchung von Gesellschaften der
   Frühen Neuzeit häufig begrifflich gefasst in Oppositionspaaren wie »Elitenkultur«
   versus »Volkskultur«.
3. **Religiöse Bezugsgrößen**, wie Christentum, Islam, Buddhismus, Judentum sowie
   innerhalb des Christentums die für frühneuzeitliche Gesellschaften und Kulturen
   kulturanthropologisch prägende Unterscheidung zwischen protestantischen und
   katholischen Kulturen (Schindling 1996).

Territorial-geographische, soziale und religiöse Dimensionen definieren somit, vor allem in vormodernen und in außereuropäischen Gesellschaften sowie tendenziell auch in zeitgenössischen postmodernen Gesellschaften, Kulturen im anthropologischen Sinn. Sie determinieren zugleich *innerhalb* trennscharfer kultureller Einheiten – seit dem 19. Jahrhundert in erster Linie Nationalkulturen, in eingeschränktem und in der Forschung durchaus umstrittenem Maße, auch transnationale Kulturräume (oder Zivilisationen) – soziale, religiöse und territoriale Varianten, wie beispielsweise die bayerische Kultur innerhalb der deutschen Kultur, die jüdische Kultur in den Vereinigten Staaten oder die protestantische Minderheitenkultur innerhalb der französischen Nationalkultur des 19. und 20. Jahrhunderts.

Hinzu kommen als weitere Determinanten für Variationen in nationalkulturellen Kontexten **Geschlechtsunterschiede**: Diese lassen sich zwar kaum als ›Kultur‹ im anthropologischen Sinne bezeichnen – auch wenn in der neueren Diskussion Begriffe wie »männliche Kultur« und »Kultur der Weiblichkeit« verwendet und diskutiert werden –, aber sie beeinflussen in entscheidendem Maße wichtige Ausprägungen einer Nationalkultur in allen genannten Bereichen (Symbole, Identifikationsfiguren, Rituale und Werte).

Dies gilt auch für die **Generationenunterschiede** als entscheidendem Faktor kulturellen Wandels, die durch die Erfahrung einschneidender historischer Ereignisse (wie das ›Dritte Reich‹ in Deutschland oder die Erfahrung der Niederlage von 1940 in Frankreich) oder tief greifende technologische Innovationen (wie die Einführung des Fernsehens oder des Internets) verstärkt werden können. Geschlechts- und Generationenunterschiede sowie soziale, religiöse und regionale Kulturfaktoren lassen sich nur zum Teil mit den vier für nationale und transnationale Kulturen ermittelten Tiefendimensionen klassifizieren. »Länder (wie auch ethnische Gruppen) stellen«, so Hofstede (1993, 32), »integrierte soziale Systeme« dar. »Die vier Dimensionen beziehen sich auf die Grundprobleme derartiger Systeme. Kategorien wie Geschlecht, Generation oder Klasse stellen nur Teile sozialer Systeme dar, so daß nicht alle Dimensionen auf sie zutreffen.« Zugleich determinieren diese jedoch alters-, geschlechts-, religions- oder regionalspezifische Varianten bzw. Ausdifferenzierungen von Nationalkulturen oder Kulturräumen.

2.1.4 | Identität

Der Begriff ›Identität‹ bildet neben den Begriffen ›Kultur‹ und ›Kommunikation‹ einen dritten Zentralbegriff der Interkulturellen Kommunikation. ›Identität‹ ist zugleich ein Modebegriff, der sowohl im sozialen Diskurs als auch in wissenschaftlichen Diskursen häufig in unpräziser Weise verwendet wird. Eine grundlegende, häufig nicht berücksichtigte Unterscheidung betrifft die Trennung zwischen dem »Selbst als bloßem Lebenslaufresultat und dem Selbst als Resultat von sozialen Zuschreibungen« (Hahn 1987, 10). **Fünf Dimensionen des Verständnisses von Identität** spielen in der Interkulturellen Kommunikation eine Rolle:
1. **Identität als offizielle Zuschreibung von Personenmerkmalen:** z. B. im Pass und Personalausweis oder im Melderegister (*offizielle Identität*);
2. **Identität als Zuschreibung von Eigenschaften durch Andere:** andere Personen, Medien, Institutionen (*zugeschriebene Identität*);
3. **Identität als Selbstzuschreibung:** z. B. in persönlichen Äußerungen, in sozialen Netzwerken wie Facebook, in Autobiographien, Interviews, aber auch durch sym-

bolische Zeichen wie Kleidung, Haartracht und Sprachverwendung (*affirmative oder manifestäre Identität*);
4. **Identität als Persönlichkeitsmerkmale und Lebenslaufresultat:** die Gesamtheit der eine Person oder eine soziale Gruppe oder Gemeinschaft prägenden Merkmale, Erfahrungen und Praktiken, wie individuelle oder kollektive Geschichte, Sprache(n), Sozialisation, Verwandtschaftsbeziehungen, Essens- und Kleidungsgewohnheiten (*objektivierbare Identitätsmuster*);
5. **Identität als Identifikationsangebot:** hiermit sind Identitätsmodelle gemeint, die von Medien, Institutionen, Religionsgemeinschaften und Medien geprägt und verbreitet werden und einen mehr oder minder großen Einfluss auf die Identitätsbildung und den Identitätswandel von Individuen oder Gruppen haben (*projektive Identität*).

Der 1949 in Beirut geborene und 1976 nach Frankreich emigrierte franko-libanesische Schriftsteller, Essayist und Journalist Amin Maalouf hat in seinem Buch *Les identités meutrières* (»Mörderische Identitäten«, 1998/2000) präzise und anhand zahlreicher, sehr aktueller Beispiele die Verknüpfung dieser unterschiedlichen Dimensionen des Identitätsbegriffs aufgezeigt:

- Er arbeitet die zunehmende Bedeutung, **multikulturell geprägter Identitäten** heraus. Diese betreffen vor allem die ›affirmative‹ als auch die ›objektivierbare‹ Identität, in zunehmendem Maße durch die (allerdings nicht in allen Staaten mögliche) Praxis der doppelten oder gar mehrfachen Staatsangehörigkeiten.
- Er zeigt die Bedeutung und die Konsequenzen des **Identitätswandels** durch politische, kulturelle und religiöse Einflussfaktoren auf.

Das Konzept multikulturell geprägter Identitäten erläutert Maalouf anhand seiner eigenen Biographie und seines eigenen Selbstverständnisses. Er thematisiert hierbei auch indirekt die oben unterschiedenen Dimensionen des Identitätsbegriffs und ihre sowohl lebensweltliche wie interkulturelle Bedeutung. Die Frage, ob er selbst sich eher als ›Libanese‹ oder als ›Franzose‹ verstehe (*affirmative Identität*), beantwortet er wie folgt:

»Seit ich 1976 den Libanon verlassen habe, um mich in Frankreich niederzulassen, bin ich unzählige Male und immer in der allerbesten Absicht gefragt worden, ob ich mich »eher als Franzose« oder »eher als Libanese« fühle. Ich antworte jedesmal: »Sowohl als auch!« Nicht aus Sorge um Ausgleich oder Ausgewogenheit, sondern weil ich lügen würde, wenn ich anders antwortete. Was mich zu dem macht, der ich bin, liegt in der Tatsache begründet, daß ich mich auf der Grenze von zwei Ländern, zwei oder drei Sprachen und mehreren kulturellen Traditionen bewege. Gerade das ist es, was meine Identität bestimmt. [...] Halb Franzose also und halb Libanese? Keineswegs. Identität läßt sich nicht aufteilen, weder halbieren noch dritteln oder in Abschnitte zergliedern. Ich besitze nicht mehrere Identitäten, ich besitze nur eine einzige, bestehend aus all den Elementen, die sie geformt haben, in einer besonderen »Dosierung«, die von Mensch zu Mensch [und von sozialer Gruppe zu sozialer Gruppe] verschieden ist« (Maalouf 2000, 7–8).

Identitätswandel (in allen fünf Dimensionen des Identitätsbegriffs) ist ein Grundbestandteil sozialer und kultureller Entwicklungen. Er kann jedoch auch beschleunigt und interkulturell konfliktuell verlaufen. Dies ist vor allem der Fall, wenn politisch und religiös geprägte Identitätsmuster (*projektive Identität*) zu neuen Identitätszuschreibungen und Identitätsmustern führen, die negative Einstellungen zu anderen Kulturen implizieren und auf die Abgrenzung der eigenen Gruppe oder Gemeinschaft von anderen kulturellen Gruppen oder Gemeinschaften abzielen. Maalouf nennt diese Form von Identitätsmustern zugespitzt »Mörderische Identitäten«, weil sie nicht nur verbale Konflikte, sondern auch Gewalt und Krieg hervorrufen können – und in vielen Fällen hervorgerufen haben. Er illustriert diese Prozesse des konfliktuell verlaufenden Identitätswandels vor allem anhand der Bürgerkriege im Libanon (1975–1992) und im ehemaligen Jugoslawien (1991–1995), die auf derzeitige Konflikte wie den Syrien-Krieg vorausweisen, und veranschaulicht sie u. a. an dem folgenden konkreten Beispiel:

»Es kommt vor, daß ein glücklicher oder unglücklicher Zufall, selbst eine unvermutete Begegnung, sich stärker auf unser Identitätsgefühl auswirkt als die Bindung an ein tausendjähriges Erbe. Malen wir uns den Fall eines Serben und einer Muslimin aus, die sich vor zwanzig Jahren in einem Café in Sarajevo kennenlernten, ein Liebespaar wurden und dann geheiratet haben. Nie wieder werden sie ihre Identität so begreifen können, wie ein rein serbisches oder rein muslimisches Paar; ihre Vorstellung von Glauben und Vaterland wird niemals mehr so sein wie vorher. Beide tragen sie die Zugehörigkeiten in sich, die ihnen ihre Eltern bei der Geburt vermacht haben, aber sie werden sie nicht mehr auf die gleiche Weise wahrnehmen, ihnen nicht mehr den gleichen Stellenwert einräumen.
Verlassen wir Sarajevo noch nicht gleich. Verweilen wir dort noch für die Dauer eines kurzen Gedankenspiels. Richten wir unser Augenmerk auf einen etwa fünfzigjährigen Mann auf der Straße.
Um 1980 herum hätte dieser Mann stolz und ohne sonderliche Gemütsbewegung erklärt:»Ich bin Jugoslawe«; auf näheres Nachfragen hätte er wohl hinzugefügt, daß er im Bundesstaat Bosnien-Herzegowina lebe und, nebenbei gesagt, aus einer muslimischen Familie stamme.
Zwölf Jahre später, auf dem Höhepunkt des Krieges, würde derselbe Mann spontan und mit Nachdruck geantwortet haben: »Ich bin Muslim!« Vielleicht hätte er sich sogar den vorschriftsmäßigen Bart wachsen lassen. Gleich darauf hätte er hinzugefügt, daß er Bosnier sei, und es wäre ihm äußerst unangenehm gewesen, daran erinnert zu werden, daß er sich einst mit Stolz als Jugoslawe bezeichnet hatte.
Wenn man unseren Mann heute auf der Straße befragen würde, gäbe er sich zuvörderst als Bosnier, sodann als Muslim zu erkennen. Er sei gerade auf dem Weg in die Moschee, würde er erklären und Wert auf die Feststellung legen, daß sein Land ein Teil von Europa sei und er hoffe, es eines Tages in die Europäische Union aufgenommen zu sehen.
Träfe man denselben Mann zwanzig Jahre später an gleicher Stelle wieder, wie würde er sich definieren wollen? Welche seiner Zugehörigkeiten würde er an die erste Stelle setzen? Die europäische? Die muslimische? Die bosnische? Ganz etwas anderes? Seine Balkanzugehörigkeit vielleicht?
Ich wage es nicht, Prognosen darüber anzustellen. Tatsächlich sind alle diese Elemente Bestandteil seiner Identität. Der Mann entstammt einer im Islam verwurzelten Familie; der Sprache nach gehört er zu den Südslawen, die einst in einem gemeinsamen Staat zusammenlebten, was heute nicht mehr der Fall ist; er wohnt in einem Land, das lange unter osmanischer wie unter österreichischer Herrschaft

stand und seinen Anteil an den großen Dramen der europäischen Geschichte hatte. In jeder Epoche hat sich eine seiner Zugehörigkeiten in einer Weise aufgebläht, möchte ich fast sagen, daß sie alle anderen überschattete und mit seiner Identität als solcher verschmolz. Man wird ihm im Laufe seines Lebens die unterschiedlichsten Märchen erzählt haben. Daß er Proletarier sei und sonst nichts. Daß er Jugoslawe sei und sonst nichts. Und zuletzt, daß er Moslem sei und sonst nichts; man hat ihm während einiger schwerer Monate sogar einzureden vermocht, daß ihn mit den Bewohnern von Kabul mehr verbinde als mit denen von Triest!«

(Amin Maalouf: *Mörderische Identitäten*, Frankfurt a. M. 2000, 15–16)

Identität wird in der neueren interkulturellen Kommunikationsforschung, ebenso wie in benachbarten Disziplinen (wie Anthropologie, Soziologie, Kulturwissenschaft), somit als grundlegend **konstruiert, wandelbar und plural** angesehen. Der **Nationalstaat**, der in Europa, aber auch auf anderen Kontinenten, im 19. und 20. Jahrhundert wirkungsmächtige kollektive Identitätsmuster schuf, hat in vielen Gesellschaften und Kulturen des 21. Jahrhunderts seine herausragende Prägekraft tendenziell eingebüßt. »Der Nationalstaat steht als Instrument einer kulturellen Vereinheitlichung unter Druck«, so Terkessidis (2015, 36),

»von ›oben‹, weil er mehr und mehr in größere Verbände eingebunden ist und Kompetenzen an diese abtritt. Wirtschaftlich wird dieser Prozess etwa durch Freihandelsabkommen vorangetrieben, politisch durch Staatenverbünde wie die Europäische Union. Der Nationalstaat gerät aber ebenso von ›unten‹ unter Druck. Einwanderung und Individualisierung lassen die Bevölkerung zunehmend heterogener werden. Lebensstile und Traditionen haben sich ebenfalls verändert. Die Vielheit lässt sich kaum noch durch Homogenisierung verringern und muss als Tatsache anerkannt werden.«

Ein **konstruktivistischer Identitätsbegriff**, wie ihn u. a. Benedict Anderson, Amin Maalouf, Mark Terkessidis und Thomas Mayer vertreten, erlaubt es, die manipulative Wirkung von Identitätsmodellen zu erfassen, wie sie etwa in den nationalpopulistischen Bewegungen der Gegenwart u. a. in Frankreich (Front National), Italien (Liga Nord) und Österreich (ÖVP) zu beobachten sind. Diese versuchen, die »Vorstellung der Nation als exklusive Solidargemeinschaft zu reaktivieren« (Terkessidis 2015, 37) und zugleich nationale Feindbilder und Ausgrenzungsmodelle zu schaffen und in den Köpfen festzusetzen. Paradoxerweise erreichen sie durch die Spaltung der Bevölkerung und die Polarisierung der Gesellschaft genau das Gegenteil.

2.1.5 | Interkulturalität – *Métissage* – Hybridität

Interkulturelle Kommunikation zielt auf die **kommunikative Dimension der Beziehungen** zwischen Angehörigen unterschiedlicher Kulturen, auf verbaler, nonverbaler und medialer Ebene. **Der Begriff ›Interkulturalität‹** betrifft seinerseits alle Phänomene, die aus dem Kontakt zwischen unterschiedlichen Kulturen entstehen, aber nicht notwendigerweise eine kommunikative Dimension (im engeren interaktionalen Sinn) aufweisen: beispielsweise

- Phänomene der Sprachmischung, wie sie die aus französischen, englischen, spanischen und afrikanischen Elementen bestehenden Kreolsprachen der Karibik darstellen;

- Formen der Kulturmischung bzw. des kulturellen Synkretismus, beispielsweise in der Kleidung (Afrolook), der Architektur (spanisch-maurischer Stil) oder der Musik (Reggae);
- Prozesse der kreativen Integration von Elementen fremder Kulturen, die sich in zahlreichen kulturellen Bereichen, wie beispielsweise in der Literatur (Rezeption fremdkultureller Werke, wie die Shakespeare-Rezeption in Frankreich und Deutschland), im Theater (z. B. die kreative Integration von Elementen des asiatischen Tanztheaters) oder in der bildenden Kunst (z. B. Einfluss afrikanischer Kunst auf die Avantgarden der Moderne, wie bei Pablo Picasso) zeigen.

Der Begriff ›**Interkulturalität**‹, der umfassender ist als der Begriff der Interkulturellen Kommunikation, betrifft somit schwerpunktmäßig **Resultate** und **Konsequenzen interkultureller Kommunikationsvorgänge**. Die Beeinflussung Picassos etwa durch die afrikanische Kunst oder der Einfluss des balinesischen Theaters auf die Konzeption des Avantgardetheaters durch den französischen Theatertheoretiker, Dichter und Dramatiker Antonin Artaud (1896–1946) z. B. beruhten jeweils auf interkulturellen Begegnungen und Kommunikationsvorgängen, d. h. der Konfrontation und dem kreativen Dialog der beiden Künstler mit außereuropäischen Künstlern und ihren Werken, vor allem im Kontext der Pariser Weltausstellungen 1900 und 1937. Statt des Begriffs ›Interkulturalität‹ werden vor allem in der neueren Forschung zum Teil andere Termini wie ›Hybridität‹, ›Hybridisierung‹, ›Métissage‹ und ›kultureller Synkretismus‹ verwendet (Lüsebrink 2004a; Gruzinski 2007). Diese **bezeichnen unterschiedliche Formen der Kulturmischung**, in erster Linie im ästhetischen Bereich. Ihr gemeinsames Charakteristikum ist die kreative Verbindung und Verschmelzung von Elementen aus unterschiedlichen Kulturen, häufig als Konsequenz unmittelbarer interkultureller Kontakte.

Der wohl älteste und zugleich am weitesten verbreitete Begriff zur Bezeichnung von Phänomenen der Interkulturalität ist der Begriff ›**Métissage**‹, der im 16. Jahrhundert im portugiesischen Sprach- und Kulturraum entstand und kolonialen Ursprungs ist (Laplantine/Nouss 2001; Lüsebrink 1992/93; Gruzinski 2008). Als Bezeichnung für die biologische Mischung von Angehörigen verschiedener Ethnien im 16. Jahrhundert in Brasilien geprägt (als *mestizão*), avancierte der Begriff vor allem seit den 1930er Jahren zu einem kolonialideologischen Zentralbegriff, vor allem im französischen Kolonialreich. Er bezeichnete die anvisierte assimilationistische Verschmelzung der Kulturen des Mutterlandes und der Kolonien unter der Hegemonie der französischen Kultur zu einer »Nation polychrome de 100 millions d'habitants«, einer vielfarbigen, in bestimmten Grenzen multikulturellen, aber sprachlich zunehmend homogener werdenden französischen Sprach- und Kulturgemeinschaft mit 100 Millionen Einwohnern auf fünf Kontinenten (Lüsebrink 1992/93).

Die Konzeption der kolonialen Rassen- und Kulturmischung, die vor allem das französische Kolonialreich, aber auch die unabhängig gewordenen ehemaligen spanisch- und portugiesischsprachigen Kolonien in Südamerika als einheitsstiftende Nationalideologie vertraten, hob sich scharf etwa von der deutschen Kolonialideologie ab, die auf der Idee der Rassen- und Kultur*trennung* basierte und in der Begriffe wie ›Kulturmischung‹ negativ konnotiert waren.

Die frühe afrikanische und afrokaribische Literatur- und Kulturtheorie – vertreten etwa durch Léopold Sédar Senghor, Abdoulaye Sadji und Aimé Césaire – setzte der kolonialen Theorie des ›Métissage‹ die Konzeption der ›**Négritude**‹ entgegen, die auf einer Aufwertung und Idealisierung der Ästhetik und der kulturellen Normen Afrikas gründete und Phänomene kultureller und rassischer Hybridisierung radikal und zum Teil polemisch ablehnte (Riesz 2006). Der Roman *Nini, mulâtresse du Sénégal* (1947) des senegalesischen Schriftstellers Abdoulaye Sadji ist eines unter vielen Beispielen für die fiktional-ästhetische Umsetzung dieser kulturellen und kulturpolitischen (Gegen-)Position zur kolonialen Ideologie der Rassen- und Kulturmischung.

Der kolonial belastete Begriff ›Métissage‹ ist in vielen Ansätzen der neueren postkolonialen Kulturtheorie durch den Begriff ›**Hybridität**‹ ersetzt worden. Es ist sicherlich kein Zufall, dass der karibische Raum – als ein interkultureller Raum von antizipatorischer Dynamik – und nicht Europa, Afrika, Asien oder Nordamerika die ersten führenden Theoretiker postmoderner Hybriditätstheorien hervorgebracht hat: den kubanischen Anthropologen Fernando Ortiz, der zu Beginn der 1940er Jahre hierfür den Begriff der ›Transkulturalität‹ (*transculturación*) schuf (vgl. Ortíz 1940); und den gleichfalls aus Kuba stammenden Schriftsteller und Essayisten Alejo Carpentier, der 1949 mit seinem Essay »De lo real maravilloso americano«, einem Nachwort zu seinem Roman *El Reino de este mundo*, eine Art programmatisches Manifest einer neuen interkulturellen Literatur- und Kulturwissenschaft formulierte (vgl. Carpentier 1984). Ähnlich wie 40 Jahre später Edouard Glissant sowie Jean Bernabé und die anderen Autoren des kulturpolitischen Manifests *Éloge de la Créolité* (Lob der Kreolität) sieht Carpentier in allen Kulturen interkulturelle Strukturen, die ihre eigentliche Dynamik bestimmen. In besonderem Maße gelte dies für den südamerikanischen Kontinent und den karibischen Raum, deren Kulturen seit ihrer Entdeckung und Eroberung durch die europäischen Kolonialmächte grundlegend synkretistisch geprägt seien. In allen lateinamerikanischen Gesellschaften stelle die europäisch geprägte Kultur nur eine vermeintlich homogene Oberfläche dar, unter der sich eine komplexe interkulturelle Vielschichtigkeit verberge.

Zeitgenössische lateinamerikanische Künstler wie Adriana Varejão aus Brasilien und Meyer Vaisman aus Venezuela haben dieses **Phänomen der verdrängten interkulturellen Hybridität** der eigenen Gesellschaft in unterschiedlichen Motiven künstlerisch gestaltet: Adriana Varejão beispielsweise, indem sie künstlerische Artefakte, die symbolisch für die Ästhetik der Kolonialzeit stehen – wie ein klassisches Landschaftsgemälde oder eine auf einer Leinwand aufgeklebte Bodenkeramik –, an ihrer Oberfläche aufbricht, Einzelstücke herausreißt und den Blick auf aufgemalte Gedärme und blutende Wunden freilegt, eine Metapher zugleich für die verdrängte Gewalt der kolonialen Eroberung und Assimilation. Die lebensgroße Skulptur von Meyer Vaisman mit dem Titel *Barbara Fischer/Psichanalisis y psichoterapía* aus dem Jahr 2000 vereint in synkretistischer Weise unterschiedliche kulturelle Identitäten und Rollenbilder. Die Pose der Frau erinnert an eine religiöse Pietà; die Kleidungsstücke stammen von dem venezolanischen Künstler und seinen Eltern; er selbst ist in clownartiger Pose auf Fotografien zu erkennen, die den Brillengläsern der Skulptur aufgeklebt sind: »This sculpture«, so der Katalogkommentar der Ausstellung *Ultra Baroque. Aspects of Latin American Art*, die im Frühjahr und Sommer 2001 in San Diego und San Francisco gezeigt wurde, »is another example of the ironic hybrid within Vaisman's complex body of work« (Armstrong/Zamudio-Taylor 2000, 102).

Die postkoloniale Theoriebildung in den Kulturwissenschaften hat dazu beigetragen, den im kolonialen Kontext entstandenen Begriff ›Métissage‹ neu zu interpretieren und zu perspektivieren, insbesondere im Zusammenhang mit dem ästhetischen und kulturellen Begriff ›Barock‹. So unterstreichen der französische Kulturanthropologe Serge Gruzinski und der mexikanische Kunsthistoriker Victor Zamudio-Taylor in ihren Beiträgen für den Katalog der Ausstellung *Ultra Baroque* in erster Linie

zwei Dimensionen der ›Métissage‹ in historischer Perspektive: zum einen die Dimension der ›Métissage‹ als Form interkultureller Identität im Kontext des Kolonialismus, für die in Lateinamerika der *Barock* die dominierende ästhetische und architekturale Ausdrucksform bildete; und zum anderen die Dimension des kulturellen Widerstandes, der sich nicht in Verweigerung und Schweigen, sondern in der subversiven Aneignung und Umwandlung europäischer Kultur- und Identitätsmuster in außereuropäischen Gesellschaften zeigt (Lüsebrink 1995).

Die kulturhistorische Aufarbeitung von Phänomenen und Prozessen der ›Métissage‹ im kolonialen Raum der Vergangenheit eröffnet zugleich neue Sichtweisen auf Strukturen kultureller Hegemonie der Gegenwart: beispielsweise auf die Formen der Verfremdung und des produktiven Umgangs mit okzidentaler Konsum- und Musikkultur in Afrika (Kohl 2001); auf die sehr unterschiedlichen Aneignungsweisen der materiellen Kultur angloamerikanischer Provenienz in Ländern Asiens, Lateinamerikas und Afrikas; und auf die – gleichfalls von der List und vom Einfallsreichtum der Unterlegenen geprägte – kreative Aneignung der französischen Sprache und Kultur in den ›frankophonen‹ Ländern außerhalb Europas.

2.1.6 | Multikulturalität, Transkulturalität, Diversität

Die Begriffe **Multikulturalität** und **Transkulturalität** bezeichnen Phänomene, die völlig anders gelagert sind als der Gegenstandsbereich der Interkulturalität, aber zugleich mit ihm verknüpft sind. Unter Multikulturalität wird im Allgemeinen das Nebeneinander verschiedener Kulturen (im anthropologischen Sinn) innerhalb eines sozialen Systems (meistens einer Nation) verstanden. Der Begriff ›multikulturell‹ entstand 1941 in den USA, der Begriff ›Multikulturelle Gesellschaft‹ jedoch erst 1964/65 in Kanada (Mintzel 1997, 22). Mintzel definiert im Anschluss an Schulte (1990) den Begriff ›Multikulturalität‹ wie folgt:

»Mit Multikulturalität wird erstens eine gesellschaftliche Tatsache bezeichnet, etwas empirisch Gegebenes, nämlich die Tatsache, daß in einer Gesellschaft bzw. einer staatlich organisierten Gesellschaft/Bevölkerung mehrere Kulturen koexistieren, sei es friedlich oder im Konflikt, sei es in einem Nebeneinander oder in einem integrierten Miteinander. Multikulturalität bezeichnet folglich ein sozio-kulturelles Charakteristikum einer Gesellschaft, ihre vielfältige kulturelle Differenziertheit, worauf diese Multikulturalität auch immer beruhen mag.« (Mintzel 1997, 58).

In der Forschung werden grundlegend **vier Modelle multikultureller Gesellschaften** unterschieden:

das **assimilationistische Modell**, das auf die kulturelle Anpassung der Minderheitenkulturen oder Einwandererkulturen abzielt. Die französische Gesellschaft, insbesondere während der Dritten Republik (1871–1940), verkörpert dieses Modell par excellence, das auf eine möglichst rasche Assimilation abzielt. Auch traditionell assimilationistisch ausgerichtete Gesellschaften und Kulturen wie die französische orientieren sich aufgrund der neuen Dimensionen von Immigration und Globalisierung und der damit verbundenen Herausforderungen jedoch zunehmend an integrativen Varianten des Assimilationsmodells (Amselle 1996);

6. das **Integrationsmodell:** Dieses Modell multikultureller Gesellschaften ist gleichfalls prinzipiell auf kulturelle Anpassung von Immigranten- und Minderheitenkulturen ausgerichtet, geht jedoch von einer längeren Übergangsphase aus und gesteht den kulturellen Minderheiten Sonderrechte zu (beispielsweise im religiö-

sen, schulischen und politischen Bereich). Gesellschaften wie die britische, US-amerikanische und deutsche Gesellschaft verkörpern dieses Modell in unterschiedlichen Ausprägungen. Dieses traditionelle Verständnis von Integration, das deutliche Affinitäten zu Assimilation aufweist, hat sich jedoch in den letzten zehn Jahren, vor allem auch in Deutschland, im wissenschaftlichen und politischen Diskurs deutlich gewandelt. Die deutsche Staatsministerin für Migration, Flüchtlinge und Integration und, Aydan Özoğuz, definiert »**Integrationspolitik**« als »integrative Politik«, die nicht nur auf Verhaltens- und Werteänderungen bei den Immigranten, sondern auch in der Aufnahmegesellschaft ziele: »Was wir brauchen, ist nicht eine Integrationspolitik für 16 Millionen Menschen mit Migrationshintergrund, sondern eine integrative Politik für alle 81 Millionen Menschen in Deutschland« (»Rede auf den Nürnberger Tagen für Integration. 10 Jahre deutsche Integrationspolitik – die Innenansicht«. Nürnberg, 16.04.2015, http://www.bamf.de/SharedDocs/Videos/DE/BAMF/ntfi-2015-rede-oezoguz.html).

Integration wird somit in zunehmendem Maße als ein wechselseitiger Prozess verstanden, in dem sich sowohl die Migranten als auch die Aufnahmegesellschaft verändern, wie der Soziologe Friedrich Heckmann unterstreicht:

> »Integration ist der Mitgliedschaftserwerb von Zuwanderern in den Institutionen, sozialen Beziehungen und sozialen Milieus der Aufnahmegesellschaft. Integration als Prozeß der Mitgliedschaftswerdung und Angleichung der Lebensverhältnisse entwickelt sich schrittweise entlang der Dimensionen der strukturellen, kulturellen, sozialen und identifikativen Integration. Sie erfordert Integrationsleistungen der Migranten und bedarf der Offenheit und Förderung seitens der Aufnahmegesellschaft. Sie ist somit ein wechselseitiger, wenngleich nicht gleichgewichtiger Prozeß, der über Generationen verläuft. Integration als Zustand und Ergebnis soll heißen, daß volle und gleichberechtigte gesellschaftliche Mitgliedschaft einer zugewanderten Gruppe in der Aufnahmegesellschaft besteht und sich die Lebensverhältnisse angeglichen haben. Ethnische Herkunft und Migrationshintergrund spielen für Ressourcenverteilung und die Strukturierung sozialer Beziehungen keine Rolle mehr« (Heckmann 2015, 58).

7. das **Apartheid-Modell**, das, wie in Südafrika vor 1995, im ›Dritten Reich‹ sowie in zahlreichen kolonialen Gesellschaften, auf eine strikte Abtrennung, Abschottung und häufig auch Ghettoisierung der kulturellen Minderheiten abzielt. In diesen Gesellschaften wird die »Herkunft absolutiert und in Hierarchien eingeordnet. Die Grenzen ethnischer Gruppen sind undurchlässig, und allein die ethnische Rangordnung entscheidet über die Verteilung der sozialen Chancen. Diese Tradition der Behauptung und Bekräftigung von Differenz ist am deutlichsten im modernen Rassismus ausgeprägt« (Leggewie 1993, 48–49);
8. das **polyzentrische Modell**, das sich durch ein prinzipiell gleichberechtigtes Nebeneinander verschiedener Kulturen innerhalb einer Gesellschaft auszeichnet. Zumindest teilweise entsprechen diesem Modell Gesellschaften wie die der Schweiz, Belgiens, Kanadas und tendenziell auch Kaliforniens. Es handelt sich hier um »Gesellschaften ohne kulturelles Zentrum und ohne hegemoniale Mehrheit. Dieser Aggregatzustand tritt ein, wenn das historische Gerüst des europäischen Universalismus, der Nationalstaat als Denk- und Handlungseinheit, nachgibt und transnationale Mobilität in einem Maße stattfindet, daß die Weltgesellschaft von einer Abstraktion zu einer erfahrbaren Realität wird« (Leggewie 1993, 50).

Der Begriff **Transkulturalität**, der vor allem in der lateinamerikanischen und angloamerikanischen, aber zunehmend auch in der europäischen Diskussion verwendet wird (Ortiz 1940; Meyer 1997; Welsch 1992, 2005), dient zur Bezeichnung pluraler kultureller Identitäten, die durch die hochgradige Vernetzung und Verflechtung vieler Kulturen der Gegenwart entstanden sind. Diese machen eine Unterscheidung zwischen ›Eigenheit‹ und ›Fremdheit‹ und damit die Vorstellung autonomer kultureller Systeme, die den Begriffen ›Interkulturalität‹ und ›Multikulturalität‹ zugrunde liegt, fragwürdig, wie Wolfgang Welsch darlegt: »Kulturen sind intern durch eine Pluralisierung möglicher Identitäten gekennzeichnet und weisen extern grenzüberschreitende Konturen auf. Sie haben eine neuartige Form angenommen, die durch die klassischen Kulturgrenzen wie selbstverständlich hindurchgeht. Das Konzept der Transkulturalität bezeichnet diese veränderte Verfassung der Kulturen und versucht daraus die notwendigen konzeptuellen und normativen Konsequenzen zu ziehen.« (Welsch 1995, 42). Ertler/Löschnigg definieren den Begriff in ähnlicher Perspektive zur Bezeichnung soziokultureller Verhaltensweisen, die Formen der kulturellen Hybridität, des Kosmopolitismus und gemischter oder fragmentierter ethnischer Identitäten verkörpern (»trans-culturalism refers to those attitudes which welcome cultural hybridity, cosmopolitism and mixed or fragmented ethnic idenities« (Ertler/Löschnigg 2004, 10).

Es erscheint sinnvoll, den Begriff ›**Transkulturalität**‹, der häufig in ähnlicher Bedeutung verwendet wird wie ›Interkulturalität‹ oder ›Hybridität‹, schärfer und präziser zu konturieren und von verwandten Begriffen deutlicher abzugrenzen. Ähnlich wie die Begriffe ›Transfer‹, ›Translokalität‹, ›Transregionalität‹ und ›Transnationalität‹, die er einschließt und die spezifische Ausprägungsformen von Transkulturalität repräsentieren, bezeichnet er im eigentlichen Sinn alle Phänomene und Prozesse, die die **Grenzen einer Kultur** (zum Beispiel einer Nationalkultur oder eines Kulturraums) überschreiten und hierdurch mehreren Kulturen oder Kulturräumen gemeinsam sind. Hierzu zählen etwa Phänomene wie

- der Transfer der okzidentalen Buchkultur und des lateinischen Alphabets seit dem 15. Jahrhundert in alle Kulturen des Globus;
- Übersetzungen sowie der Kulturgrenzen überschreitende Transfer von Medienangeboten und -formaten, der bei Fernsehserien wie *Dallas* und *CSI* oder Film-Blockbustern wie *Titanic* und *Avatar* eine weltweite Dimension einnimmt;
- und schließlich Prozesse wie die Chinamode im 18. Jahrhundert oder die Japanmode um 1900 (›Japanismus‹), die sich in allen europäischen Kulturen der Zeit finden, oder die Amerikanisierung, die seit dem Zweiten Weltkrieg und in verstärktem Maße seit den 1980er Jahren alle Gesellschaften des Globus erfasst und – wenn auch in stark unterschiedlichem Maße – geprägt hat.

Transkulturalität verweist somit auf Phänomene und **Prozesse der kulturellen Grenzüberschreitung**. Transkulturelle Prozesse gehen häufig, aber nicht zwangsläufig, mit interkulturellen Prozessen einher. So wurde das lateinische Alphabet global verbreitet, ohne das es verändert wurde. Viele transkulturelle Phänomene hingegen, die die Amerikanisierung ausmachen, wie zum Beispiel der Transfer von Medienformaten (wie Talkshows und *Reality-Shows*) oder die Verbreitung des Fastfoods, gehen mit starken interkulturellen Veränderungen einher, die ihre Aneignung in anderen Kulturen und Kulturräumen kennzeichnen (s. Kap. 5.5 und 5.6).

Die Begriffe ›Multikulturalität‹ und ›Transkulturalität‹ sind somit mit Prozessen der Interkulturellen Kommunikation und Phänomenen der Interkulturalität eng verknüpft. Die Kommunikation zwischen ethnischen Minderheitengruppen und der hegemonialen Nationalkultur innerhalb eines sozialen Systems – beispielsweise zwischen Deutschen und türkischen Arbeitsimmigranten in Deutschland oder zwischen den Inuit-Kulturen und der dominanten anglophonen Bevölkerungsmehrheit in Kanada – stellt eine Form der Interkulturellen Kommunikation dar, obwohl sie sich *innerhalb* nationalstaatlicher Grenzen vollzieht. Sie zeigt sich in vielfältigen interkulturellen Phänomenen wie in der deutsch-türkischen Literatur; in Formen der Sprachmischung und des Code-Switching; und in der Veränderung von Ritualen und Identifikationsfiguren. Transkulturelle Phänomene ziehen ihrerseits häufig, wenn auch nicht durchgehend, interkulturelle Prozesse nach sich, die sich mit der Methodik des Kulturtransfers analysieren lassen (s. Kap. 5): Der Transfer und die Aufführung beispielsweise von Filmen und Theaterstücken in anderen Kulturen und Kulturräumen ist häufig mit Formen der sprachlichen, aber auch der interkulturellen Adaptation verknüpft, die von der Synchronisation über die Einfügung von Untertiteln und Zusatzerklärungen bis hin zur kulturspezifischen Ästhetik von Programmheften und Film- sowie Theaterplakaten reicht.

Der Begriff der Diversität (engl. *diversity*; frz. *diversité*; dt. auch kulturelle Vielfalt) hat in den letzten Jahren sowohl im sozialen wie im wissenschaftlichen Diskurs eine zunehmende Bedeutung erlangt. Im Gegensatz zu den Begriffen ›Interkulturalität‹, ›Multikulturalität‹ und ›Transkulturalität‹ geht er nicht vom Kulturbegriff aus, und damit von einer mehr oder minder ausgeprägten Vorstellung des kulturellen Zusammenhalts einer Gemeinschaft, sondern von der Feststellung einer grundlegenden Vielfalt. Der Begriff *diversity* wurde zunächst zu Beginn der 1990er Jahre in den USA geprägt und stellt eine Weiterentwicklung der Antidiskriminierungskampagnen und der hiermit verbundenen Gesetzgebungen (*Affirmative Action* durch Quotenregelungen etc.) dar. Er bezeichnet »any mixture of items characterized by difference and similarities« (Thomas 1996, 5).

Die hiermit u. a. im Personalmanagement verbundenen Perspektiven überwinden das Gegensatzpaar »Wir und die Anderen« und schauen nicht länger aus einer »Normalperspektive« auf die in irgendeiner Hinsicht (Geschlecht, kulturelle Zugehörigkeit etc.) »Fremden« (Leenen u. a. 2006, 46). Diversität wird als *»komplexe, sich ständig erneuernde Mischung von Eigenschaften, Verhaltensweisen und Talenten«* verstanden (Thomas 2001, 27, zit. nach Leenen 2006, 46). Der Begriff lenkt den Blick auf **Diversitätsmerkmale**, die kulturell geprägt, aber in ihrer Vielfalt und aus der Sicht der Einzelindividuen – und nicht von Gemeinschaften oder Gruppen betrachtet werden. Vor allem in den Praxisbereichen ›Integration von Immigranten‹ und ›Personalrekrutierung‹ sowie ›Personalmanagement‹ spielt der Begriff Diversität im Rahmen des **Diversity Managements** eine zunehmend wichtiger werdende Rolle (s. Kap. 6.6). Das Konzept der ›Diversität‹ stellt die Unterscheidung von ›Normalität‹ und ›Differenz‹ und die hiermit verknüpfte Vorstellung von ›Problemgruppen‹ grundlegend in Frage. Seine Vertreter in der Politik, in Unternehmen und in der Wissenschaft wehren sich gegen die Auffassung, es gebe »in jeder Situation, jedem Unternehmen, jeder Gesellschaft, die ›Einen, die ›Normalen‹«, und »dann noch die ›Anderen‹ – die, die sich in irgendeiner Weise [...] unterscheiden. In dieser traditionellen Sichtweise werden nur die ›Anderen‹ als Diversity gesehen« (Thomas 2001, zit. nach Terkessidis 2010, 139). R. R. Thomas »interpretierte Diversity als ›komplexe Zusammensetzung‹, als ›komplexe Mischung von Eigenschaften, Verhaltensweisen und Talenten.‹ Die Institutionen sollten nicht länger auf Gleichheit im Sinne der Anpassung an eine Norm drängen, sondern auf die prinzipielle Wertschätzung von Unterschiedlichkeit« (ebd., 47).

2.1.7 | Kulturstandards

Werte bilden, wie u. a. Hofstede in seinem Kulturmodell betont (sog. ›Zwiebelmodell‹, s. Kap. 2.1.3), den Kern kultureller Systeme (im anthropologischen Sinn des
Wortes ›Kultur‹). Sie stellen somit einen zentralen Gegenstandsbereich der Interkulturellen Kommunikation dar. Der Psychologe Alexander Thomas bezeichnet Werte
als »Kulturstandards« und versteht hierunter ein »für die Angehörigen einer Kultur
gültiges und sinnstiftendes Orientierungssystem« (Thomas 2004, 151). Er definiert
sie folgendermaßen:

»Unter Kulturstandards werden alle Arten des Wahrnehmens, Denkens, Wertens und Handelns verstanden, die von der Mehrzahl der Mitglieder einer bestimmten Kultur für sich persönlich und andere als normal, selbstverständlich, typisch und verbindlich angesehen werden. Eigenes und fremdes Verhalten wird auf der Grundlage dieser Kulturstandards beurteilt
und reguliert.

Als zentrale Kulturstandards sind solche zu bezeichnen, die in sehr unterschiedlichen Situationen wirksam werden und weite Bereiche des Wahrnehmens, des Denkens, Wertens und
Handelns regulieren, und die insbesondere für die Steuerung der Wahrnehmungs-, Beurtei-
lungs- und Handlungsprozesse zwischen Personen bedeutsam sind. Kulturstandards sind hie-
rarchisch strukturiert und miteinander verbunden. Sie können auf verschiedenen Aktionsebe-
nen definiert werden, von allgemeinen Werten hin zu sehr spezifischen Verhaltensvorschrif-
ten. Die individuelle und gruppenspezifische Ausprägung von Kulturstandards kann innerhalb
eines gewissen Toleranzbereichs variieren, doch werden Verhaltensweisen und Einstellungen,
die außerhalb der Toleranzgrenzen liegen, abgelehnt und sanktioniert.« (Thomas 1996, 112).

Kulturstandards bestehen also laut A. Thomas aus

»von den Mitgliedern der Kultur geteilten Normen, Werten, Überzeugungen, Einstellungen,
Regeln etc. Sie geben den Mitgliedern der jeweiligen Kultur eine Orientierung für ihr eigenes
Verhalten und ermöglichen ihnen zu entscheiden, welches Verhalten als normal, typisch oder
noch akzeptabel anzusehen ist.« (Thomas 1991b, 7)

Er unterscheidet hierbei zwischen **drei Arten von Kulturstandards:**
1. **Zentrale Kulturstandards**, die den Gegenstand der nachfolgend vorgestellten
   Untersuchungen von Hofstede, Hall und Trompenaars bilden, sind bereichsüber-
   greifend und lassen sich in sehr unterschiedlichen sozialen Domänen und Hand-
   lungsfeldern beobachten.
2. **Domänen- bzw. bereichsspezifische Kulturstandards** hingegen »entfalten ihre
   Wirksamkeit erst in Abhängigkeit eines bestimmten Handlungsfeldes« (Thomas
   2004, 152), wie Sport, Wirtschaftsunternehmen oder Familie.
3. Mit **Kontextuellen Kulturstandards** sind »kulturspezifische Basisorientierun-
   gen« gemeint, die den »Vertretern der jeweiligen Kultur einen Handlungszwang
   auferlegen, der sie verpflichtet bzw. regelrecht zwingt, in einer bestimmten Situation eine sehr genau spezifizierte und umgrenzte Grundorientierung einzunehmen, die dann ganzheitlich, d. h. auf allen drei psychologischen Ebenen (Kogni-
   tion, Emotion und Verhalten) wirksam wird« (Thomas 2004, 154). Thomas führt
   zur Veranschaulichung eines kontextuellen Kulturstandards das Beispiel der vor
   allem in ostasiatischen Kulturen, insbesondere in der chinesischen Kultur, zu beobachtenden »Senioritätsorientierung« an:

»Diese ›Senioritätsorientierung‹ führt dazu, daß dann, wenn eine deutlich ältere Person in einen Kreis von nahezu gleichaltrigen Jüngeren eintritt und sich aktiv am sozialen Geschehen
beteiligt, die gesamte Situation, die soziale Atmosphäre, das soziale Klima etc. eine völlige Änderung erfährt. Nichts ist mehr so wie vorher, das soziale Handlungsumfeld und die dynami-

schen Feldkräfte ändern sich mit Konzentration auf diese ältere Person. Ohne daß diese ältere Person etwas sagt oder etwas Spezifisches tut, müssen sich doch alle Anwesenden umorientieren. [...]. Durch die Aktivierung des kontextuellen Kulturstandards ›Senioritätsorientierung‹ werden für alle neue Handlungsanreize und Handlungsmöglichkeiten geschaffen, aber auch Handlungsgrenzen gesetzt. Vieles von dem, was nach Auftreten dieser älteren Person in der Gruppe passiert, ist nur zu verstehen, wenn man bei der Prozeßanalyse die Wirksamkeit dieses Kulturstandards auf die gesamte soziale Atmosphäre berücksichtigt.« (Thomas 2004, 154).

Der Theorieansatz und die hiermit verknüpften empirischen Untersuchungen des niederländischen Psychologen Hofstede stellen den bisher ambitiösesten Versuch der Erforschung zentraler, bereichsübergreifender Werte bzw. Kulturstandards dar. Hofstede hat in umfangreichen empirischen Untersuchungen, die er zunächst 1968 bei über 116.000 Mitarbeitern/innen des IBM-Konzerns in 40 Ländern durchführte und dann 1972 auf 72 Ländern ausdehnte sowie durch spezifische Surveys für Europa und den Vorderen Orient ergänzte, fünf zentrale Werte. Diese werden als »**Kulturdimensionen**« bezeichnet, systematisch erhoben, in kulturvergleichender Perspektive untersucht und es werden an ihnen kulturelle Unterschiede aufgezeigt und quantitativ erfasst:

1. **Machtdistanz**, definiert als »Grad, bis zu dem die weniger mächtigen Mitglieder von Institutionen und Organisationen in einem Land die ungleiche Verteilung der Macht erwarten und akzeptieren« (Hofstede 2001, 98). Der Machtdistanz-Index

Position	Land oder Region	MDI-Punkte	Position	Land oder Region	MDI-Punkte
1	Malaysia	104	27/28	Südkorea	60
2/3	Guatemala	95	29/30	Iran	58
2/3	Panama	95	29/30	Taiwan	58
4	Philippinen	94	31	Spanien	57
5/6	Mexiko	81	32	Pakistan	55
5/6	Venezuela	81	33	Japan	54
7	Arabische Länder	80	34	Italien	50
8/9	Ecuador	78	35/36	Argentinien	49
8/9	Indonesien	78	35/36	Südafrika	49
10/11	Indien	77	37	Jamaika	45
12	Westafrika	77	38	USA	40
13	Jugoslawien	76	39	Kanada	39
14	Singapur	74	40	Niederlande	38
15/16	Brasilien	69	41	Australien	36
15/16	Frankreich	68	42/44	Costa Rica	35
17	Hongkong	68	42/44	Deutschland West	35
18/19	Kolumbien	67	42/44	Großbritannien	35
18/19	El Salvador	66	45	Schweiz	34
20	Türkei	66	46	Finnland	33
21/23	Belgien	65	47/48	Norwegen	31
21/23	Ostafrika	64	47/48	Schweden	31
21/23	Peru	64	49	Irland	28
24/25	Thailand	64	50	Neuseeland	22
24/25	Chile	63	51	Dänemark	18
26	Uruguay	63	52	Israel	13
27/28	Griechenland	61	53	Österreich	11

Abb. 2.4 Machtdistanz-Indexwerte (MDI) für 50 Länder und 3 Regionen (nach Hofstede 2001)

(MDI) gibt somit an, welche Toleranz bzw. Akzeptanz es in einer Kultur für Macht- und Autoritätsunterschiede gibt. Hohe Machtdistanzwerte, die hierarchische Beziehungen legitimieren, sind in zahlreichen lateinamerikanischen, arabischen und südostasiatischen Ländern festzustellen; geringe Machtdistanzwerte hingegen in Österreich, Israel und den skandinavischen Ländern. Auch Deutschland (MDI-Wert 35) weist, im Gegensatz etwa zu Frankreich (MDI 68), einen vergleichsweise geringen Machtdistanzwert auf.

2. **Individualismus/Kollektivismus.** Der hiermit verknüpfte Individualismus-Index zeigt an, in welchem Ausmaß Kulturen das Individuum, seine Eigenverantwortlichkeit und Autonomie, gegenüber den Gruppenzwängen eines Kollektivs valorisieren. Hofstedes Auswertung belegt, dass alle westlichen Industrieländer, allen voran die USA, Australien, Großbritannien und Kanada, einen hohen Individualitätsindex aufweisen, während afrikanische sowie zahlreiche lateinamerikanische und südostasiatische Kulturen weit mehr kollektivistisch eingestellt sind. Sie erwarten vom Einzelnen die Unterordnung unter Gruppenzwänge, beispielsweise bei Heiratsentscheidungen oder Entscheidungsprozessen in Unternehmen. Mit den Wertorientierungen sind auch Kommunikationsunterschiede verknüpft: »Die verbale Kommunikation spielt insbesondere in individualistischen Kulturen

Position	Land oder Region	IDV-Punkte	Position	Land oder Region	IDV-Punkte
1	USA	91	28	Türkei	37
2	Australien	90	29	Uruguay	36
3	Großbritannien	89	30	Griechenland	35
4/5	Kanada	80	31	Philippinen	32
4/5	Niederlande	80	32	Mexiko	30
6	Neuseeland	79	33/35	Ostafrika	27
7	Italien	76	33/35	Jugoslawien	27
8	Belgien	75	33/35	Portugal	27
9	Dänemark	74	36	Malaysia	26
10/11	Schweden	71	37	Hongkong	25
10/11	Frankreich	71	38	Chile	23
12	Irland	70	39/41	Westafrika	20
13	Norwegen	69	39/41	Singapur	20
14	Schweiz	68	39/41	Thailand	20
15	Deutschland West	67	42	El Salvador	19
16	Südafrika	65	43	Südkorea	18
17	Finnland	63	44	Taiwan	17
18	Österreich	55	45	Peru	16
19	Israel	54	46	Costa Rica	15
20	Spanien	51	47/48	Pakistan	14
21	Indien	48	47/48	Indonesien	14
22/23	Japan	46	49	Kolumbien	13
22/23	Argentinien	46	50	Venezuela	12
24	Iran	41	51	Panama	11
25	Jamaika	39	52	Ecuador	8
26/27	Brasilien	38	53	Guatemala	6
26/27	Arabische Länder	39			

Abb. 2.5 Individualismus-Indexwerte (IDV) für 50 Länder und 3 Regionen (nach Hofstede 2001)

eine bedeutende Rolle. Schweigen gilt hier als anormal bzw. suspekt. Es besteht geradezu die Verpflichtung zur verbalen Kommunikation, sei sie noch so oberflächlich oder banal. In kollektivistischen Kulturen hingegen ist bloßes Zusammensein vom emotionalen Standpunkt aus gesehen ausreichend. Kommunikation gilt nicht als Notwendigkeit, es sei denn, dass Informationen auszutauschen sind« (Schugk 2004, 121).

3. Die duale Kulturdimension **Maskulinität/Feminität** definiert Hofstede wie folgt: »Maskulinität steht für eine Gesellschaft, in der die gesellschaftlichen Geschlechterrollen klar festgelegt sind: Männer sollen durchsetzungsfähig sein, hart und sich auf materiellen Erfolg konzentrieren. Frauen hingegen sollen bescheidener sein, sensibel und sich auf Lebensqualität konzentrieren. Feminität steht für eine Gesellschaft, in der sich die Geschlechterrollen überschneiden: sowohl Männer wie Frauen sollen sich bescheiden geben, sensibel und um Lebensqualität bemühen.« (Hofstede 2001, 297). ›Maskulines‹ bzw. ›feminines‹ Rollenverhalten im definierten Sinn ist von entscheidendem Einfluss auf Führungsstile und Kommunikationsverhalten in einer Gesellschaft. Während in »maskulin geprägten Kulturen« wie Japan, Österreich und Italien in Unternehmen und Institutionen ein eher

Position	Land oder Region	MAS-Punkte	Position	Land oder Region	MAS-Punkte
1	Japan	95	28	Singapur	48
2	Österreich	79	29	Israel	47
3	Venezuela	73	30/31	Indonesien	46
4/5	Italien	70	30/31	Westafrika	46
4/5	Schweiz	70	32/33	Türkei	45
6	Mexiko	69	32/33	Taiwan	45
7/8	Irland	68	34	Panama	44
7/8	Jamaika	68	35/36	Iran	43
9/10	Großbritannien	66	35/36	Frankreich	43
9/10	Deutschland West	66	37/38	Spanien	42
11/12	Philippinen	64	37/38	Peru	42
11/12	Kolumbien	64	39	Ostafrika	41
13/14	Südafrika	63	40	El Salvador	40
13/14	Ecuador	63	41	Südkorea	39
15	USA	62	42	Uruguay	38
16	Australien	61	43	Guatemala	37
17	Neuseeland	58	44	Thailand	34
18/19	Griechenland	57	45	Portugal	31
18/19	Hongkong	57	46	Chile	28
20/21	Argentinien	56	47	Finnland	26
20/21	Indien	56	48/49	Jugoslawien	21
22	Belgien	54	48/49	Costa Rica	21
23	Arabische Länder	53	50	Dänemark	16
24	Kanada	52	51	Niederlande	14
25/26	Malaysia	50	52	Norwegen	8
25/26	Pakistan	50	53	Schweden	5
27	Brasilien	49			

Abb. 2.6 Maskulinität-Indexwerte (MAS) für 50 Länder und 3 Regionen (nach Hofstede 2001)

»bestimmender, anordnender und aggressiver Führungsstil« vorherrsche und Leistung, Erfolgsstreben, Anerkennung sowie eine deutliche Trennung der Geschlechterrollen zu beobachten sei, dominiere, so zeigt sich nach den Ergebnissen von Hofstedes Untersuchungen, in »femininen Kulturen« wie den Niederlanden und den skandinavischen Ländern deutlich ein konsens- und kooperationsorientierter Kommunikationsstil (s. Abb. 2.6).

4. **Unsicherheitsvermeidung:** Hierunter wird der »Grad, bis zu dem sich die Angehörigen einer Kultur durch ungewisse oder unbekannte Situationen bedroht fühlen«, verstanden (Hofstede 2001, 161). Ein hoher Unsicherheitsvermeidungs-Index, wie er in den lateinamerikanischen Ländern, in den romanischen Ländern Europas sowie in Japan und Südkorea zu beobachten ist, impliziere, so Hofstede, eine Neigung zu Vorurteilen, Rigidität, Intoleranz sowie die Inakzeptanz ungeordneter Situationen, während Angehörige von Kulturen mit einem niedrigen Unsicherheitsvermeidungsindex, wie Singapur, Jamaica und die skandinavischen Länder, toleranter und deutlich gelassener reagierten (s. Abb. 2.7).

Position	Land oder Region	UVI-Punkte	Position	Land oder Region	UVI-Punkte
1	Griechenland	112	28	Ecuador	67
2	Portugal	104	29	Deutschland West	65
3	Guatemala	101	30	Thailand	64
4	Uruguay	100	31/32	Iran	59
5/6	Belgien	94	31/32	Finnland	59
5/6	El Salvador	94	33	Schweiz	58
7	Japan	92	34	Westafrika	54
8	Jugoslawien	88	35	Niederlande	53
9	Peru	87	36	Ostafrika	52
10/15	Frankreich	86	37	Australien	51
10/15	Chile	86	38	Norwegen	50
10/15	Spanien	86	39/40	Südafrika	49
10/15	Costa Rica	86	39/40	Neuseeland	49
10/15	Panama	86	41/42	Indonesien	48
10/15	Argentinien	86	41/42	Kanada	48
16/17	Türkei	85	43	USA	46
16/17	Südkorea	85	44	Philippinen	44
18	Mexiko	82	45	Indien	40
19	Israel	81	46	Malaysia	36
20	Kolumbien	80	47/48	Großbritannien	35
21/22	Venezuela	76	47/48	Irland	35
21/22	Brasilien	76	49/50	Hongkong	29
23	Italien	75	49/50	Schweden	29
24/25	Pakistan	70	51	Dänemark	23
24/25	Österreich	70	52	Jamaika	13
26	Taiwan	69	53	Singapur	8
27	Arabische Länder	68			

Abb. 2.7 Unsicherheitsvermeidung-Indexwerte (UVI) für 50 Länder und 3 Regionen (nach Hofstede 2001)

5. Die duale Kulturdimension **Langfrist-Orientierung/Kurzfrist-Orientierung** definiert Hofstede wie folgt:»langfristige Orientierung steht für die Förderung von Werten wie Ausdauer und Sparsamkeit, die in der Zukunft das Erreichen einer Bedrohung erwarten lassen. Der entgegengesetzte Pol, die kurzfristige Ausrichtung hingegen steht für die Förderung von Werten, die mit der Vergangenheit und Gegenwart verbunden sind, insbesondere der Respekt für Tradition, Gesichtswahrung und Erfüllung sozialer Verpflichtungen« (Hofstede 2001, 359). Im wirtschaftlichen Bereich beispielsweise impliziert eine Langfrist-Orientierung, die ostasiatische Gesellschaften charakterisiert, die Anlage von Zukunftsinvestitionen, während eine Kurzfrist-Orientierung, die in zahlreichen westlichen Industriestaaten anzufinden ist, eher auf kurzfristigen Gewinn ausgerichtet ist (s. Abb. 2.8).

Position	Land oder Region	LOI-Punkte	Position	Land oder Region	LOI-Punkte
1	China	118	13	Polen	32
2	Hongkong	96	14/15	Deutschland West	31
3	Taiwan	87	14/15	Australien	31
4	Japan	80	16	Neuseeland	30
5	Südkorea	75	17	USA	29
6	Brasilien	65	18/19	Großbritannien	25
7	Indien	61	18/19	Simbabwe	25
8	Thailand	56	20	Kanada	23
9	Singapur	48	21	Philippinen	19
10	Niederlande	44	22	Nigeria	16
11	Bangladesh	40	23	Pakistan	00
12	Schweden	33			

Abb. 2.8 Langfrist-Orientierung-Indexwerte (nach Hofstede 2001)

Für die Analyse interkultureller Kommunikationssituationen lassen sich aus den Indices der einzelnen Kulturdimensionen länderspezifische Kulturprofile erstellen, wie beispielsweise für Deutschland und die Türkei, in denen die Unterschiede und Spezifika markant hervortreten (s. Abb. 2.9).

Die methodische Vorgehensweise Hofstedes und die von ihm untersuchten Kulturdimensionen sind aufgrund ihrer Auswahl, ihrer teilweise begrifflichen Unschärfe sowie der zugrunde gelegten Untersuchungsgruppe (IBM-Mitarbeiter), die für die einzelnen untersuchten Kulturen nur mit Abstrichen repräsentativ sei, vielfach kritisiert worden (vgl. u. a. Schugk 2004, 132 ff.; Schmitz 2015).

Insbesondere der Stellenwert der Nationalität als »gruppenbildendes Kriterium« (Schmitz 2015, 51) und Hofstedes Prämisse einer relativen Homogenität nationaler Kulturen (»Homogenitätsprämisse«) werden angesichts der zunehmenden multikulturellen Prägung zeitgenössischer Gesellschaften in wachsendem Maße in Frage gestellt. So hat Schmitz (2015) in einer empirischen Studie nachgewiesen, dass ›Subkulturen‹ (oder ›Subkollektive‹) wie Berufsgruppenkulturen, Unternehmenskulturen und soziale Kulturen (›Arbeiterkultur‹, ›Angestelltenkultur‹) zwar immer national verortet sind. Die große Heterogenität innerhalb von Nationalkulturen verweise jedoch auf die Notwendigkeit, Subkulturen in weit stärkerem Maße zu berücksichtigen und außer Unterschieden auch transnationale Gemeinsamkeiten und Konvergenzen in den Blick zu rücken – in Bereichen wie etwa Jugendkulturen, Angestelltenkulturen und Unternehmenskulturen internationaler Konzerne. Sie stellt jedoch

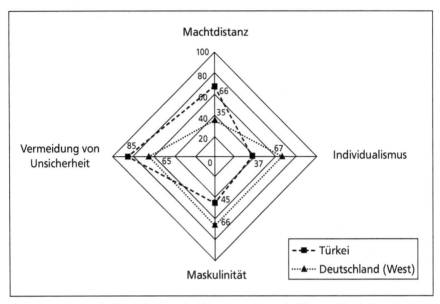

Abb. 2.9 Länderspezifische Profile der Kulturdimensionen (am Beispiel Deutschlands (West) und der Türkei, nach Hofstede 2001 und Schugk 2004)

den immer noch bei weitem einflussreichsten und ambitioniertesten Versuch innerhalb der interkulturellen Forschung dar, kulturelle Spezifika und Unterschiede auf der Basis von Wertindices zu erfassen. Neben Geert Hofstede haben vor allem E. T. Hall und Fons Trompenaars ergänzende und zum Teil alternative Vorgehensweisen zur Erfassung und Analyse kultureller Werte (bzw. Kulturstandards) entwickelt.

Der US-amerikanische Anthropologe Edward T. Hall unterscheidet in erster Linie **zwei grundlegende Kulturdimensionen**, die er nicht (wie Hofstede) durch eine quantitativ-statistische, sondern durch eine kulturvergleichend-ethnologische Herangehensweise erfasst (Hall 1959, 1966; Hall/Hall 1990).

1. Zum einen trifft er die Unterscheidung **von kontextgebundenen und kontextungebundenen Kulturen**. Mit ›Kontext‹ ist die Interaktionssituation gemeint, in der Kommunikation abläuft und aus der sie ihren Sinn schöpft. In kontextgebundenen Kulturen *(high context cultures)* wie den romanischen Ländern Europas und Lateinamerikas sowie Japan und den arabischen Ländern ist Kommunikation stark implizit ausgerichtet; Formen der non-verbalen Kommunikation (Gestik, Mimik, Körpersprache) spielen eine herausragende Rolle. Die Kommunikation in kontextungebundenen Kulturen *(low context cultures)* wie der Schweiz, Deutschland, den skandinavischen Ländern und den USA hingegen ist deutlich expliziter, eindeutiger, linearer, stärker inhaltlich ausgerichtet und basiert in geringerem Maße auf non-verbaler Kommunikation.

2. Zum anderen unterscheidet Hall zwischen **monochronen und polychronen Kulturen**: Unter »monochronic societies«, zu denen zahlreiche westeuropäische Kulturen, wie Deutschland und die Niederlande, gezählt werden, versteht Hall Kulturen mit rigider Zeiteinteilung, in denen Pünktlichkeit erwartet wird, vor allem auch in Bezug auf Liefer- und Zahlungsfristen, und Handlungsabläufe möglichst nacheinander, in einem strukturierten Zeitplan ablaufen. »Polychronic societies«,

wie die romanischen Kulturen Europas und Amerikas, hingegen sind durch eine stärker flexible Zeitplanung gekennzeichnet. Handlungen, wie z. B. Arbeitsprozesse, können gleichzeitig und mit einem geringeren Grad an zeitlicher Planung und Strukturierung ablaufen. Diese Unterscheidung erweist sich auch auf interaktioneller und kommunikativer Ebene als prägend:

»So erfolgt in monochronen Kulturen eine Vertrauensbildung zwischen den Kommunizierenden vor allem dadurch, dass die benötigten bzw. wichtigen Informationen und Fakten offen dargelegt werden. Für den polychron geprägten Kommunikationspartner hingegen ist es von besonderer Bedeutung, dass dem Gegenüber vor allem ein Zugang zu den eigenen Emotionen eröffnet wird. Generell bedeuten zwischenmenschliche Beziehungen polychron orientierten Menschen sehr viel und der Umgang mit den Mitmenschen ist ihnen bedeutender als eine strikte Einhaltung von Zeitplänen.« (Schugk 2004, 148).

Untersuchungen zum interkulturellen Management beispielsweise haben gezeigt, dass interkulturelle Spannungen häufig auf der unterschiedlichen zeitlichen Organisation von Arbeitsvorgängen beruhen. 70 % der im Rahmen einer Studie zum deutsch-französischen Management befragten Mitarbeiter deutscher und französischer Mutter- und Tochtergesellschaften gaben an, dass dies ein Grund für Irritationen und Konflikte gewesen sei. Deutsche seien es eher gewohnt, »in der Regel nur einen Arbeitsvorgang auf einmal zu verrichten und beginnen selten etwas, bevor sie die vorhergehende Aufgabe abgeschlossen haben. Die Franzosen hingegen neigen eher dazu, mehrere Vorgänge gleichzeitig abzuwickeln. Diese Fähigkeit führt meist zu Verwirrung und Beunruhigung auf deutscher Seite, da diese Arbeitsweise oft als ›unseriös‹ interpretiert wird.« (JPB – La Synergie Franco-allemande 1990, 17; Barmeyer 2000).

Der niederländische Forscher Fons Trompenaars (1993) unterscheidet **sieben Kulturdimensionen**, die er durch die in den 1980er und 1990er Jahren durchgeführte Befragung von 46.000 Managern in verschiedenen Unternehmen und unterschiedlichen Kulturen empirisch untersuchte:

Der duale Kulturstandard **Universalismus versus Partikularismus** betrifft die Bewertung und Gültigkeit allgemeiner Regeln, vor allem von Vorschriften und Gesetzen. So werden Verkehrsregeln (wie das Verbot, bei Rot die Straße zu überqueren) in den verschiedenen Kulturen unterschiedlich streng befolgt, die Umgehung von Geschäftsregeln durch Korruption verschieden akzeptiert und toleriert: Den geringsten Universalismusgrad weisen nach Trompenaars Jugoslawien, Russland, Korea, Venezuela und China auf, während die am deutlichsten universalistisch ausgerichteten Länder (Norwegen, Schweiz, Finnland und Australien) westliche Demokratien mit überwiegend protestantischer Prägung darstellen.

Die Werteopposition von **Individualismus und Kollektivismus** deckt sich weitgehend mit dem Individualitätsindex von Hofstede (2001) und zielt auf die unterschiedliche Ausprägung individueller bzw. kollektiver Interessens- und Entscheidungsmuster innerhalb einer Kulturgemeinschaft.

Die Werteopposition **Neutralität versus Emotionalität** betrifft die Akzeptanz öffentlich ausgedrückter Emotion in einer Kultur. »Menschen aus emotional neutralen Kulturen äußern kaum ihre Gefühle, sondern halten sie sorgfältig unter Kontrolle. Im Gegensatz dazu zeigen in sehr affektiven Kulturen die Menschen ihre Gefühle offen durch Lachen, Mienenspiel und Gesten. Sie versuchen ihren Gefühlen unmittelbaren Ausdruck zu verleihen.« (Trompenaars 1993, 95). So liegt nach den Erhebungen von Trompenaars der Prozentsatz der Befragten, die Emotionen im Geschäftsleben keinen Ausdruck verleihen, in Japan bei über 80 % und in Großbritannien und Indonesien bei knapp über 70 %, während der Anteil in den deutlich stärker affektiv geprägten Kulturen Italiens und Frankreichs bei 29 % bzw. 34 % liegt (ebd., 96).

Die Werteopposition von **Betroffenheit und Engagement** zielt auf die Unterscheidung von **spezifischen und diffusen Kulturen**. In spezifischen Kulturen werde, so Trompenaars, zwischen dem privaten und dem öffentlichen bzw. beruflichen Bereich und konsequenterweise auch zwischen privaten und dienstlichen bzw. geschäftlichen Beziehungen sorgsam getrennt. In diffusen Kulturen liegen hingegen mehr oder minder ausgeprägte Überlappungsbereiche zwischen den beiden Bereichen vor. Hier werden »in zwischenmenschlichen Beziehungen Person und Sache vergleichsweise schnell vermischt. Diese untrennbare Verbindung von Person und Sache zu einem einzigen Bereich macht eine separate Kritik entweder an der Person oder an der Sache nicht möglich. Vielleicht wird sachliche Kritik in den allermeisten Fällen gleichzeitig und unweigerlich auch als Kritik an der eigenen Person oder an der Sache empfunden« (Schugk 2004, 160). Während Japan, Italien, Indien, Deutschland, China, Korea und Frankreich Kulturen repräsentieren, in denen Privatsphäre und öffentliche bzw. berufliche Sphäre ebenso wie Person und Sache relativ deutlich getrennt werden, verkörpern Polen, Australien, die Schweiz, die USA und vor allem Russland nach Trompenaars‹ Untersuchungen in diesem Bereich deutlich entgegengesetzte kulturelle Werte.

Die Werteopposition von **Leistung und Herkunft** zielt auf die kulturspezifische Bewertung des sozialen Status, den ein Individuum in einer Gesellschaft einnimmt. »Alle Gesellschaften verleihen einigen ihrer Mitglieder höheren Status als anderen und zeigen damit an, daß diesen Menschen und ihren Aktivitäten höhere Aufmerksamkeit gebührt. Während einige Gesellschaften Status auf der Grundlage der von den betreffenden Menschen erbrachten Leistungen gewähren, orientieren sich andere an Merkmalen wie Alter, Klasse, Geschlecht, Erziehung usw. Die erste Art von Statuszuweisung nennt man *errungenen* Status, die zweite *zugeschriebenen* Status« (Trompenaars 1993, 135). In *leistungsorientierten Kulturen* wie Dänemark, Australien, den USA und Großbritannien spielen soziale Herkunft und Titel (akademische Titel beispielsweise) eine eher untergeordnete Rolle, im Gegensatz zu den deutlich *herkunftsorientierten Kulturen* Österreich, Russland, Brasilien, Belgien, Italien und China.

Der kulturelle Wert des **Bezugs zur Natur** betrifft den kulturspezifischen Umgang mit der Natur bzw. den Stellenwert der äußeren Umwelt und damit das ökologische Bewusstsein einer Kultur. Während das Bewusstsein, die Natur menschlichen Bedürfnissen unterwerfen zu müssen, nach Trompenaars in Ländern wie Brasilien, Nigeria und China besonders ausgeprägt ist, vertreten die Kulturen Japans, Ägyptens, Österreichs, Schwedens und der Schweiz eine entgegengesetzte, auf den Respekt der Umwelt und die Herstellung einer »günstigen ökologischen Balance« ausgerichtete Werteorientierung (Tompenaars 1993, 182).

Der Kulturstandard des **Umgangs mit der Zeit** betrifft die kulturspezifische Wahrnehmung und Einschätzung von Pünktlichkeit, Tempo, Rhythmus sowie den jeweiligen Stellenwert von Vergangenheit, Gegenwart und Zukunft in einer Gesellschaft. Trompenaars unterscheidet hierbei zwischen *sequentiell-orientierten* und *synchronorientierten Kulturen*. Diese Unterscheidung deckt sich weitgehend mit der von Hall vorgenommenen Unterscheidung von monochronen und polychronen Kulturen. In sequentiell-orientierten Kulturen wie den USA und Deutschland herrscht eine sequentielle Betrachtungsweise der Zeit vor, Aufgaben werden vorzugsweise sukzessive erledigt, der Pünktlichkeit wird große Bedeutung beigemessen, Vergangenheit,

Gegenwart und Zukunft werden in einer linearen Aufeinanderfolge gesehen. Synchron-orientierte Kulturen wie Frankreich, die romanischen Länder des Mittelmeerraumes und Amerikas sowie die ost- und südostasiatischen Kulturen weisen ein deutlich flexibleres Zeitverständnis auf, »Aktivitäten können kurzfristig zugunsten anderer unterbrochen werden, im Extremfall ist gar ein paralleles Abarbeiten einzelner Teilaufgaben denkbar« (Schugk 2004, 171; Trompenaars 1993, 157–180). Zwischen unterschiedlichen Tätigkeiten können Überschneidungen und zeitliche Überlappungen bestehen, ebenso zwischen Vergangenheit, Gegenwart und Zukunft, so dass synchron-orientierte Kulturen auch als stärker auf die Vergangenheit ausgerichtete Kulturen charakterisiert werden können, in denen Geschichtsbewusstsein und Traditionserhaltung eine wichtige Rolle spielen.

Werte und Kulturstandards werden in den unterschiedlichen Theorieansätzen von Hofstede, Hall und Trompenaars in *kulturvergleichender* Perspektive analysiert. Aus ihnen werden **kulturelle Unterschiede** deutlich. Diese betreffen die für eine Kultur typischen Muster der Wahrnehmung, des Denkens, Wertens und Handelns. Insofern sind Kulturstandards, ebenso wie unterschiedliche Sprachen und Kommunikationsstile, grundlegende Voraussetzungen für Interkulturelle Kommunikation und Interaktion. Aus ihnen können potentiell problemlose oder aber konfliktuelle Verlaufsformen Interkultureller Kommunikation abgeleitet werden. Es ergeben sich Konflikte, Missverständnisse und Probleme (zur Problematik der Missverständnisse und »Critical Incidents« s. Kap. 2.2.2), wenn handlungsleitende Werte (wie z. B. das Zeitverständnis oder die Einstellung zu Autoritäten) zwischen den Kommunikationspartnern grundlegend verschieden sind. Umgekehrt ist anzunehmen, dass die Interkulturelle Kommunikation zwischen Angehörigen von Kulturen, deren Wertsysteme ähnlich sind, problemloser verlaufen. Die Ergebnisse insbesondere der Untersuchungen von Hofstede und Hall belegen zugleich, dass benachbarte Kulturen – wie etwa Frankreich und Deutschland oder Österreich und Italien (Lavric 2002) – durchaus ebenso markante Wertunterschiede aufweisen können wie geographisch weit auseinander liegende Kulturen. Die Zugehörigkeit zum gleichen geopolitischen Kulturraum (wie der westlichen Kultur oder der islamischen Kultur) und zur gleichen Sprachfamilie (wie etwa den indo-europäischen Sprachen) impliziert keinesfalls, wie häufig angenommen, eine weitgehende Übereinstimmung der Symbolsysteme und Wertvorstellungen. Die Ergebnisse der kulturvergleichenden Werteforschung widersprechen somit großenteils einer kulturraumbezogenen Interpretation interkultureller Konflikte, wie sie insbesondere die US-amerikanischen Politikwissenschaftler Samuel S. Huntington und Benjamin Barber vertreten.

Der kulturvergleichende Ansatz, der auf unterschiedlichen Untersuchungen zu Kulturstandards (Hofstede, Hall, Trompenaars, Thomas) beruht, ist in zunehmendem Maße als zu schematisch kritisiert worden. Die Komplexität (post-)moderner Gesellschaften werde hierdurch ebenso vernachlässigt wie die Dynamik interkultureller Kommunikationssituationen, in denen Interaktionspartner spezifische Reaktionsmuster entwickeln und sich kaum wie in ihrer eigenen Gruppe oder Gesellschaft verhalten. Kulturstandardtheorien und ihre Ergebnisse können in der Tat zum einen allenfalls als **erkenntnisleitende Hypothesen** zur Erklärung beobachteter Verhaltens- und Reaktionsweisen dienen. Dies gilt auch für die vergleichende Erhebung von Werten, die seit den 1980er Jahren sowohl auf europäischer Ebene (http://www.europeanvaluesstudy.eu/page/about-evs.html) wie auf globaler Ebene (http://www.worldvaluessurvey.org) existieren und die wissenschaftlichen Kultur-

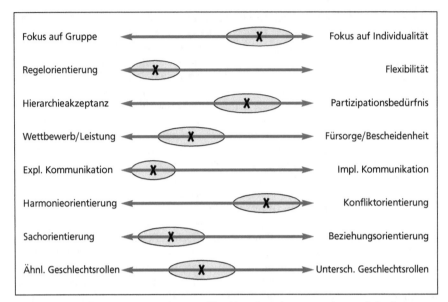

Abb. 2.10 Normalitätserwartungen in Deutschland (Durchschnittwerte und Normalitätsräume, aus Leenen u. a. 2006, 118)

standardanalysen ergänzen. Zum anderen erfassen Kulturstandards selbstverständlich nicht das Verhalten eines jeden einzelnen Mitglieds einer kulturellen Gemeinschaft (wie einer Nation). Sie beschreiben vielmehr kulturelle **Normalitätserwartungen**. Sie stellen somit »Mittelwerte von Häufigkeitsverteilungen dar: die Orientierung einzelner Personen oder kultureller Subgruppen kann sich mitunter deutlich von einem solchen Häufigkeitswert unterscheiden. Abweichungen ab einer gewissen Distanz zum Mittelwert bewegen sich jenseits der Normalitätserwartungen und können aus dem Blickwinkel der ›Mainstream-Kultur‹ als ›unangemessen‹ oder ›seltsam‹ angesehen werden (Leenen u. a. 2006, 117).

Kulturstandards definieren somit für eine Kulturgemeinschaft einen ›Normalitätsraum‹. Wie die obige Graphik (Abb. 2.10) zeigt, wird dieser in Deutschland durch eine hohe Wertschätzung von Individualität, Wettbewerb/Leistung und Sachorientierung bestimmt. Konflikte gelten als ebenso ›normal‹ wie die Notwendigkeit einer möglichst expliziten Kommunikation. Partizipation nimmt in der gegenwärtigen deutschen Gesellschaft einen relativ hohen Stellenwert ein. Bezüglich der Geschlechterrollen zeigen die Ergebnisse von Kulturstandardanalysen, dass in der deutschen Gesellschaft heute eine deutliche »Tendenz zur **Angleichung von Geschlechtsrollen** die Normalität« darstellt:

»In Kindergärten und Schulen werden eher Gleichheitswerte betont als ganz unterschiedliche Auslegungen der Geschlechtsrollen. Auch in traditionellen Frauenberufen werden Männer mittlerweile weitgehend respektiert, ebenso wie Frauen in traditionellen Männerberufen. Auch wenn höhere Positionen bislang nicht annähernd zu gleichen Teilen von Männern und Frauen besetzt sind, findet man doch immer häufiger auch weibliche Vorgesetzte. Im Berufsalltag wird von männlichen Mitarbeitern erwartet, dass sie weibliche Vorgesetzte in gleicher Weise akzeptieren wie einen Mann« (Leenen u. a. 2006, 119).

Der **Kulturbegriff**, der sowohl der Interkulturellen Kommunikation als auch der Multikulturalismusforschung und dem Kulturvergleich zugrunde liegt, ist in den letzten Jahren von mehreren Seiten infrage gestellt und einer **grundlegenden Kritik** unterzogen worden. An die Stelle des Kulturbegriffs, der eine – mehr oder minder ausgeprägte – Homogenität und interkulturelle Abgrenzung impliziere und häufig mit Räumen verknüpft wird, setzen Welsch (1999, 2005), Bhabha (1994) und Lösch (2005) die offeneren und flexibleren Begriffe ›Transkulturalität‹, ›Hybridität‹ und ›Transdifferenz‹. Welsch betont, dass die »homogenisierende und separierende Idee von Kultur faktisch durch die extreme Vernetzung der Kulturen« (Welsch 2005, 241), die er mit dem Begriff »Transkulturalität« bezeichnet, überholt sei. Das von Lösch (2005) lancierte Konzept der »Transdifferenz« zielt in ähnlicher Perspektive darauf ab, Situationen und Momente der »Ungewissheit, der Unentscheidbarkeit und des Widerspruchs« zu bezeichnen, die in zunehmendem Maße globalisierte, postmoderne Gesellschaften charakterisieren und mit tradierten Begriffen wie ›eigener‹ und ›fremder Kultur‹ nicht mehr gedacht werden könnten (Lösch 2005, 27). Hansen (2010) schlägt vor, anstelle des Kulturbegriffs den Begriff des »Kollektivs« (bzw. »Dachkollektivs«) zu verwenden, der sich aus »Subkollektiven« zusammensetze:

»Ein Dachkollektiv wird bestimmt durch rivalisierende Normalitäten, verschiedene Reduktionen von Komplexität, konkurrierende Ordnungen, einander ausschließende Orientierungen und Sinnvorgaben. [...] Deutschland ist ein Dachkollektiv, das Subkollektive wie deutsche Katholiken und deutsche Kommunisten in sich vereint.« (Hansen 2010, 286).

Im Gegensatz zum Kulturbegriff, dem Hansen »Statik, Hermetik und Substanzialität« unterstellt, weise der Begriff ›Kollektiv‹ eine »besondere, liquide und fluktuierende, aber nicht völlig verdampfende Gegenständlichkeit« auf (Hansen 2010, 287). Da sie sich auf einem sehr theoretischen und zum Teil auch sehr spekulativen Niveau bewegen, haben die genannten Ansätze zwar die Theoriediskussion innerhalb der Interkulturellen Kommunikation und die Weiterentwicklung von Begriffen wie ›Kultur‹, ›Interkulturalität‹, ›Interkultur‹ und ›Diversität‹ vorangebracht, aber bisher kaum empirische Forschungen hervorgebracht sowie konkrete Praxisanwendungen angestoßen.

2.2 | Problemfelder

2.2.1 | Zivilisationskonflikt und Globalisierung – Huntington und seine Kritiker

Dem Theorieansatz des US-amerikanischen Politikwissenschaftlers S. Huntington, der an der Harvard University lehrte, liegen als Bezugsgrößen nicht Nationalkulturen, sondern **transnationale Kulturräume** zugrunde. Diese nennt er, im Anschluss u. a. an die Kulturkreistheorie Oswald Spenglers aus den 1920er Jahren, »civilizations«. Nach dem Ende des Kalten Krieges und der im Kontext von wirtschaftlicher und kultureller Globalisierung zurückgehenden Bedeutung der Nationalstaaten und -kulturen seien Kulturräume zu den für die internationalen Beziehungen und die Interkulturelle Kommunikation dominierenden Bezugsgrößen avanciert. Die »World of Civilizations. Post 1990« sieht Huntington in seinem 1993 in der Zeitschrift *Foreign Affairs* erschienenen Aufsatz »The Clash of Civilizations«, den er 1996 zu einem gleichnamigen Buch ausbaute, von **neun Kulturräumen** mit je spezifischen Werte- und Handlungssystemen geprägt:

- die westliche Zivilisation, die neben Westeuropa auch Nordamerika, Australien und Neuseeland umfasst;
- die lateinamerikanische Zivilisation;
- die afrikanische Zivilisation, die Huntington wegen der islamischen Prägung Nordafrikas und der Sahelzone auf Zentral- und Südafrika begrenzt;
- die orthodoxe Zivilisation (Russland und große Teile Ost- und Südosteuropas);
- die chinesisch-konfuzianische Zivilisation;
- die buddhistische Zivilisation (Tibet, Mongolei, Südostasien);
- die japanische Zivilisation;
- die hinduistische Zivilisation Indiens;
- die islamische Zivilisation, die sich von Indonesien über Pakistan und den vorderasiatischen Raum bis nach Nord- und Westafrika sowie nach Südosteuropa (Bosnien-Herzegowina) erstreckt.

Die von Huntington unterschiedenen Kulturräume (»civilizations«) sind, wie ihre skizzierte geopolitische Eingrenzung belegt, im Kern durch religiöse Faktoren bestimmt. Sie folgen einer Logik von Zentrum und Peripherie, die jeden Kulturraum von einer oder zwei Führungsmächten (»core states«) bestimmt sieht, wie etwa die USA im westlichen Kulturraum, Saudi-Arabien, der Iran und Ägypten im islamischen Kulturraum und China im chinesisch-konfuzianischen Kulturraum. Ausgehend von einem sowohl historisch fundierten wie aktualitätsbezogene welthistorische Entwicklungen analysierenden Ansatz, rückt Huntington zwei zentrale Thesen in den Mittelpunkt seiner Reflexion: zum einen die These **vom Aufstieg der chinesisch-konfuzianischen Kultur**, die im 21. Jahrhundert die Führungsrolle in der Welt übernehmen würde. Diese »asiatische Affirmation« werde Ost- und Südostasien zum neuen Gravitationszentrum der Weltwirtschaft und der Weltpolitik machen.

Zum anderen vertritt Huntington die These von der **Renaissance der islamischen Kultur**, deren religiös fundiertes Wertesystem in radikalem Widerspruch zum westlichen Werte- und kulturellen Entwicklungsmodell stehe und ein zunehmendes Konfliktpotential hervorgebracht habe. Ausgehend von der grundlegenden These, dass über die Hälfte aller gegenwärtigen bewaffneten Auseinandersetzungen einen interkulturellen Hintergrund aufwiesen, d. h. auf dem Konflikt zwischen sehr unterschiedlichen, häufig religiös geprägten Werten bzw. Kulturstandards beruhten, stellt Huntington fest, dass ein Großteil dieser Konflikte an der zivilisatorischen Bruchlinie zwischen der islamischen und anderen Zivilisationen – insbesondere der westlichen – ausgebrochen sei. Diese »blutigen Grenzen des Islam« (»Islam's bloody borders«, Huntington 1996, 254–259) ziehen sich von Bosnien über den Libanon, Syrien und Israel und einen Teil der Konfliktherde in Westafrika (Elfenbeinküste, Tschad, Mali), über die Grenzen zwischen Pakistan und Indien bis nach Indonesien (Papua-Neuguinea) und die Philippinen. Durch die islamische Emigration in westliche Länder, vor allem nach Frankreich, Deutschland, Italien, Kanada, Großbritannien und in die USA, verlaufe diese Konfliktlinie zwischen modernen und islamisch geprägten fundamentalistischen Zivilisationsstilen jedoch nicht nur an den Grenzen des islamischen Raums, sondern inzwischen auch innerhalb der westlichen Zivilisation.

Huntingtons Kulturkonflikttheorie, die im Kontext der Ereignisse des 11. Septembers 2001, der Zuspitzung des Israel-Palästina-Konflikts und des Irakkrieges 2003 weltweit diskutiert wurde und eine der derzeit einflussreichsten Theorieansätze zur politischen Dimension der Interkulturellen Kommunikation darstellt, ist gleichermaßen auf wissenschaftlicher wie auf publizistischer Seite auf heftige Kritik gestoßen. So betont der Politiker und Sozialwissenschaftler Strasser in einem Artikel in der Wochenzeitung *Die Zeit:* »Samuel Huntington hat mit seinem Bestseller »Kampf der Kulturen« ein Muster vorgegeben, das als Orientierungshilfe begierig aufgegriffen wurde: Er beschwört den unvermeidbaren Zusammenstoß des Westens mit dem Islam.« (Strasser 1997, 20). Im Anschluss an die Kritik von T. Meyer (1997) an Huntingtons Ansatz unterzieht er insbesondere dessen Kulturbegriff einer kritischen Überprüfung: »Die auf Herder zurückgehende Auffassung, die auch der Huntington-These zugrunde liegt, daß die Kulturen jeweils in sich und gegeneinander abgeschlossene Ganzheiten bilden, ist ganz offensichtlich falsch. Zwischen den Kulturen gibt es mannigfaltige Überlappungen, die ein friedliches Zusammenleben auf der Basis von Toleranz, gegenseitiger Achtung und wechselseitiger Befruchtung laut Meyer auch weiterhin durchaus möglich erscheinen lassen« (Strasser 1997, 20). Senghaas unterstreicht dieses Argument, indem er darauf hinweist, dass ein »wesentliches Manko der Huntingtonschen Argumentation also darin liege, dass er auf der Makroebene Kulturbereiche als Wesenheiten unterstellt und bei allem Sinn für Geschichte und Konflikte im Kern kulturessentialistisch argumentiert« (Senghaas 1997, 217; vgl. auch Meyer 1997). Mit **»kulturessentialistisch«** ist gemeint, dass (nach Huntington) jeder Kultur bestimmte, nicht (oder nur langsam) wandelbare Eigenschaften zugeschrieben werden, die allen Angehörigen einer Kulturgemeinschaft eigen sind. Obwohl Huntington durchaus das Verdienst zukomme, die (inter) kulturelle Dimension – im Gegensatz zu den traditionell privilegierten diplomatischen, militärischen sowie ethnischen Faktoren – im Hinblick auf die Analyse von Kriegen und Konfliktherden systematisch zu berücksichtigen, seien seine Untersuchungen, so der Frankfurter Politikwissenschaftler Harald Müller, zu grobrastig, zu ahistorisch und durch ihre radikale Gegenüberstellung von Religionen und Kulturen (»Clash of Civilizations«) zu undifferenziert. Müller geht im Gegensatz zu Huntington nicht von einem homogenen, sondern von einem komplexen, interkulturell geprägten Kulturbegriff aus. Selbst Auseinandersetzungen wie der Nahostkonflikt, der auf den ersten Blick im Wesentlichen durch kulturell-religiöse Faktoren bestimmt erscheint, könnten nur durch ein komplexes Bündel von Faktoren erklärt und analysiert werden, zu denen in erster Linie das Erbe des Kolonialismus und die hiermit verbundenen kollektiven Demütigungen gehörten. Neben einer Zunahme von Konflikten seien, auch in den geopolitischen Bruchlinien zwischen westlicher und islamischer Welt, Prozesse der Liberalisierung und Modernisierung unter westlichem Einfluss erkennbar, wie im Iran und in der Türkei. Ausgeblendet blieben bei Huntington auch »die gewaltigen kooperationsfördernden Kräfte der wirtschaftlichen Globalisierung, die statt dessen in ein längst veraltetes, merkantilistisches Schema gepreßt werden, demzufolge der Gewinn des einen immer der Verlust des anderen sein muß« (Müller 1998, 224).

Die Auseinandersetzung um Huntingtons Buch, das mit der **Reflexion über die kulturellen Ursachen von Krisen und Konflikten** ein zentrales Problemfeld der Interkulturellen Kommunikation betrifft, verweist somit auch auf Grundprobleme und Aporien interkultureller Lehre und Forschung:

- die Tendenz zum essentialistischen Kulturbegriff, der kulturelle Wesenheiten umgreift und hiermit – häufig unbewusst – an Denkschemata der Völkerpsychologie anschließt und bei der ›Kultur‹ als eine Art ›geschlossener Container‹ betrachtet wird;

- die Überbetonung des Kulturellen (»Kulturalismus«), die zur Vernachlässigung oder gar Ausblendung anderer, vor allem historischer und politischer Analyse- und Erklärungsfaktoren führen kann;
- und schließlich der Hang zur kulturellen Polarisierung und Gegenüberstellung, der sich in anderer, differenzierterer Ausprägung auch in den werteanalytischen Ansätzen von Hall, Hofstede und Trompenaars findet.

2.2.2 | Missverständnisse und Konfrontationen – zur konfliktuellen Dimension Interkultureller Kommunikation

Interkulturelle Kommunikation wird in der wissenschaftlichen Praxis ebenso wie im Alltag als Mittel zur Verständigung zwischen Kulturen angesehen. »Interkulturelle Kommunikation gilt als wesentliche Voraussetzung für die friedliche Koexistenz der Kulturen. Interkulturalität erscheint somit als Modell für die Entstehung einer politisch bejahten multikulturellen Weltgemeinschaft.« (Hahn/Platz 1999, 1).

Angesichts der konsens- und verständigungsorientierten Zielsetzung zahlreicher Ausbildungs- und Trainingsprogramme zur Interkulturellen Kommunikation mag auf den ersten Blick erstaunen, dass das besondere Interesse der interkulturellen Forschung dem Dysfunktionieren, den Konflikten, Missverständnissen und *Critical Incidents* der Kommunikation zwischen Angehörigen unterschiedlicher Kulturen gilt. Häufig handelt es sich um *unbeabsichtigte* Konflikte, die auf Missverständnisse zurückzuführen sind. Kultur und Konflikt sind »nur auf den ersten Blick schroffe Gegensätze. Bei näherem Zusehen scheinen sie untrennbar ineinander verflochten [...]. Denn Kulturen organisieren nicht nur die Formen und Rahmenbedingungen kommunikativen, sondern auch des unkommunikativen Handelns« (Assmann/Assmann 1990, 13). Nicht das Funktionieren, sondern Störungen, Krisen und Konflikte bilden einen Zentralbereich interkultureller Forschung, von der Makroperspektive des ›Zivilisationskonflikts‹, die Huntington verfolgt, bis zur Mikroperspektive der interkulturellen Interaktion, bei der sich Konflikte in Missverständnissen, Aggressionen, Gesprächsunterbrechungen oder -abbrüchen oder auch in simplem Schweigen der Gesprächspartner zeigen. Sie »dienen in der Wissenschaft und im Training zur kontrastiven Gegenüberstellung kultureller Charakteristika, die sich in einer interpersonellen Interaktion zwischen Angehörigen verschiedener Gesellschaften als kulturelle Unterschiede manifestieren und zu interkulturellen Missverständnissen führen können. ›**Critical Incidents**‹ sind repräsentativ für *typische, wiederholt* vorkommende Missverständnisse« (Barmeyer 2000, 109). Critical Incidents können definiert werden als:

»Episodenartige Darstellung einer Konfliktsituation (aus der Perspektive eines Beteiligten); diese Darstellungen werden in der Regel dazu benutzt, Wissen über Handlungsorientierungen und Gewohnheiten von Personen in einer fremden Kultur und/oder über Mechanismen der Bearbeitung interkultureller Situationen zu gewinnen.« (Müller-Jacquier 1999, 179).

Die Ausgangsthese bei der Untersuchung solcher Konfliktsituationen ist, dass »die Handlungsweisen verschiedener Kulturen in spezifischen Situationen differieren und dass es zu *Critical Incidents* (CI) kommt, wenn Teilhaber dieser Kulturen in Kontakt treten« (Heringer 2004, 219). Interkulturelle Missverständnisse resultieren somit aus Fehlinterpretationen des sprachlichen oder non-verbalen Verhaltens und Handelns des Kommunikationspartners, die auf Unkenntnis oder fehlender Erfahrung beruhen können.

Das Verhalten der Interaktionspartner wird als merkwürdig irritierend oder gar verletzend wahrgenommen und läßt die Interagierenden emotional reagieren (Barmeyer 2012, 34). Ein Beispiel hierfür sind Unterbrechungen des Sprechverlaufs, mit sogenannten ›Überlappungen‹, die etwa im Französischen weitaus häufiger sind und anders verstanden werden als im Deutschen, wo sie eher als ein unhöfliches ›Ins-Wort-Fallen‹ gesehen werden. Unterbrechungen und der hiermit verknüpfte Sprecherwechsel erfolgen im Deutschen tendenziell am Ende eines Satzes, im Französischen dagegen oft in der Mitte des Satzes, »wenn man den weiteren Verlauf der Äußerung ›erraten‹ hat« (was im Deutschen problematischer ist, da Verben bzw. Präfixe für Verben als wichtige Informationsträger am Satzende stehen). »Der Wunsch nach Übernahme des Rederechts wird schon vorher durch eindeutige Mimik und Gestik eingeleitet. Während dies von Deutschen oft als Unhöflichkeit empfunden wird, gehört es für den Franzosen zur Normalität eines engagierten Gesprächs.« (Helmolt/Müller-Jacquier 1991, 15). Nach Raymonde Carroll erfolgen Unterbrechungen in französischen Konversationen im Allgemeinen nicht, damit ein Gesprächspartner die Aufmerksamkeit auf sich zieht und das Wort an sich reißt, sondern um sein Interesse an den Äußerungen des Dialogpartners kundzutun, ob in Form von Zustimmung, Ablehnung oder Protest. Unterbrechungen des Gesprächsflusses sind im Französischen Zeichen von Engagement, Spontaneität und Anteilnahme, während ein geregelter Sprecherwechsel ohne Überlappungen von französischer Seite – ganz im Gegensatz zu deutschen Gepflogenheiten – als eher steif und formell empfunden wird (Carrroll 1987).

Die Gründe für interkulturelle Missverständnisse bzw. ›Critical Incidents‹ können jedoch sehr unterschiedlich gelagert sein. Nehmen wir das Beispiel eines Gesprächs zwischen den Betriebsleitern zweier mittelständischer Unternehmen aus Deutschland und Frankreich bezüglich der gemeinsamen Herstellung und des gemeinsamen Vertriebs von Werkzeugmaschinen in Drittländern (Osteuropa), das aufgrund eines Details – der Struktur des Außendienstes und der Qualifikation der Außendienstmitarbeiter – scheitert. Die Gründe hierfür können sehr verschieden sein: unterschiedliche unternehmerische Organisationsstrukturen (Führungs- und Verwaltungshierarchien), unterschiedliche Qualifikationsprofile für Außendienstmitarbeiter in Deutschland und Frankreich (»agent commercial« versus »Verkäufer«), unterschiedliche Werte und Kulturstandards (Vertrautheit mit dem Zielmarkt und kulturelle Anpassungsfähigkeit versus Ausgewiesenheit durch Diplome und innerbetrieblichen Aufstieg) sowie unterschiedliche Kommunikationsstile in der Verhandlungssituation (höhere Explizitheit in Deutschland versus größere Implizitheit in Frankreich, gemäß den Unterscheidungen von E. T. Hall).

2.2.3 | Vergleichen und Verstehen – Komparatistik und Interkulturelle Kommunikation

Interkulturalität und Komparatistik, das Verstehen und das Vergleichen fremder Kulturen, werden häufig begrifflich nicht deutlich voneinander getrennt und gelegentlich sogar vermischt und verwechselt. Dies zeigt sich beispielsweise in Begriffen wie dem »**interkulturellen Vergleich**«, mit dem an sich, genauer betrachtet, ein Kulturvergleich gemeint ist. Die Begriffsverwendung ist insofern irreführend und unpräzise, als Vergleichen und interkulturelles Verstehen sehr unterschiedliche Vorgänge darstellen. Das vergleichende, komparatistische Vorgehen setzt Phänomene miteinander in Beziehung, die einen gemeinsamen, ›vergleichbaren‹ Kernbereich aufweisen und zugleich durch Unterschiede gekennzeichnet sind, aber nicht zwangsläufig in Beziehungen – etwa kultureller, kommunikativer oder politischer Art – miteinander stehen. Dies ist beispielsweise der Fall in vielen Studien des Gesellschaftsvergleichs, etwa wenn Agrargesellschaften sehr verschiedener Ausprägungen in Ostasien, Afrika und Südamerika miteinander verglichen werden.

Vergleichen sei, wie U. Schulz-Buschhaus für den Bereich der **Literaturwissenschaft** betont, für wissenschaftliche Erkenntnis »doppelt unvermeidlich«. Erst ein komparatistisches Vorgehen erlaube es, Spezifika von Nationalliteraturen herauszuarbeiten und zugleich zu generellen theoretischen Aussagen über Grundstrukturen des Literarischen zu gelangen, d. h. grundlegende theoretische Aussagen etwa über literarische Gattungen und poetische Strukturen zu treffen. Die literaturwissenschaftliche Komparatistik, die als Fach in vielen Ländern (wie auch in Deutschland) institutionell eine eher marginale Rolle spielt, stehe somit hinsichtlich ihrer Fragestellungen im Zentrum jeglicher, auch der nationalphilologisch ausgerichteten Literaturwissenschaft.»Daraus ist ein auf den ersten Blick paradoxes Desiderat zu folgern. Es verlangt, auch und gerade dann möglichst multilateral zu vergleichen, wenn die Erkenntnisabsicht auf das Charakteristische, Spezifische und Einzelsprachliche gerichtet wird. Eben das, was an der ›Nationalliteratur‹ eventuell ›national‹ ist, läßt sich nämlich nicht allgemein und exemplarisch feststellen, sondern – ob wir es wollen oder nicht – allein komparatistisch.« (Schulz-Buschhaus 1979, 227).

In der **Geschichtswissenschaft** nehmen vergleichende und interkulturelle Studien bisher immer noch eine eher marginale Rolle ein (Haupt 1995; Werner/Zimmermann 2004). Am ehesten sind sie noch in historischen Vergleichen der Familienstrukturen, der Bevölkerungsentwicklung, der politischen Kultur und der religiösen Systeme zu finden (Mitterauer 1992; Dinges 2004; van Dülmen 2001, 113–116; Burke 1992, 22–28). Auch zivilisationsvergleichende Studien, etwa zwischen Japan und China,»werden selten angestellt, am ehesten noch in der kulturell wenig spezifischen Wirtschaftsgeschichte« (Osterhammel 1996, 144). Die Untersuchung des Globalisierungsprozesses, dessen historische Dimensionen in der Geschichtswissenschaft eine zunehmende Aufmerksamkeit finden (Gruzinski 2004; 2007; Pernau 2011), sind ohne vergleichende und zugleich interkulturell ausgerichtete Untersuchungsansätze nicht zu erfassen und stellen für die Historiker »eine enorme Herausforderung« dar (van Dülmen 2001, 116). Ein herausragendes Beispiel, in dem interkulturelle ›Beziehungsgeschichte‹ und vergleichende Kulturgeschichte verknüpft sind, stellt die Rolle des modernen Intellektuellen dar, die sich in Europa seit dem 18. Jahrhundert und im Laufe des 19. und 20. Jahrhunderts auch in nahezu allen außereuropäischen Gesellschaften herausgebildet hat. Von europäischen Modellen beeinflusst, verband sie sich in den unterschiedlichen Gesellschaften und Zivilisationen der Erde mit raumzeitlich spezifischen politischen und kulturellen Bedingungen. Ein komparatives Forschungsprogramm würde im Zivilisationsvergleich die Herausbildung einer Intelligenzija und der mit ihr verbundenen Formen von Öffentlichkeit zum Beispiel in Frankreich, Deutschland, Russland, der Türkei, Indien, China und Westafrika studieren und dabei die Fälle mit einem einheitlichen Frageraster vergleichbar machen, ohne die jeweils »kulturellen« Besonderheiten und Färbungen auf rein »strukturelle« Zusammenhänge hin zu nivellieren (Osterhammel 1996, 163).

Einen neuen und viel versprechenden Gegenstandsbereich einer vergleichenden Geschichtswissenschaft, die notwendigerweise neben dem Vergleich auch die hiermit häufig eng verknüpften interkulturellen Beziehungen einschließen muss, bildet die **Historische Anthropologie**. Sie stellt den »Menschen in seiner Komplexität und Abhängigkeit von Natur, Gesellschaft und kultureller Tradition in den Mittelpunkt« und ist, je nach Fragestellung, auf interkulturelle Vergleiche zwingend angewiesen: »Erstrebt man auf der vergleichenden Basis eine umfassende Geschichte z. B. der Jugend, so müssen Einzelbeobachtungen so verallgemeinert werden, dass spezifische Ausformungen einer Gesellschaft verloren gehen. Will man aber berücksichtigen, was Jugend in den verschiedenen Gesellschaften bedeutet und dabei unterschiedliche Bilder, Interpretationen, Umgangsformen eruieren, so müssen sie nebeneinander bestehen bleiben. Die Funktion des Vergleichs ist es dann, das je Spezifische zu verdeutlichen, die Unterschiede oder Vergleichbarkeiten herauszustellen.« (van Dülmen 2001, 114 f.). Kulturvergleich und interkulturelle Beziehungen sind zweifellos dort am engsten miteinander verknüpft, wo verschiedene Nationen durch eine **gemeinsame Geschichte** verbunden sind, eine Konstellation, die auch als »Shared History«, »Connected History« oder »Histoire croisée« (›überkreuzte Geschichte‹) bezeichnet wird (Werner/Zimmermann 2002; Espagne 1994; Subrahmanyam 1997). Transnationale und transkulturelle Verflechtungen dieser Art, die sich in ihrer Komplexität erst durch die Verbindung von vergleichenden und interkulturellen Analysen erschließen, liegen beispielsweise in den Beziehungen zwischen Mutterland und Kolonien vor.

Ein charakteristisches und zugleich äußerst konfliktuelles Paradigma einer »Connected History« bilden die Beziehungen zwischen Frankreich und Algerien, der wichtigsten französischen Siedlungskolonie außerhalb Europas. Dort lebten noch zu Beginn der 1950er Jahre eine Million Algerienfranzosen, die nach dem Ende des Algerienkriegs (1954–62) großenteils das Land verließen, ebenso wie hunderttausende von Algeriern, die auf der Seite der Franzosen gekämpft hatten (die »Harkis«). Die französisch-algerischen Beziehungen und insbesondere das Schicksal der »Harkis«, die am Ende des Algerienkriegs zu Zehntausenden von Anhängern des Front de Libération Nationale de l'Algérie (FLN) massakriert wurden und deren Überlebende in Frankreich bis in die Gegenwart hinein soziale Benachteiligungen erfahren, gehören zu den lange Zeit weitgehend tabuisierten und verdrängten Bereichen eines gemeinsamen algerisch-französichen *interkulturellen Gedächtnisses* (Mouralis 1999).

Auch die Beziehungen zwischen Deutschland und seinen Kolonien in der Epoche 1884 bis 1918 waren Teil einer »gemeinsamen Geschichte«, die durch politische, kulturelle und ökonomische Abhängigkeit, durch vielfältige interkulturelle Beziehungen, bis hin zu einer ganzen Reihe deutsch-afrikanischer Familien, und schließlich durch gewaltsame Konflikte wie den Aufstand der Herero und seine brutale Niederschlagung (1904) gekennzeichnet waren (Deutsches Historisches Museum 2004; Gouaffo 2004).

Die in der Geschichtswissenschaft lange Zeit lediglich im Rahmen einer national orientierten Geschichtsschreibung gesehenen Beziehungen zwischen rivalisierenden Nationalstaaten wie Deutschland und Frankreich werden somit zunehmend im Rahmen der Konzeption einer »gemeinsamen Geschichte« neu perspektiviert und interpretiert. Diese ist seit dem 18. Jahrhundert durch intensive interkulturelle, politische und ökonomische Austauschbeziehungen, zugleich jedoch durch Konflikte und Kriege sowie Formen der radikalen Abgrenzung und Abschottung charakterisiert (Werner/Zimmermann 2002). In allen diesen Fällen lässt sich nicht nur von einer ›gemeinsamen‹ oder ›verflochtenen Geschichte‹, sondern auch von einem gemeinsamen, **interkulturellen Gedächtnis** (»mémoire interculturelle«) sprechen. Dieses hat sich neben den nationalen Gedächtnisformen und -ritualen herausgebildet, wurde aber aufgrund der konfliktuellen und oft geradezu traumatischen Dimension vieler interkultureller Beziehungen häufig verdrängt und erst in den letzten Jahrzehnten ansatzweise aufgearbeitet.

Auch in der **Fremdsprachendidaktik** und hier insbesondere im Bereich der Kultur- und Landeskunde kommt dem Vergleich eine herausragende und mit interkulturellem Verstehen eng verknüpfte Bedeutung zu. Selbst grundlegende soziale und kulturelle Tatsachen wie Einwohnerzahlen, Immigration, Medienkonsum oder Arbeitslosigkeit gewinnen erst dadurch einen signifikanten Erkenntniswert, dass sie mit den entsprechenden Daten anderer Länder kontrastiert werden. In der Fremdsprachendidaktik lässt sich eine zunehmende Aufgeschlossenheit gegenüber komparatistischen Fragestellungen erkennen. Bei kulturell relevanten Aussagen werden zwar in zunehmendem Maße Vergleiche herangezogen, vor allem in landes- und kulturkundlich ausgerichteten Lehrwerken und Studien, allerdings häufig »implizit, unbewusst und ohne Angabe des Vergleichsobjektes. Wer eine fremde Kultur beschreibt, teilt mit, was ihm als unerwartet, als typisch aufgefallen ist, d. h. aber, er beschreibt auf dem Raster der Gegebenheiten seines eigenen Landes. Viele Stereotype und subjektive Aussagen lassen sich vermeiden, wenn ein solcher Vergleich explizit und methodisch abgesichert ist« (Spillner 1997, 107 f.).

Insbesondere die **Kontrastive Linguistik**, die sich in Bereichen wie der Übersetzungswissenschaft und der Sprachlehrforschung in den letzten Jahrzehnten zunehmend auch interkulturelle Fragestellungen erschlossen hat, hat eine differenzierte Methodik des Vergleichs entwickelt, vor allem in den Bereichen des Übersetzungsvergleichs (Vergleich zwischen Ausgangstext und zielsprachiger Textadaptation, Analyse von Nachdichtungen/Textneuschöpfungen), des situationsadäquaten Textvergleichs (Vergleich von Texten aus identischen Sprechsituationen im Hinblick auf Textaufbau, Argumentationsstrategien etc.) und der Textsortenkontrastierung (Vergleich von Textsorten wie Stellenanzeigen, Werbeanzeigen oder Gebrauchsanweisungen in unterschiedlichen Kulturen) (Spillner 1997; Venohr 2007). Sprachvergleichend-kulturkontrastive Untersuchungen dieser Art bilden eine wichtige Grundlage für interkulturelle Analysen, beispielsweise für Untersuchungen interkultureller Missverständnisse (s. Kap. 2.2.2) und Kulturtransferprozesse (s. Kap. 5).

Interkulturelle und komparatistische Ansätze sind somit eng miteinander verknüpft. Phänomene des Kulturaustauschs und des Kulturtransfers schließen immer auch kulturelle Vergleiche ein, da zu ihrer Analyse der »Vergleich von Ausgangs- und Rezeptionssituation« (Werner 1997, 98) untrennbar hinzugehört. Ein Beispiel hierfür ist die europäische Musikkultur der Frühmoderne.

»Ein Vergleich etwa der Konzertkultur in Deutschland, Frankreich und England während der ersten Hälfte des 19. Jahrhunderts wird um vieles prägnanter, wenn nicht nur die Zirkulation der entsprechenden Musiker und Komponisten, die internationalen Wechselwirkungen auf der Ebene des Repertoires und schließlich die ebenfalls internationalen Verflechtungen im Musikverlags-, Presse- und Konzertorganisationswesen einbezogen werden. In all diesen Teilbereichen fanden entscheidende Kontakte, Transaktions- und kulturelle Aneignungsprozesse statt, deren Analyse für den Vergleich von entscheidender Bedeutung ist.« (Werner 1997, 98).

Grundlegend ist von der Feststellung auszugehen, dass die Begegnung mit anderen Kulturen immer und unausweichlich Verstehens- und zugleich Vergleichsprozesse hervorruft. Interkulturelle Kommunikation beruht somit auf der Verknüpfung von interkulturellem Verstehen und interkulturellem Vergleichen. **Interkulturelles Verstehen** lässt sich als ein hermeneutischer Vorgang definieren, der sowohl eine wissensbasierte (kognitive) als auch eine emotionale (affektive) Dimension aufweist.

Das Verstehen anderer Kulturen und ihrer Angehörigen basiert somit neben Fremdsprachenkenntnissen und landeskundlichem Wissen auch auf emotionalen Reaktionsmustern wie ›Faszination‹ (in Formen etwa wie der ›Frankophilie‹ oder dem Exotismus) und ›Ablehnung‹. Es setzt zudem Vergleichen voraus und impliziert geradezu konstante interkulturelle Vergleichsvorgänge zwischen Eigenem und Fremdem, eigener und anderer Kultur. Dieses **permanente Vergleichen im Prozess des
Verstehens anderer Kulturen** lässt sich in allen Phänomenen Interkultureller Kommunikation beobachten: im Tourismus – etwa in den Reaktionen auf andere Essens-
und Kleidungsformen – ebenso wie im Fremdsprachenunterricht und in den unterschiedlichsten Formen der interkulturellen Interaktion, der Begegnung und des Gesprächs mit Angehörigen anderer Kulturen. »In allen interkulturellen Situationen
werden unbewußt und bewußt Vergleiche angestellt; ohne Vergleichshandlungen
kann sich kein Sprecher in die Perspektive des andern hineinversetzen, und auch
einfache Berichte über fremde Kulturen kommen ohne Vergleiche nicht aus. Der Vergleich wird demnach als Voraussetzung zur Diskussion gestellt, wie auch als Intention oder Thema dieser Kommunikation selbst.« (Müller-Jacquier 1986, 34). Vergleichen ist in den meisten Fällen mit Bewertungskriterien verknüpft und »für interkulturelle Situationen charakteristisch [...] Der Vergleich stellt eine, wenn nicht die *kognitive* Operation zur Erkenntnisgewinnung dar: Neues, Fremdes wird auf der
Vergleichsgrundlage des bisher Erfahrenen integriert.« (ebd., 37).

Müller-Jacquier unterscheidet im Hinblick auf die Analyse der Form und Funktion
von Vergleichen sechs **interkulturelle Vergleichstypen**:

1. **Abordination:** die Herstellung einer ›Identitätsrelation‹, d. h. die Feststellung
   weitgehend ähnlicher Phänomene

   Beispiel:
   »Der Politologe Pierre Rosanvallon, der in Paris und Chicago lehrt, hat den Spedi-
   teurskonflikt der vergangenen Woche als ›Fallbeispiel für politisches Fehlverhal-
   ten‹ in Frankreich bezeichnet. [...]. Aufgabe jeder Regierung [der französischen
   wie anderer Regierungen] sei es, zwischen Privatinteressen zu vermitteln – was
   sie wieder einmal auf Kosten der Steuerzahler verweigert habe.« (»Im Zweifel auf
   die Barrikaden. Militante Protestkultur, nachgiebiger Staat: Frankreichs Trans-
   portgewerbe entfacht einen europäischen Flächenbrand«, *Die Zeit*, 14.1.2000,
   S. 8).

2. **Thematisierung gegensätzlicher Inhalte und Erwartungen:** die Feststellung,
   dass beobachtete oder erfahrene Phänomene mit den Erwartungen nicht übereinstimmen

   Beispiel:
   »An dieser Stelle muß ich Ihnen meine Enttäuschung mitteilen. Da ich Roman-
   ciers und anderen phantasievollen Schriftstellern Glauben schenkte, hatte ich davon geträumt, Ihnen aus Deutschland einen Bericht voller Einzelheiten über bizarre Sitten und Szenen exzentrischen Lebens übermitteln zu können. Leider sind
   die Sitten hier wie anderswo, aufgrund der Erfindung der Dampfmaschine und
   der Eisenbahnen, die die Mobilität so erleichtert haben, mittlerweile durch eine
   beklagenswerte Einförmigkeit gekennzeichnet.«

(Nevers 2002, 69; in der Tageszeitung *La Presse* in Montréal veröffentlichter Bericht (»Lettre de Berlin« 31.5.1888) über die Eindrücke des kanadischen Schriftstellers E. de Nevers).

3. **Graduelle Differenz:** etwas Identisches wird graduell anders qualifiziert oder quantifiziert

Beispiel:
»Es ist nicht so, dass es in Frankreich niemanden gäbe, der eine andere Handhabung von sozialen Konflikten forderte – vorbeugen, verhandeln, nicht immer nur nachgeben. So hat etwa die linke Tageszeitung *Libération* eine Reihe von namhaften Ökonomen als Kommentatoren verpflichtet, die regelmäßig die französischen Unsitten der Protesterstickung mit finanziellen Mitteln anprangern. Die Stimmen einer Vernunft, die deutschen Ohren vertraut klingen – allein, der Staat nimmt sie nicht zur Kenntnis.« (»Im Zweifel auf die Barrikaden«, 14.1.2000).

4. **Negation/Nicht-Phänomen:** Angabe eines Nicht-Vorhandenen, das jedoch prinzipiell sein könnte

Beispiel:
»Undenkbar, dass einer von ihnen [den französischen Politikern] angesichts von Kleinunternehmern mit eindrucksvollen Benzinrechnungen und traurigen Geschichten über ihre Überlebensperspektiven gefordert hätte, der Staat solle jetzt seine Ordnungsmacht durchsetzen«. (ebd.).

5. **Existieren:** Aufzeigen kulturspezifischer Phänomene

Beispiel:
»Selbst wenn die öffentliche Ordnung gestört ist, rufen die Franzosen nicht nach der Polizei. Als die Behinderungen durch die Blockaden der Fuhrunternehmer ihren Höhepunkt erreicht hatten, veröffentlichte die Boulevardzeitung *Le Parisien* eine bemerkenswerte Umfrage: Danach unterstützten insgesamt 88 Prozent die Blockaden der Spediteure. Unter den befragten Rentnern – gemeinhin eine ängstliche Bevölkerungsgruppe – bekannten sich sogar 98 Prozent zu den Störenfrieden. Das ist ein alter französischer Reflex: Wer gegen die Obrigkeit auf die Barrikaden geht, wird schon Recht haben.« (ebd.).

6. **Meta-Vergleich:** Vergleich von Unterschiedsgraden in mehreren Kulturen und Gesellschaften

Beispiel:
»Blockierte Raffinerien legen Frankreich und Großbritannien tagelang still. Straßensperren in den Niederlanden, Drohungen mit Verkehrsblockaden auch in Deutschland. Lässt sich die Regierung erpressen? In Frankreich gilt immer: Auch gewaltsamer Protest gilt dort als legitim – wenn es nur gegen die Obrigkeit geht.« (ebd.).

Die Analyse der Verwendung und Funktion von Vergleichstypen in interkulturellen Texten oder Kommunikationssituationen zeigt, dass diese häufig einskalig ausgerichtet sind, d. h. die eigene Kultur mit der anderen kontrastieren und somit Übereinstimmungen oder Abweichungen feststellen. Das Fremde erscheint als »additive Reihe von Abweichungen« von der eigenen, gewissermaßen als Bezugsstandard gedachten Kultur. **Einskalige Vergleiche** enthalten tendenziell häufiger ahistorische, relational-einseitige und stereotypenfördernde Aussagen als **mehrskalige Vergleiche**. Letztere, die der Typ des Metavergleichs (6. Vergleichstyp) repräsentiert, erlauben hingegen grundsätzlich eine stärkere Differenzierung der Aussagen sowie eher die Möglichkeit des Perspektivenwechsels.

Für die Definition des Verhältnisses von Verstehen und Vergleichen ist in der Kulturanthropologie die grundlegende begriffliche Unterscheidung zwischen **etischer** und **emischer Beschreibung** von Kulturen entwickelt worden, in Analogie zur phonetischen und phonemischen Beschreibung in der Sprachwissenschaft. Die Verwendung etischer Kategorien bzw. Beschreibungsmuster bedeutet, auf eine fremde Gesellschaft und Kultur äußere Verstehenskategorien anzuwenden, u. a. auf der Grundlage interkultureller Vergleichstypen. Die Verwendung emischer Kategorien hingegen impliziert, eine fremde Gesellschaft weitestgehend in ihrer inneren Logik, d. h. über ihre eigenen Regeln und Codes, zu verstehen:

»Im etischen Modus verwenden die Forscher Begriffe und Kategorien, die der Sprache der Theorie eigen und von der untersuchten Gemeinschaft unabhängig sind [...]. Im Gegensatz dazu erhebt die emische Perspektive den teilnehmenden Informanten in die Position des obersten Richters über die in der Beschreibung verwendeten Kategorien und Begriffe. Ziel einer emischen Beschreibung ist das Freilegen der Kategorien, die für Mitglieder einer Kulturgemeinschaft bedeutsam sind, die sie verwenden, um ihr Leben zu organisieren, und an die sie ihr Verhalten anpassen. Essgewohnheiten sind ein gutes Beispiel dafür.« (Coulmas 2003, 21).

Beispiele für die Anwendung einer emischen Untersuchungsperspektive sind die kulturspezifische Bedeutung von »foie gras« (Gänseleberpastete) in der französischen Gesellschaft oder der Stellenwert von Nudelgerichten in der japanischen Gesellschaft. »Foie gras« kann, auf der rein sprachlichen Ebene, mit ›Gänseleberpastete‹ übersetzt werden. Ein Vergleich zwischen Essensprodukten würde, auf der lebensweltlichen Ebene, graduelle Unterschiede in Konsistenz, Qualität und Preis zutage fördern, etwa im deutsch-französischen Vergleich. Eine emische Herangehensweise hingegen wäre auf das Verstehen der soziokulturellen Essensrituale und -codes ausgerichtet, die mit dem Verzehr von »foie gras« in Frankreich verknüpft sind. So wird diese als Vorspeise und nicht als Brotaufstrich verwendet, sondern mit getoasteten, in Servietten eingehüllten und dem Gast vom Kellner in einem Brotkorb oder auf einer Servierplatte gereichten Weißbrotscheiben verzehrt; zum »foie gras« werden bestimmte Weine wie Sauterne serviert. »Foie gras« gilt zudem in Frankreich als exquisite, teure Vorspeise, die insbesondere im Familienkreis bei besonderen, festlichen Anlässen (wie Weihnachts- oder Geburtstagsfeiern) oder exklusiven Geschäftsessen verzehrt wird und als Bestandteil eines gehobenen soziokulturellen Habitus gilt. In Frankreich spielt, ganz im Gegensatz zu Deutschland und den USA, hierbei die Diskussion um die Tierquälerei bei der Produktion von »foie gras« keine oder nur eine äußerst marginale Rolle.

Am Beispiel der in Japan weit verbreiteten Nudelgerichte erläutert Coulmas die Notwendigkeit einer emischen Herangehensweise, um ein kulturspezifisches Ordnungssystem wie das der Nahrungsmittel zu verstehen:

»In jedem Supermarkt wird eine große Vielfalt von Nudeln verkauft: Makkaroni, *Ramen*, *Soba*, *Somen*, Spaghetti, Spinatnudeln, *Udon* und andere mehr. Trotz der offenkundigen Ähnlichkeit dieser Artikel, was ihre Form, die Bestandteile, den Nährwert und die Herstellung betrifft, ist

eine solche Liste im kulinarischen Universum Japans wenig sinnvoll. Nicht weil sie unvollständig ist, sondern weil sie Kategorien durcheinander bringt. Eine derartige Liste würden Ethnologen etwa in Warenverzeichnissen von Läden oder Großhändlern nirgends finden. Auch im Supermarkt würden sie diese Artikel nicht alle zusammen auf einem Regal antreffen. [...]. Niemand würde im Traum daran denken, *Udon* mit Tomatensoße und Parmesan zu essen (obgleich das Überschreiten von Kategorien in umgekehrter Richtung möglich ist: *Wafū*-Spaghetti oder japanische Spaghetti mit Dorschrogen und getrocknetem Seetang sind ein weit verbreitetes Gericht). *Soba* mit Gabel und Löffel zu essen ist barbarisch; Spaghetti so zu essen ist hingegen unanstößig.
›Nudeln‹ sind mithin im Japanischen keine bedeutungsvolle Kategorie. *Menrui*, die dem am nächsten kommende Übersetzung, würde – unbeschadet ihres chinesischen Ursprungs – weder Spaghetti noch andere italienische Pasta mit einschließen.« (Coulmas 2003, 21 f.).

Beide Untersuchungsperspektiven sind miteinander verknüpft. Der für die etische Beschreibung von fremden Kulturen charakteristische Prozess des Vergleichs bildet eine grundlegende Voraussetzung für emisches Verstehen. Für die Analyse interkultureller Phänomene und Prozesse und insbesondere auch für die **interkulturelle Fremdsprachendidaktik** erweist sich die Unterscheidung von emischer und etischer Untersuchungsperspektive als sehr fruchtbar. Während für die etische Perspektive die Unterscheidung interkultureller Vergleichstypen eine wichtige methodische Grundlage bildet, stellt die konfrontative Semantik für die emische Analyse ein wichtiges methodisches Instrument dar. Müller-Jacquier (1980) unterscheidet diesbezüglich **vier Analyseebenen**, die in der Fremdsprachendidaktik den Etappen des sprachlichen und kulturellen Bedeutungserwerbs entsprechen; diese sollen anhand des Begriffs ›Nation‹ erläutert werden:

- die **sprachliche Ebene**: (Wörterbuch-)Bedeutung von Wörtern und Begriffen: Hier ließe sich etwa der Begriff ›Nation‹ im Deutschen mit ›nation‹ im Englischen und Französischen und ›nación‹ im Spanischen übersetzen;
- die **weiteren Wort- und Begriffskontexte**: lexikalisch-semantische Felder, in die sich ein Wort oder Begriff in einer fremden Kultur einordnet. Das Begriffsfeld ›Nation‹ umfasst im Französischen und Englischen erstens, in Analogie zum Deutschen, u. a. die Begriffe ›national‹, ›nationalisme‹ (Nationalismus), ›nationalisations‹ (Verstaatlichungen) im Französischen; zweitens Begriffe, die völlig andere Bedeutungsdimensionen aufweisen, wie ›patrimoine national‹ (nationales Kulturerbe); und drittens Wort- und Begriffsfelder, die mit dem analysierten Wort- oder Begriffsfeld in Beziehung stehen. Für den Begriff ›Nation‹ sind dies im Deutschen die Begriffe und Begriffsfelder ›Volk‹ und ›Vaterland‹, im Französischen ›Peuple‹ (Volk) und ›Patrie‹ (Vaterland), im Englischen u. a. ›Patriotism‹ und ›Our Country/ Our Land‹;
- die **historische Ebene**: Ursprung, Funktion und Entwicklung eines Begriffs und der mit ihm verknüpften Begriffsfelder. Die Einbeziehung der historischen Dimension verweist auf sehr unterschiedliche Entstehungskontexte beispielsweise des modernen Begriffs ›Nation‹, der in den USA mit den Idealen der Amerikanischen Revolution, in Frankreich seit der Französischen Revolution mit der republikanischen Tradition und in Deutschland seit den anti-napoleonischen Befreiungskriegen mit einer ethnischen Grundlegung von Nation (›deutsches Wesen‹, ›deutsches Blut‹, ›deutsche Sitte und Eigenart‹, Ernst Moritz Arndt) verknüpft wurde;
- die **pragmatische Ebene**: Verwendungs- und Funktionsweisen eines Wortes oder Begriffs und der mit ihm assoziierten Wort- und Begriffsfelder. So werden der Begriff ›Nation‹ und die mit ihm assoziierten Felder in erster Linie im politischen Diskurs verwendet und nehmen hier in jeder Kultur eine spezifische Funktion ein,

etwa bei Nationalfesten und Gedenkfeiern (Rituale im Sinn von Hofstede). Der Begriff ›Nation‹ wird beispielsweise in Frankreich im politischen, aber auch im sozialen Diskurs nicht nur weit häufiger und selbstverständlicher verwendet als im Deutschen; er wird auch von einem weitaus stärkeren politischen und sozialen Konsens getragen, ist deutlich positiver besetzt und wird, ebenso wie etwa in den USA und Großbritannien, mit kollektiven Identifikationsfiguren und Werten verbunden.

Die interkulturelle **Vermittlung und Aneignung von Schlüsselwörtern**, insbesondere von Schlüsselbegriffen, wie der erwähnte Begriff ›Nation‹, stellt einen zentralen Bereich interkultureller Fremdsprachendidaktik und allgemein interkulturellen Lernens dar. Sie erlauben, ausgehend von der grundlegenden sprachlichen Ebene, eine Sensibilisierung für die unterschiedlichen Ebenen fremder Kulturen, die der kulturanthropologische Ansatz etwa von Thomas und Hofstede unterscheidet (s. Kap. 2.1.6). Das Vergleichen der kulturellen Implikationen von Sprache und Sprachgebrauch, für die Schlüsselbegriffe ein besonders ergiebiges Material bilden, ist somit mit interkulturellen Lern- und Verstehensvorgängen eng verknüpft. Es bildet hierfür eine grundlegende Voraussetzung, wie Müller-Jacquier betont:

»Wenn bei interkulturellen Kontakten – auch wenn sie auf der Basis *einer* (Verkehrs-) Sprache [wie dem Englischen] ablaufen – unterschiedliche Begriffssysteme aufeinander treffen, die oft auch einen sozial-historischen Entwicklungsstand repräsentieren, so wird aufgrund des oben Gesagten die Eingangsthese bestätigt, daß Verstehensprobleme *notwendig* entstehen müssen. Der Fremdsprachenunterricht hat dabei die Aufgabe, sie *präventiv* oder in *authentischer Auseinandersetzung* mit einer anderen Kultur transparent zu machen und sie produktiv in eine (selbst)reflektierte Lernstrategie zur Erfahrung von Anderem zu überführen.« (Müller-Jacquier 1980, 119).

Die Sprachwissenschaftler und Konversationsforscher H. J. Heringer (2014) und M. Agar (1994) haben ergänzend zum Begriff des ›Schlüsselworts‹ die Begriffe ›Rich Point‹ und ›Hotword‹ entwickelt. Mit ihnen sind kulturell aufgeladene – und damit für interkulturelle Kommunikationssituationen besonders wichtige – Wörter gemeint. Unter **Hotwords** versteht Heringer (2014, 181) »Wörter, die in der Geschichte, im gesellschaftlichen Leben eine besondere Rolle spielen, Wörter, an denen Argumentationen und Emotionen hängen, positiver oder negativer Art«. Mit Hotwords, zu denen etwa Begriffe zählen wie ›Heimat‹ im Deutschen, ›Ehre‹ im Türkischen oder ›Würde‹ (Jom) in der im Senegal dominierenden Wolof-Sprache, verbindet sich das von Agar entwickelte Konzept der **Rich Points** (Agar 1994). Hiermit bezeichnen M. Agar und H. J. Heringer Stellen und Situationen, »an denen in der Kommunikation häufiger Probleme auftreten« (Heringer 2014, 166). Häufig sind sie mit kulturspezifischen Rede- und Kommunikationskonventionen verbunden – wie zum Beispiel mit Begrüßungs-, Verabschiedungs- und Anredeformeln (Gebrauch des »Du« oder des »Sie«) – und an kulturelle Schlüsselwörter geknüpft:

»Rich Points sind meist an Wörter gebunden, sind kristallisiert in Wörtern. Das ist notwendig so, weil alles, was relevant ist, in Worten gefasst wird. So wird es auf den Punkt gebracht, für uns leichter fassbar und darum kommunikativ nutzbar. Wörter, die Rich Points zusammenfassen, sind Hotwords.

Das Hotword-Konzept geht aus von Agards Idee der Rich Points. Es fokussiert aber auf einzelne Wörter, die durch wichtige kulturelle Tatsachen geprägt wurden. Hotwords kondensieren ihre wesentlichen Elemente [...],

- weil sie brennende Fragen dieser Kultur behandeln,
- weil sie strittig sein mögen,
- weil sie kulturelle Brennpunkte behandeln,
- weil sie aktuell sind« (Heringer 2014, 181).

Die interkulturelle Fremdsprachendidaktik enthält methodische Ansätze, die auch in anderen Bereichen, etwa bei interkulturellen Trainings (s. Kap. 3.5), eingesetzt werden. Sie betont zugleich die zentrale und häufig in der Interkulturellen Kommunikation unterschätzte Rolle von Sprache sowie die Bedeutung von Sprachkenntnissen, auf den verschiedensten Niveaus, für das Verstehen anderer Kulturen. Die Kenntnis und das Verständnis wichtiger Schlüsselbegriffe anderer Kulturen eröffnen einen grundlegenden Zugang zu ihren Werten und Kulturstandards. Erst eine sehr gute Beherrschung der Muttersprache der Kommunikationspartner – und nicht (nur) einer Vermittlungssprache wie des Englischen – erschließt jedoch die Möglichkeit, sowohl im Arbeitskontext als auch im privaten Leben an Kommunikationsregistern wie Humor und Ironie (s. hierzu Kap. 3.3) teilzuhaben und hierdurch bei Kommunikationspartnern aus anderen Kulturen persönliches Vertrauen zu gewinnen. Die Bedeutung, die der Beherrschung der eigenen Sprache durch ausländische Kommunikationspartner beigemessen wird und die hiermit verbundene ›Toleranz‹ (z. B. hinsichtlich Fehlern) ist in den verschiedenen Kulturen sehr unterschiedlich. So lassen sich diesbezüglich große Unterschiede zwischen Deutschland und den USA auf der einen Seite und Frankreich auf der Seite feststellen:

»In bestimmten Ländern, wie in Deutschland oder den USA, ist Kommunikation tendenziell ein funktionales Mittel, um den Informationsaustausch zu gewährleisten. Es herrscht Toleranz gegenüber dem unpräzisen oder grammatikalisch nicht ganz korrekten Gebrauch der Sprache. In Frankreich dagegen werden sprachliche Fehler weniger toleriert, denn Sprache ist vor allem ästhetisches Ausdrucksmittel und individuelles Attribut des sozialen Ranges, auch in Unternehmen. Die Form ist genauso wichtig wie der Inhalt, d. h. mit welchen Formulierungen und welchem Wortschatz Gedanken zum Ausdruck gebracht werden, ist von großer Bedeutung. Hier zeigt das Individuum, auch der Manager, seinen Intellekt, sein Wissen und seinen *Esprit. Esprit* vereinigt Individualität, Originalität, Kreativität, geistreiches Argumentieren, Witz und Scharfsinnigkeit.« (Barmeyer/Schlierer/Seidel 2007, 270 f.).

Das Beispiel verdeutlicht, dass Kulturstandards nicht losgelöst betrachtet werden können von Kommunikationsprozessen. Die nach Barmeyer u. a. (2007) für Frankreich *spezifischen* Kulturstandards Solidarität, Vertrauen und Rationalismus sind z. B. eng verknüpft mit Kommunikationsstilen, die ebenso verbale wie non-verbale Register umfassen.

3 Interaktion

3.1 | Interaktionsanalyse: Interkulturelle und kulturkontrastive Ansätze

Unter ›Interkultureller Interaktion‹ sind Formen der Begegnung zwischen Angehörigen verschiedener Kulturen zu verstehen, in denen verbale Kommunikation naturgemäß eine wichtige, aber keineswegs ausschließliche Rolle spielt. Neben der verbalen Kommunikation und der mit ihr eng verknüpften paraverbalen Kommunikation (Intonation, Sprechrhythmus etc.) sind die non-verbale Kommunikation und die mediatisierte Kommunikation zu unterscheiden.

Unter **non-verbaler Kommunikation** werden Gestik, Mimik, Proxemik (Körperbewegungen im Raum) sowie non-verbale Handlungen gefasst, die häufig Formen der verbalen Kommunikation begleiten und unterstützen. Sie haben, ebenso wie die verbale Kommunikation, eine kulturspezifische Bedeutung und einen kulturspezifischen Stellenwert. So spielen Gestik und Mimik beispielsweise in maghrebinischen und lateinamerikanischen Kulturen, aber auch in der französischen und italienischen Kultur eine weitaus größere Rolle in der interpersonalen Kommunikation als in der deutschen Kultur. Der nachhaltige Einsatz von Gestik und Mimik in der französischen Kultur, der beispielsweise beim Vergleich der Fernsehübertragungen der Neujahrsansprachen des französischen Staatspräsidenten und der deutschen Bundeskanzlerin geradezu ins Auge springt, wird wiederum von deutschen Kommunikationspartnern bzw. Zuschauern häufig als unangemessen und übertrieben empfunden. Er erfordert somit im Rahmen der interkulturellen Kommunikation einen Sensibilisierungs- und Lernprozess.

Mit **mediatisierter interkultureller Kommunikation** sind nicht lebensweltliche Interaktionssituationen, sondern ihre *Darstellung* in unterschiedlichen Medien gemeint: vor allem Presse, Film, Fernsehen, Hörfunk, Werbung und Internet. Mediatisierte interkulturelle Kommunikation bezieht sich somit zwar häufig auf die Alltagswirklichkeit, verändert und stilisiert diese jedoch oft grundlegend. Vor allem in Massenmedien wie Film und Fernsehen prägt sie in entscheidendem – und bisher zu wenig erforschtem – Maße das interkulturelle Kommunikationsverhalten der Zuschauer, Leser oder Zuhörer in der Lebenswirklichkeit, d. h. ihre Verhaltens-, Wahrnehmungs- und Reaktionsmuster gegenüber Gesprächspartnern aus anderen Kulturen.

Für die Analyse interkultureller Interaktionsprozesse ist die Unterscheidung von **kulturkontrastiven** und **interaktionistischen Ansätzen** von zentraler Bedeutung. Kulturkontrastive (englisch: *cross-cultural*) Ansätze gehen von der Feststellung grundlegend verschiedener Kulturstandards, Kommunikationsstile und Verhaltensweisen in unterschiedlichen Kulturen aus und leiten hieraus potentielle Probleme bzw. Konflikte in der Interkulturellen Kommunikation ab. Die Kulturstandardtheorie, wie sie in unterschiedlichen Ausprägungen etwa von Geert Hofstede oder Alexander Thomas entwickelt wurde, analysiert nicht den Verlauf und die Dynamik interkultureller Interaktionssituationen, sondern die dem Verhalten der Kommunikationspartner zugrunde liegenden unterschiedlichen Werte, Symbolsysteme, Rituale und Vorstellungsmuster.

Der **Vergleich unterschiedlicher kommunikativer Codes und unterschiedlicher Wertesysteme** bildet somit die methodische Grundlage kulturkontrastiver Ansätze. Ihnen liegt, explizit oder implizit, ein Modell Interkultureller Kommunikation zugrunde, das dem linguistischen Kommunikationsmodell (Sender-Kanal-Empfänger) strukturell gleicht und die Vorstellung eines ›Aufeinandertreffens‹ von Kulturen einschließt. In der Literatur zur Interkulturellen Kommunikation, vor allem auch in anwendungsbezogenen Werken wie Management-Ratgebern (Lewis 2000), wird in diesem Zusammenhang häufig die problematische Metapher des ›Aufeinanderprallens zweier Kulturen‹ verwendet. Hiermit wird auf die Vorstellung zurückgegriffen, »kulturell determinierte ›Blöcke‹ von Institutionen, Wertorientierungen, historischen Erfahrungen, Alltagspraktiken – je nach Kulturbegriff – begegneten sich schockartig in unkontrollierbarer, entpersonalisierter Form mit wenig vorhersehbaren Resultaten« (Müller-Jacquier 2004, 74; vgl. auch Blommaert 1991).

Kulturkontrastive Ansätze, die häufig auf psychologischen, anthropologischen oder kulturwissenschaftlichen Kategorien basieren, grenzen somit den Untersuchungsgegenstand ›Interkulturelle Kommunikationssituation‹ auf unterschiedliche **Interaktionsvoraussetzungen** der Kommunikationspartner ein (Müller-Jacquier 2004, 73; s. S. 52, Kap. 3.2). Nach Einschätzung von Müller-Jacquier (2004, 106), der die Grenzen des kulturkontrastiven Ansatzes beleuchtet, »beschäftigen sich über 90 % der empirischen Arbeiten unter dem Titel ›Interkulturelle Kommunikation‹ mit vergleichenden Einstellungsuntersuchungen zu kulturspezifischen Wertorientierungen, die als *Dimensionen* (Hofstede) oder als *Kulturstandards* (Thomas) in verschiedene Maßnahmen der Auslandsvorbereitung eingehen«. Es müsse, so Müller-Jacquier, »bezweifelt werden, ob die bisherigen vergleichenden Untersuchungen für die Praxis interkultureller Kommunikation so relevant sind, wie sie erscheinen. Vor allem dann, wenn Interaktionssituationen zwischen Vertretern der untersuchten Kulturen über die Phase der Erstbegegnung hinausgehen, ergeben sich nicht nur die in manchen kulturvergleichenden Untersuchungen einschränkend projektierten wechselseitigen Anpassungen, sondern auch die Reaktionen auf Anpassungsleistungen der *co-participants*, d. h. ein System der *Reaktion auf die Reaktion* mit lokalen Konventionalisierungstendenzen« (Müller-Jacquier 2004, 106 f.).

Mit »Co-SprecherInnen« (»co-participants«) sind »die in einer gemeinsamen Situation Interagierenden« gemeint, früher vereinfachend als ›Sprecher‹ und ›Hörer‹ bezeichnet. Der Terminus soll darauf hinweisen, dass alle Situationsbeteiligten die ablaufende Interaktion beeinflussen, auch wenn sie – oberflächlich gesehen – inaktiv sind und z. B. schweigen, zuhören, ihre Proxemik [Bewegungsverhalten] verändern etc.« (Müller-Jacquier 1999, 179). Es sei in der Tat, vor allem in multikulturellen Gesellschaften, in gesellschaftlichen Gruppen mit intensiven Auslandskontakten sowie in interkulturell geprägten und mehrsprachigen Grenzräumen, häufig nicht mehr auszumachen, ob ein Interaktionspartner »aufgrund persönlicher, kulturspezifisch für den Umgang mit Fremden herausgebildeter, empathisch angepasster und/oder aufgrund interaktionsadäquater Werteorientierungen handelt« (Müller-Jacquier 2004, 107).

Interaktionistische Ansätze der Analyse interkultureller Interaktionssituationen basieren überwiegend auf linguistischen Analysemethoden. Diese zielen auf die Dynamik interkultureller Interaktionssituationen und gehen davon aus, dass sich Kommunikationspartner in solchen Situationen anders verhalten als in eigenkulturellen Kommunikationssituationen. Sie greifen aufgrund ihres Vorwissens bzw. vorgeprägter Vorstellungsmuster von der Kultur des Gegenübers (die auch sehr stereotyp sein können) nicht nur auf modifizierte sprachliche und non-verbale Verhaltensmuster zurück, sondern gleichen diese in der Kommunikationssituation selbst aufgrund der beobachteten Reaktionen der Interaktionspartner auch beständig an. Der interaktionistische Ansatz zielt somit auf die *Dynamik* von Einstellungen, Vorannahmen, Anpassungsstrategien sowie von Reaktion und Gegen-Reaktionen, die sich im *Ablauf* interkultureller Interaktionssituationen beobachten lassen. Ten Thije (1997), Müller-Jacquier (1999) und Bolten (1995) beschreiben diesen **Prozesscharakter interkultureller Interaktionssituationen**, den es zu verstehen gelte, mit dem Begriff **Interkultur**. Hiermit ist die »Zwischenkultur« gemeint, die durch Kulturkontakt entsteht und die nicht nur in linguistischer, sondern auch in kulturwissenschaftlicher Perspektive zu untersuchen ist. J. Bolten definiert den Begriff wie folgt:

»Das ›Dazwischen‹ *ist* der Prozeß oder die ›Interkultur‹ [...]. In diesem Sinne fokussiert der Begriff ›Interkulturalität‹ immer auch Interaktionsprozesse, und er läßt sich genaugenommen nicht auf ausschließlich kulturvergleichende bzw. -kontrastive Ansätze anwenden« (Bolten 1995, 29).

Mark Terkessidis (2010) bezieht den **Begriff ›Interkultur‹** nicht, wie Müller-Jacquier, auf interkulturelle Kommunikations- und Interaktionssituationen, sondern auf die Lebenswelt postmoderner Gesellschaften in ihrer Gesamtheit, die durch Immigration in entscheidendem Maße geprägt sind. Diese sei nicht, wie der Integrationsdiskurs häufig suggeriere, durch die Abschottung einzelner Gruppen und die Unterscheidung von vorherrschender Norm der Mehrheitsgesellschaft und Andersartigkeit von Minderheitengruppen gekennzeichnet, sondern durch eine grundlegende kulturelle Vielgestaltigkeit. Der Begriff ›Interkultur‹, wie ihn Terkessidis verwendet, steht somit in enger Beziehung zu den Begriffen ›Diversität‹, ›Hybridität‹ sowie ›Dritter Raum‹ (»Third Space«, Homi Bhabha 1994). Er begreift Kulturkontakt nicht als ein ›Aufeinanderprallen‹ oder ›Aufeinandertreffen‹ von Kulturen, sondern als ein instabiles Vorhandensein und Interagieren sehr unterschiedlicher, sprachlich und kulturell geprägter Handlungsmuster, Kommunikationsstile und Werte. In der Lebenswelt postmoderner Gesellschaften entstünden hieraus jeweils neue, instabile Formen der Kommunikation und Interaktion. Die komplexe soziale Wirklichkeit der Gegenwart, die Terkessidis anhand seiner eigenen, deutsch-griechischen Biographie sowie anhand von durch Migration geprägten urbanen Räumen (wie Kreuzberg in Berlin-Mitte) beschreibt und untersucht, lasse sich nicht mehr mit Begriffen wie ›kulturelle Unterschiede‹ und ›kulturelle Identität‹ adäquat wiedergeben:

»Nicht die Unterschiedlichkeit der Kulturen oder der gegenseitige Respekt stehen im Vordergrund – es heißt nicht *Interkulturen*, sondern *Interkultur*, also Kultur-im-Zwischen. [...]. Einwanderung wurde oft als eine Art Störung der Harmonie in Deutschland betrachtet. Doch diese Harmonie hat nie existiert. Und Harmonie muss auch nicht immer das Ideal sein – aktuell haben wir es mit Dissonanz und Brechung, mit Unreinheit und Improvisation zu tun.« (Terkessidis 2010, 10).

›Interkultur‹ bezeichnet somit neue Kommunikationsformen und -modalitäten, die entstehen, wenn Angehörige unterschiedlicher Kulturen interagieren. Charakteristisch für Interkulturen als ›Drittkulturen‹ ist das in jeder interkulturellen Begegnungssituation (oder »Überschneidungssituation«) »aufs Neue und in einmaliger Weise geschaffene Spannungsverhältnis zwischen dem Eigenen (= dem Vertrauten) und dem Fremdem (= dem Unvertrauten). Abhängig von einer Reihe von Kontextfaktoren kann dieses Spannungsverhältnis als anregend oder überfordernd erlebt werden« (Müller/Gelbrich 2014, 3).

3.2 | Interkulturelle Interaktionsformen – psychologische und linguistische Analyseansätze

Kulturkontrastive und interkulturelle Ansätze des Verstehens interkultureller Kommunikationssituationen stellen Analysemodelle dar, die in vieler Hinsicht durchaus komplementär sind. K. von Helmolt (1997) und Müller-Jacquier, der psychologisch-vergleichende scharf von linguistisch-interaktionistischen Analyseansätzen abgrenzt und das »Primat linguistischer Analyse vor psychologischen Interpretationen« fordert (Müller-Jacquier 2004, 70), haben ausgehend von empirischen Fallbeispielen auch Möglichkeiten der Verknüpfung beider Ansätze aufgezeigt und entwickelt. Sie gehen hierbei von einem Verlaufsschema interkultureller Interaktionssituationen aus, das die Handlungsvoraussetzungen der Kommunikationspartner in den Kommunikationsverlauf einbindet und somit zwischen (a) **Interaktionsvoraussetzungen**, (b) **Interaktionsprozessen** und (c) **Interaktionsresultaten** unterscheidet.

Das Schema (s. Abb. 3.1) soll verdeutlichen, dass jede interkulturelle Kommunikationssituation von den kulturell geprägten Sprech- und Handlungskonventionen der Interaktionspartner geprägt wird, diese jedoch im Laufe des interkulturellen Kommunikationsprozesses fortlaufend situativ angepasst und verändert werden. Durch inadäquate Interpretationen des Verhaltens der Kommunikationspartner, etwa durch den Rückgriff auf stereotype psychologisierende Interpretationen (wie ›typisch übertriebene deutsche Ordnungsliebe‹, ›typisch französische Improvisation‹ oder ›typisch polnische Wirtschaft‹), kann es im Verlauf des Interaktionsprozesses zu Missverständnissen, zur Verstimmung der Kommunikationspartner und sogar zum Abbruch der Kommunikation kommen. Erfolgreich verlaufende Kommunikationssituationen, die auf hinreichender Interkultureller Kompetenz und interkulturellen Lernprozessen der Gesprächsteilnehmer (s. Kap. 3.4) beruhen, führen hingegen über das Verstehen und die Akzeptanz des Anderen zur Wertschätzung seiner Persönlichkeit und seiner Kultur.

Zur **differenzierten Analyse der Voraussetzungen** sowie **des Verlaufs interkultureller Kommunikationssituationen** hat Müller-Jacquier (1999) ein Analyseraster entwickelt, das aus zehn Komponenten besteht:
1. Soziale Bedeutung/Lexikon
2. Sprechhandlungen/Sprechhandlungssequenzen
3. Gesprächsorganisation/Konventionen des Diskursablaufs
4. Themen
5. Direktheit/Indirektheit
6. Register
7. Paraverbale Faktoren
8. Non-verbale Faktoren
9. Kulturspezifische Werte/Einstellungen
10. Kulturspezifische Handlungen (einschließlich der Rituale) und Handlungssequenzen

1. Soziale Bedeutungen/Lexikon: Hierunter wird die kulturspezifische Bedeutung von Wörtern und Begriffen verstanden, die auf den ersten Blick – nach ihrer denotativen Wörterbuchbedeutung – anscheinend leicht und problemlos übersetzt werden können, aber bei genauerem Hinsehen sehr unterschiedliche konnotative (bzw. assoziative) Bedeutungsdimensionen aufweisen.

Einige Beispiele aus unterschiedlichen kulturellen Kontexten mögen dies veran-

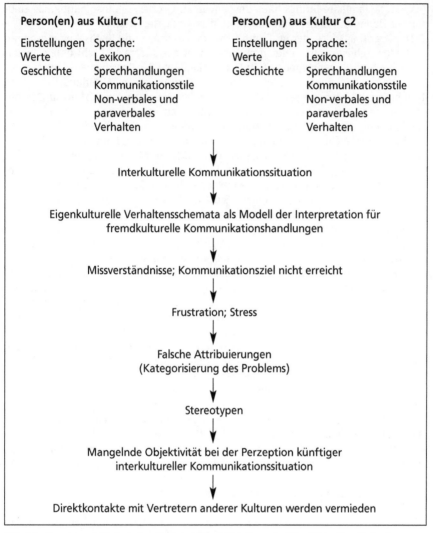

Person(en) aus Kultur C1

Einstellungen	Sprache:
Werte	Lexikon
Geschichte	Sprechhandlungen
	Kommunikationsstile
	Non-verbales und
	paraverbales
	Verhalten

Person(en) aus Kultur C2

Einstellungen	Sprache:
Werte	Lexikon
Geschichte	Sprechhandlungen
	Kommunikationsstile
	Non-verbales und
	paraverbales
	Verhalten

Interkulturelle Kommunikationssituation

Eigenkulturelle Verhaltensschemata als Modell der Interpretation für fremdkulturelle Kommunikationshandlungen

Missverständnisse; Kommunikationsziel nicht erreicht

Frustration; Stress

Falsche Attribuierungen (Kategorisierung des Problems)

Stereotypen

Mangelnde Objektivität bei der Perzeption künftiger interkultureller Kommunikationssituation

Direktkontakte mit Vertretern anderer Kulturen werden vermieden

Abb. 3.1 Phasenmodell interkultureller Interaktionssituationen (mit konfliktuellem Verlauf; eigene Darstellung nach Müller-Jacquier 2004, 75)

schaulichen. So ist der Begriff ›Familie‹ zwar im Französischen mit ›famille‹ zu übersetzen. Er bezeichnet im Deutschen jedoch die Kleinfamilie (Eltern und Kinder), im Französischen auch und in erster Linie die Großfamilie, die gleichfalls die Großeltern und die nähere Verwandtschaft einschließt, was zum Beispiel in Redewendungen wie »J'ai de la famille à Paris« (»ich habe Verwandtschaft in Paris«) zum Ausdruck kommt (Müller 1989, 313). Franzosen und Deutsche verbinden, so H. Kaelble (1997, 88), »mit ›Familie‹ und ›famille‹ nicht nur gemeinsame, sondern oft auch unterschiedliche Werte. Die Franzosen sehen die Familie etwas häufiger als ihren Lebensmittelpunkt, heiraten mehr, haben mehr Kinder, feiern mehr Familienfeste, halten im Alltag mehr Kontakt mit der Familie, aus der sie kommen. Für die Deutschen hingegen hat die familiäre Intimsphäre, die Familie als Ort der Gefühlsbindung, als emotionaler Halte- und Ruhepunkt eine besonders große Bedeutung«.

Der Begriff ›Nation‹, der im Deutschen, Französischen und Englischen morphologisch identisch ist, weist in den drei Kulturen jeweils andere und sehr unterschiedliche Bedeutungsdimensionen auf. In Deutschland, wo der Begriff ebenso wie assoziierte Wörter wie zum Beispiel ›Vaterland‹, ›Patriotismus‹, ›Vaterlandsliebe‹ und ›Nationalismus‹ ohnehin seit 1945 deutlich seltener verwendet wird als in anderen europäischen Ländern, bezieht sich der Begriff auf ein seit dem beginnenden 19. Jahrhundert geprägtes ethnisches Verständnis der nationalen Gemeinschaft. Dieses fußt in erster Linie auf der Vorstellung einer gemeinsamen Abstammung, auf einer gemeinsamen Sprache und gemeinsamen Werten. In Frankreich und den Vereinigten Staaten hingegen gründet der moderne, im 18. Jahrhundert entstandene Nationenbegriff auf der Vorstellung einer auf republikanischen Verfassungswerten beruhenden Demokratie, die in einer revolutionären Situation (Französische Revolution, Amerikanische Revolution) entstanden ist und zu der sich jedes Mitglied der Nationengemeinschaft aktiv bekennen müsse (Sontheimer 1989, 1997; Lüsebrink 1997).

Am Beispiel des Begriffs ›Leitender Angestellter‹, der für den Wirtschaftsbereich und damit für die Problematik Interkultureller Wirtschaftskommunikation eine wichtige Rolle einnimmt, wird die rechtliche Dimension kultureller Bedeutungen greifbar. Im deutschen Arbeitsrecht ist der Begriff ›leitender Angestellter‹ nicht verankert. In der Arbeitszeitverordnung (AZO) spricht man von ›leitenden Angestellten‹, wenn sie mindestens zwanzig Arbeitnehmer/innen vorgesetzt sind. In Frankreich hingegen enthält der Begriff ›Cadre supérieur‹, der noch am ehesten den deutschen Begriffen »leitender Angestellter« und »Führungskraft« entspricht, eine sowohl arbeits- und versicherungsrechtliche wie soziale Dimension. Die ›Cadres supérieurs‹ zahlen ihre Beiträge in eine eigene berufsspezifische Pensionskasse ein, gehören spezifischen Berufsverbänden und Gewerkschaften an und genießen ein herausgehobenes soziales Prestige, das sie als Zielgruppe für politische Parteien, Medien sowie für die Werbung besonders attraktiv erscheinen lässt (Hofmann 2000; Boltanski (1981/1990); Barsoux/Lawrence 1997). Die ›Cadres supérieurs‹ haben zudem häufig keine Universitätsausbildung durchlaufen, sondern eine der elitären »Grandes Écoles« besucht. Diese Elitehochschulen zeichnen sich in Frankreich durch strenge Selektionsmechanismen, eine im Vergleich zu deutschen Universitätsstudiengängen stärker generalistisch ausgerichtete Ausbildung sowie einen engen sozialen Zusammenhang zwischen den ›Ehemaligen‹ (Alumni) aus.

Wie J. Rehbein (1994) und M. Rost-Roth (1994) nachgewiesen haben, bestehen in unterschiedlichen Kulturen sehr verschiedene Vorstellungen über Krankheitsverläufe und -konzepte, relevante Krankheitssymptome und Therapieformen und selbst über die Rolle und den Stellenwert der Konsultation des Arztes. So entwickeln, wie Rehbein (1994, 133) im Anschluss an Koen (1986) darlegt, etwa türkische Patienten im Kontext der Migration das »Bewußtsein, krank zu sein und ein Recht auf Heilung« zu haben durch die schriftliche Bestätigung durch den Arzt: »Verordnungen, Einleitung eines Heilverfahrens oder Berentung.« Bei türkischen Patientinnen weckten psychosomatische Therapievorschläge (wie autogenes Training) die Vorstellung von »Geisteskrankheit«, während der behandelnde Arzt in seiner Diagnose lediglich »seelische Ursachen« für die beobachteten Krankheitssymptome diagnostiziert habe. »Die Brücke zwischen dem aufgeklärten modernen Konzept von ›seelisch krank‹ (Arzt) und der damit verbundenen archaischen Vorstellung ›geisteskrank‹ (Patientin) spiegelt die interkulturelle Kluft, die der Arzt in der Kommunikation nicht zu überbrücken vermag [...]« (Rehbein 1994, 145). Türkische Eltern besinnen sich, wie Rehbein (1985) in einer empirischen Untersuchung zu Arzt-Patientengesprächen im deutsch-türkischen Kontext feststellte, häufig bei medizinischen Konsultationen ihrer Kinder »auf eigene Erfahrungen und/oder auf ihr durch Hörensagen erworbenes Wissen über die thematisierte Krankheit, um mit diesem Wissen die Ratschläge des [deutschen] Arztes zu bewerten. Oder sie nehmen den Ratschlag des Arztes – aus welchen Gründen auch immer – nicht zur Kenntnis und verlassen damit den Beratungsdiskurs« (ebd., 359).

Auch in Kommunikationssituationen wie der ›Reklamation‹ im Einzelhandel kann es zu Missverständnissen und Konflikten kommen, weil in unterschiedlichen Gesellschaften verschiedene Vorstellungen über die mit einer Reklamation verbundenen Rechte und Verpflichtungen existieren. In Japan beispielsweise erfolgt der Schadensnachweis eher durch argumentativ-diskursive Verfahren, während in Deutschland der ›materielle Beweis‹, vor allem durch den Kassenbeleg, die notwendige Voraussetzung für die Geltendmachung einer Reklamation darstellt. Werden diese unterschiedlichen Vorstellungsmuster nicht rechtzeitig erkannt, kann es zu weiteren Komplikationen bei der Verfolgung des Handlungsmusters ›Reklamation‹ kommen (Rost-Roth 1994, 17).

Auch geläufige Wörter der Alltagskommunikation wie ›Bus‹, ›Bar‹ oder ›Sonntag‹ weisen jeweils kulturspezifische Bedeutungsdimensionen auf, deren Bewusstmachung für die interkulturellen Kommunikationssituationen eine wichtige Rolle spielt. Müller-Jacquier (2000) nennt diesen Lernprozess, der Bestandteil interkultureller Trainings sein kann, auch »Linguistic Awareness of Cultures«. So impliziert das Wort ›Sonntag‹ in Deutschland völlig andere Vorstellungen als die Wörter ›Dimanche‹ im Französischen, ›Domingo‹ im Spanischen oder ›Sunday‹ im Englischen, wo sie weder mit geschlossenen Geschäften noch mit Verboten bzw. dem Unterlassen von Handlungen wie Autowaschen, Arbeiten, Gartenarbeit und Putzen (in der Öffentlichkeit) assoziiert werden.

2. Sprechhandlungen/Sprechhandlungssequenzen: Sprechhandlungen stellen kommunikative Grundkategorien dar, durch die Handlungsintentionen wie ›Versprechen‹, ›Entschuldigen‹, ›Befehlen‹, ›Herausfordern‹, ›Bedingen‹ oder ›Auffordern‹ zum Ausdruck gebracht werden. John Searle (1969) bezeichnet diese kommunikativen Sprechakte auch als ›Performative Akte‹. Er hat dies in der sogenannten ›performativen Formel‹ »Hiermit‹ + Handlungsverb im Präsenz + Proposition« schematisiert. Beispiele hierfür sind etwa die folgenden Sätze, die jeweils Intentionen zum Ausdruck bringen (nach Müller-Jacquier 1999, 60):

- Intention »Versprechen«: »Hiermit verspreche ich Dir, dass ich Dir morgen helfen werde.«
- Intention »Befehlen«: »Hiermit befehle ich Dir, Dich sofort hinzusetzen.«

In der Interkulturellen Kommunikation sind hiermit, so Müller-Jacquier, zwei Probleme verknüpft:

»zum einen werden die Intentionen des Sprechens nur selten eindeutig mit solchen ›performativen Formeln‹ ausgedrückt. Vielmehr gibt es eine ganze Reihe von Konventionen und entsprechenden direkten und indirekten Mitteln, um verbal und non-verbal bestimmte Intentionen zum Ausdruck zu bringen. Zum anderen ist der Ausdruck bestimmter Sprechakte ganz besonderen, kulturell spezifischen Restriktionen unterworfen. Beispielsweise gilt es in verschiedenen Ländern als unfein, explizit zu widersprechen, Behauptungen aufzustellen oder auch Aussagen mit einer bestimmten Präzision zu machen.« (Müller-Jacquier 1999, 60).

So sind Zustimmungen beispielsweise in der Interkulturellen Kommunikation häufig nicht eindeutig interpretierbar. Für Kommunikationspartner aus anderen Kulturen ist oft nicht unmissverständlich erkennbar, welche konkreten Handlungskonsequenzen sich aus Aussagen ergeben und wie verbindlich Zustimmungen und die in ihr angedeuteten Handlungen sind. So gehört es im Französischen zur Gesprächskonvention, auf die Frage »Est-ce que je peux vous inviter à déjeuner demain?« (»Kann ich Sie morgen zum Essen einladen?«) zu antworten mit »Oui, si vous voulez«, was wörtlich zu übersetzen wäre mit »Ja, wenn Sie wollen«. Die korrekte, die kulturelle Bedeutung des Sprechakts erfassende Übersetzung wäre hingegen: »Ja, gerne.« Die direkte deutsche Übersetzung der französischen Antwort »Si vous voulez« klingt weitaus unverbindlicher, obwohl sie im Grunde genau das Gegenteil bedeutet. Ebenso verhält es sich mit der unterschiedlichen Bedeutung der Sprechhandlung des ›Liebenswürdigen Angriffs‹, durch die der Gesprächspartner in leicht provokativer, aber durchaus liebenswürdiger Weise auf sein Verhalten hingewiesen werden soll. Im Französischen wird in solchen Zusammenhängen häufig der Ausdruck »Mais vous êtes fou«! (»Aber Sie sind doch verrückt!«) verwendet, der auf deutsch »leicht herabsetzend« oder gar verletzend klingt, was im Französischen nicht der Fall ist (Helmholdt/Müller-Jacquier 1991, 28).

Hans Jürgen Heringer (2014, 70) zitiert zur Veranschaulichung der Kulturbedingtheit von Sprechakten und der hieraus resultierenden Missverständnisse ein Treffen des japanischen Premiers Sato Eisaku mit dem US-amerikanischen Präsidenten Richard Nixon, in dem es darum ging, eine Lösung für die diffizile Frage der japanischen Textilexporte in die USA zu finden. Sato, der von Nixon auf die Probleme nachdrücklich hingewiesen wurde, gab die Antwort »Zensho shimasu«, was so viel bedeutet wie: ›Ich kümmere mich darum, so gut ich kann.‹ Der US-amerikanische Präsident interpretierte diese Antwort als Sprechhandlung und glaubte, dass Sato sich der Lösung des Problems tatkräftig annehmen werde. Für diesen bedeutete der Satz jedoch lediglich, dass er in einer höflichen Form das Thema beenden wolle, ohne eine konkrete Lösung vorzuschlagen oder gar anzugehen.

Sprechhandlungen umfassen auch Aussageformen, die auf den ersten Blick etwa aus deutscher Sicht nebensächlich erscheinen, aber in anderen Kulturen sowohl im privaten wie im geschäftlichen Bereich von zentraler kommunikativer Bedeutung sind, wie die Verwendung von Sprichwörtern oder von Trinksprüchen. So hat S. Günthner (1993) anhand von deutsch-chinesischen Kommunikationssituationen gezeigt, dass Chines/innen Sprichwörter häufig auch im Deutschen verwenden, da dies in der chinesischen Kultur als ein Ausweis von Bildung gilt. Dies ruft bei deutschen Kommunikationspartnern häufig Befremden und Irritationen hervor, da Sprichwörter im Deutschen deutlich seltener und in anderen Situationen (wie bei Stammtischgesprächen oder beim Erzählen von Witzen und Anekdoten) verwendet werden.

Helga Kotthoff (1997) hat am Beispiel deutsch-georgischer Kommunikationssituationen die Bedeutung analysiert, die in der georgischen Kommunikationskultur den gemeinsamen Trinksprüchen zukommt. Während in Deutschland Trinksprüche nicht zwingend zu einem gemeinsamen, privaten oder geschäftlichen, Essen dazugehören und hierbei allenfalls eine punktuelle und somit eher marginale Rolle spielen, sind sie in der georgischen Kommunikation, ebenso wie in interkulturellen Kommunikationssituationen zwischen Georgiern und Angehörigen anderer Kulturen, fester Bestandteil eines kodifizierten Rituals: »In Georgien wird in der Gruppe kein Tropfen Wein getrunken, ohne daß ein Trinkspruch geäußert worden wäre. Mit einem alkoholischen Getränk gehört also ein nichtverbales Phänomen zum Strukturmerkmal der Gattung. Jeder Schluck Wein oder Sekt oder Cognac steht im Zeichen von Vergemeinschaftung und Verehrung [...] Einfach so zu trinken gilt als unhöflich« (Kotthoff 1997, 70). Dem gemeinsamen Essen steht ein »Zeremonienmeister«, in der Regel der Hausherr und Einladende, vor, der die Abfolge der Trinksprüche regelt und dafür sorgt, »daß jeder Schluck Wein einer Geste der Verehrung gleichkommt« (ebd., 71). Die Interaktionsanalyse einer deutsch-georgischen Kommunikationssituation zeigt, dass Trinksprüche auch von den Eingeladenen in zumindest vergleichbarer Form erwartet werden, d. h. als Ausdruck von »Freudebekundung, Lob und Verehrung, Aktivitäten der positiven Höflichkeit« (ebd., 75). Von dem anwesenden deutschen Gast, der in zwei Sätzen seinen Dank aussprach und Komplimente äußerte, in eher ›minimalistischer‹ Weise realisiert, wurde sein Trinkspruch trotzdem von der »gesamten Runde positiv aufgenommen. [...]. Trotz der Abwesenheit von Pathos, Überschwenglichkeit, Religiosität und anderer obligatorischer Elemente georgischer Toasts fühlten sich die Anwesenden nicht brüskiert« (ebd., 75).

3. **Gesprächsorganisation/Konventionen des Gesprächsverlaufs:** Mit ›Gesprächsorganisation‹ bzw. den Konventionen des Gesprächsverlaufs sind Formen der Organisation von Konversationen gemeint: Diese reichen von den Konventionen der Begrüßungsformeln und der Gesprächsbeendigungspassagen über den Regelapparat von Redezügen bis hin zur Länge von Redepausen, zu den Konventionen zur Behebung kommunikativer Störungen (»Repairs«, Heringer 2004, 58) und zum kulturgebundenen Zeitmanagement von Gesprächen und Gesprächssequenzen. Letztere zeigen sich beispielsweise in der kulturell sehr unterschiedlichen Länge der Begrüßungsformeln, die im Deutschen und in den meisten europäischen Kulturen im Allgemeinen zeitlich sehr begrenzt ist. In afrikanischen Kulturen wie der Wolof-Kultur im Senegal gehören Fragen nach der Gesundheit und dem Wohlbefinden nicht nur des Gesprächspartners, sondern auch seiner engeren und weiteren Familie, zu den alltäglichen Begrüßungsritualen. Längere Redepausen (oder Schweigephasen) mit einer Dauer von mehr als 30 Sekunden werden in Konversationen in der deutschen, angloamerikanischen und französischen Kultur als kommunikative Störung empfunden und dementsprechend interpretiert, etwa als fehlende Anteilnahme am Gespräch oder aber als Einsilbigkeit, Schüchternheit oder Verlegenheit des Kommunikationspartners, während sie etwa in der finnischen und chinesischen Kultur durchaus üblich sind.

Kotthoff (1989) hat im Hinblick auf Unterschiede des Kommunikationsverhaltens in den USA und Deutschland und die hieraus resultierenden interkulturellen Konfliktpotentiale u. a. den unterschiedlichen Umgang mit Komplimenten (die im Deutschen spärlicher verwendet werden), einen anderen kommunikativen Umgang mit Kritik (die im Deutschen direkter formuliert und häufiger verwendet wird) und einen anderen Vortragsstil festgestellt. Freies Reden stelle »für Deutsche keinen so hohen Wert dar wie für Amerikaner, es gibt weniger amüsante Stellen. Auch ist es nicht so, daß Unverständlichkeit in Deutschland von vornherein negativ ausgelegt wird, sondern sie scheint – im Gegenteil – gar als Anzeichen von Wissenschaftlichkeit gewertet zu werden« (Rost-Roth 1994, 25).

Ein interkulturell besonders sensibler Bereich der Gesprächsorganisation betrifft die Konventionen des Redewechsels. In der linguistischen Konversationsanalyse werden bezüglich des sogenannten **Sprecher- oder »Turn«-Wechsels** folgende fünf Typen unterschieden (Heringer 2014, 58):

- erstens der *glatte Turn-Wechsel*, in dem Überlappungen kaum vorkommen und jeder Kommunikationspartner sein Gegenüber ausreden lässt;

- zweitens das *synchrone Sprechen*, bei dem mehrere Gesprächspartner über einen gewissen Zeitraum hinweg gleichzeitig sprechen;
- drittens der *Simultanstart*, bei dem mehrere Gesprächspartner das Gespräch gleichzeitig aufnehmen;
- viertens *Frühstarts* oder ›Gesprächsüberlappungen‹, bei denen sich Ende und Anfang der Redesequenzen unterschiedlicher Kommunikationspartner überschneiden;
- fünftens *kommunikative Fehlstarts*, bei denen ein Sprecher vergeblich versucht, den Redefluss seines Gegenübers zu unterbrechen und selbst über mehrere zusammenhängende Redesequenzen hinweg das Wort zu ergreifen.

Die verschiedenen Typen des Sprecher/Turn-Wechsels weisen kulturspezifische Häufigkeiten und Bedeutungsdimensionen auf. So haben vergleichend-kulturkontrastive Analysen unter anderem gezeigt, dass Franzosen und Spanier im Allgemeinen nicht unterbrechen, um die Aufmerksamkeit an sich zu ziehen oder in unhöflicher Weise das Wort an sich zu reißen, sondern um ihr Interesse an den Aussagen des Dialogpartners zu zeigen. Ein Gespräch ohne Unterbrechungen, ob im persönlichen Rahmen oder in der mediatisierten Kommunikation (Talkshows, Interviews, politische und kulturelle Diskussionssendungen), enthält aus französischer und spanischer Sicht wenig Spannung und Emotionalität.

Welche interkulturellen Missverständnisse aus der unterschiedlichen Deutung von Redeunterbrechungen entstehen können, illustriert Heringer anhand des Beispiels einer deutsch-spanischen Kommunikationssituation:

> »Während meines ersten Spanienaufenthaltes wurde ich von Bekannten zu einem Abendessen eingeladen. Wir saßen gemütlich beisammen und unterhielten uns angeregt über Gott und die Welt. Als Deutsche wartete ich natürlich höflich ab, bis einer der Gesprächspartner zu Ende gesprochen hatte, und tat dann meine Meinung zu diesem Thema kund. Doch ich wurde ständig unterbrochen und mit der Zeit überkam mich das Gefühl, unhöflichen und unerzogenen Personen gegenüber zu sitzen. Mir wurde erst später bewusst, dass man in ihrer Kultur, und somit auch in ihrer Sprache, dem Gesprächspartner durch Unterbrechungen sein Interesse zeigt.
> Meinen Bekannten ging es nicht anders. Sie wussten nicht, was sie von mir halten sollten und waren sich nicht im Klaren darüber, ob mich nun ihre Erzählungen langweilten oder ich sie vielleicht gar nicht verstehe.« (Heringer 2014, 59).

4. Themen: Die ›Themen‹ der Kommunikation betreffen die kulturspezifischen Konventionen der Auswahl dessen, »worüber an einem bestimmten Ort zu einer bestimmten Zeit unter Einschluss bestimmter (mehr oder minder situativ rede-berechtigter) Personen etc. thematisch gesprochen wird« (Müller-Jacquier 1999, 68). Generell lassen sich große Unterschiede bezüglich der kommunikativen Präsenz von Gesprächsthemen in verschiedenen Kulturen feststellen. So hat eine diesbezügliche, kulturkontrastiv angelegte Untersuchung von Heringer (2014) zu den Gesprächsthemen ›Geschmack‹, ›Geld‹, ›Persönlichkeit‹, ›Körper‹ sowie ›Ansichten und Meinungen‹ in den USA und Japan sehr deutliche Unterschiede aufgezeigt. Durchgehend lässt sich feststellen, dass die genannten Themen, mit Ausnahme des Themas ›Körper‹, generell in Japan deutlich seltener zu Gesprächsgegenständen der privaten Kommunikation mit Eltern, Freund/innen, Bekannten und Fremden gemacht werden als beispielsweise in den USA, wo insbesondere über das Thema ›Geld‹ deutlich mehr gesprochen wird als in Japan, auch mit Fremden.

Die Verwendung oder Nicht-Verwendung von Themen in der Konversation hängt entscheidend auch mit kulturellen Höflichkeitskonventionen zusammen. Während Gesprächspartner in der chinesischen Kultur alles daran setzen, offene Nicht-Übereinstimmung und Kritik an ihrem Gegenüber zu vermeiden, sind persönliche Fragen nach dem Einkommen, dem Familienstand oder gar den Gründen, warum die »deutschen Bekannten ›keine Kinder haben‹«, die in Deutschland eher als unhöflich gelten, wiederum durchaus üblich (Günthner 2002, 306).

Kulturbedingte Unterschiede lassen sich auch hinsichtlich der bevorzugten **Kommunikationspartner** für bestimmte Themen feststellen: So stellen in den USA Freunde und Freundinnen die bevorzugten Gesprächspartner für persönlichkeitsbezogene Themen (körperliche Handicaps, Selbstbeherrschung, Sexualleben, Schuld/Scham, Stolz) dar, während hierüber in Japan auch in signifikantem Ausmaß mit der eigenen Mutter gesprochen wird. Über das Essen sprechen, so das Ergebnis der Untersuchung von Heringer, Japaner in erster Linie mit ihrer Mutter, während in den USA neben den Eltern auch Freunde/Freundinnen gleichen Geschlechts bzw. Freunde/Freundinnen ungleichen Geschlechts hierfür die bevorzugten Gesprächspartner darstellen (Heringer 2014, 151–156).

Die Thematisierung bzw. Nicht-Thematisierung von Gesprächsthemen verweist zugleich auch auf **kulturbedingte Tabuzonen**, die sich in der interpersonalen, aber auch in der mediatisierten Kommunikation zeigen. So stellen körperbezogene und insbesondere sexuelle Themen in arabischen Kulturen ein Tabuthema öffentlicher Konversation dar. Themen wie Tampons und Zahnfleischbluten, die in der deutschen Werbung präsent sind, werden in der französischen Werbung im Allgemeinen vermieden bzw. nur in sehr indirekter Weise angesprochen.

5. Direktheit/Indirektheit: Unter ›Direktheit/Indirektheit‹ ist die kulturspezifische Art gemeint, mit der Aussagen oder Sprechhandlungen unmittelbar oder aber in indirekter bzw. umschriebener Weise zum Ausdruck gebracht werden. Insbesondere die Art und Weise, Aufforderungen zu formulieren, Höflichkeitsformeln zu artikulieren und eigene Meinungen oder Vorstellungen zum Ausdruck zu bringen, beinhaltet interkulturelle Reibungs- und Konfliktpotentiale.

So kann die eher direkte Art deutscher Kommunikationspartner, zu widersprechen, Kritik zu äußern und konträre Meinungen zu formulieren, zum Beispiel bei französischen Gesprächspartnern unhöflich wirken. Sie tendieren dazu, Meinungen indirekter zum Ausdruck zu bringen, beispielsweise durch Relativierungen in Form von Konjunktivgebrauch. Französische Geschäftspartner berichten häufig davon, dass Deutsche oft nicht nur sehr hart verhandeln, sondern dies auch in einem sehr direkten Kommunikationsstil zum Ausdruck bringen, zum Beispiel in Aussagen wie: »Nein, das geht nicht. Der Preis ist 10,50 Euro.« Im Französischen besteht hingegen eine deutliche Tendenz zur indirekten Formulierung solcher Aussagen, zum Beispiel in der Form »Ich weiß nicht, ob es möglich ist, den Preis unter 10,50 Euro zu senken, aber ich werde versuchen, da noch etwas zu machen.«

Formen der Direktheit bzw. Indirektheit lassen sich auch anhand der **Vortragsstile** beobachten, die R. Meyer-Kalkus für Deutschland und Frankreich im universitären Bereich sehr genau beobachtet und analysiert hat und wie folgt beschrieb: »Der spielerische Einstieg in die Thesenexposition bei Franzosen, induktiv verstreute Beobachtungen sammelnd, aus denen dann en passant Schlüsse gezogen werden; dagegen der theoretisch-methodische Impetus deutscher Forscher, die als Präludium ihrer Darlegungen geschichtsphilosophische oder erkenntnistheoretische Voraussetzungen härtesten Kalibers servieren, in der Meinung, daß dies zur Durchsichtigkeit ihrer Argumentation hilfreich sei; – der Spaß der Franzosen an Nebensächlichem, Anekdoten und den in der Sache liegenden Absurditäten und Abstrusitäten, die mit gestisch-mimischem Talent pointiert werden; die Deutschen dagegen, die auf die neu erschlossenen Quellen oder auf die Neuheit des theoretischen Ansatzes verweisen« (Meyer-Kalkus 1990, 694).

6. Register: Mit ›Registern‹ sind funktionale Sprachvarianten oder Formulierungsalternativen gemeint, die Interagierende in Abhängigkeit von bestimmten Gegebenheiten situativ auswählen, um ›den richtigen Ton‹ zu treffen. Hierzu gehören insbesondere Humor, Ironie und Pathos, die in den unterschiedlichen Kulturen in sehr verschiedener Weise verwendet werden und zu den wichtigsten Quellen interkultureller Missverständnisse und Konflikte in der Kommunikation zählen. Humor ist häufig unübersetzbar, weniger aufgrund der hiermit verbundenen sprachlichen Probleme als wegen der häufig sehr unterschiedlichen zugrunde liegenden kulturellen Implikationen. Die weitaus häufigere Verwendung von Ironie in der französischen Kommunikationskultur trifft häufig bei ausländischen Gesprächspartnern auf Unverständnis. Ironie als ein Kommunikationsregister, mit dem häufig das Gegenteil dessen ausgedrückt werden soll, was offensichtlich gesagt wird, wird als ›unseriös‹, ›unernst‹ oder ›oberflächlich‹ interpretiert, während ironische Kommunikationsregister z. B. in der französischen Kultur häufig vor allem dazu dienen, eine gemeinsame Ebene des Verstehens (»complicité«) herzustellen, das »augenzwinkernde Verbundenheitssignale« enthält (Helmolt 1997). Mit »complicité« ist somit ein Beziehungsschema gemeint, das sich durch folgende Merkmale auszeichnet:

- »Intensivierung non-verbaler Aktivitäten (Blickzuwendungen, Mimik, Gestik, Lachen);
- manifeste Reziprozitätszuschreibungen (Anspielungen auf als gemeinsam unterstellte Empfindungen);
- Demonstration von Verbundenheit;
- Ausblendung der Handlungsfunktionalität;
- Provokation« (Müller-Jacquier 2004, 92).

7. Paraverbale Faktoren: Zu den paraverbalen Faktoren zählen die Phänomene Lautstärke, Intonation, Tonhöhe und Tonfall, Sprechpausen sowie Sprechrhythmus und -tempo, die jeweils kulturspezifischen Ausprägungen und Variationen unterworfen sind. Eine Stimme etwa kann – mit unterschiedlichen, je kulturspezifischen Konnotationen – u. a. als schwach, scharf, rau, laut, heiser, klar, warnend, stockend oder vibrierend empfunden werden. Ein Tonfall kann emotional, monoton, sachlich, schüchtern oder aber nachdrücklich, tröstend, fragend, gepresst, belehrend oder unbekümmert klingen. Welche interkulturellen Missverständnisse und Probleme aus der falschen Interpretation – oder der situationsspezifisch inadäquaten Verwendung – eines Tonfalls resultieren können, zeigt das folgende Fallbeispiel:

Eine pakistanische Bedienung, die in dem Selbstbedienungsrestaurant für höhere Bedienstete des Flughafens Heathrow bei London arbeitet, muss bei manchen Speisen nachfragen, ob die Gäste noch Soße dazu haben wollen. Dazu sagt sie ganz einfach nur Soße (»gravy«). Einige der Kunden beschweren sich schon nach kurzer Zeit über die Frau, die – ja typisch für diese asiatischen Einwanderer –

total unhöflich sei. Der Frau wird diese Beschwerde weitergegeben. Sie versteht die Welt nicht. Sie tut ihre Pflicht wie alle ande- ren auch. Sie weiß nicht, was an ihrem Verhalten unhöflich ist. Sie kann ihr Verhalten nicht ändern. Auch ob die Gäste noch Soße zum Essen haben wollen, fragt sie in der gewohnten Weise. Wieder gehen Beschwerden ein. Die Gewerkschaft greift ein. Ein gespanntes Arbeitsklima ist die Folge. (zit. nach Heringer 2014, 97).

Die – häufig in solchen Situationen – herangezogene psychologisierende Erklärung (›Die Bedienung ist unhöflich‹, ›asiatische Einwanderer sind unhöflich‹) geht völlig an der eigentlichen Ursache, nämlich den kulturspezifischen Unterschieden zwischen der Intonation im Pakistanischen und im Englischen vorbei, das die Serviererin mit einem deutlichen Akzent spricht. Während im Standard-Englisch die Betonung in einer höflichen Nachfrage nach oben geht, spricht die pakistanische Bedienung die – wegen mangelnder Sprachkenntnisse zudem nicht in Frageform formulierte – Frage entsprechend der sprachlichen Konvention ihrer Muttersprache mit einer nach unten gehenden Betonung, aber gleichfalls, aus ihrer Sicht, höflich aus. Für die englischen Restaurantgäste klingt dies jedoch ähnlich wie eine »ultimative Aufforderung, Soße zu nehmen: ›Nun nehmen Sie schon die Soße!«‹ (Heringer 2014, 97).

8. Non-verbale Faktoren: Zu den non-verbalen Faktoren zählen Gestik (Körperbewegungen ohne Positionswechsel), Mimik (Gesichtsbewegungen wie Lächeln, Stirnrunzeln) und Proxemik (Körperbewegungen, die den Kommunikationsabstand zwischen Interaktionspartnern und Fortbewegung im Raum betreffen). In allen Sequenzen interkultureller Kommunikations- und Interaktionssituationen spielt die kulturspezifische Verwendung gestischer, mimischer und proxemischer Elemente eine zentrale Rolle, neben (und in Verbindung mit) konventionalisierten Begrüßungs-, Kontaktanknüpfungs-, Anrede-, Frage- und Abschiedsformeln. Diese Komponenten der Interkulturellen Kommunikation zählen zu jenen Phänomenen, die Michael Agar **»Rich Points«** genannt hat, d. h. Stellen, an denen in der Kommunikation häufiger Probleme auftreten: »rich, with the connotations of tasty, thick, and wealthy all intended« (Agar 1994, 100; s. S. 47). So wird beispielsweise sowohl die sprachliche als auch die gestische Dimension der Interaktionssequenz ›Kontaktanknüpfen‹/›Begrüßen‹ in unterschiedlichen Kulturen sehr verschieden realisiert: In Frankreich begrüßt man sich häufig mit der Formel »Bonjour, ça va?« (›Guten Tag, wie geht es?‹) mit nach oben gehender, fragender Intonation; in den USA mit »How do you do?« oder »How are you doing today?«, beides Redeformeln der Kontaktanknüpfung, die keine direkte und vor allem keine differenzierte Antwort einfordern, sondern lediglich ein Echo-Feedback nach sich ziehen sollen (»Ça va«, »Quite well«).

In **körperlich-gestischer Hinsicht** dominiert in zahlreichen Kulturen der Händedruck. Er wird jedoch kulturspezifisch sehr unterschiedlich ausgeführt: Im Iran und in vielen arabischen Ländern schütteln Männer Frauen im Allgemeinen nicht die Hand, um jegliche physische Berührung zu vermeiden. In der malaysischen Kultur streckt der Mann beide Hände aus, streift die Partnerhände mit einer leichten Berührung und führt dann seine Hände an die eigene Brust, was die Herzlichkeit der Begrüßung zum Ausdruck bringen soll. In den USA, aber vor allem in Deutschland, ist der Händedruck intensiver und länger, vor allem bei Bekannten und bei offiziellen Anlässen (›Händepumpen‹), was in Frankreich völlig unüblich ist und als aufdringlich empfunden wird. Der Kuss als Begrüßungsform, der im Europa des Mittelalters weit verbreitet war (Collett 1994, 174), wird in den europäischen Kulturen der Gegenwart weitaus seltener und kulturspezifisch sehr verschieden verwendet. Während der Handkuss, bei dem Männer einer Frau zur Begrüßung oder zum Abschied die Hand küssen und der bis zum Zweiten Weltkrieg in Osteuropa und den Nachfolgestaaten des Habsburgischen Reiches weit verbreitet war, so gut wie ausgestorben ist, ist der Wangenkuss in Frankreich (»la bise«) und Italien (»abbraccio«) als Begrüßungsform unter andersgeschlechtlichen Verwandten, Freunden und zum Teil auch engeren Mitarbeitern (im Berufsleben) üblich. Unter gleichgeschlechtlichen Verwandten und Freunden ist der Wangenkuss seltener, aber in Frankreich, Italien und Russland – ganz im Gegensatz etwa zu Deutschland, England, den USA und den skandinavischen Ländern – durchaus gebräuchlich.

Auch die **Vorstellung von Personen**, die einem anwesenden Gesprächspartner nicht bekannt sind, ist kulturspezifisch sehr verschieden geregelt und kann in sehr unterschiedlicher Weise verlaufen: In Österreich, Deutschland und vor allem in Japan sowie zahlreichen asiatischen Ländern mit einem hohen Machtdistanz- und Maskulinitätsindex (nach Hofstede, s Kap. 2.1.6) erfolgt die Vorstellung sehr förmlich, ohne Nennung des Vornamens, unter Anführung der Titel (Berufliche Stellung, Doktortitel etc.) und – vor allem in Ostasien – mit Überreichung der Visitenkarten. In Japan spielen Benimm-Bücher eine große soziale Rolle und werden in hohen Auflagen verkauft, »da Japaner es für selbstverständlich halten, dass es richtige Verhaltensweisen gibt, die sie sich aber nicht unbedingt zutrauen, im Einzelnen zu kennen. Wie man einen Raum betritt; wie man Tee serviert; wie man sich in einem Vorstellungsgespräch kleidet; [...] wie man die Genesung von einer Krankheit begeht; wie man sich und andere vorstellt; wie man eine Visitenkarte überreicht und entgegennimmt; wie man seine Schuhe im Haupteingang aufstellt; wie man einen Freund verabschiedet, der auf eine Reise geht [...].« (Coulmas 2003, 68). In nordeuropäischen und nordamerikanischen Gesellschaften, vor allem den USA, hingegen verlaufen Vorstellungen völlig anders und – im westlichen Sinn – ›ungezwungener‹: Die Nennung von Titeln ist hier ebenso unüblich wie die formelle Überreichung von Visitenkarten, die Verwendung des Vornamens hingegen weitaus gängiger.

Der **Körperabstand** ist ein zentraler Bestandteil der **Proxemik** und gleichfalls kulturspezifisch. Watson (1970) hat in breit angelegten kulturvergleichenden Untersuchungen festgestellt, dass die Unterschiede bezüglich des Körperabstands erheblich sind, sowohl hinsichtlich der Einschätzung der für eine Unterhaltung passenden Distanz als auch hinsichtlich der Bedeutungen, die einzelnen Komponenten des proxemischen Verhaltens wie Abstand, Augenkontakt, Berührung und Lautstärke zukommen. Er hat u. a. nachgewiesen, dass der Körperabstand in den eher kollektivistischen Gesellschaften Lateinamerikas, Afrikas, des Vorderen Orients, Indiens und Pakistans (s. Kap. 2.1.6) signifikant geringer ist als in stärker individualistischen Gesellschaften, was sich selbst noch im Sitzabstand der Studierenden aus diesen Ländern an US-amerikanischen Universitäten spiegele (Watson 1970).

Auch in europäischen Gesellschaften lassen sich hier erhebliche Unterschiede feststellen, die sich nach dem Verhaltensforscher Desmond Morris (1977, 1979) in drei Zonen einteilen lassen:

- die »Ellbogenzone«, die Länder wie Spanien, Frankreich, Italien, Griechenland und die Türkei umfasst und in der bei sozialen Interaktionen wie Gesprächen die Personen im Allgemeinen so dicht zusammen stehen, dass sich ihre Ellbogen berühren können;
- die »Handgelenkzone«, die den größten Teil Ost- und Südosteuropas umfasst. Hier stellen sich die Personen im Gespräch »so zueinander auf, daß sie sich mit den

Handgelenken berühren könnten, wenn sie es wollten« (Collett 1994, 103); und schließlich

- die »Fingerspitzenzone«, die die Länder Nordeuropas und Nordwesteuropas (Deutschland, Großbritannien, Holland, Belgien, Skandinavien) betrifft. Hier »hält man eine Armeslänge Abstand und verzichtet gern auf die Möglichkeit, einander zu berühren« (Collett 1994, 103).

Zu den non-verbalen Faktoren im weiteren Sinn zählen auch Zeichen wie Geruch (etwa Parfums), Haartracht, Bart und Kleidungscodes, die auch gelegentlich separat klassifiziert und zu den **extra-verbalen Faktoren** gerechnet werden. Sie spielen für die soziale und kulturelle Einordnung und Einschätzung von Personen auch in der Interkulturellen Kommunikation eine wichtige Rolle. Und sie können auch zu interkulturellen Missverständnissen und Vorurteilen führen, wenn die entsprechenden Zeichen aus der eigenkulturellen Perspektive heraus interpretiert werden.

9. Kulturspezifische Werte/Einstellungen: Unter kulturspezifischen Werten und Einstellungen (Kulturstandards) werden »kulturengeprägte Wertorientierungen verstanden, die das Handeln von Individuen leiten; diese Handlungsorientierungen sind – ebenso wie Abweichungen von ihnen – von einer bestimmten Kultur konventionalisiert, und auf ihrer Grundlage wird in der Regel das Handeln anderer Menschen beurteilt« (Müller-Jacquier 1999, 181). Die interkulturelle Forschung hat neben **universellen Werten oder Kulturstandards**, wie sie Hofstede und Thomas aufgrund empirischer Untersuchungen definiert haben (s. Kap. 2.1.6) und deren Ausprägungen und Varianten in allen Kulturen beobachtet werden können, **kultur- bzw. kulturraumspezifische** Standards herausgearbeitet.

Nach A. Thomas (1996) lassen sich beispielsweise in der **chinesischen Kultur** vor allem folgende Kulturstandards unterscheiden: ›Soziale Harmonie‹, d. h. das dezidierte Streben nach Konfliktvermeidung; ›Etikette‹, d. h. die stärkere Ritualisierung und zeitliche Terminierung interpersonaler Begegnung; ›Danwei‹, die Einheit von Wohnen und Arbeiten etc., womit die stärkere Einbindung des Einzelnen in ein Kollektiv und damit die chinesische Ausprägungsform des Wertes ›Kollektivismus‹ (Hofstede) gemeint ist; sowie ›Guanxi‹, die Valorisierung des Beziehungsnetzes, das als weitaus enger und verbindlicher als etwa in okzidentalen Gesellschaften empfunden wird und die Beziehungen zu Freunden und vor allem zu Familienmitgliedern meint, auch wenn sie weit entfernt, zum Beispiel in Übersee, wohnen. Kultur*spezifische* Werte der französischen Gesellschaft beispielsweise sind Ehrgefühl, Solidarität und Rationalismus, d. h. der »Glauben an Fortschritt und die Beherrschbarkeit von Technik, Gesellschaft und Umwelt im allgemeinen« (Barmeyer/Schlierer/Seidel 2007, 272).

Kulturspezifisch ist auch der **Umgang mit Zeit**, wobei die Unterschiede innerhalb der europäischen und amerikanischen Kulturen weit weniger einschneidend sind als etwa zwischen Afrika und Europa. »Europäer und Afrikaner«, so der polnische Journalist und Afrika-Kenner Kapuscinski, »haben völlig andere Zeitbegriffe, sie nehmen die Zeit anders wahr, haben eine andere Einstellung ihr gegenüber. In der Überzeugung des Europäers existiert die Zeit außerhalb des Menschen, objektiv, gleichsam außerhalb unserer selbst, und besitzt eine messbare, lineare Qualität. [...].« Für Afrikaner hingegen ist die »Zeit eine ziemlich lockere, elastische, subjektive Kategorie. Der Mensch hat Einfluss auf die Gestaltung der Zeit, auf ihren Ablauf und Rhythmus. [...]. In Umsetzung auf praktische Situationen bedeutet das: wenn wir in ein Dorf kommen, wo am Nachmittag eine Versammlung stattfinden soll, aber am Versammlungsort niemanden antreffen, ist es sinnlos zu fragen: ›Wann wird die Versammlung stattfinden?‹ Die Antwort ist nämlich von vornherein bekannt: ›Wenn sich die Menschen versammelt haben.‹« (Kapuscinski 2001, 19 f.)

Auch ein universeller Wert wie ›**Höflichkeit**‹ schlägt sich in kulturell sehr verschiedenen Auffassungen, Sprechakten und Handlungskonventionen nieder. Diese sind häufig eine Quelle interkultureller Missverständnisse. Ein Beispiel aus einer chinesisch-deutschen Kommunikationssituation, die Susanne Günthner untersucht hat, vermag dies in sehr anschaulicher Weise illustrieren:

> »Stellen Sie sich zunächst folgende Situation vor: Sie sind Deutschdozentin bzw. Deutschdozent an einer chinesischen Hochschule und sind bei einer chinesischen Kollegin zum Abendessen eingeladen. Sie bringen ein Geschenk aus Deutschland (einen schönen Bildband deutscher Landschaften) mit und übereichen ihr dies nach der Begrüßung. Die Kollegin nimmt das Geschenk an, bedankt sich kurz und legt es auf einen Abstelltisch. Dort bleibt es den ganzen Abend über ungeöffnet liegen. Sie haben weder Gelegenheit, herauszufinden, ob ihr der Bildband zusagt, noch können Sie ihr die deutschen Landschaften erläutern. Auch beim Abschied wird das Geschenk weder erwähnt noch geöffnet, sondern bleibt unbeachtet und unausgepackt liegen. Der Abend war zwar sehr schön, doch angesichts dieser ›Achtlosigkeit‹ der ansonsten sehr netten Kollegin gegenüber ihrem Geschenk sind Sie etwas enttäuscht.« (Günthner 2002, 296).

Das in der beschriebenen Situation zutagetretende interkulturelle Problem (bzw. ›Missverständnis‹) beruht auf völlig unterschiedlichen Auffassungen des Begriffs ›Höflichkeit‹ und den hiermit verbundenen Handlungskonventionen in der deutschen und chinesischen Kultur. Im Gegensatz zu Deutschland, wo es üblich ist, ein Gastgeschenk nach Erhalt zu öffnen, »gilt das sofortige Öffnen eines Geschenks in Anwesenheit des/der Schenkenden in der chinesischen Kulturgemeinschaft als Zeichen ›gierigen‹ und ›nicht bescheidenen‹ Verhaltens. Stattdessen legt man das Geschenk ungeöffnet beiseite, ohne es groß zu beachten. Auf diese Weise zeigt man, dass man »nicht auf ein Geschenk aus ist«, sondern an der Person selbst Interesse hat« (ebd., 296).

›Höflichkeit‹ als universeller, aber kulturspezifisch ausgeprägter Wert impliziert somit spezifische Handlungs- und Bedeutungsmuster. Der Begriff gehört zu jenen für das Verständnis Interkultureller Kommunikation und ihrer Problembereiche zentralen, ›kulturgesättigten‹ Begriffen, die M. Agar (1994) »Rich points« und H.-J. Heringer (2007, 2014) »**Hotwords**« nennt (s. Kap. 2.2). Das deutsche Wort ›Höflichkeit‹ ist ein solches »Hotword«. Es wird im Chinesischen im Allgemeinen mit dem Wort *limao* übersetzt, das dem altkonfuzianischen Wort *li* entstammt, das jedoch nicht ›Höflichkeit‹ im westlichen Sinn bedeutet, sondern ›Sittlichkeit‹.

»[Es] referiert auf ›soziale Hierarchie‹ und ›Ordnung‹ und damit auf das konfuzianische Ideal menschlicher Gesellschaft. Zwischenmenschliches Verhalten muss im Einklang mit *li* (Sittlichkeit) stehen, damit Harmonie und nicht etwa Chaos unter den Menschen herrscht. Nur eine Person, die sich an die Regeln des *li* hält, hat *limao* (ethisches Verhalten) und steht im Einklang mit der sozialen Etikette« (Günthner 2004, 298).

10. Kulturspezifische Handlungen: Unter kulturspezifischen Handlungen werden Handlungen verstanden, die aus einer fremdkulturellen Perspektive heraus als ›typisch‹ für die Vertreter einer bestimmten Kultur angesehen werden. Hierzu gehören in der französischen Kultur etwa die »bise« (Wangenkuss) zur Begrüßung von Familienmitgliedern, Freunden, näheren Bekannten, aber auch von Arbeitskollegen; in der deutschen Kultur Handlungen wie das geräuschvolle Anstoßen beim gemeinsamen Trinken, das »Händepumpen« bei der Begrüßung oder der tiefe Kehlkopf-Seufzer nach einem tiefen Zug aus dem Bierglas, um seinem Wohlgefallen Ausdruck zu verleihen; in der japanischen Kultur die stark kodizifierte Verbeugung zur Begrüßung, bei der – je nach Anlass – ein Winkel von 15° bis 45° einzunehmen ist und die Hände anschließend übereinander vor dem Körper gehalten werden (Coulmas 2003, 69).

Das dargestellte, von Müller-Jacquier entwickelte 10-Komponenten-Raster lässt sich sowohl für die Analyse interkultureller Interaktionssituationen im Alltag oder in anderen Lebensbereichen (Geschäftsverhandlungen, Schüleraustausch etc.) als auch für die Untersuchung mediatisierter Interaktionssituationen zum Beispiel in Schulbüchern, Filmen, Romanen und Hörspielen im Rundfunk anwenden. Der von Müller-Jacquier in diesem Zusammenhang eingeführte Begriff der »Interkultur« (s. Kap. 2.2.1) legt nahe zu berücksichtigen, dass sich Interaktionspartner in interkulturellen Situationen immer in mehr oder minder prononcierter Weise anders verhalten als in Situationen, an denen lediglich Gesprächspartner der eigenen Kultur beteiligt sind. Dies gilt für alle Komponenten, die von dem dargestellten Analyseraster erfasst werden.

Es besteht eine generelle Tendenz, aufgrund der vorgefassten Meinungen und Vorstellungsmuster über die Kultur des Interaktionspartners das eigene Verhalten, zumindest in wichtigen Elementen, anzupassen. Müller-Jacquier (1999, 154) stellt beispielsweise fest, dass »stereotype Urteile darüber, wie ›laut‹ US-Amerikaner, Italiener oder Spanier aus deutscher Sicht sprechen, dahingehend überprüft werden [müssen], ob dies in Dezibel gemessen auch bestätigt werden kann. Selbst wenn dies der Fall sein sollte, muß ein Erfahrungswert *inter*kultureller Kommunikation berücksichtigt werden: in fremdsprachlicher Umgebung fühlen sich manche Personen freier, in ihrer – vermeintlich von den nicht Involvierten *(bystanders)* unverständlichen – Muttersprache lauter zu sprechen, als sie dies in äquivalenten Situationen im Heimatland tun würden. Damit liegt ein möglicher, spezifisch situativer Grund für den möglichen Eindruck vor, bestimmte Gruppen von Ausländern sprächen generell lauter als man selbst«.

3.3 | Makro- und Mikroanalysen interkultureller ›Problem-Kommunikation‹

Interkulturelle Missverständnisse und Fehldeutungen bilden einen zentralen Interessensschwerpunkt interkultureller Kommunikationsanalysen (s. auch Kap. 2.2.2) und zugleich einen wichtigen Untersuchungsgegenstand der Angewandten Sprachwissenschaft allgemein (Hinnenkamp 1998). Dies gilt für die Untersuchung aktueller Kommunikationssituationen zwischen Angehörigen unterschiedlicher Kulturen, etwa im wirtschaftlichen oder schulischen Bereich, aber auch für die Analyse historischer Kommunikationssituationen, die in den Geschichts- und Kulturwissenschaften auf zunehmendes Interesse gestoßen sind (Todorov 1982/1985; Wachtel 1971; Osterhammel 1997). Vor allem die Untersuchungen zu historischen Interaktionssituationen unterscheiden in **makroanalytischer Perspektive** systematisch zwei grundlegend verschiedene Ansätze bzw. Analysemodelle:

- Zum einen der **kommunikationspragmatische Ansatz**, den Osterhammel »Aufklärungsmodell« nennt, nach dem kommunikative Missverständnisse als *situative Fehlverständnisse* betrachtet werden: »Man nimmt Einverständnis oder korrektes Verstehen zwischen Einzelnen und Gruppen als Normalfall an und hebt davon vorübergehende Kommunikationsstörungen oder hermeneutische Pannen als Ausnahmen ab. Mißverständnisse in diesem Sinne sind beweglich und flüchtig. Sie können sich rasch aufbauen und vermögen ebensoschnell wieder zu verschwinden. Im besten Fall genügt eine Nachfrage, um ein solches Mißverständnis zu korrigieren. Die Lernfähigkeit und Lernwilligkeit aller Beteiligten wird in diesem Modell der vorübergehenden Verständnistrübung vorausgesetzt.« (Osterhammel 1997, 147). Dem kommunikationspragmatischen Ansatz liegt somit eine zugleich rationalistische und universalistische Sicht von Kommunikation zugrunde (Habermas 1981). Sie geht davon aus, dass Kommunikation zwischen Angehörigen auch der unterschiedlichsten Sprachen und Kulturen möglich ist und weitgehend konfliktfrei verlaufen kann, wenn die Interaktionspartner genügend interkulturell und sprachlich vorbereitet sind – etwa durch interkulturelle Trainings (s. Kap. 3.5) oder Formen des interkulturellen Lernens (s. Kap. 3.4) – und Empathie gegenüber anderen Kulturen mitbringen.
- Zum anderen der **kulturkontrastive Ansatz**, den Osterhammel als »romantisches Modell« bezeichnet. Gemäß diesem Ansatz finden sich »Mißverständnisse nicht erst im situativen Handlungsvollzug, sondern bereits in den Tiefenkodierungen der einzelnen Kulturen. Statt um situatives Verständnis »geht es hier um *substantielle Kulturdistanz*« (Osterhammel 1997, 148). Das ›romantische Modell‹ basiert, im Anschluss etwa an die Kulturtheorie Johann Gottfried Herders, auf der Annahme der Ganzheitlichkeit und relativen Abgeschlossenheit von Kulturen, d. h. auf der Vorstellung, dass jede »Kultur einzigartig, deutlich profiliert, nach innen homogen und von der Spezifik von Sprache, Religion und Ritus geprägt, kurz: ein in sich abgerundetes Ganzes« sei (ebd.). Der hiermit verknüpften Idee einer grundlegenden Pluralität der Kulturen, denen kein gemeinsames Wertesystem zugeordnet werden könne, »entspricht ein Relativismus der Werte« (ebd.). Missverständnisse und interkulturelles Fehlverstehen erscheinen in diesem Modell als »Normalfall; sie sind durch unterschiedliche zivilisatorische Codes ›vorprogrammiert‹. Harmonische Koexistenz und verstehende Würdigung der Eigenart des Fremden kann nur unter seltenen und meist nicht dauerhaften Ausnahmeregelungen gelingen« (ebd.).

Die beiden Ansätze repräsentieren Interpretationsschemata, die auf der **makroanalytischen Ebene** der Interpretation interkultureller Kommunikationssituationen anwendbar und von Nutzen sind, aber auch hier der Differenzierung bedürfen. Kulturkontrastive Ansätze haben zweifelsohne seit dem Erscheinen des Buches *The Clash of Civilisations* von S. Huntington (1996; s. Kap. 2.2.1) und den Ereignissen des 11. September 2001 eine neue, ebenso ideologiebehaftete wie öffentlichkeitswirksame, Konjunktur erfahren. Hierbei sind differenziertere kommunikationspragmatische Ansätze häufig in den Hintergrund getreten.

Fallbeispiel: Welche Erkenntnismöglichkeiten und -grenzen beide Ansätze aufweisen, soll anhand eines historischen Fallbeispiels, den ersten **Begegnungen zwischen dem Azteken-Herrscher Moctezuma und dem spanischen Conquistador Hernán Cortés** im Jahr 1519, erläutert werden. Diese Begegnungen stellen welthistorische Ereignisse dar, die jedoch erst in der neueren Forschung unter interkulturellem und kommunikativem Blickwinkel gesehen und interpretiert wurden (vgl. die Arbeiten von Todorov 1982/85 und Osterhammel 1997). Sie erfolgten im November 1519, das heißt am Ende des ersten Jahres der Eroberung des Aztekenreiches durch eine zahlenmäßig den Indianerheeren deutlich unterlegene spanische Invasionstruppe, die jedoch, wie auch der nachfolgend abgedruckte Bericht des Bernal Díaz del Castillo über die Begegnungen zwischen Cortés und Moctezuma belegt, über vier letztlich entscheidende Trümpfe verfügte: zum einen Pferde und Feuerwaffen, die den Indianern unbekannt waren und vor allem eine tiefgreifende psychologische Wirkung ausübten; sodann der Glaube der Indianer, die Spanier verkörperten jene weißen Götter ›von jenseits des Meeres‹, deren Wiederkehr ihre religiöse Kosmogonie prophezeit hatte; drittens die kriegerischen Auseinandersetzungen zwischen den Azteken und anderen Völkern Mittelamerikas, die die Spanier zu ihren Gunsten zu nutzen wussten, indem sie die wichtigsten Widersacher der Aztekenherrschaft zu ihren Bündnispartnern machten; und schließlich viertens die Kommunikationspolitik des Aztekenherrschers Moctezuma, die der der Spanier in entscheidenden Punkten unterlegen war: »Ineffizient in ihren Botschaften an (oder gegen) die Spanier, sind die Azteken in der Kommunikation mit anderen Indianerstämmen nicht erfolgreicher« (Todorov 1988, 643). Die spanischen Conquistadores unter Führung von Cortés hingegen messen der Suche nach Information über Kultur und Gesellschaft der Azteken und ihrer Feinde von Anfang an einen herausragenden Stellenwert bei. Sie bildet die entscheidende Voraussetzung nicht nur für die zu beobachtende Dominanz der Spanier in interkulturellen Kommunikationssituationen mit den Azteken, sondern letztlich auch für den militärischen und politischen Sieg über den Aztekenherrscher: »Nicht *nehmen* möchte Cortés als erstes, sondern *vernehmen*; nicht das Bezeichnete interessiert ihn in erster Linie, sondern das Bezeichnende. Nicht mit der Suche nach Gold, sondern mit der nach Information beginnt sein Feldzug. Es fällt auf, dass die erste wichtige Aktion, die er in Gang setzt, die Suche nach einem Dolmetscher« ist (ebd., 645). In der Tat gelang es Cortés für seine – nachfolgend abgedruckte – Unterredung mit Moctezuma, einen spanischen Dolmetscher, Aguilar, zu gewinnen, der knapp zehn Jahre unter den Indianern Yucatans gelebt hatte, sowie eine indianische Übersetzerin, Malinche (auch Doña Marina genannt), die Geliebte von Cortés, die ihm einen entscheidenden Informationsvorsprung in der Kommunikation mit Moctezuma und seinem Hofstaat verschafften.

Interkulturelle Kommunikation im kolonialen Kontext – die erste Begegnung zwischen Cortés und Moctezuma (8.11.1519)
Als Moctezuma gespeist hatte, ließ er sich melden, ob wir auch soweit wären, und kam dann mit großem Gefolge und mit großem Pomp in unser Quartier. Cortés ging ihm bis zur Mitte des Saales entgegen. Man brachte einen mit reichen Goldarbeiten verzierten, kostbaren Sessel, der Herrscher nahm Cortés bei der Hand und bat ihn, neben ihm Platz zu nehmen. Dann hielt Moctezuma eine lange, wohl durchdachte Rede. Er sagte, er freue sich, in seinem Reich und in seinem Haus so tapfere Kavaliere beherbergen zu dürfen wie unseren Generalkapitän und seine Männer. Man habe ihm schon vor zwei Jahren von einem anderen Hauptmann berichtet, der sich in Champoton gezeigt habe, und ein Jahr später von einem zweiten, der mit vier Schiffen an der Küste erschienen sei. Er habe sich schon lange gewünscht, Cortés persönlich kennenzulernen. Nun da dieser Wunsch erfüllt sei, sei er zu jedem Dienst für uns bereit. Er habe inzwischen die Überzeu-

gung gewonnen, daß wir die Männer seien, deren Kommen seine Vorfahren angekündigt hätten; sie hätten vorausgesagt, daß Fremde vom Sonnenaufgang her
kommen und eines Tages diese Länder beherrschen würden. Wir hätten uns alle
überall so tapfer geschlagen, daß darüber gar kein Zweifel mehr sei. Er habe sich
die Bilder von unseren Kämpfen vorlegen lassen.

Cortés erwiderte ihm, daß wir nicht in der Lage seien, die großen Geschenke und
Freundlichkeiten, mit denen er uns täglich überschütte, zu vergelten. Wir kämen
freilich von Sonnenaufgang her und seien Diener eines mächtigen Monarchen, des
Kaisers Don Carlos, dem eine Menge großer Fürsten als Vasallen untergeben seien.
Unser Kaiser habe von ihm, Moctezuma, und seinem mächtigen Reich gehört und
uns befohlen, dieses Land aufzusuchen, um ihm und seinen Untertanen den wahren, den christlichen Glauben zu bringen. Die Botschafter hätten ihm sicher von
den ausführlichen Gesprächen berichtet, die er mit ihnen über unsere heilige Religion gehabt habe. Er werde hier Gelegenheit haben, ihn noch viel ausführlicher
und eingehender zu unterrichten; denn nur der eine, wahre Gott könne uns alle
vor dem ewigen Verderben retten.

Nach dieser Unterredung beschenkte Moctezuma Cortés, die Offiziere und uns
einfache Soldaten sehr reich mit Gold und mit baumwollenem Zeug. Er zeigte sich
wahrhaft als großer Herr, und wir hatten den Eindruck, daß er recht vergnügt und
befriedigt war. Er fragte Cortés, ob wir alle, ohne Ausnahme, Brüder und Untertanen unseres großen Kaisers seien. Cortés versicherte, daß wir alle wie Brüder in
Liebe und Freundschaft verbunden seien und daß wir angesehene Männer im Reiche unseres Kaisers seien. Moctezuma brach bald auf, um uns am ersten Tag nicht
lästig zu fallen. Zuvor veranlaßte er noch, daß wir und unsere Pferde die
gewohnte Verpflegung bekamen. Cortés gab ihm das Geleit bis auf die Straße.
Dann befahl er uns, das Quartier nicht zu verlassen. Wir wollten erst wissen, wie
die Dinge hier in Mexiko weiterliefen. (Díaz del Castillo 1568/1988, 205–206)

Diese erste Begegnung zwischen dem spanischen Conquistador Cortés und dem Aztekenherrscher Moctezuma verlief, schenkt man dem (präzisen und insgesamt zu-
verlässigen) Bericht des Augenzeugen und Chronisten Díaz del Castillo Glauben, in
auf beiden Seiten sehr respekt- und würdevoller Form, die durch zahlreiche Zeichen
der Ehrerbietung rhetorischer und sachlicher Art (Gastgeschenke) belegt wird. Zugleich zeigen sich bereits in dieser ersten interkulturellen Interaktionssituation zwischen einem Herrscher der ›Neuen Welt‹ und einem spanischen Conquistador frappierende kommunikative Asymmetrien und Widersprüche: Von Anfang an ist trotz
aller gegensätzlichen Beteuerungen klar, dass Cortés‹ politische und kommunikative
Strategie auf Moctezumas bedingungslose Unterwerfung abzielt, obwohl der spanische Heerführer vordergründig in der zitierten Passage das Gegenteil zu behaupten
scheint; und von Beginn an erscheint die christliche Religion als die einzig legitime
und heilige, der sich der Aztekenherrscher und seine Untertanen ebenso bedin-
gungslos unterwerfen müssten. Beide Intentionen werden in der zitierten Passage
angedeutet, die zweite allerdings expliziter und deutlicher als die erste.

Die – in indirekter Rede gehaltene – Wiedergabe der Kommunikationssituation
zwischen Cortés und Moctezuma deutet gleichfalls die radikalen Unterschiede zwischen der aztekischen und der spanisch-okzidentalen Kultur an, die, wie sich in der
Folge zeigen wird, alle Bereiche der Lebenswelt betreffen, von Glaubensvorstellungen über Ritualkonzeptionen (wie Menschenopfer bei den Azteken) bis hin zu diametral entgegengesetzten Anschauungen weltlicher Herrschaft. Eine harmonische

Synthese, etwa in Form einer friedlichen Koexistenz und gegenseitigen kreativen Beeinflussung beider Kulturen und der ihnen zugrunde liegenden Kosmogonien, scheint von vornherein ausgeschlossen und wird auch von keiner der beiden Interaktionspartner auch nur ansatzweise angestrebt.

Cortés‹ Sieg über seinen Kontrahenten, der sich bereits in dieser ersten Interaktionssituation ankündigt, beruht somit auf zwei Grundlagen: zum einen, wie Todorov (1982) detailliert darlegt, auf der **kommunikativen Überlegenheit** des spanischen *Conquistadores*, der von Anfang an hinsichtlich der Sprache, Kultur, Herrschaftsstruktur und Kosmologie seines Gegenübers über einen erheblichen Informationsvorsprung verfügt und diesen geschickt für seine Ziele einsetzt; und zum anderen, wie Ina Clendinnen (1993) aufgezeigt hat, auf der **Brutalität und Hemmungslosigkeit** des Vorgehens der Spanier, die nicht nur in zunehmendem Maße elementare Regeln des Umgangs mit Angehörigen anderer Kulturen verletzten – indem beispielsweise deren kulturelle und religiöse Praktiken a priori als barbarisch und häretisch eingestuft wurden –, sondern nach der in der zitierten ersten Begegnung noch zu beobachtenden höflichen Zurückhaltung in wachsendem Maße auf unverhüllte Gewalt zurückgriffen: Geiselnahmen, exemplarische Hinrichtungen, Schlächtereien unter der Zivilbevölkerung, Missachtung ritueller Zeitrechungen etwa durch nächtliche Angriffe, Hungerblockaden und eine Strategie der verbrannten Erde. Sechs Tage nach der zitierten ersten interkulturellen Begegnung wurde Moctezuma am 14.11.1519 von den Spaniern gefangen genommen, sieben Monate danach getötet, 18 Monate später war das Aztekenreich zusammengebrochen und wurde zur spanischen Kronkolonie.

Eine detaillierte kommunikationspragmatische Mikroanalyse der zitierten historischen interkulturellen Interaktionssituation ist aufgrund der Quellenlage und Quellenüberlieferung nicht möglich. Der wichtigste Chronist des Ereignisses, Bernal Díaz del Castillo, gibt zwar die gewechselten Worte inhaltlich in Grundzügen wieder und zitiert auch gelegentlich – auf der Grundlage von Notizen, aber im Wesentlichen aus dem Gedächtnis und nach einer Zeitspanne von knapp vier Jahrzehnten – in wörtlicher Rede. Er verdeutlicht zwar, dass es sich um keinen direkten Dialog, sondern um ein durch die beiden Dolmetscher Aguilar und Malinche in die jeweils andere Sprache übertragenes Gespräch handelte. Aber er geht nicht, wie andere spanische und vor allem indianische Chronisten, präzise auf den Kommunikationsverlauf, insbesondere auf Übersetzungsprobleme und interkulturelle Missverständnisse ein. Diese betrafen etwa die völlig unterschiedliche kulturelle Bedeutung der Wörter ›Herrschaft‹, ›Religion‹, ›Glaube‹, ›Gott‹ und ›Unterwerfung‹ im Spanischen und in der Sprache der Azteken (das Nahuatl). Und er zeichnet gleichfalls nicht nach, welche Rolle non-verbale und paraverbale Faktoren in der beschriebenen Interaktionssituation gespielt haben mögen (Lüsebrink 2006).

Mikroanalytische Untersuchungen interkultureller Interaktionen, die dem kommunikationspragmatischen Ansatz folgen, basieren, bezüglich des Untersuchungsgegenstands, im Allgemeinen auf Tonband- oder Videoaufnahmen aktueller Gesprächssituationen und ihrer anschließenden Transkription sowie in methodischer Hinsicht auf sprach- und kommunikationswissenschaftlichen Methoden. Diese entsprechen in ihrer Grundstruktur den Komponenten des von Müller-Jacquier (1999) vorgeschlagenen Analyserasters (s. Kap. 3.2), differenzieren diese jedoch, je nach Untersuchungsgegenstand, Fragestellung und Methode, weiter aus. Der Schwerpunkt liegt auch hier im Bereich interkultureller Missverständnisse und verschiedener Formen der ›Fehl-Kommunikation‹. Diese fasst J. Rehbein (1994) unter dem

Oberbegriff **Problem-Kommunikation** zusammen. In ähnlicher Perspektive wie Müller-Jacquier unterscheidet Rehbein (ebd., 148) folgende Untersuchungsfelder interkultureller Problemkommunikation:

1. *Diskursstruktur:* Kommunikationsdynamik, Asymmetrien, Verschiebungen, Deplatzierungen;
2. *Handlungsmodalität:* Unterlassen sequentiell an sich notwendiger Handlungen;
3. *Redezusammenhang/Organisation von Thema (bereits Bekanntem) und Rhema (neuer Information):* Verbindung interner und externer Kontexte des Gesprächs;
4. *Kommunikativer Apparat:* Formen der kommunikativen Rückkoppelung bzw. ihrer Unterlassung durch Reaktionen wie Nicht-Zuhören, Unterbrechen, fehlende gestische und paraverbale Bestätigung etc.;
5. *Wissensstruktur:* unterschiedliche mentale Bilder und Vorstellungsmuster.

Die nachfolgende deutsch-chinesische Kommunikationssituation, die von S. Günthner (1994, 112) aufgenommen und transkribiert wurde, soll das umrissene mikroanalytische Vorgehen veranschaulichen. Dem zitierten Ausschnitt geht die Äußerung des deutschen Gesprächsteilnehmers (P) voraus, im heutigen China gebe es »keine Alltagsästhetik« mehr, worauf seine chinesischen Partner Guo, Gu und Cen wie folgt reagieren:

Deutsch-chinesische Interaktionssituation (aus Günthner 1994, 112)

18 P:	Du siehst das auch in der KUNST von damals.	
19 Cen:	mhm ja‹	
20 P:	während wenn du heut‹ (–) SACHEN ankuckst (–) auch KUNST-GEWERBE	
21:	heute in China, dann ist das einfach KITSCH.	
22	(0.5)	
23 Guo:	(empörtes Schnalzen) te'te‹	
24 Gu:	hm?	
25 P:	also	
26 Cen:	mhm?	
27 P:	die Frage is/ WO/ wo ist die TRADITION HINGEGANGEN?	
28 Cen:	/mhm?/	
29	(0.5)	
30 P:	es GAB's ja mal, die Tradition WAR vorhanden.	
31 Cen:	hm.	
32 P:	ist die zerstört worden in der Kulturrevolution? (–)	
33	oder wodurch?	
34	(0.5)	
35	oder WIRKLICH aufgrund der sonstigen schlechten Lebensbedingungen?	
36	(0.5)	
37	daß man sich eher darum kümmert dass man ÜBERhaupt Wasser HAT,	
38	als daß man sich darum kümmert ob ne Wohnung SCHÖN aussieht?	
39	(2.0)	
40 Cen:	TJA, das ist Gründe gibt's bestimmt viel mehr‹	

Die **Transkription** auf Tonträgern aufgenommener Kommunikationssituationen erfolgt im Allgemeinen nach folgenden **Konventionen** (nach Günthner 1994, 120–121):

/ja das/finde ich auch/du ab/	die innerhalb der Schrägstriche stehenden Textstellen überlappen sich: d. h. zwei Gesprächspartner reden gleichzeitig.
(0,5)	Pause von einer halben Sekunde
(–)	Pause unter 0,5 Sekunden
(??)	unverständlicher Text
(gestern)	unsichere Transkription
=	direkter Anschluss zwischen zwei Äußerungen
?	stark ansteigender Ton
›	leicht abfallender Ton
.	fallender Ton
,	schwebender Ton
a:	Silbenlängung
aber	die Passage wird leiser gesprochen
aber	sehr leise
+ und dann +	die Passage wird schneller gesprochen
+ + und dann + +	sehr schnell
NEIN	laut und betont
mo((hi))mentan	die Äußerung wird kichernd gesprochen
HAHAHA	lautes Lachen
hihi	Kichern
((hustet))	Kommentare (nonverbale Handlungen o. Ä.)

Die vorstehend transkribierte deutsch-chinesische Kommunikationssituation belegt einen grundlegenden Dissens zwischen den Gesprächsteilnehmern. Dieser wird jedoch nicht direkt formuliert, etwa durch die Formulierung einer expliziten Gegenposition, sondern nur in sehr indirekter Weise durch paraverbale und non-verbale Ausdrucksmodalitäten thematisiert. Die chinesischen Kommunikationspartner geben, wie die Transkription belegt, ihre differierende Meinung durch empörtes Schnalzen (Guo, Zeile 23), ein kritisches »hm?« (Gu, Zeile 24) und ein erstauntes »mhm?« (Cen, Zeile 28) zum Ausdruck. Die durch die allzu dezidiert und undifferenziert vorgetragene Position des deutschen Gesprächsteilnehmers entstandene Störung der Kommunikation kommt auch in den vielen Pausen, in der Unregelmäßigkeit des Gesprächsrhythmus sowie in den »Reformulierungen P's als Reaktion auf ausbleibende Rezipientenäußerungen« (Günthner 1994, 112) zum Ausdruck. Diese indizieren »unbequeme Momente« (ebd.; Erickson/Shultz 1982, 104–106) bzw. »critical incidents« der interkulturellen Kommunikationssituation, die zu Verstimmungen und unterschwellig oder offen ausgetragenen Konflikten führen können.

3.4 | Interkulturelles Lernen

Interkulturelles Lernen bildet eines der international am intensivsten diskutierten Problemfelder des Bildungsbereichs. Dies ist auf die zunehmende Internationalisierung aller Lebensbereiche und die wachsende Bedeutung der Immigration in okzidentalen Gesellschaften zurückzuführen, die das Bildungswesen vor völlig neue Herausforderungen gestellt hat. Interkulturelle Erziehung und Bildung soll die Lernenden »dabei unterstützen, ihre alltägliche Wahrnehmung multikultureller Situationen zu deuten und sich selbständig in der Vielfalt multikultureller Situationen zurechtzufinden« (Filtzinger 2004, 62).

Interkulturelles Lernen in einem weiten Sinn des Begriffs kann sich innerhalb oder außerhalb von Institutionen vollziehen und deckt sich im zweiten Fall mit der Verarbeitung **interkultureller Lebenserfahrung**, die etwa durch Tourismus, Migration, Schüler- und Jugendaustausch, interkulturelle Partnerbeziehungen und Ehen, die Auslandsentsendung von Arbeitskräften sowie die Begegnung mit Angehörigen fremder Gesellschaften und Kulturen vermittelt und erworben werden kann. Interkulturelle Lebenserfahrung und ihre Verarbeitung stellen mit Abstand die wichtigsten Formen interkulturellen Lernens dar. Sie werden jedoch häufig für Formen des institutionellen interkulturellen Lernens zu wenig nutzbar gemacht und sowohl in der Forschung wie in der pädagogischen Praxis zu wenig aufgearbeitet und kritisch reflektiert. Dies gilt auch für Bereiche, die in den letzten beiden Jahrzehnten in der Forschung auf ein gewisses Interesse gestoßen sind, wie die Auslandsentsendung von Führungskräften (Seemann 2000; Berkenbusch/Weidemann 2010; Müller 2010), die internationalen Jugendbegegnungen (Otten 1984; Treuheit u. a. 1990; Müller 1987; 1993; Colin/Müller 1996) und der internationale Schüler- und Jugendaustausch (Thomas 1994; 2007; Vatter/Lüsebrink/Mohr 2011). Die Forschung zum interkulturellen ›Lerneffekt‹ von Auslandsstudiensemestern und Auslandspraktika sowie der verschiedenen Formen touristischer Erfahrung, die allesamt in den letzten 40 bis 50 Jahren weltweit, und insbesondere in okzidentalen Gesellschaften, eine sprunghafte Entwicklung durchlaufen haben, steckt hingegen noch weitgehend in den Anfängen. Dies gilt auch für die Problematik der Verarbeitung interkultureller Erfahrung – und damit auch interkulturellen Lernens im extensiven Wortsinn – in Krisen- und Konfliktsituationen, wie in Kriegs- und Besatzungszeiten. Entgegen geläufigen Vorstellungen haben etwa Okkupationserfahrungen nicht nur zur Verstärkung stereotyper Feindbilder und Vorurteile, sondern häufig – beispielsweise während der deutschen Okkupation in Frankreich 1914–18 und 1940–44 und der französischen Besatzungszeit nach dem Ersten und Zweiten Weltkrieg in Deutschland – auch zu vielfältigen Prozessen des kulturellen Austauschs, des Interesses für und zum Teil auch der Faszination durch die andere Kultur und damit zu sehr komplexen und widersprüchlichen Formen des interkulturellen Lernens geführt (Cobb 1983; Gildea 2003; Lüsebrink/Vatter 2013).

Interkulturelles Lernen im engeren Sinn, das sich **in Bildungsinstitutionen** vollzieht, betrifft sehr unterschiedliche Formen, die sich teilweise erst in den letzten beiden Jahrzehnten entwickelt haben. Neben dem allgemein bildenden Schul- und Hochschulsystem sind insbesondere die Erwachsenenbildung (Petereit de Lopez u. a. 1996; Bufe 1990), die staatlichen und betrieblichen Fort- und Weiterbildungsinstitutionen sowie der Vorschulbereich zu nennen. Dieser hat in den letzten Jahren durch neue Konzepte wie ›frühe Mehrsprachigkeit‹ (Wode 1999), ›gelenkter Fremdsprachenfrüherwerb‹ (Franceschini 2004) und ›Bilingual-bikulturelle Erziehung im Kindergarten‹ (Hammes Di Bernardo 2001) wachsende Aufmerksamkeit auf sich gezogen. Im Rahmen des seit 1992 durchgeführten saarländischen Modellprojekts »Zweisprachige Kindergärten« wird beispielsweise die Zielsetzung verfolgt, einen bikulturellen Lernkontext für die Kinder zu schaffen und ihnen neben der spielerischen Aneignung der Fremdsprache (hier des Französischen) zusammen mit Kindern aus der anderen Kultur und unter Anleitung deutscher und fremdkultureller Betreuer/innen auch die Kultur des Nachbarlandes nahezubringen (Sitten, Feste, Alltagsrituale).

Auch für bisher weitgehend vernachlässigte Bereiche wie die Fort- und Weiterbildung von grenzüberschreitend tätigen Handwerkern (Barmeyer u. a. 2000) und die Berufsschulen (Zapf 2005; 2009) liegen mittlerweile erste Studien vor, die den Fremdsprachenerwerb in systematische Verbindung mit neuen Konzeptionen interkulturellen Lernens stellen. Dem E-Learning kommt gleichfalls, zum Teil in Verbindung mit Präsenzformen der didaktischen Vermittlung, im Bereich des Fremdsprachenlernens und ansatzweise auch im interkulturellen Lernen eine wachsende Bedeutung zu (Vatter 2004, 2005; Fendler/Vatter 2005).

Aufgrund der in den letzten Jahrzehnten, vor allem seit der Einführung der europäischen Erasmus-Stipendien und -austauschprogramme im Jahr 1987, sprunghaft gestiegenen internationalen **Mobilität im Hochschulbereich** unter Studierenden und Dozenten nehmen auch hier interkulturelles Lernen sowie die interkulturelle Vor- und Nachbereitung von Auslandsaufenthalten eine zunehmende Bedeutung ein. Interkulturelle Kommunikation an Hochschulen findet in zahlreichen Bereichen statt: in der Interaktion im Unterricht, in Sprechstunden zwischen Studierenden und Dozent/innen, in der Verwaltung und in Prüfungsämtern. Vor allem unterschiedliche Konzeptionen von Unterricht und Beratung, hiermit verbundene kulturspezifische Vorstellungen von Didaktik und Pädagogik sowie zum Teil grundlegend verschiedene Werte (etwa von Autorität, Partizipation etc.) und Rollenbilder (des Dozenten, des Studierenden) können zu zahlreichen Problemen und Konflikten führen. J. House, A. Knapp und A. Schumann haben im Rahmen des Forschungsprojekts »Mehrsprachigkeit und Multikulturalität im Studium« (MUMIS) interkulturelle Problemfelder herausgearbeitet, die mit der Internationalisierung der Hochschulen verbunden sind, und Arbeitsmaterialien für Interkulturelle Trainings und Kurse an Hochschulen entwickelt (Schumann 2012; http://www.mumis-projekt.de). Die Grundlage hierfür bildet eine umfangreiche **Sammlung von Critical Incidents**, die im Rahmen des Projekts erhoben wurden und folgende Bereiche betreffen:

- **Die Kommunikation in Lehrveranstaltungen:** »Interkulturelle Missverständnisse im Bereich von Wissensvermittlung und Wissensaneignung/Verhaltensnormen in Lehrveranstaltungen« (Knapp 2012, 21); diese treten z. B. bei internationalen Studierenden auf, die vor allem mit dem partizipativen Seminarstil und der Valorisierung selbständiger Recherchearbeit an deutschen Universitäten nicht vertraut sind;
- **Die Kommunikation mit Dozenten:** »Interkulturelle Mißverständnisse in den Beziehungen zwischen Dozenten und Studierenden/Leistungserbringung und Leistungserwartung«;
- **Die Kommunikation in Arbeitsgruppen:** »Interkulturelle Mißverständnisse bei der Zusammenarbeit in studentischen Arbeitsgruppen/bei der wissenschaftlichen Teamarbeit in Forschungsgruppen«;
- **Kommunikation unter Studierenden:** »Interkulturelle Mißverständnisse bei Kontaktaufnahme und Kontaktpflege/Gesprächsführung und Gesprächsthemen/Alltagsgestaltung im Studentenwohnheim« (Knapp 2012, 21).

Die hieraus entwickelten Arbeitsmaterialien und Kurskonzepte beruhen somit auf der Analyse von interkultureller Problemkommunikation, für die *Critical Incidents* einen herausragenden Indikator darstellen. Das Projekt stellt den bisher ambitioniertesten Versuch dar, den interkulturellen Herausforderungen der zunehmenden Internationalisierung von Hochschulen zu begegnen und praxisorientierte Materialien und Konzepte für interkulturelle Trainings zu entwickeln. Hieran schließt ein 2014–16 durchgeführtes Projekt zur Interkulturalität in den bi- und trinationalen Studiengängen der Deutsch-Französischen Hochschule an (Hiller/Lüsebrink/Oster-Stierle/Vatter 2016).

Interkulturelles Lernen – ob in der eigenen lebensweltlichen Erfahrung oder in Institutionen und unter pädagogischer Anleitung – lässt sich definieren als **zielgerichtete Aneignung interkultureller Kompetenz**. Der Begriff ›Interkulturelle Kompetenz‹ (s. auch Kap. 2.1.2) wird in diesem Zusammenhang verstanden als

»Fähigkeit, kulturelle Bedingungen und Einflussfaktoren im Wahrnehmen, Urteilen, Empfinden und Handeln bei sich selbst und bei anderen Personen zu erfassen, zu respektieren, zu würdigen und produktiv zu nutzen im Sinne einer wechselseitigen Anpassung, von Toleranz gegenüber Inkompatibilitäten und einer Entwicklung zu synergieträchtigen Formen der Zusammenarbeit, des Zusammenlebens und handlungswirksamer Orientierungsmuster in Bezug auf Weltinterpretation und Weltgestaltung.« (Thomas 2003, 143).

Da interkulturelles Lernen entweder mit lebensweltlichen Erfahrungen oder mit institutionalisierten Lernprozessen verknüpft ist, ist es zu den Formen sozialen Lernens zu zählen. Es führt durch die »Erfahrung kultureller Unterschiede und in Form kultureller Vergleiche sowohl zu einer genaueren Analyse und Relativierung der eigenen kulturellen Normen und Sozialsysteme als auch zum Abbau kultureller (nationaler) Vorurteile« (Breitenbach 1979, 15). Interkulturelles Lernen hat sich vor allem in Bereichen wie dem internationalen Schüler- und Jugendaustausch von einem »›moralischen‹ Bildungskonzept des Verständnisses für andere Kulturen (Völkerverständigung, Abbau von Vorurteilen gegenüber fremden Kulturen) zur Kompetenz für einen alltäglichen Umgang mit anderen Kulturen hin entwickelt: hierbei geht es nunmehr vor allem darum, sich z. B. auf fremdes Essen und fremde Essmanieren einstellen zu können, auf fremde Begrüßungsformen, auf fremde Rückmeldungsmuster, auf fremde Toiletten, aber auch auf fremde Lehrformen etc.« (Breitenbach 1995, 1). A. Thomas differenziert diese **Definition interkulturellen Lernens**, die auf dem Begriff der Interkulturellen Kompetenz fußt, wie folgt aus:

»Interkulturelles Lernen findet statt, wenn eine Person bestrebt ist, im Umgang mit fremden Menschen einer anderen Kultur deren spezifisches Orientierungssystem der Wahrnehmung, des Denkens, Wertens und Handelns zu verstehen, in das eigenkulturelle Orientierungssystem zu integrieren und auf ihr Denken und Handeln im fremdkulturellen Handlungsfeld anzuwenden. Interkulturelles Lernen bedingt neben dem Verstehen fremdkultureller Orientierungssysteme eine Reflexion des eigenkulturellen Orientierungssystems. Interkulturelles Lernen ist erfolgreich, wenn eine handlungswirksame Synthese zwischen kulturdivergenten Orientierungssystemen erreicht ist, die erfolgreiches Handeln in der eigenen und in der fremden Kultur erlaubt.« (Thomas 1991, 189).

Bei Strategien interkulturellen Lernens, die den Schwerpunkt auf den Erwerb und die Verarbeitung kultureller Erfahrungen legen, beispielsweise im Rahmen der Begegnungsdidaktik (Thomas 1994) oder der ›Interkulturellen Landeskunde‹ (Bufe 1989), spricht man von *experiental strategies*, im Unterschied zu interkulturell-vergleichenden Lehrstrategien *(cross-cultural comparative teaching strategies)*, die in erster Linie mit Vergleichen und Gegenüberstellungen arbeiten (House 1994, 88).

Die Konzepte ›Interkulturelles Lernen‹ bzw. ›Interkulturelle Bildung‹ gehen somit deutlich über tradierte Konzeptionen des Fremdsprachenunterrichts einerseits und der Ausländerpädagogik andererseits hinaus. Während die traditionelle Konzeption des Fremdsprachenunterrichts die ›fremden‹ Gesellschaften, Sprachen und Kulturen im Wesentlichen aus einer Außenperspektive behandelt, ohne die *interkulturellen* Beziehungen zur eigenen Kultur systematisch einzubeziehen, bemüht sich die Ausländerpädagogik in erster Linie »kompensatorisch um Probleme und Defizite von Ausländerkindern« (Filtzinger 2004, 63).

Hinsichtlich der **Zielsetzungen** stehen drei Fähigkeiten im Vordergrund, die durch interkulturelles Lernen vermittelt werden sollen: Rollendistanz, Ambiguitätstoleranz und Empathie (Otten 1994, 26–27):

- Unter **Rollendistanz** wird die Fähigkeit verstanden, in Distanz zu sich selbst zu treten, d. h. seine eigenen Ansichten, Handlungsmuster etc. nicht ausschließlich oder im Wesentlichen vor dem Hintergrund der eigenen, in erster Linie national-kulturell und soziokulturell geprägten Norm zu sehen, sondern hierzu aus einer Fremdperspektive Abstand zu gewinnen.
- Mit **Ambiguitätstoleranz** wird die Fähigkeit bezeichnet, unterschiedliche Interessen, Erwartungen und Bedürfnisse zu tolerieren und sie im Prozess der Herstellung einer Übereinkunft zu berücksichtigen.
- Mit **Empathie** sind die Fähigkeit und die hiermit verbundene Bereitschaft gemeint, sich in eine neue, unvertraute Situation und Umgebung hineinzuversetzen.

Zusätzlich wird in der Forschungsdiskussion zum interkulturellen Lernen eine Reihe anderer Ziele genannt, und zwar in erster Linie (DFJW 2004; Heinrich 2004, 12):

- Erwerb von Kenntnissen über andere Kulturen
- Offenheit für das Andere, Fremde, Ungewohnte sowie die Bereitschaft, das Andere als different zu akzeptieren
- Bereitschaft zum experimentierenden Handeln, um Unbekanntes und Neues zu erfahren
- Angstfreiheit vor dem Fremden
- Fähigkeit, die Relativität unseres eigenen und anderer kultureller Bezugssysteme zu erkennen
- Fähigkeit, Konflikte auszutragen
- Fähigkeit, übergreifende Identitäten zu entwickeln

Zusammenfassend lassen sich hinsichtlich der grundlegenden Zielsetzungen in erster Linie **vier systematisch miteinander verknüpfte Kompetenzen** unterscheiden, die durch interkulturelles Lernen vermittelt und erworben werden sollen:

- *sprachliche Kompetenz*;
- *landeskundliche Kompetenz*;
- *textsortenspezifische Handlungskompetenz*, worunter der situationsadäquate Gebrauch fremdsprachlicher Textsorten (wie z. B. Aufsatz, Bewerbungsschreiben, Geschäftsbrief) verstanden wird (House 1998);
- *interkulturelle Handlungskompetenz*, die die Fähigkeit einschließt, sich in Kommunikations- und Interaktionssituationen mit Angehörigen anderer Kulturen in adäquater Weise zu verhalten.

Prozesse des interkulturellen Lernens – ob in Form lebensweltlicher Erfahrungen oder in Bildungsinstitutionen verschiedenster Art – werden im Allgemeinen als **Phasenmodelle** beschrieben, die sukzessive Lernfortschritte widerspiegeln sollen. Hoopes (1981) unterscheidet folgende **sechs Entwicklungsstadien** interkulturellen Lernens:

- **Ethnozentrismus**, d. h. die überhöhte Wertschätzung der eigenen kulturellen Identität, die mit der tendenziellen Ignorierung und Abwertung fremdkultureller Werte und Kulturstandards einhergeht (s. Kap. 4.5).
- **Aufmerksamkeit**, d. h. die positive Hinwendung zu anderen Kulturen und ihren Angehörigen.
- **Verstehen**, d. h. die Fähigkeit, Werte und symbolische Codes einer anderen Kultur adäquat interpretieren zu können (s. Kap. 2.2.2 und 2.2.3).

- **Akzeptanz**, d. h. die Bereitschaft, kulturelle Differenzen zu respektieren, ggf. und bis zu einem gewissen Grade (der in erster Linie durch die Prinzipien der Menschenrechte definiert wird) auch solche, die eigenen Moral- und Wertvorstellungen zuwiderlaufen.
- **Wertschätzung**, d. h. der Respekt vor anderen kulturellen Werten und Kulturstandards, bis hin zu Formen der Identifikation.
- **Gezielte Annahme**: Diese schließlich weist unterschiedliche Kontexte und Formen der Übernahme und Aneignung fremdkultureller Werte, Kommunikationsformen und Symbolsysteme auf. Sie betrifft beispielsweise
  - in *Migrationskontexten* Formen der kulturellen und sprachlichen Assimilation, des Bikulturalismus und des Multikulturalismus;
  - in *kolonialen Kontexten* neben Prozessen der Adaptation und der zum Teil gewaltsamen Assimilation auch Phänomene wie das kulturelle Überläufertum, bei dem Europäer sich in außereuropäische Gesellschaften integrieren und ihre eigenen Werte und Verhaltensweisen weitgehend ablegen (Riesz 1994);
  - im *Kontext der aktuellen Internationalisierung und Globalisierung* vielfältige Formen der interkulturellen Adaptation, d. h. der teilweisen Übernahme fremdkultureller Werte, Rituale, Identifikationsmuster und Symbolsysteme.

Dieses Phasenmodell impliziert somit eine Reihenfolge der Entwicklungsphasen interkulturellen Lernens, »die vermuten läßt, daß Stereotypen und m. E. auch Vorurteile gegenüber anderen (konkret erfahrenen) Kulturen notwendig sein können, um eine Abfolgedynamik in Gang zu setzen. Fremdes kann man z. B. erst verstehen, wenn man auf dessen Andersartigkeit aufmerksam geworden ist, und eine erste Form der Aufmerksamkeit ist die frühe Generalisierung über ›die‹ Franzosen oder ›die‹ Engländer« (Breitenbach 1995, 2).

M. Bennett (1986, 1993) unterscheidet in seinen Studien zur »Intercultural Sensitivity« ähnliche Entwicklungsphasen interkulturellen Lernens wie Hoopes. Er geht jedoch dezidiert von der subjektiven Wahrnehmung von Kulturunterschieden und ihrer emotionalen Verarbeitung aus, indem er die emotionalen Einstellungen des Lernenden zur Fremdkultur und die hiermit verbundenen Unterschiede zur eigenen Kultur darstellt. Bennetts Phasenmodell setzt sich aus sechs Hauptstadien zusammen, die als Kontinuum betrachtet werden. »Der Lernende soll mit zunehmender Sensibilisierung eine Entwicklung vollziehen, die ihn von einer sehr auf die eigene Kultur bezogenen Grundhaltung, *dem Ethnozentrismus*, zu einer toleranten, respektvollen Offenheit für fremde Kulturen, dem *Ethnorelativismus*, führt« (Barmeyer 2000, 302). Das von Barmeyer im Anschluss an Bennett beschriebene Phasenmodell beschreibt somit mit den Fortschritten interkulturellen Lernens auch einen zunehmenden Grad interkultureller Kompetenz (s. Abb. 3.2).

Interkulturelles Lernen bezeichnet demnach einen in unterschiedlicher Differenziertheit gefassten *Prozess* der Annäherung an andere Kulturen, ihre Kommunikationsformen, Rituale, symbolischen Codes und Werte. Es umfasst potentiell sämtliche Bereiche einer Kultur und somit die gesamte Bandbreite Interkultureller Kommunikation, von den verschiedenen Facetten interkultureller Interaktionsformen über landeskundliches Wissen bis hin zur Aneignung, Entwicklung und ggf. Ausdifferenzierung von Fremdwahrnehmungsmustern. Da interkulturelles Lernen vor allem im institutionellen Rahmen immer ein selektives Lernen darstellt, das durch pädagogische Ziele, Curricula, Programme und einen begrenzten Zeitrahmen determiniert wird, betrifft die Diskussion über interkulturelles Lernen im Wesentlichen auch die Definition zentraler Zielsetzungen und Gegenstände.

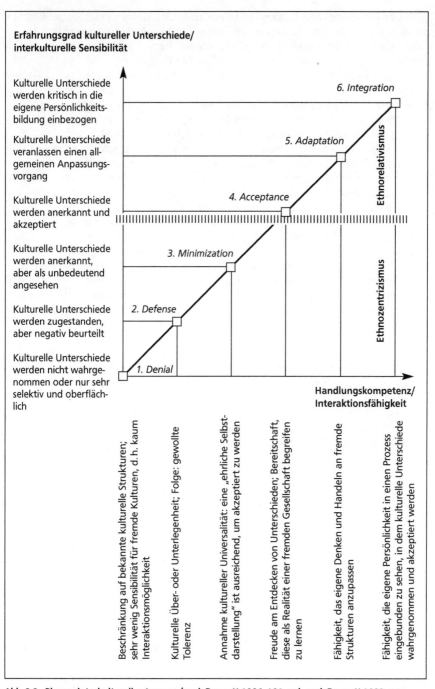

Abb. 3.2 Phasen interkulturellen Lernens (nach Bennett 1986, 181; vgl. auch Bennett 1993; aus: Barmeyer 2000, 303)

In den **verschiedenen Konzepten interkulturellen Lernens** werden hinsichtlich der drei grundlegenden Zielsetzungen (Rollendistanz, Ambiguitätstoleranz, Empathie) und der hiermit verknüpften Kompetenzen (sprachliche Kompetenz; landeskundliche Kompetenz; textsortenspezifische Handlungskompetenz; interkulturelle Handlungskompetenz, s. o., S. 75) unterschiedliche Schwerpunkte gesetzt (Hüffer 2004, 57–58).

- So steht in den *länderspezifischen Konzepten* interkulturellen Lernens, wie sie vor allem Institutionen der Schul- und Erwachsenenbildung vertreten, die Vermittlung landeskundlicher Inhalte häufig deutlich im Vordergrund.
- In *sozialpädagogischen Konzepten* dominieren Zielsetzungen wie Identitätsbildung und die allgemeine Erweiterung interkultureller Kompetenzen.
- Bei *ethnomethodologischen* und *psychoanalytischen Konzepten*, die beispielsweise das Deutsch-Französische Jugendwerk in seinen Modellseminaren erprobt hat, stehen Selbstfindungsprozesse, konstruktive Konfliktbearbeitung und die gezielte Erhöhung der Ambiguitätstoleranz der Teilnehmer/innen im Vordergrund.
- In *interkulturellen Lernkonzepten*, wie sie etwa Otten (1984, 1994) und Treuheit (1990) vertreten, steht die Orientierung an der alltäglichen Lebenswelt und an den Bedürfnissen der Teilnehmer/innen im Vordergrund des gemeinsamen Lernprozesses. Beispielsweise »sollen europapolitische Themen gewählt werden, mit denen die Teilnehmer im normalen Alltag in Berührung kommen« (Hüffer 2004, 51). Die prägende Bedeutung kultureller Unterschiede soll in »konkreten Situationen erkannt, reflektiert und problematisiert werden« (ebd., 51).

Die Bandbreite der unterschiedlichen Konzepte interkulturellen Lernens, ihre Ziele, Methoden, disziplinären Verankerungen, Schlüsselbegriffe sowie die ihnen zugrunde liegenden Kulturbegriffe veranschaulicht die schematische Übersicht auf S. 79.

Neuere Ansätze betrachten interkulturelles Lernen als einen kontinuierlichen Prozess, der sowohl auf Erfahrungen, der (selbst)reflexiven Verarbeitung von Erfahrungen sowie auf institutionell organisiertem Lernen (in Schulen, Hochschulen, Weiterbildungsprogrammen, interkulturellen Trainings etc.) beruht.

»Interkulturelle Kompetenz ist also weder ein statischer Zustand noch das direkte Ergebnis einer einzelnen Lernerfahrung. Insbesondere wird interkulturelle Kompetenz nicht zwangsläufig durch den Besuch eines fremden Landes oder kurzfristig durch weitere Ausbildung erworben. Wenn die Annahme richtig ist, dass sich Kultur in einem beständigen Wandel befindet, dann müssen Individuen die Fähigkeit entwickeln, mit fortdauernden Prozessen erfolgreich umzugehen. Die Entwicklung interkultureller Kompetenz ist demnach komplex und multidimensional. Sie kann je nach interkultureller Situation unterschiedlichste Formen annehmen. Der Erwerb interkultureller Kompetenz kann am besten als kontinuierlicher ›dynamischer‹ Prozess verstanden werden, der verschiedene, wechselseitig verbundene Dimensionen berührt.« (Boecker/Ulama 2008, 7).

Dies lässt sich anhand der sogenannten ›**Interkulturellen Lernspirale**‹ veranschaulichen (Deardorff 2006). Konstruktive Interaktion zwischen Angehörigen verschiedener Kulturen, d. h. die Entwicklung zielführender Handlungsmuster, sodann die Aneignung interkulturell wichtiger Haltungen und Einstellungen wie Ambiguitätstoleranz, Empathie, Rollendistanz und grundlegende Wertschätzung von Vielfalt, die allmähliche Aneignung von Kommunikationsfähigkeit und kulturellem Wissen und schließlich die Fähigkeit, über interkulturelle Erfahrungen (selbst)kritisch zu reflektieren (Reflexionsfähigkeit) greifen hier in einem kontinuierlichen Prozess ineinander (vgl. die Grafik »Interkulturelle Lernspirale«, in Boecker/Ulama 2008, 8; sowie

KONZEPTE	Begriff interkulturellen Lernens	Methodik/Didaktik	Kulturbegriff (dominant)	Politischer Bezug	Pädagogische Ziele	Schlüsselbegriffe	Disziplinäre Zuordnung	Institutionen (exemplarisch)
Länderspezifische Konzepte	Kognitives Lernen, Information und Kontakt	Didaktische Wissensvermittlung	Nationalkultur	Geschichte, Jugendpolitik	Kognitive Lernprozesse, didakt. Wissensvermittlung	Information, Kontakt, Versöhnung, Abbau von Vorurteilen	Landeskunde, Politik, Zeitgeschichte, Fremdsprachenphilologien	Bilaterale Jugendwerke, Jugendverbände
Interkulturelles Lernkonzept	Dynamischer, wechselseitiger Lernprozess, soziales inform. Lernen	Methodenmix, auf Bedürfnisse der Teilnehmer/innen abgestimmt	Alltagskultur	Nur marginal vorhanden	Emanzipation, Entfaltung der Persönlichkeit, Spaß und Erleben	Lernen an alltagskulturellen Differenzen in den Ferien und auf Reisen	Jugendreise- und Freizeitpädagogik	Modellseminare
Psychologische Austauschforschung	Kognitives Lernen, Interkulturelles Training »Contrast-Culture-Methode«	Interkulturelles Training, durchgeplant auf Zielgruppe bezogen	Kultur als Orientierungssystem	Globalisierung, Völkerverständigung als Rahmen	Effizientes Handeln	Kulturstandards, effektives interkulturelles Lernen und Handeln	Interkulturelle Psychologie	Sozialwiss. Arbeitskreis für internationale Probleme (SSIP)
Hermeneutische, ethnomethodologische, psychoanalytische Konzepte	IK-Kompetenz: Kenntnisse, Fähigkeiten, Erfahrungen	Offene, selbstbestimmte, prozessorientierte Struktur	Offene, heterogene Nationalkultur	Multikulturelle Gesellschaft, Nation	Selbstfindungs-Prozesse, konstruktive Konfliktbearbeitung, Ambiguitätstoleranz	Existentielle Animation, Verstehen von Alterität, vor allem im Alltag	Psychoanalytische Pädagogik, Ethnologie, Soziologie, Philosophie	Deutsch-Französisches Jugendwerk
Sozialpädagogische Konzepte	IK-Kompetenz: Kenntnisse, Fähigkeiten, Erfahrungen	Rahmenplanung Sozialpädagogik Didaktik Methodenmix	Nicht eindeutig definierter Kulturbegriff	Multikulturalität europäischer Gesellschaften, soziale Disparitäten	Identitätsbildung, Kompetenzerweiterung	Identitätsbildung, Multikulturalität	Jugendarbeit, Sozialpädagogik	Einzelstudien, FH Koblenz
Interaktionistische, europabezogene Konzepte	IK-Kompetenz: Rollendistanz, Ambiguitätsdistanz, Empathie	Flexible Rahmenplanung, Module	Offener, dynamischer Kulturbegriff	Europa, Multikulturalität	Interkulturelle Handlungsfähigkeiten	Interaktion, kritische Partizipation, Handlungsfähigkeit im Rahmen der EU	Politische Jugendbildung	Jugend für Europa
Politikwissenschaftliche Konzepte	Empathie, IK-Kompetenz, kommunikatives Handeln	Offene, flexible Programmstruktur, Methodenmix	Nationalkultur	Völkerverständigung	Interkulturelle, kommunikative Kompetenz	Empathie, Bewusstwerdung und Infragestellung nationaler Identität	Politikwissenschaft, Friedensforschung	Friedens- und Konfliktforschung

Abb. 3.3 Konzepte interkulturellen Lernens (eigene Darstellung, im Anschluss an Hüffer 2004, 57–60)

http://www.bertelsmann-stiftung.de/fileadmin/files/BSt/Presse/imported/down loads/xcms_bst_dms_30236_30237_2.pdf).

Als **generelles Ziel interkulturellen Lernens** lässt sich »das Akzeptieren des Anderen und ein adäquates Handeln in interkulturellen Kontaktsituationen, d. h. die Entwicklung von Empathie, Interaktionsfreudigkeit, Stresstoleranz und Ambiguitätstoleranz« definieren (Hüffer 2004, 86). Die Zielsetzungen interkulturellen Lernens decken sich somit weitgehend mit den Zielen interkultureller Trainings, wie sie etwa zur Vorbereitung von Auslandsentsendungen, für die Zusammenarbeit mit ausländischen Geschäftspartnern und im Rahmen der internationalen Jugendarbeit entwickelt worden sind und durchgeführt werden (s. Kap. 3.5). Auch bestimmte Methoden und Trainingstypen, wie der Einsatz von Rollenspielen, finden sich sowohl in Formen interkulturellen Lernens, etwa in Jugendaustauschseminaren, als auch in interkulturellen Trainings. Trotz der Bandbreite und Vielfalt der Formen und Konzepte lassen sich als Kernbereiche interkulturellen Lernens zum einen der lebensweltliche Bereich des Auslandsaufenthalts und zum anderen der institutionelle, schulische Bereich ausmachen, in denen in den letzten Jahren die intensivste Forschungsdiskussion geführt wurde. Zwei Beispiele sollen dies veranschaulichen.

Weidemann zielt mit ihrer Untersuchung zum interkulturellen Lernen nicht auf Bildungsinstitutionen, sondern auf Formen des informellen Lernens in der Auseinandersetzung mit der Alltagswirklichkeit fremder Gesellschaften, in diesem Fall Taiwans. Auf der Basis einer grundlegenden Kritik an den Begriffen ›Anpassung‹ und ›Akkulturation‹ und ihrer Verwendung in der Ausländerpädagogik und in der Forschung zur interkulturellen Erfahrung von **Auslandsentsendungen** zeigt sie die Bedeutung informeller, alltagswirklicher Lernprozesse auf. Die in interkulturellen Vorbereitungstrainings (etwa für europäische Führungskräfte in China) häufig verwendeten Begriffe der »kulturellen Anpassung« und des »Kulturschocks« sowie die Konzeption der abgeschotteten Nationalkulturen ständen interkulturellen Alltagserfahrungen zum Teil diametral entgegen. »Angesichts der großen Bedeutung unmittelbarer Erfahrung für den Lernprozess« erscheine es, so Weidemann (2004, 317), »unwahrscheinlich, dass interkulturelle Trainings zur Ausreisevorbereitung hinsichtlich der Vermittlung komplexerer kultureller Phänomene eine große Wirkung erzielen könnten« (ebd., 317). Auslandserfahrung, so ihre These, vollziehe sich häufig nicht in Gestalt einer als ›Schock‹ empfundenen Begegnung mit der anderen Kultur, sondern über die Integration in soziokulturelle Gemeinschaften und Netzwerke von Immigranten- oder Entsandtenmilieus sowie über Alltagserfahrungen. Weidemann erläutert diesen komplexen interkulturellen Lernprozess auf der Grundlage eigener Erfahrungen während eines zweijährigen Aufenthalts in Taiwan und am Bespiel der Bedeutung des ›Gesichts‹ in der sozialen Interaktion in China. Die Konstituenten von ›Gesicht‹ in der chinesischen Kultur (moralische Integrität, Fähigkeit, Status, Kultiviertheit), die kulturspezifische Haltungen wie ›Gesicht wahren‹, ›Gesicht haben‹ und ›Gesicht geben‹ implizierten, könnten erst durch spezifische, individuelle Lebenssituationen *erfahren* und nicht kognitiv vermittelt werden. Hieraus leitet Weidemann (ebd., 317) auch die Notwendigkeit der »Individualisierung und Erfahrungsnähe von Trainingsangeboten ab«. Beides könne »sinnvoll erst durch Coaching am Einsatzort« (s. Kap. 3.5) umgesetzt werden.

Untersuchungen zu Ansätzen interkulturellen Lernens in **Fremdsprachenlehrbüchern** belegen trotz gewisser Fortschritte in den letzten Jahren weiterhin deutliche Defizite. D. Caspari (2005) schlägt in ihrer Analyse von Französischlehrbüchern für die Grundschule ein **Analyseraster** vor, das auch auf andere Lehrwerkstypen übertragen werden kann. Es umfasst folgende Komponenten, auf deren Präsenz die Lehrwerke überprüft werden:

- den Erwerb landeskundlicher Kenntnisse;
- die Anbahnung von landeskundlicher und kultureller Offenheit;
- die Anbahnung von Haltungen, »die für interkulturelles Lernen im fremdsprachendidaktischen Sinne zentral sind (zur Reflexion über eigene Gewohnheiten anregen; besseres Verständnis fremder Lebensgewohnheiten);
- und die »Anbahnung von Haltungen im Sinne der generellen Wertschätzung von sprachlicher, kultureller und individueller Vielfalt sowie von Verständnis und Respekt für alle Völker und Kulturen« (›Multikulturalität‹) (ebd., 163).

Das Ergebnis der Untersuchung von knapp zwanzig Lehrwerken erscheint insgesamt eher ernüchternd: Eine Integration sprachlicher und interkultureller Lernziele sei »noch längst nicht durchgehend realisiert« (ebd., 172); explizite Zielsetzungen im Bereich interkulturellen Lernens würden häufig nur »unzulänglich realisiert« (ebd., 172); und schließlich ließe sich die Tendenz feststellen, »zur Illustration bestimmter Sachverhalte lediglich Einzelbeispiele zu verwenden«, was die Gefahr in sich berge, »dass diese verallgemeinert werden und sich zu Klischees entwickeln« (ebd., 167).

Allerdings lassen sich auch in dem von D. Caspari untersuchten Corpus durchaus Neuansätze ausmachen, die darauf abzielen, interkulturelle Lernprozesse auch im Fremdsprachenunterricht systematisch zu vermitteln. Den interessantesten und wegweisendsten Neuentwurf eines Fremdsprachenlehrbuchs, das die aufgezeigten Defizite zu beheben sucht, bietet zweifellos das 1995 erschienene Deutschlehrwerk *Sichtwechsel*, das für fortgeschrittene Deutschlerner der Mittelstufe konzipiert wurde. Auf der Grundlage von Erkenntnissen der Interkulturellen Kommunikation verknüpft das Lehrwerk systematisch sprachliche und interkulturelle Progression. Es ist in sechs Kapitel bzw. »Bereiche« eingeteilt, die die globalen Schwerpunkte des Werks spiegeln (Bachmann u. a. 1995, Bd. I, 4–5; Jenkins-Krumm 2009):

- *Wahrnehmung* (u. a. persönliche, gruppen- und kulturspezifische Erfahrung);
- *Bedeutung* (Funktion und Bedeutung, Benennungen);
- *Bedeutungserschließung und -entwicklung* (u. a. Erschließung des Bedeutungspotentials, Begriffsvernetzung und -veränderung);
- *Kulturvergleich* (Vergleich und Wertung; sprachliche Indikatoren für Kulturvergleich, Begegnung mit dem Fremdem auf Reisen und im Urlaub;
- *Kommunikative Absicht und sprachliche Realisierung* (Intention und Versprachlichung, geschlechtsspezifische Rituale in unterschiedlichen Kulturen, Gesprächsstrategien, Register, Textsortenkonventionen, Textsorten);
- *Manipulation durch Sprache* (Zeitungs- und Werbesprache, Trivialliteratur).

Obwohl dem Lehrwerk von Kritikern auch eine insgesamt zu abstrakte intellektuelle Struktur vorgeworfen wurde, stellt *Sichtwechsel* einen bemerkenswerten Versuch dar, Fremdsprachenlehrwerke in völlig neuer Weise zu konzipieren und hierbei sprachliches und interkulturelles Lernen systematisch miteinander zu verknüpfen. Die Autoren, u. a. B. Müller-Jacquier, gründen die Konzeption des Lehrwerks auf Überlegungen zu **einer interkulturellen Didaktik**, die von folgenden **Grundsätzen** ausgeht (Bachmann u. a. 1995, 8–9):

1. »Interkulturelle Kommunikation verläuft grundsätzlich anders als Kommunikation zwischen Sprechern derselben Kultur, die sich ständig implizit auf ein gemeinsames Kulturwissen beziehen.«

2. »Im Unterricht kann immer nur exemplarisch gearbeitet, können nur schlaglichtartig Aspekte der fremden Wirklichkeit beleuchtet werden. Dabei erworbenes kulturspezifisches Wissen führt zu mehr oder weniger dicht liegenden ›Verstehensinseln‹, zwischen denen – sogar nach vielen Jahren Aufenthalt im Zielsprachenland – immer noch reichlich Raum für Schiffbruch besteht.«

3. »Wichtiger als die Anhäufung von Kultur-Wissen, das ja immer nur lückenhaft bleiben kann, sind daher die bei der Erarbeitung dieses Wissens erworbenen Einstellungen, Fähigkeiten und Strategien, sich Fremdes immer weiter zu erschließen.«

4. »Für die interkulturelle Didaktik sind die Modelle für Alltagskommunikation zwischen Muttersprachlern nicht einfach übertragbar auf die interkulturelle Kommunikationssituation, führt die Anhäufung landeskundlichen (Alltags-) Wissens nicht automatisch zum Verständnis der anderen Sprache/Kultur und zur geglückten Verständigung.«

5. »Allgemeines Groblernziel des Unterrichts ist, die deutsche Sprache als Ausdruck fremder Verhältnisse, Denk-, Handlungs- und Redeweisen zu erfassen. Über das Medium Fremdsprachenunterricht soll die allgemeine Fähigkeit zum praktischen Umgang mit Fremdem und Fremden gefördert werden.«

6. »Um dies zu erreichen, müssen gewisse Bewußtseinsprozesse in Gang gesetzt werden. Die Lernenden müssen sich ihrer eigenkulturellen Lern- und Handlungsvoraussetzungen bewußt werden, sie müssen Einsichten in die Mechanismen der Wahrnehmung und Interpretation von Realität gewinnen, und sie müssen die eigene Realität als eine Realität neben anderen begreifen lernen. Nur im ständigen, bewußten Bezug auf die eigene Sprache und Kultur ist Verstehen des Anderen – ist »SICHTWECHSELN« – möglich.«

7. »Das Lehrwerk SICHTWECHSEL verfolgt die hier genannten lernstrategischen Ziele, indem es die Komponenten der Fremdperspektive – Wahrnehmung, Bedeutung, Vergleich und Kommunikationsprozesse – zum Lerninhalt macht. Durch die Texte und Aufgaben werden die Lernenden dazu gebracht, neben der sprachbezogenen Arbeit die eigenen Äußerungen, das eigene Verhalten, Denken und Fühlen zu reflektieren und deren Kulturbedingtheit zu erkennen sowie Strategien zum Umgang mit dem Fremden (Erschließungsstrategien, Verständigungsstrategien) zu entwickeln.«

Eine wichtige Herausforderung für die Weiterentwicklung der Konzepte interkulturellen Lernens stellen zum einen die Verzahnung von interkultureller Erfahrung und schulischem (oder universitärem) interkulturellem Lernprozess und zum anderen die systematische Einbeziehung der Lerner/innen in den Lern- und Erkenntnisprozess dar. Hinsichtlich des ersten Gesichtspunkts hat sich zunehmend die Erkenntnis durchgesetzt, dass Auslandsaufenthalte und die hiermit verbundenen interkulturellen Erfahrungen gezielt vor- und nachbereitet werden müssen, um zu entsprechenden Lerneffekten zu führen. Die Vor- und Nachbereitung interkultureller Austauscherfahrungen bietet zudem die Möglichkeit, die Schüler/innen (bzw. Studierenden) in die Lehrmaterialerstellung selbst einzubeziehen. Folgende Materialien haben sich vor allem im Rahmen der **Vor- und Nachbereitung** von Schüleraustauschprogrammen als besonders geeignet erwiesen und wurden methodisch erprobt und ausgewertet (Vatter/Lüsebrink/Mohr 2011):

1. **Videotagebücher** – eine Weiterentwicklung des Konzepts der ›Lernertagebücher‹, die Fellman (2006) auf schriftliche Aufzeichnungen bezieht – die durch die Schüler/innen selbst während ihres Aufenthaltes geführt wurden. Diese erhalten die Aufgabe, durch Videokameras, die ihnen vor dem Austausch zur Verfügung gestellt wurden, an jedem Tag ca. 15 Minuten über die Erfahrungen des Tages in der fremden Kultur zu berichten. Trotz des technischen Aufwands erwiesen sich Videotagebücher als ein sehr geeignetes Medium, um Reflexionsprozesse über interkulturelle Erfahrungen zu vermitteln. »Als motivierendes Medium vermitteln Videotagebücher den Teilnehmerinnen und Teilnehmern, aber auch den Lehrpersonen unmittelbare Einblicke in den Verlauf eines Austauschprogramms, den Blick auf die fremde Kultur inklusive möglicher Irritationen und damit auch in interkulturelle Lernprozesse« (Vatter 2011, 297).

2. **Schriftliche autobiographische Berichte**, die durch die Schüler/innen unmittelbar im Anschluss an ihren Auslandsaufenthalt nach einem strukturierten Frageraster verfasst werden. Das Frageraster enthält insbesondere Fragen zu kulturellen Unterschieden zwischen der eigenen Familie und der Gastfamilie, zwischen dem Unterrichtsverlauf sowie zu Unterschieden in der Alltagswelt (Kommunikation, Rituale etc.).

Hierfür haben D. Röseberg, U. Wolfradt und B. Müller-Jacquier detaillierte methodische Überlegungen entwickelt, die vor allem auf die Funktion von autobiographischen Berichten für die Aufarbeitung von Fremdheitserfahrungen und als Medium der kritischen Selbstreflexion über interkulturelle Erfahrungen zielen (Röseberg/Wolfradt 2016). Ausgehend von der Feststellung, dass Fremdheit nicht »vorgefunden« wird, sondern konstruiert ist, lenkt Müller-Jacquier (2007) den Fokus auf die unterschiedlichen kommunikativen Gattungen, in denen sich Fremdheitserfahrung artikuliert – von schriftlichen Gattungen wie Zeitungs-, Praktikums- und Stipendienberichten bis hin zu mündlichen (oder intermedialen) Gattungen wie früher Diashows und heute photogestützten Kurzberichten auf Facebook, Ferien-Erzählabenden und »ethnischen Diskursen in der Diaspora« (Müller-Jacquier 2007, 18–19). Grundlegende und fast durchgängig zu findende Strukturelemente von Fremdheitsdarstellungen dieser Art sind:

- **Interkulturelle Vergleiche** zwischen der eigenen und der fremden Kultur (s. Kap. 2.2.3 zu interkulturelle Vergleichstypen);
- **Wissenstransfer** in häufig sehr selektiver und fragmentarischer Form;
- **Stereoypisierungen** als generalisierende Statements;
- **Beurteilungsformen** (negativer oder positiver Art);
- **fakultative Belegerzählungen** (durch die Erlebtes und die Einstellungen hierzu exemplarisch veranschaulicht werden).

Der folgende Bericht von britischen Schülerinnen, die von einer Klassenfahrt nach Frankreich zurückkehren und über ihre Erfahrungen sprechen, ist gekennzeichnet durch (Müller-Jacquier 2007, 28)

- »einführende, thematisch rahmende und generalisierende *Negativ-Empfindungen*«;
- *Negative Bewertungen* im Sinne von Statements ohne Hinzufügung weiterer Erläuterungen (»Expandierung«). Sprachliche Konventionen und kulturspezifische Handlungsmuster (hier beim Einkaufen und in den Beziehungen zwischen Verkäufern/innen und Kunden/innen) werden psychologisiert und völkerpsychologisch verallgemeinert.
- »Einstellungsillustrierende Belegerzählungen.«

Klassenfahrt ins Ausland (Müller-Jacquier 2007, 27–28)
I1 And what do you think of it (France)
P1 Thought the place was all right but I didn't like the people
I1 No? Why that?
P1 They didn't have any patience
I1 And what sort of people did you meet? Was it people running the hostel or people on the town?
P1 Why were they impatient?
I1 When were they impatient? How were they impatient?
P1 Like looking round the shops and not buying anything they would just throw you out.
I2 What would put you off living in France?
P2 Don't like the food that much and sometimes people can be a bit nasty – they are not friendly really.
I2 What gives you these impressions then?
P2 Like, if you go into a shop there they say to you: »What do you want?« instead of »Can I help you?« and stuff like that.
(I1, I2: britische Austauschschlehrerinnen; P1, P2: Interviewer)

- **Spielfilme und Dokumentarfilme**, in denen Austauschprogramme von Schüler/innen und Studierenden thematisiert werden. Die Analyse und Diskussion von Szenen aus Spielfilmen wie *Auberge espagnole* (2002) von Cédric Klapisch, *Französisch für Anfänger* (2004) von Christian Ditter oder Dokumentarfilmen wie *Menschen hautnah: Mit acht allein in Frankreich* (2007) ermöglichen die Konfrontation zwischen eigenen und filmisch dargestellten interkulturellen Situationen und Perzeptionsmustern, schaffen gezielt Sprech- und Diskussionsanlässe und schärfen zugleich das Bewusstsein für die Wirkung von Medien auf die Wahrnehmung und Verarbeitung der eigenen interkulturellen Erfahrungen. Das hierbei zugrundegelegte Analyseraster umfasst sowohl filmtechnische Aspekte wie interkulturelle Komponenten (wie Körpersprache, Aussagen der Protagonisten über die interkulturelle Interaktion, die filmische Inszenierung des Gastlandes etc.) (Lüsebrink/Dorka/Otten 2011, 201–203).

3.5 | Interkulturelle Trainingsformen und -methoden

Interkulturelle Trainings stellen Formen der Vorbereitung auf interkulturelle Situationen und Erfahrungen dar (Brislin/Yoshida 1994), wie sie sich beispielsweise bei der Auslandsentsendung von Führungskräften (Seemann 2000), im Personalwesen multinationaler Unternehmen, bei Verhandlungs- und Verkaufsgesprächen mit ausländischen Geschäftspartnern, bei Schüler- und Studierendenaustauschprogrammen oder im Rahmen institutioneller, universitärer oder wirtschaftlicher Kooperationen ergeben. Als Ergebnis einer empirischen Studie zu Führungskräften des international agierenden Stahlunternehmens Thyssen AG hat N. Warhum folgende **Problembereiche** herausgearbeitet, die aus der Sicht der Befragten die Notwendigkeit einer besseren interkulturellen Vorbereitung, etwa in Form interkultureller Trainings, aufzeigt:
- »kulturell bedingte Unterschiede im Kommunikationsstil und Sprachprobleme«;
- »Unterschiede im Verständnis von Zeit und Technik«;

- »Probleme, die sich aus der Dynamik der interkulturellen Situation als solcher ergeben, wie Stereotypisierungen oder das strategische Ausnutzen der interkulturellen Situation« (Warthun 1998, 124–126).

G. Stahl unterscheidet ergänzend in seiner Studie zum internationalen Einsatz von Führungskräften folgende »**Problemklassen**«, die sich aus der – häufig zu wenig vorbereiteten – interkulturellen Erfahrung eines längeren Auslandsaufenthalts ergeben können (Stahl 1998, 157, 171; hier zit. nach Bolten 2001, 82). Die Probleme stellen sich zudem bei einem weniger als zwei Jahre dauernden Auslandsaufenthalt anders dar als bei einer längeren, sich über 2 bis 6 Jahre erstreckenden Entsendung:

Problemklasse	< 2 Jahre	Problemklasse	2–6 Jahre
Sprache/Kommunikation (Verständigung/ Orientierungsprobleme)	58 %	**Reintegration** (berufliche/private Rückkehrprobleme, Zukunftsängste)	76 %
(Ehe-)Partner (fehlende Arbeitsmöglichkeiten, Isolation)	58 %	**Stammhausbeziehungen** (Autonomiekonflikt, fehlende Unterstützung)	61 %
Personal/Führung (Personalbeschaffung, -führung, -entwicklung)	50 %	**Arbeitszeit/-menge** (lange Arbeitszeiten, Termindruck, Geschäftsreisen)	56 %
Stammhausbeziehungen (Autonomiekonflikt, fehlende Unterstützung)	50 %	**Sprache/Kommunikation** (Verständigungs-/ Orientierungsprobleme)	54 %
Gastlandkontakte (fehlende/unbefriedigende Kontakte mit Einheimischen)	46 %	**Gastlandkontakte** (fehlende/unbefriedigende Kontakte mit Einheimischen)	50 %
Reintegration (berufliche/private Rückkehrprobleme, Zukunftsängste)	46 %	**Personal/Führung** (Personalbeschaffung, -führung und -entwicklung)	48 %
Arbeitsinhalte/-abläufe (Aufgabenneuheit, Überforderung, unbekannte Unternehmenskultur)	33 %	**(Ehe-)Partner** (Fehlende Arbeitsmöglichkeiten, Isolation)	44 %

Abb. 3.4 Probleme entsandter Manager (bei Aufenthalten unter 2 Jahren und bei 2- bis 6-jährigen Aufenthalten nach G. Stahl; Quelle: Bolten 2001, 82)

Wie auch in der Studie von A. Seemann zur Auslandsentsendung deutscher Führungskräfte nach Frankreich und in anderen einschlägigen Studien (Kühlmann 2004; Bolten 2015, 196–209, 213–217) wird hier zum einen die Notwendigkeit deutlich, bei interkulturellen Trainingsmaßnahmen neben dem beruflichen Kontext auch die sozialen und privaten Kontexte von Interaktion und Integration zu berücksichtigen, die unter den genannten Problembereichen jeweils auch einen wichtigen Stellenwert einnehmen (»Gastlandkontakte«, »Sprache/Kommunikation«, »Ehepartner«). Die Trennung in private und berufliche Integration sei, so Seemann (2000, 269), »auch deshalb sinnvoll, weil nachgewiesen werden konnte, daß die private Integration von Entsandten ungleich schwerer fällt als die berufliche«.

Das **Ziel interkultureller Trainings** besteht allgemein darin, interkulturelle Handlungskompetenz zu vermitteln, durch die eine möglichst effiziente Vorbereitung auf interkulturelle Interaktionssituationen sowohl im beruflichen als auch im privaten Kontext gewährleistet werden soll. Bei der Definition der interkulturellen

Handlungskompetenz hat sich die von Gersten (1990) vorgeschlagene **Unterscheidung von affektiven, kognitiven und verhaltensbezogenen Dimensionen** durchgesetzt. Diese lassen sich wie folgt strukturieren:

Affektive Dimension	Kognitive Dimension	Verhaltensbezogene Dimension
■ Ambiguitätstoleranz ■ Frustrationstoleranz ■ Fähigkeit zur Stressbewältigung und Komplexitätsreduktion ■ Selbstvertrauen ■ Empathie, Rollendistanz ■ Vorurteilsfreiheit, Offenheit, Toleranz ■ Geringer Ethnozentrismus ■ Akzeptanz/Respekt gegenüber anderen Kulturen ■ Interkulturelle Lernbereitschaft	■ Verständnis des Kulturphänomens in Bezug auf Wahrnehmung, Denken, Einstellungen sowie Verhaltens- und Handlungsweisen ■ Verständnis fremdkultureller Handlungskontexte ■ Verständnis der Kulturunterschiede der Interaktionspartner ■ Verständnis der Besonderheiten interkultureller Kommunikationsprozesse ■ Metakommunikationsfähigkeit (Fähigkeit, die eigene Kommunikation aus kritischer Distanz zu sehen)	■ Kommunikationswille und -bereitschaft ■ Kommunikationsfähigkeit ■ Soziale Kompetenz (Beziehungen und Vertrauen zu fremdkulturellen Interaktionspartnern aufbauen können) ■ Handlungskonsequenz: Bereitschaft, Einstellungen auch konsequent in Handlungen umzusetzen (sprachlich und außersprachlich)

Abb. 3.5 Dimensionen interkultureller Handlungskompetenz (nach Bolten 2000, 68)

Im geschäftlichen Bereich besteht interkulturelle Handlungskompetenz in der »Qualifizierung der Teilnehmer zum Erkennen und zur konstruktiven und effektiven Bewältigung der spezifischen Managementaufgaben, die sich ihnen gerade unter den für sie fremden Kulturbedingungen und in der Interaktion mit fremdkulturell geprägten Personen stellen« (Thomas/Hagemann/Stumpf 2003, 238 f.). Im Vordergrund *wirtschaftsbezogener Trainings* stehen Trainingsmodule, die auf den Wirtschaftsalltag, die in diesem Kontext relevanten Kommunikations- und Verhaltensstile, landeskundliche Informationen sowie »Business«-Etikette (die sogenannten »Do's and Dont's«, häufig allerdings recht stereotypisierten Verhaltensregeln) bezogen sind. Neben dem wirtschaftlichen Bereich spielen jedoch interkulturelle *Trainings im Non-Profit-Bereich* (Entwicklungshilfe, Schüler-, Jugend- und Studierendenaustausch), der für ihre Entwicklung eine Vorreiterrolle gespielt hatte, weiterhin eine wichtige Rolle.

Die Vielzahl der Trainingsformen basiert im Wesentlichen auf den Parametern ›kulturübergreifend/kulturspezifisch‹ und ›informationsorientiert/erfahrungsorientiert‹. Auf dieser Grundlage lassen sich **vier Trainingstypen** unterscheiden (nach Schugk 2004, 250; Bolten 2000, 72; Bolten 2001, 88–98; Gudykunst/Hammer 1983):
1. Kulturübergreifend-informatorische Trainings
2. Kulturspezifisch-informatorische Trainings
3. Kulturübergreifend-interaktionsorientierte Trainings
4. Kulturspezifisch-interaktionsorientierte Trainings

1. Die kulturübergreifend-informatorischen Trainings basieren im Wesentlichen auf Vorträgen, Diskussionen, Foto- und Videomaterial sowie Dokumentationen zum Verlauf interkultureller Kommunikationsprozesse. Sie zielen auf eine generelle Sensibilisierung für Probleme, die in interkulturellen Kommunikationssituationen auftreten können. Die **gängigsten Trainingsverfahren** sind hierbei:
- *Culture Assimilator:* Dieser Trainingstyp basiert auf *Critical Incidents* (s. Kap. 2.2.2) und umfasst die Analyse kritischer Interaktionssituationen nach einem Multiple-

Choice-Verfahren, in dem verschiedene Erklärungs- und Lösungsmöglichkeiten angeboten werden (z. B. psychologischer, rechtlicher, politischer, sprachlicher und kultureller Art sowie durch unterschiedliche Kulturstandards) (Schugk 2004, 251; Brislin/Cushner u. a. 1986, 25–48).

- Das *Cultural Awareness-Training* umfasst ein kulturallgemeines Sensibilisierungstraining und zielt auf die Vermittlung einer allgemeinen interkulturellen Handlungskompetenz. Im Vordergrund stehen hier die Sensibilisierung für kulturelle Differenz und für die kulturelle Prägung des eigenen kommunikativen Handelns, unterschiedliche Kulturstandards, die Beziehung von Eigenem und Fremdem sowie Strategien der Verhaltensveränderung und -anpassung in fremdkulturellen Kontexten (Thomas/Kinast/Schroll-Machl 2000). Andere kognitive Trainingsmethoden zur allgemeinen interkulturellen Sensibilisierung betreffen die Bild-, Foto- und Filmanalyse sowie die Assoziationsanalyse, die eine ähnliche Zielsetzung verfolgen.
  - Bei der *Bild-, Foto- und Filmanalyse* sollen Vorurteilsstrukturen bewusst gemacht werden, indem »am Beispiel von vermeintlich ›typischen‹ Personen- oder Situationsdarstellungen (z. B. Mann mit dunkler Sonnenbrille und Anzug; Feier mit weiß gekleideten Personen etc.) Symbolattribuierungen gesammelt werden (aus deutscher Sicht vermutlich ›Mafioso‹, ›Hochzeit‹), die auf den fremdkulturellen Kontext, in dem die Bilder entstanden sind, gerade nicht anwendbar sind. Diese Einsicht kann dazu beitragen, den eigenen kulturellen Standpunkt zu relativieren und die kulturell bestimmte Wahrnehmung zu erkennen« (Bolten 2001, 90–91).
  - Bei der *Assoziationsanalyse* erhalten die Teilnehmer/innen – »sofern sie aus unterschiedlichen Kulturen stammen – eine Wortliste (z. B. ›Kuss‹, ›Heimat‹, ›sauber‹ etc.). Zu den Ausgangswörtern werden Assoziationen gebildet, notiert und danach mit den Ergebnissen einer anderen Kulturgruppe verglichen« (ebd., 91).
- Das *Linguistic Awareness of Cultures-Training* (LAC) zielt darauf ab, linguistische Kategorien zur Beschreibung typischer interkultureller Interaktionssituationen zu vermitteln. Es basiert im Wesentlichen auf dem von Müller-Jacquier (1999) zur Analyse von interkulturellen Interaktionssituationen entwickelten Raster (s. Kap. 3.2) und versteht sich als komplementäre Ergänzung zum *Cultural Awareness-Training*. Im Zentrum stehen auch hier *Critical Incidents*, die jedoch gezielt auf die in ihnen beobachtbaren Kommunikationsregeln hinterfragt werden. Die *Trainees* »sollen in die Lage versetzt werden, interkulturelle Situationen systematisch auf mögliche sprachliche Gründe für Missverständnisse hin zu analysieren. [...]. Die in den Fallstudien sichtbaren Verhaltensformen werden als Problem der Proxemik, der unterschiedlichen Sprechhandlungsrealisierung, der Pausengestaltung oder der Interpretation nonverbaler Signale benannt« (Müller-Jacquier 2000, 40 f.).

2. Kulturspezifisch-informatorische Trainings: Dieser häufigste, vor allem auch bei Auslandsentsendungen angewandte Trainingstyp legt im Unterschied zu den kulturübergreifenden Trainings einen Schwerpunkt auf die Vermittlung landeskundlicher und kultureller Fakten, Informationen und Daten hinsichtlich einer spezifischen Kultur. Hinsichtlich der Methoden wird jedoch weitgehend auf die drei zuvor genannten Trainingstypen (*Culture Assimilator, Culture-Awareness, LAC*) zurückgegriffen, die in diesem Fall nicht kulturübergreifend, sondern kulturspezifisch ausgerichtet sind. Dieser Trainingstyp wird häufig ergänzt durch Business-Ratgeber, die sehr unterschiedlicher Qualität sein können. Ein Best-Practice-Beispiel in diesem Bereich stellt das fundierte *Business Know-How Frankreich* von C. Barmeyer und S. von Wietersheim (2007) dar. Es vermittelt für die Zielgruppe »Geschäftsleute« grundlegende Kenntnisse, die von der Geographie Frankreichs über Gesellschaft, Kultur und Wirtschaft bis hin zu Verhalten und Besonderheiten im französischen Geschäftsleben reichen. Zu letzteren zählen Informationen zu interkulturell häufig zu Missverständnissen und Fehlwahrnehmungen führenden Aspekten wie Arbeitskultur und Arbeitsgepflogenheiten, Kleidungscodes, Präsentationsstile und Begrüßungsformeln.

3. Kulturübergreifend-interaktionsorientierte Trainings: Dieser Typ interkultureller Trainings ist erfahrungsorientiert. Sein Ziel ist es, für interkulturelle Unterschiede und Erfahrungen zu sensibilisieren: d. h. »Interkulturalität – und stärker noch Fremdheit – durch Simulationen und Rollenspiele erfahrbar zu machen, indem Zusammenhänge konstruiert werden, die aus Teilnehmersicht jedweder Vertrautheit entbehren und Normalitätserwartungen unerfüllt lassen« (Bolten 2001, 91). Bei Simulationsspielen nehmen die Teilnehmer/innen probeweise eine fremdkulturelle Rolle ein, gestalten diese in einem komplexen Handlungsrahmen aus und erfahren die Reaktionen der anderen Beteiligten hierauf. Hierdurch wird, im Allgemeinen durch den Rückgriff auf stereotype Vorstellungsmuster, die sukzessive in Frage gestellt und überwunden werden sollen, ein interkultureller Perspektivenwechsel intendiert, bis zur Erfahrung von und Reflexion über Mehrperspektivität. Die **gängigsten Übungsmethoden** in diesem Zusammenhang sind:

- **Kultursimulationsspiele:**
    a) BAFA BAFA: Hierbei übernehmen die Teilnehmer/innen die Rollen von Angehörigen zweier sehr gegensätzlich konstruierter Phantasiekulturen und führen Verhandlungen:»Dabei kennen die der einen Phantasiekultur zugeordneten Teilnehmer die Spielregeln und das Verhalten der Teilnehmer, die der anderen Phantasiekultur zugeordnet sind, nicht von Anfang an. Auf diese Weise soll dazu angeregt werden, sich eine unbekannte Kultur durch ›hypothesengeleitetes Explorationsverhalten‹ sukzessive selbst zu erschließen. Affektive und verhaltensorientierte Lernziele, etwa Empathie, Ambiguitätstoleranz sowie der Umgang mit Plausibilitätsdefiziten, stehen somit im Mittelpunkt« (Schugk 2004, 253; Brot für alle 1993).
    b) Barnga: Eine weitere klassische Kultursimulation stellt das Kartenspiel Barnga dar, in dem kulturelle Unterschiede durch verschiedene Spielregeln fassbar und erfahrbar gemacht werden. Angesichts von uneindeutigen Situationen und Kommunikationsbarrieren müssen die Teilnehmer/innen lernen, diese Unterschiede zu überwinden, um als kulturelle Gruppe erfolgreich zu sein (Thiagarajan/Steinwachs 1990).
    c) InterAct: Planspiele sind als interaktive, komplexe Szenarien konzipiert und sollen dazu dienen, »interkulturelle Handlungsfähigkeit im bewußten Zusammenspiel von individueller, sozialer, strategischer und fachlicher Kompetenz unter Beweis zu stellen. Auf diese Weise wird der faktisch ganzheitliche Charakter interkulturellen Handelns in einem für Trainings off-the-job optimalen Maß realisiert« (Bolten 1999). »Die Effizienz derartiger Trainings ist zuletzt deshalb sehr hoch, weil sie zumindest indirekt auch zu einer Verbesserung von fremdsprachlichen Kompetenzen beitragen« (Bolten 2001, 97). Ein Beispiel

hierfür wäre InterAct, ein Planspiel aus dem Textilbereich. Es geht davon aus, dass Unternehmen, die beispielsweise Jogging-Anzüge herstellen, sich langfristig nur behaupten können, wenn sie international kooperieren. Ein Joint-Venture zwischen den Betrieben E und F hat dazu geführt, dass die konkurrierenden Unternehmen A, B, C und D erhebliche Umsatzeinbußen erlitten haben, die sie zurückerobern möchten: »An dieser Stelle setzt das sowohl betriebswirtschaftlich wie interkulturell konzipierte Planspiel ein. Die Unternehmen A-D werden durch Teilnehmer aus jeweils unterschiedlichen Kulturen repräsentiert, so dass beispielsweise ein deutsches, ein französisches, ein russisches und ein britisches Team versuchen müssen, von dem (computersimulierten) Joint-Venture E/F Marktanteile zurückzugewinnen. Neben mehrsprachigen Kooperationsverhandlungen besteht das Planspielszenario aus zahlreichen Aufgaben wie etwa der Erstellung von gemeinsamen Werbestrategien und Unternehmensgrundsätzen oder auch der Anforderung, konkrete Marktentscheidungen im Hinblick darauf zu treffen, wie viel auf den einzelnen Märkten zu welchem Preis abgesetzt werden kann« (ebd., 97).

- **Workshopdesigns:**
  Die Analyse der Interaktionsprozesse unter den Teilnehmern/innen eines international zusammengesetzten Workshops, z. B. in Form von Video-Analysen und -Feedbacks (Schugk 2004, 253).
- **Selbstbewertungsverfahren:**
  Die Einschätzung der interkulturellen Kommunikationskompetenz durch die Teilnehmer/innen eines Seminars oder Workshops. Grundlage hierfür sind in erster Linie Fragebögen, durch die die Einstellungen der Teilnehmer zu anderen Kulturen erfasst werden sollen, beispielsweise hinsichtlich Faktoren wie Unsicherheit, Angst oder auch der eigenen Tendenz zur Stereotypisierung und Vorurteilsbildung (Schugk 2004, 253; Thomas/Hagemann/Stumpf 2003, 254).

4. Kulturspezifisch-interaktionsorientierte Trainings: Bei den kulturspezifischen erfahrungsorientierten Trainings wird im Wesentlichen auf die gleichen Methoden zurückgegriffen wie bei den kulturübergreifend ausgerichteten Trainingsformen. Statt fiktiver Kulturen beziehen sich die Simulations- und Rollenspiele jedoch hier auf reale Kulturen, häufig die Ausgangs- und Zielkulturen der Teilnehmer/innen. Je nach Zusammensetzung der Teilnehmergruppe ergeben sich auch die Möglichkeiten der bikulturellen Verteilung der Rollen und der bikulturellen Workshopdesigns. Bei letzteren ist es »von besonderer Wichtigkeit, dass umfassende Interaktionserfahrungen mit der jeweils anderen Kultur zugelassen werden. Nach erfolgter Bearbeitung der Inhalte sind die Interaktionserfahrungen und Interaktionsprozesse gemeinsam einer Analyse und Reflexion zu unterziehen, um letztlich handlungsrelevantes Wissen über die jeweils fremde Kultur bei den Teilnehmern aufzubauen. Der Trainer nimmt während des Workshops die Rolle des Moderators ein, der Unterstützung bei der Aufarbeitung der Erlebnisse zu geben hat« (Schugk 2004, 255).

Zwei **Entwicklungstendenzen** lassen sich im Bereich der interkulturellen Trainings erkennen:

- Zum einen besteht im Anwendungsbereich **(Trainings off-the-job)** eine zunehmende Tendenz, verschiedene Trainingstypen zu verknüpfen. So werden zum Beispiel zur Vorbereitung auf die interkulturellen Kontakte mit einer Zielkultur wie Frankreich, China oder den USA in wachsendem Maße die kulturspezifisch ausgerichteten *Culture Awareness* und *Linguistic Awareness of Cultures-Trainings* mit gleichfalls kulturspezifisch ausgerichteten Rollenspielen eines Trainingsprogramms verknüpft. Die unterschiedenen Trainingstypen werden kaum in ›Reinform‹ angewandt, sondern in komplexeren Trainingsdesigns in einem Mix aus verschiedenen Trainingstypen und Übungsmethoden.

- Zum anderen besteht eine wachsende Tendenz, die sich stellenden interkulturellen Probleme **on-the-job**, d. h. vor Ort, mit den Betroffenen und unter Heranziehung außenstehender interkultureller Berater aufzuarbeiten und zu lösen, auch vor dem Hintergrund der Tatsache, dass mit einer zunehmenden Beschleunigung der Internationalisierung und Globalisierung Personal- und Marketingentscheidungen schneller gefasst werden müssen, was keine Zeit für vorbereitende interkulturelle Trainings lässt. Zu diesen Maßnahmen zählen insbesondere die **interkulturelle Mediation** (Bolten 2001, 98–99; Busch 2005) und das **interkulturelle Coaching**.
  - Unter *interkultureller Mediation* versteht man im Wirtschaftsbereich die »Mittlertätigkeit bei offenen und verdeckten Konflikten in multikulturellen Teams« (Bolten 2001, 98). Der *Mediator* fungiert hier als »Konfliktmanager«, der Konflikte zur Sprache bringt, mit den Beteiligten zu erörtern sucht, gegebenenfalls durch gemeinsame Videoanalyse und die Thematisierung kultureller Ursachen. Allgemein lässt sich Mediation definieren als »die Einschaltung eines (meist) neutralen und unparteiischen Dritten in einen Konflikt, der die Parteien bei ihren Verhandlungs- und Lösungsversuchen unterstützt, jedoch über *keine eigene Konflikt-Entscheidungskompetenz* verfügt« (Breidenbach 1995, 4; auch zit. von Busch 2007, 18).
  - *Interkulturelles Coaching* lässt sich definieren als »Betreuung und Supervision multikultureller Teams mit dem Ziel, eigenes kulturspezifisches Handeln bewusst zu machen, zu thematisieren und Synergiepotentiale als Zielvorgaben zu formulieren« (Bolten 2001, 98). Der *Coach* nimmt die Rolle des Moderators, Fachexperten und »Metakommunikators« ein, um latente oder unbewusste Missverständnisse zu thematisieren und zur Synergienfindung beizutragen. Coaching-Methoden sind in erster Linie: Interaktionsbegleitung, Interaktionsbeschreibung, Kommunikationsanalyse, u. a. durch Analyse von Videoaufzeichnungen; Thematisierung, gemeinsame Aufarbeitung und Erklärung von Missverständnissen; individuelle Stärke- und Schwächeanalysen der Teammitglieder in Bezug auf interkulturelle Handlungskompetenz; Absprache von Zielvereinbarungen mit den Teammitgliedern für gemeinsames künftiges Handeln (»Synergiepotenziale«) (Bolten 2001, 99; vgl. auch Nazarkiewicz/Krämer 2012).

Insbesondere die *interkulturelle Mediation* hat in den letzten Jahren eine wachsende Aufmerksamkeit in der Wissenschaft gefunden und in der interkulturellen Praxis kommt ihr eine zunehmende Bedeutung zu. Interkulturelle Mediation repräsentiert eine strukturierte ›triadische‹ Konfliktlösungsstrategie, bei der ein von außen kommender Vermittler versucht, durch Formen der Verständnisförderung einen Konflikt zwischen mehreren Parteien aus unterschiedlichen Kulturen zu lösen. Die wesentlichen Formen der Verständigungsförderung, die in der interkulturellen Mediation (nach Busch 2007) zum Tragen kommen, sind:

- Perspektivenwechsel,
- Humor,
- Themenverlagerung,

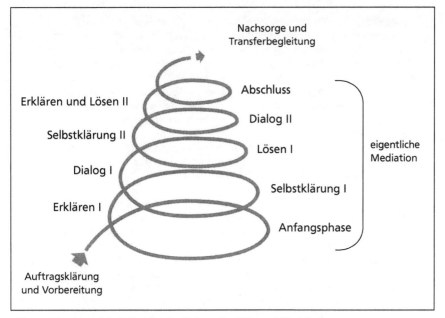

Abb. 3.6 Phasen der interkulturellen Mediation: die »Klärungshilfe-Spirale«
(Quelle: Barrios 2008, 300)

- Distanzierung vom Konfliktthema sowie
- Transformation eines personalen in einen Sachkonflikt.

Hinzu kommt die Verständigungsförderung durch Medienreferenz, das heißt, interpersonale Konflikte werden anhand von analogen Mediendarstellungen – also in
indirekter und distanzierter Weise – angesprochen und diskutiert. Mediation lässt
sich schematisch als ein spiralförmiges Trialogverfahren beschreiben, das sich nach
einer Anfangs- bzw. Vorbereitungsphase in Phasen der Erklärung, der Selbsterklä-
rung, des verständnisorientierten Dialogs und der dialogischen Problemlösung
untergliedern und schematisieren lässt (s. Abb. 3.6).
   Ausgangslage und Verlauf einer Mediation sollen anhand des folgenden, sehr
praxisnahen Fallbeispiels einer deutsch-kolumbianischen Konfliktkonfiguration
skizziert werden (nach Barrios 2008, 265):

Nach einer intensiven Vorbereitungsphase, in der die Mediatorin die Beteiligten
näher kennenlernt und ihre jeweiligen Sichtweisen des Konflikts herausarbeitet,
werden in der eigentlichen Phase der Mediation folgende Schritte zur Konfliktlösung unternommen: Nach Übungen aus interkulturellen Trainings, durch die sich
die Beteiligten ihrer Prägung durch unterschiedlich gelagerte Werte und Kulturstandards bewusst werden (»Selbstklärung I«, »Dialog I«), findet in einem weiteren
Schritt ein »vertiefender Dialog über die wesentlichen Konfliktpunkte« (ebd., 302)
statt. In einer ersten Klärungsphase (»Erklären I«) wird angestrebt, gemeinsam
Erklärungsansätze für die entstandenen Konflikte zu suchen – im vorliegenden
Fall sind dies sehr unterschiedliche Kommunikationsstile (direkte/indirekte Kom-

munikation), eine völlig andere Gewichtung von Sachorientierung und Beziehungsorientierung, eine andere Auffassung der Trennung von ›Privatem‹ und ›Geschäftlichem‹ sowie ein differentes Zeitverständnis (monochrones versus polychrones Zeitverständnis). »Es sei schwer und ungewohnt«, so die Konfliktparteien am Ende des ersten Mediationstages in informeller Runde (beim Abendessen), »gleichzeitig aber sehr erleichternd, sich über die Unterschiede bezogen auf den Grad der Beziehungsorientierung auszutauschen, man wisse ja schon lange, in welchen Punkten man sich gegenseitig »nerve«, habe sich aber bisher noch nie getraut, »das Kind beim Namen zu nennen« (ebd., 305).

Die folgenden Phasen der Mediation dienen dazu, gegenseitiges Verständnis aufzubauen und die Neugierde auf die Innenwelt des Vertreters der Gegenseite (ebd., 306) zu wecken (»Dialog II«), die wichtigsten Konfliktpunkte nunmehr auch im ›offiziellen‹ Rahmen zu benennen und zu diskutieren (»Selbstklärung II«) und gemeinsam nach Lösungs- und Kompromissmöglichkeiten zu suchen (»Erklären und Lösen II«). »Im nun anschließenden ›Dialog der Wahrheit‹«, so die Mediatorin über den Abschluss des Mediationsprozesses, »geht es um den Austausch über die hinter dem sichtbaren Konfliktpotential stehenden Gefühle der drei Beteiligten. [...]. Es stellt sich heraus, dass sowohl er als auch die beiden Lateinamerikaner unter einem enormen Erfolgsdruck stehen. Herr Westermann ist erstaunt und beschämt, als sich herausstellt, wie viel García und Vives arbeiten, ohne dass er es bisher mitbekommen hat. Die beiden wiederum waren sich nicht bewusst, dass Herr Westermann zu einem großen Teil das kolumbianische ›Geschäftsprinzip Langsamkeit‹ sogar bewundert, es ihn gleichzeitig aber stark am Erfolg der Projekte zweifeln lässt« (ebd., 307).

Das Mediationsverfahren, das in dem skizzierten Fall positiv verlaufen ist, schließt mit detaillierten Vereinbarungen über die zukünftige Zusammenarbeit untereinander und Verabredungen zur Kontrolle ihrer Umsetzung ab, bei der die Mediatorin im Rahmen der »Nachsorge und Transferbegleitung« zunächst für einen begrenzten Zeitraum eine gewisse Rolle behält.

Es lässt sich somit ein deutlicher Trend beobachten, von formalisierten interkulturellen Trainings zu gezielten Beratungsmaßnahmen überzugehen. Dieser Trend erfolgt nicht nur aufgrund äußerer Zwänge zeitlicher und finanzieller Art, sondern auch vor dem Hintergrund, dass interkulturelle Trainingselemente bereits in vielfältiger Weise in unterschiedlichen Formen des Bildungs- und auch des Hochschulwesens präsent sind und vermittelt werden. Vor allem bei jüngeren multikulturellen Teams, etwa von Unternehmen, kann somit tendenziell eine größere interkulturelle Aufgeschlossenheit und ein breiteres interkulturelles Wissen als noch vor zwei oder drei Jahrzehnten vorausgesetzt werden.

Die traditionellen Trainingskomponenten ›Kulturstandards‹ und ›Critical Incidents‹ spielen jedoch, trotz der Kritik, die an ihnen geübt worden ist, weiterhin in interkulturellen Trainings, bei interkulturellen Fortbildungsmaßnahmen und auch bei interkulturellen Unterrichtsprogrammen an Schulen und Hochschulen eine gewisse Rolle. Wie problematisch die gängige Verwendung von sogenannten ›Critical Incidents‹ (die sog. CI-Methode), die sehr häufig von den präzisen sprachlichen Vermittlungsformen und Kontexten abstrahieren, zur Vermittlung interkultureller Kompetenz sein kann, veranschaulicht Heringer (2011, 54–55) an folgendem Beispiel:

Ein ›Critical‹ Incident

»Ein Reisender kommt nach einer Nachtfahrt auf dem Busbahnhof in Istanbul an. Er sucht nach einem Bus, der zum Flughafen fährt.

Der erste Busfahrer, den er fragt, nickt bedächtig mit dem Kopf. Zufrieden steigt er ein. Ihm wird jedoch durch die anderen Mitfahrer bedeutet, dass der Bus nicht zum Flughafen fährt. Zu müde, um sich über den Fahrer zu ärgern, steigt er aus und versucht sein Glück noch einige Male in anderen Bussen, immer mit dem gleichen Erfolg. Schließlich fährt er mit einem Taxi.« (Heringer 2011, 54–55).

Heringer kritisiert an gängigen ›Critical Incidents‹ wie dem zitierten, sie seien nicht authentisch, zu undifferenziert und häufig »voreilig (und teilweise entstellend didaktisiert)« sowie vor allem, dass sie nicht in der Sprache der Beteiligten wiedergegeben werden und fast immer auf die »Sichtweise des Darstellers, bestenfalls die eines einzigen der Beteiligten« fokussiert werden. Das eigentliche Medium Interkultureller Kommunikation – das Sprachliche in seinen verschiedenen Dimensionen – werde weitgehend, so Heringer (2011, 54) ausgeklammert:

- »Wortlaute und kommunikative Äußerungen kommen nicht vor«;
- »Der Fokus liegt auf nonverbaler Kommunikation«;
- »Das Nonverbale wird nur beschrieben, nicht vorgeführt«;
- »Die Beschreibung des Nonverbalen ist äußerst defizitär. Damit ist es für Außenstehende nicht deutbar oder gar nachvollziehbar.«
- Die Handlungsbeschreibungen erfolgen aus einer kulturell geprägten deutschen Perspektive: »Zuschreibungen wie »nickt bedächtig mit dem Kopf« sind eher deutsch, und im Deutschen hat diese Zuschreibung schon eine gewisse Bedeutung, die eben nicht die der Kopfnicker zu sein scheint.«

Das Beispiel relativiert grundlegend den Stellenwert der immer noch häufig verwendeten CI-Methode für die Vermittlung interkultureller Kompetenz. Es lenkt zugleich den Blick auf die zentrale Bedeutung der sprachlichen Dimension in der Interkulturellen Kommunikation und ihrer Analyse. Deren Berücksichtigung setzt sprachliche Kompetenzen voraus und – vor allem auch in interkulturellen Trainings – mehr Zeit.

4 Fremdwahrnehmung

4.1 | Das Eigene und das Fremde – kulturanthropologische Perspektivierungen

Fremdbilder, d. h. Wahrnehmungsformen des Anderen, bilden einen zentralen Bestandteil interkultureller Kommunikation. Fremdbilder sind untrennbar verknüpft mit Identitätsbildern, mit persönlichen oder kollektiven Selbstbildern. Dies gilt für die unterschiedlichsten Ausprägungen von Fremdbildern, die zwischen den Polen von Faszination und Feindbild liegen. **Fremdbilder sind soziale Konstruktionen**, die untrennbar mit Formen der Selbstdarstellung und Selbstthematisierung verknüpft sind (Hahn 1997). Michael Jeismann (1992, 11) betont in gleicher Perspektive den engen »Funktionszusammenhang von Ausgrenzung und politischer Identität«. Negative Bilder anderer Nationen und ihrer Angehörigen, so Jeismanns These, seien seit dem ausgehenden 18. Jahrhundert und zumindest bis zum Ende des Zweiten Weltkriegs Grundbestandteile moderner Nationen. Feindschaft sei ein »konstituierendes Element« von »Nationalstaaten«: »Nicht der Feind, sondern die Feindschaft des Fremden war als Katalysator deutschen Nationalgefühls von zentraler Bedeutung.« (Jeismann 1992, 44).

Besonders augenfällig, explizit und virulent erscheint dieser Zusammenhang von nationaler Identität und **nationalen Feindbildern im nationalistischen Diskurs** des 19. und der ersten Hälfte des 20. Jahrhunderts. Einer seiner herausragenden Vertreter war Ernst Moritz Arndt (1769–1860), der Wortführer des frühen deutschen Nationalismus und neben Johann Gottlieb Fichte und Ludwig Jahn der einflussreichste und massenwirksamste Vordenker des deutschen Nationalismus im 19. Jahrhundert. Arndts Diskurs über das Fremde, als dessen Verkörperung er die Franzosen ansah, ist geprägt von einer grundlegenden Abwertung des Anderen, das als Bedrohung gesehen wird, einer hiermit korrespondierenden Aufwertung des Eigenen, der eigenen Nation und Mentalität, und einer tendenziell negativen Einstellung gegenüber interkulturellen Beziehungen, die, so Arndts Vorstellung, das »Eigene« schwächen und seine Entfaltungsmöglichkeiten beeinträchtigen. Seine Schrift *Über Volkshaß und den Gebrauch einer fremden Sprache* (1813) illustriert diese Konfiguration. Sie entstand im Kontext der Befreiungskriege gegen das napoleonische Frankreich, was das besonders negative und hasserfüllte Bild Frankreichs und der Franzosen zu erklären vermag. Arndts ethnische Auffassung des grundlegenden Gegensatzes von Fremdem und Eigenem ist jedoch nicht auf diese spezifische historische Situation begrenzt, sondern erscheint charakteristisch für die ethnische Grundlegung der Nation. Mit ihr geht eine tendenziell negative Einschätzung fremdkultureller Einflüsse einher. Daher vertritt Arndt, wie auch andere Repräsentanten des deutschen Nationalismus des 19. und der ersten Hälfte des 20. Jahrhunderts, die Notwendigkeit scharf gezogener politischer, aber vor allem auch sprachlicher und kultureller Grenzen. Arndt unterstreicht die Notwendigkeit von Schlagbäumen, »welche die Völker für das Glück und die Bildung der Welt wohlhörig und weise von einander trennen«.

Der nachfolgende Textauszug erscheint repräsentativ für den nationalistischen Diskurs und seine zeittypische **Polarisierung von »Eigenem« und »Fremdem«**, die sich in einer Serie von Begriffen mit ähnlicher Bedeutung spiegelt: »Das Eigene« und »Volksthümliche« wird hier scharf von »fremde[n] Sitten«, »fremde[r] Art« und »fremde[r] Gestalt« abgesetzt. Interkulturelle Beziehungen werden weitgehend auf

Phänomene der bloßen Imitation reduziert und gleichfalls mit sehr negativ besetzten Begriffen bezeichnet: »thörigt treiben und üben«, »eine fremde Art annehmen«, »Aefferei und Ziererei«, »Trachten nach dem Fremden«. Ihre Konsequenzen und Resultate werden als »ungebührliche Mischung« und »elende Mitteldinger« abqualifiziert.

»Wer das Fremde thörigt treibt und übt, der lernt das Eigene nicht oder er vergißt es. Sein Gemüth wird durch das Ungleiche und Verschiedene zu früh verwirrt und verdunkelt und nach fremden Sitten hingelockt, er nimmt eine fremde Art, eine fremde Liebe, und einen fremden Haß an, und kann die Art und die Liebe des Eigenen und Volksthümlichen künftig nicht mehr mit voller Seele erfassen; er hat die Gestalt seines inneren Lebens erhalten, unglücklicher Weise eine fremde Gestalt, und hat die hohe Kraft und Herrlichkeit des Lebens verloren, womit er unter seinem Volke hätte kräftiglich stehen und wirken können. Aus einfachen Keimen entstehet und gedeihet alles Große und Gewaltige; wer Eine Liebe, Einen Haß, Eine Ansicht, Eine Gesinnung hat, wer durch Ein großes helles Weltbild die Welt und die Völker anschaut, der ist ein rechter Mann und ein rechter Mensch. Wäre unsere Aefferei und Ziererei, unser buntes Vielerlei von Bildung in allerlei Fertigkeiten, Sprachen, und Künsten etwas Menschliches und Wirkliches, so müßten wir die Männer sehen, die es schafft. Wir sahen sie nicht. Wir hatten andere Männer, festere und gescheitere Männer, in den Zeiten, wo wir nichts als unsere Muttersprache verstanden und in den Schulen etwa acht bis zehn Jahre mit dem Latein geplagt wurden. Ich will nicht, daß man dahin zurückkehre; aber wir sollen nach langem Irrthum lernen, wo das Maaß der Dinge ist, die Gränze, wo das Zuviel und Zuwenig sich scheiden. Alle ungebührliche Mischung zeigt Eitelkeit, Gleichgültigkeit, Schwäche, Karakterlosigkeit, kurz jene elenden Mitteldinger, die weder lieben noch hassen können und deren Zahl in unseren Zeiten bei den sogenannten gebildeten Klassen Legion heißt. Wenn, wie ich eben gezeigt habe, das ungebührliche Trachten nach dem Fremden, besonders der zu frühe Gebrauch einer fremden Sprache auf den Einzelnen so neutralisierend und schwächend wirkt, wie viel größer und verderblicher muß diese Wirkung auf ein ganzes Volk seyn! Wenn ein Volk so unglücklich ist, sich in eine fremde Sprache zu verlieben, so will es sich selbst und seine Eigenthümlichkeit und Art verlieren und in eine andere fremde übergehen. Begegnet ihm dieses Unglück vollends mit der Sprache eines benachbarten Volkes, so läuft es Gefahr, von diesem Volke, welchem es schon durch die Sprache und das Gemüth unterjocht ist, gelegentlich auch durch die Waffen unterjocht zu werden. Ein so thörigtes Volk hat die Geschichte vom Bau des Thurms zu Babel umsonst gelesen, und nicht bedacht, daß Gott die Verschiedenheit der Sprachen stiftete, damit verschiedene Völker seien, daß also jeder, der Sprachmischungen macht, die Ordnung Gottes zu stören und seine mannigfaltige Welt zu verarmen trachtet. Daher sollte jedes Volk, welchem seine Eigenthümlichkeit und Freiheit lieb ist, das Gesetz machen, daß die lebende Sprache eines Nachbarvolkes bei ihm nimmer gesprochen werden dürfte, so daß man z. B. in Theutschland wohl russisch und spanisch und englisch sprechen dürfte, aber nicht polnisch, italiänisch, noch französisch, weil man durch den Gebrauch der benachbarten Sprachen die Schlagbäume niederwirft, welche die Völker für das Glück und die Bildung der Welt wohlthätig und weise von einander trennen.« (Arndt 1813, 37–39).

Am anderen Ende der Skala von Fremdwahrnehmungsmustern befindet sich die **Faszination für fremde Kulturen**, die in diesem Fall häufig als Gegenpol zu Defiziten der eigenen Gesellschaft und Kultur gesehen werden. Das Fremde erscheint in dieser Bewertung als »Verlockung, als Aufbruch aus belastenden Gewohnheiten und Routinen, als Bereicherung und Anregung, als spannend und aufregend, als abenteuerlich und faszinierend« (Hahn 1997, 144). Der Kultursoziologe Alois Hahn vergleicht diese Form der Wahrnehmung von Fremde und Fremdheit mit der Attraktion, die Feste in allen Gesellschaften ausüben: »Beide bieten eine Abwechslung von Langeweile und Alltäglichkeit, beide fesseln sie durch ihren Ausnahmecharakter. Man kann geradezu sagen, daß das Fest mit seiner erlaubten Umkehrung eine Aufhebung des sonst Gebotenen oder Notwendigen ein allerdings auch zeitlich eingeschränkter Einbruch des Fremden ins Übliche und Normale ist« (ebd., 144).

Das Frankreichbild vieler deutscher Intellektueller seit dem 18. Jahrhundert war lange Zeit von Faszination geprägt, die sowohl den französischen Lebensstil (»savoir-vivre«) als auch die politische Ordnung Frankreichs betraf, die als demokratischer und freiheitlicher angesehen wurde. So schrieb der deutsche Wissenschaftler und Schriftsteller Georg Forster, der 1793 zum Abgeordneten von Mainz in die französische Nationalversammlung gewählt wurde, in seinem im französischen Exil 1793 geschriebenen Werk *Parisische Umrisse*:

> »Bei uns ist Paris der einzige Maßstab der Vollkommenheit, der Stolz der Nation, der Polarstern der Republik. Hier allein ist Bewegung und Leben, hier Neuheit, Erfindung, Licht und Erkenntnis. [...]. Die Gesetze des Geschmacks und der Moden werden seit einem Jahrhundert in Paris gegeben und promulgiert. Frankreich gehorchte ihnen wie Göttersprüchen; und ohne daß wir es verlangten, huldigte ihnen Europa. Noch jetzt wird ihre Oberherrschaft jenseits unserer Grenzen anerkannt, wie schon die bloße Existenz Eurer Modejournale beweisen muß; aber im Bezirke der Republik selbst gebietet jetzt Paris auf eine weit wirksamere Art: durch die Kraft der öffentlichen Meinung.« (Forster 1985, 644 f.).

Zwischen beiden umrissenen Formen der Einschätzung und Wahrnehmung von anderen Kulturen und der emotionalen Beziehung zu ihnen situieren sich zahlreiche Nuancen. Sie unterscheiden sich durch die Art, das Profil und die Attribuierung von Eigenschaften, die einer anderen Kultur – wie beispielsweise der französischen oder der deutschen – zugeschrieben werden; aber auch durch die Intensität, die Fremdbilder in den kollektiven Mentalitäten und Vorstellungswelten einer Gesellschaft einnehmen. Christoph Mohr nannte in dieser Hinsicht das **Deutschlandbild der Franzosen** »obsessionell«, d. h. er schätzte es in heutiger Sicht weder grundlegend positiv noch negativ ein, sondern sah es vor allem gleichermaßen von Distanznahme und Faszination geprägt:

> »Kein europäisches Land hat ein so obsessionelles Verhältnis zu Deutschland wie Frankreich. Die historische Erinnerung hält das Bewußtsein an drei militärische Niederlagen (1870/71, 1./2. Weltkrieg) wach, eine Art von Minderwertigkeitskomplex, der noch durch das rasante Wiedererstarken der Bundesrepublik nach 1949 verstärkt wird, wo ein kriegszerstörtes Deutschland wieder einmal Frankreich überholte. ›Wenn Frankreichs Eliten heute von Deutschland sprechen‹, so der Philosoph André Glucksmann gegenüber der New York Times, ›dann reden sie immer noch über die 40er Jahre‹.« (Mohr 1993, 15).

Das französische Deutschlandbild ist somit seit dem Beginn des 19. Jahrhunderts entscheidend von Kriegs- und Besatzungserfahrungen und seit dem Ende des Zweiten Weltkriegs von dem Bestreben geprägt, die Feindschaft und die hiermit verbundenen Feindbilder der Vergangenheit zu überwinden.

Auf der Folie solcher Kriegs- und Besatzungserfahrungen sind, so Dietmar Hüser,«die Vorstellungen zu sehen, die sich Franzosen von Deutschen machten. Überdies enthalten Fremdbilder Aussagen über sich selbst. [...]. Vor 1870 hatte das französische Deutschlandbild ein doppeltes Gesicht, einmal das romantische und kontemplative Deutschland, das Volk der Dichter und Denker, der Gelehrten und Wissenschaftler, zum anderen das aggressive und unberechenbare Deutschland, teutonische Grobschlächtigkeit und preußischer Militarismus« (Hüser 2000, 61).

Negativ besetzte Fremdbilder entstehen vor allem, aber keineswegs ausschließlich in Situationen und Perioden der »Konfrontation der eigenen Gruppe mit einer fremden, also in dem Moment, in dem das Wir-Gefühl bedroht wird und sich von einer anderen Identität abheben muß« (Mohrmann/Meyer 2002, 9). Dieser von den Historikerinnen Silke Meyer und Ruth Mohrmann am Beispiel der Entstehung von Fremd- und Feindbildern der Franzosen und Deutschen im England der zweiten Hälfte des 18. Jahrhunderts und der Napoleonischen Zeit untersuchte Zusammenhang betrifft sowohl die Makro-Ebene von Nationen wie die Mikro-Ebene der interkulturellen Interaktion von Individuen und Gruppen.

Fremdwahrnehmungsmuster wandeln sich im Allgemeinen nur relativ langsam. Ihr **Wandel** kann von politischen Entwicklungen wie der deutsch-französischen Annäherung seit dem Zweiten Weltkrieg (s. o.) deutlich beeinflusst werden. Er hängt jedoch in entscheidendem Maße von der Intensität interkultureller Kontakte einerseits und andererseits von der Intensität des Kulturtransfers ab. Beide Prozesse haben sich – im Gegensatz etwa zu den interkulturellen Beziehungen zwischen Deutschland und Frankreich – in anderen Bereichen wie den deutsch-russischen Beziehungen auch seit der Auflösung des kommunistischen Blocks wenig intensiviert,

Abb. 4.1 Negatives Bild des Deutschen (Plakat Moskau 1935, Quelle: Jahn 2007, 70)

zumal die Russischkenntnisse in der deutschen Bevölkerung seit der Wiedervereinigung stetig zurückgegangen sind. Die Konsequenzen belegt die Entwicklungsstruktur der deutsch-russischen Fremdwahrnehmungsmuster, die auf beiden Seiten bis in die Gegenwart hinein von Klischees und auf deutscher Seite auch tendenziell von Vorurteilen geprägt sind: Während auf russischer Seite seit dem Ende des Bolschewismus ein klischeehaftes, aber eher positiv geprägtes Deutschlandbild vorherrscht, das an alte Traditionen vor der Revolution von 1917 anknüpfte und das durch den Zweiten Weltkrieg verstärkte »Hassbild der Deutschen« (s. Abb. 4.1) verdrängte (Jahn 2007, 12), finden sich in deutschen Massenmedien bis in die Gegenwart hinein nicht nur stereotype, sondern auch vorurteilsbehaftete Wahrnehmungsmuster. So knüpfte der Titel der *Berliner Zeitung* vom 28. August 1998 »Müssen wir Deutschen Rußland retten? Damit es nicht im Chaos versinkt« unmittelbar an historische Klischees an, die auf der Überzeugung von der Überlegenheit der deutschen Kultur gegenüber der russischen Zivilisation basierten. Die Titelgeschichte »Die Russen kommen. Wie sie die Lieblingsstrände der Deutschen erobern« der Illustrierten *Stern* vom 11.8.2008 (s. Abb. 4.2) belegt gleichfalls die Kontinuität tradierter Wahrnehmungsmuster, die auf dem stark defizitären Informations- und Wissenstransfer zwischen Russland und Deutschland beruht.

Die deutschen Massenmedien zeichnen überwiegend ein Russlandbild, »das nur arme Mütterchen und Millionäre kennt. Trotz des ironischen Untertons«, so die Autoren des Katalogs der Berliner Ausstellung *Unsere Russen, unsere Deutschen. Bilder vom Anderen 1800 bis 2000* zu dem erwähnten Beitrag im *Stern*, »hält der Artikel an den althergebrachten Stereotypen fest, die den Russen wahlweise als rauen Sowjetmenschen oder als aggressiven, unzivilisierten Bären zeigen. Hier wird deutlich, dass die alten Klischees weiter wirken« (Jahn 2007, 178).

Abb. 4.2 Stereotypes Russlandbild in deutschen Massenmedien (Stern, 11.8.2005).

4.2 | Image – Stereotypisierung – Cliché – Vorurteil

Für die Analyse von Fremdwahrnehmungsmustern wird in der kultur- und sozialwissenschaftlichen Forschung häufig der Begriff **Image** verwendet. Obwohl der Begriff mittlerweile auch in die Alltagskommunikation Eingang gefunden hat und Phänomene wie das Image einer Person, eines Unternehmens, einer Marke oder eines Produkts bezeichnet, hat er sich im Zusammenhang mit der wissenschaftlichen Untersuchung von Fremdwahrnehmungsmustern eingebürgert. Er lässt sich wie folgt definieren:

»Das Image ist verallgemeinert das Erscheinungsbild von einem bestimmten Phänomen, einem Ereignis oder einer Region. [...]. Das Image ist das Ergebnis einer Vielzahl von partiellen Vorstellungsbildern, die in ihrer Zusammensetzung sehr unterschiedlich sein können. Je stärker die jeweilige Sichtweise von objektiven Faktoren beeinflußt ist, um so einheitlicher, gefestigter und realitätsnäher ist das Image des betreffenden Sachverhalts. Umgekehrt läßt eine Dominanz subjektiver Faktoren eher ein realitätsfernes Image erwarten. [...]. Sie entstehen zum einen durch den direkten Kontakt mit der Umwelt oder dem jeweiligen Sachverhalt. Die Inhalte können zum anderen auch nur passiv durch die Medien vermittelt werden. Als weitere Komponenten sind schließlich die individuellen Wahrnehmungen, Gefühle, Vorstellungen und Erfahrungen des jeweiligen Images von entscheidender Bedeutung« (Weiss 1998, 22).

Fremdwahrnehmung vollzieht sich auf sehr unterschiedlichen **Komplexitätsebenen**. Sie reicht von komplexen, im Allgemeinen schriftlich oder audiovisuell vermittelten und erinnerten Formen bis hin zu extrem reduktionistischen Formen der Fremdwahrnehmung. Ethnographische, landeskundliche und soziologische Werke über andere Kulturen beispielsweise stellen im Prinzip differenziertere Formen der Fremdwahrnehmung dar, ebenso wie Reiseberichte, Essays, Filme und Radiofeuilletons über fremde Gesellschaften und Kulturen prinzipiell, aber keineswegs notwendigerweise, differenzierte, komplexe Formen der Darstellung und Wahrnehmung beinhalten können. **Reduktionistische Formen der Fremdwahrnehmung** finden sich überwiegend in Bildern sowie in textuellen Kurzformen wie Anekdoten, Sprich-

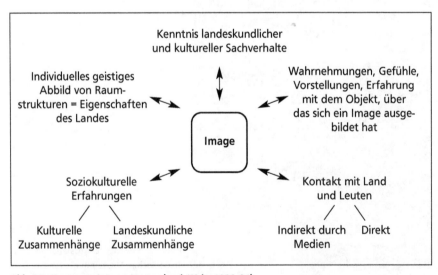

Abb. 4.3   Komponenten von Images (nach Weiss 1998, 24)

wörtern, Sentenzen, Witzen und Werbeanzeigen sowie in Werbespots, in der Sportberichterstattung, in Karikaturen und auf Titelblättern von Zeitschriften, die struk-
tur- und gattungsbedingt stereotype Formen deutlich häufiger und geradezu zwangsläufig generieren. Dieses reduktionistische Feld von Fremdwahrnehmungsformen ist
von einer ganzen Reihe von Begriffen besetzt, die eine relativ geringe Trennschärfe
aufweisen und nur schwer systematisch voneinander zu trennen sind: so vor allem
die Begriffe (1) ›Sozialer Typ‹, (2) ›Kulturelle Typisierung‹, (3) ›Stereotyp‹/›Cliché‹,
(4) Topos/Topoi, (5) Mythos und (6) Vorurteil. Hinzu kommen Begriffe, die in der
wissenschaftlichen Terminologie nur eine marginale Rolle spielen, wie der Begriff
›Gemeinplatz‹ (»Lieu commun«, Sarfati 2004) und der vor allem von Roland Barthes
verwendete Begriff »Doxa«, unter dem feststehende, von Stereotypen geprägte Meinungen zu verstehen sind (Barthes 1957; Sarfati 2004).

1. Soziale Typen stellen Reduktionen komplexer sozialer und kultureller Wirk-
lichkeiten dar und begrenzen die Darstellung von Aussehen, Denken und Fühlen von
Personen auf wenige typisierte Charakteristika. Sie sind insbesondere für die Bild-
und Bildschirmmedien von herausragender Bedeutung. So unterstreicht der Medien-
wissenschaftler Werner Faulstich in einer Publikation über »Stars: Idole, Werbeträger, Helden. Sozialer Wandel durch Medien«, dass »praktisch jede Spielfilmrezeption
auf der emotionalen Ebene star- und heldenorientiert ist. Der Starbezug ist also keine
besondere Auswirkung jugendlichen Fanverhaltens oder gar krankhafter Projektion,
sondern wahrnehmungsspezifisch, d. h. er betrifft jeden Menschen« (Faulstich 1991,
54).

2. Kulturelle Typisierungen anderer Völker und Kulturen reduzieren in ähnlicher
Weise soziale Vorstellungsweisen auf ein häufig sehr begrenztes, stereotypes Ensemble von Merkmalen. So wurde die französische Vorstellung von Afrika in der ersten
Hälfte des 20. Jahrhunderts in erster Linie von zwei Identifikations- bzw. ›Helden‹-
figuren geprägt: zum einen von der schwarz-amerikanischen Sängerin und Tänzerin
Josephine Baker, die in den 1920er Jahren in der afrikanischen »Revue Nègre« auftrat
und Eigenschaften wie ›Sinnlichkeit‹, ›Erotik‹, ›Lebenslust‹ und ›Energie‹ verkör-
perte; und zum anderen von der Figur des »Tirailleur sénégalais«, des afrikanischen
Soldaten in französischen Armeediensten, der seit dem Ersten Weltkrieg von dem
Kakaogetränkehersteller Banania zu Werbezwecken genutzt wurde.

Diese imaginäre Identifikationsfigur, die als Werbeträger außerordentlich populär
war und bis zum Ende der Kolonialzeit verwendet wurde, spiegelte ihrerseits ein pa-
triarchalisches Bild Afrikas und der Afrikaner, das die Eigenschaften ›Lebenslust‹
und ›Energie‹ mit der Vorstellung von ›Naivität‹ und ›Entwicklungsfähigkeit‹ verband, Afrikaner also mit ›großen Kindern‹ (»grands enfants«) gleichsetzte (s.
Abb. 4.4).

3. Unter **Stereotypen** (oder **Clichés**) werden reduktionistische Ordnungsraster
verstanden, die »in der Konfrontation mit einer komplexen und unüberschaubaren
Welt« (Mohrmann/Meyer 2002, 9) entstehen und somit einen »gängigen Erfahrungs-
modus« darstellen (Bausinger 1988, 165). Der amerikanische Journalist Lippmann,
der 1922 den (aus dem Druckgewerbe übernommenen) Begriff des ›Stereotyps‹
schuf, nannte sie »pictures in our heads« der äußeren Welt (Lippmann 1922, 3; Harding 1968; Jahoda 1964). Diese drücken sich in stark vereinfachenden Merkmalen
(oder Clichés) aus, die textuell und/oder visuell umgesetzt werden können, sowie in
sozialen Typen bzw. Typisierungen. Unterschieden wird zwischen **Autostereotypen**
(stereotypen Selbstbildern, z. B. einer Gruppe) und **Heterostereotypen** (Fremdbildern). Häufig äußern sich Stereotypen in formelhaften Wendungen und Gemeinplät-

Abb. 4.4 »Banania-Werbung«,
Frankreich 1917

zen. Sie sind zugleich »unkritische Verallgemeinerungen, die gegen Überprüfung abgeschottet und gegen Veränderungen relativ resistent sind. Stereotyp ist der wissenschaftliche Begriff für eine unwissenschaftliche Einstellung« (Bausinger 1988, 160).

Stereotypen sind jedoch auch zugleich kognitiv notwendig und **dienen der individuellen und sozialen Orientierung**. Sie stellen somit »geradezu unentbehrliche orientierende Hilfsmittel« dar, »die den Empfänger einer kakophonen Masse anstürmender Informationen in die Lage versetzen, diese zu verarbeiten, zu strukturieren, vorhandenen Interpretationsmustern zuzuordnen. Stimmen diese Informationen über eine andere Gesellschaft mit den bereits vorhandenen Bildern/Stereotypen überein, werden die Informationen positiv verarbeitet. Stimmen sie nicht überein, entstehen beim Empfänger Spannungen« (Krakau 1985, 10). Statt, wie häufig in der Stereotypenkritik praktiziert, lediglich die Nachteile von Stereotypen festzuhalten (vor allem Übergeneralisierung und Erstarrung), unterscheiden der Ethnologe Hermann Bausinger (1988, 161) und der Psychologe Alexander Thomas (1993, 155; vgl. auch Scholz 2000, 855 f.) folgende sechs allgemeine **Funktionen (bzw. »Leistungen«) von Stereotypen**:

- »Stereotypen entstehen nicht immer, aber in der Regel aus der Überverallgemeinerung tatsächlicher Merkmale; es ist ihnen also ein relativer Wahrheitsgehalt zuzusprechen.« (Bausinger 1988, 161) *(Verallgemeinerungsfunktion)*.

- »Stereotypen ordnen diffuses Material und reduzieren Komplexität; darin liegt eine wichtige *Orientierungsfunktion*.« (ebd., 161).
- »Stereotypen bieten *Identifikationsmöglichkeiten* an, über die neue Realbezüge entstehen können; es ist also mit einer realitätsstiftenden Wirkung von Stereotypen zu rechnen.« (ebd., 161).
- Stereotypen fördern das Solidaritätsgefühl einer Gruppe und grenzen sie von negativ besetzten Außengruppen ab *(Abgrenzungsfunktion)*.
- Stereotypen dienen zur Bildung positiver Images und Identifikationsmuster *(Selbstdarstellungsfunktion)*.
- Sie ermöglichen ein auch nachträgliches Rechtfertigen eigener Verhaltensweisen *(Rechtfertigungsfunktion)*.

Aus linguistischer Sicht stellen Stereotypen »Äußerungsformen von Überzeugungen dar, die sich auf soziale Gruppen« bzw. ihre Vertreter beziehen (Quasthoff 1989, 57; Ziegler 2004, 42) und wie folgt definiert werden können:

»Ein Stereotyp ist der verbale Ausdruck einer auf soziale Gruppen oder einzelne Personen als deren Mitglieder gerichteten Überzeugung. Es hat die logische Form eines Urteils, das in ungerechtfertigt vereinfachender und generalisierender Weise, mit emotional wertender Tendenz, einer Klasse von Personen bestimmte Eigenschaften oder Verhaltensweisen zu- oder abspricht. Linguistisch ist es als Satz beschreibbar.« (Quasthoff 1973, 28).

Quasthoff unterscheidet auf dieser Definitionsgrundlage **vier Arten von Stereotypen**:
- Der **Grundtyp**, der eine generalisierende Ist-Relation zwischen zwei Einheiten formuliert. Beispiel: »Der Franzose ist individualistisch«.
- Der **modallogische Typ**: Dieser umfasst stereotype Aussagen, die Signale auf der Satzoberfläche enthalten, durch die vom Sprecher der stereotype Gehalt teilweise zurückgenommen wird, »um nicht in den Verdacht der Verbreitung stereotyper Überzeugungen oder vorurteilsvollen Denkens zu geraten« (Quasthoff 1973, 248). Beispiel: »Ist es nicht richtig, dass die Franzosen unpünktlich sind?«
- Der **sprecherbezogene Typ**, bei dem die Einschränkung der stereotypen Aussage durch »die explizite Bezugnahme des Sprechers auf sich selbst geleistet wird« (Ziegler 2004, 47). Beispiel: »Ich habe den Eindruck, dass Franzosen sich oft scheuen, Dinge präzise zu sagen. Ziele werden nicht klar definiert. Es gibt immer einen Spielraum: ›On verra.‹ [Man wird sehen]« (Barmeyer 1996, 48).
- Der **textlinguistische Typ**: Hier wird das Stereotyp, das in einem Satz enthalten ist, nicht explizit »ausgesprochen, sondern mit Hilfe der Kenntnis der Sprache« bzw. »unter Zuhilfenahme des Kontextes erschlossen« (Quasthoff 1973, 254). Beispiel: »Er ist Jude, aber er ist sehr nett.«

Stereotypen nehmen nach Quasthoff (1973, 1981) in interkulturellen, insbesondere interethnischen und interlingualen Lehr- und Kommunikationssituationen vor allem folgende spezifische **Funktionen** ein:
- **Kognitive Funktionen**: »(Über-)Generalisierungen bei der Einordnung von Informationen«.
- **Affektive Funktionen**: »Ein gewisses Maß an Ethnozentrismus im interethnischen Kontakt ist im Sinne einer funktionierenden Identitätsbildung und eines stabilen psychischen Haushalts durchaus funktional.«
- **Soziale Funktionen**: »Die ingroup-outgroup-Abgrenzung und entsprechende soziale Kategorien stellen die Art dar, in der Gesellschaftsmitglieder selbst – ohne

daß ihnen Soziologen dabei helfen – soziale Strukturen herstellen, ohne die eine Orientierung im Alltag des Zusammenlebens und des sich gegenseitig Wahrnehmens gar nicht möglich wäre. Die Kategorisierung nach Nationalität oder ethnischer Zugehörigkeit scheint dabei im allgemeinen hohe Priorität zu haben, so daß ihre unabdingbare Funktion gerade im interethnischen Kontakt mit besonderer Deutlichkeit hervortritt.« (Quasthoff 1973, 40).

4. Der Begriff ›**Topos**‹ wurde bereits in der antiken Rhetorik zur Bezeichnung feststehender, vorgeprägter Ideen oder Gemeinplätze *(topos koinos)*, die einen Anspruch auf Allgemeingültigkeit erheben, verwendet (Amossy 2000, 99–108). Topoi stellen somit eine spezifische Art von Stereotypen dar. Sie weisen häufig eine lange kulturelle Tradition auf und werden – wie etwa der Topos vom romantischen Deutschland, dem die französische Schriftstellerin Germaine de Staël 1808 durch ihr Werk *De l'Allemagne* zu großer Verbreitung verhalf – in erster Linie in literarischen und künstlerischen Ausdrucksformen tradiert.

5. Der Begriff ›**Mythos**‹ weist eine sehr breite Skala von Bedeutungen auf, unter denen für den hier interessierenden Kontext im Wesentlichen die von Roland Barthes verwendete Bedeutung von »Mythe« (Mythos) relevant ist. Für Barthes (1957) stellen Mythen Zeichensysteme dar, in denen die ursprüngliche Zeichenbedeutung durch eine assoziative verdrängt worden ist. Er definiert Mythos als eine »Deformierung von Wirklichkeit« (Barthes 1957, 202), die aus ihren historisch gewachsenen sozialen und kulturellen Bezügen herausgerissen und als naturgegeben dargestellt wird. Mythos im Sinne Barthes ist also das vorgeblich immer schon Dagewesene, Wesenhafte und anscheinend Natürliche, wie der Mythos vom ›Wilden Westen‹ oder der Mythos von der Ursprünglichkeit Afrikas, die beide in der Werbung, etwa für Zigaretten (Marlboro) oder Touristenhotels in Kenia (Robinson Club), verwendet werden.

6. Anders als stereotype Wahrnehmungsformen, zu deren Ausprägungsformen Clichés, Mythen, Topoi, soziale Typen und Mythen gehören, implizieren **Vorurteile** ideologisch besetzte Verfälschungen von Wirklichkeitsphänomenen (wie der Wahrnehmung anderer Gesellschaften und Kulturen), die negativ besetzt sind und nicht nur eine Reduktion von Wirklichkeitskomplexität darstellen. »Vorurteile transportieren emotionale Urteile, die meist einen negativen Charakter haben.« (Kretzschmar 2002, 71). Vorurteile artikulieren sich zwar häufig in reduktionistischen Formen wie »Sozialer Typ« und »Cliché«, sind jedoch keineswegs an diese gebunden. Sie können sich ebenso wie in stereotypen Formen auch in komplexen Erzählformen und Argumentationsstrukturen finden. Rassistische und vorurteilsbeladene Werke wie beispielsweise Alfred Rosenbergs *Der Mythus des 20. Jahrhunderts* (1930), das innerhalb kurzer Zeit Massenauflagen erreichte und eine der ideologischen Grundlagen des Nationalsozialismus darstellte, rekurrierten zwar teilweise auf Stereotypen und soziale Typisierungen (vor allem im Bereich des Antisemitismus), waren jedoch zugleich in komplexe Argumentationsstrukturen eingebettet. Vor allem im Bereich der Fremdsprachendidaktik und der interkulturellen Pädagogik besteht eine Tendenz, die Diskursformen des »Stereotyps« auf der einen und des »Vorurteils« auf der anderen Seite zu assoziieren und in gleicher Weise anzugehen und zu denunzieren, was methodisch problematisch ist. Dies heißt häufig, die ›Wahrheit‹ einer komplexeren Wirklichkeit der ›Unwahrheit‹ und der Wirklichkeitsverfälschung von Stereotyp und Vorurteil gegenüberzustellen und die beiden Begriffe somit fälschlicherweise gleichzusetzen.

4.3 | Die mediale Bedingtheit von Fremdwahrnehmungsmustern (»Images«)

Im Gegensatz zur Gleichsetzung von ›Stereotyp‹ und ›Vorurteil‹ sind nicht nur ihre grundlegenden Unterschiede, sondern auch die kognitive Notwendigkeit sowie die mediale Bedingtheit stereotyper Wahrnehmung und Darstellung hervorzuheben. Im Bereich der Fremdwahrnehmung hängen differenziertere Formen unmittelbar vom Umfang des Wissens und, hiermit verbunden, der Intensität des Wissenstransfers zwischen anderen Gesellschaften und Kulturen und der eigenen Kultur ab. Aufgrund des fehlenden Wissens und des völlig unzureichenden Kultur- und Wissenstransfers etwa zwischen europäischen und afrikanischen Gesellschaften sind die Vorstellungen europäischer Gesellschaften über Afrika im Allgemeinen äußerst stereotyp, allerdings zugleich – vor allem seit dem Ende der Kolonialzeit – in deutlich geringerem Maße als noch in den 1920er und 1930er Jahren von Vorurteilen geprägt.

Bei der Analyse von Fremdwahrnehmungsmustern ist gleichfalls ihre **mediale Bedingtheit** angemessen zu berücksichtigen. Da beispielsweise Werbetexte, wenn sie auf Fremdwahrnehmungsmuster zurückgreifen, geradezu notwendigerweise stereotype Darstellungsweisen verwenden, ist es unzulässig, etwa von der stereotypen Darstellung Frankreichs und der Franzosen in der Werbung auf das kollektive Frankreichbild etwa der Deutschen insgesamt zu schließen. Die Verwendung stereotyper Frankreichbilder lässt sich in der Tat in zahlreichen Werbeanzeigen und Werbespots französischer Unternehmen auf dem deutschen Markt beobachten, ebenso wie in Werbekampagnen deutscher Unternehmen in Frankreich: »Während in Deutschland ein Franzose mit Baskenmütze für französischen Käse und Wein wirbt, preisen in Frankreich Schlagworte wie ›Qualität‹ und ›technische Präzision‹ deutsche Haushaltsgeräte und Kraftfahrzeuge an. Werbung für französische Produkte vermittelt »Savoir-vivre« – einen Lebensstil; Werbung für deutsche Produkte appelliert an »Savoir-faire« – Qualitätsbewusstsein, kurz: ›Lebensart‹ statt ›Machart‹« (Glasenapp 1998, 141).

Ein Beispiel für die schriftliche und visuelle Umsetzung dieser stereotypen Frankreichvorstellungen liefert eine Werbeanzeige der Fluggesellschaft »Air France«. Hier lautet das explizite Motto der Werbebotschaft: »Genießen Sie einen Vorgeschmack auf Frankreich, bevor Sie gelandet sind. Genießen Sie unsere Welt«. Die beiden Bildmotive zeigen eine sehr elegant gekleidete Stewardess zum einen auf der im Dritten Kaiserreich gebauten neoklassizistischen Brücke Pont Alexandre III in Paris vor dem Hintergrund des Eiffelturms; und zum anderen in der Kabine der Fluggesellschaft Air France.

Auch die Zigarettenmarke »Gauloises« verwendete traditionell das Makrostereotyp Frankreich mit den Komponenten ›Freiheitsliebe‹, ›Ungezwungenheit‹ und ›Lebensgenuss‹ (»Savoir-vivre«). Der Werbeslogan »Gauloises blondes. Liberté toujours« wird im Textteil ergänzt durch die in Anführungsstrichen als Zitat markierte Aussage »Heute mache ich mal, was ich will. Nichts!«. Das Bildmotiv zeigt einen männlichen Gauloises-Raucher in lässiger Pose, mit Dreitagebart, Jeans und offenem Hemd, vor einem Landhaus auf einer Steinbank sitzend, den Betrachter selbstbewusst anlächelnd.

In beiden Reklamen werden zwar Personen mit Eigenschaften gezeigt, die auch in deutschen Meinungsumfragen über die ›typischen Eigenschaften der Franzosen‹ seit langer Zeit an oberster Stelle genannt werden (Bourdet 1967; Tiemann 1982): Ungezwungenheit, Sinnlichkeit, Erotik, Freiheitsliebe und Lebensgenuss (»Savoir-

Abb. 4.5 Werbung der
französischen Zigaretten-
marke »Gauloises«

vivre«). Zugleich ist jedoch das Frankreichbild nicht nur in intellektuellen Kreisen, sondern auch in breiteren Bevölkerungsschichten in Deutschland aufgrund der vielfältigen sozialen, kulturellen und wissenschaftlichen Beziehungen zwischen Frankreich und Deutschland sowie der seit den 1960er Jahren zunehmenden Intensität persönlicher Erfahrungen (Städtepartnerschaften, Schüleraustausch, wissenschaftliche und wirtschaftliche Verflechtungen etc.) ungleich differenzierter und komplexer geworden und lässt sich in keiner Weise auf stereotype Vorstellungsweisen reduzieren. Es lässt sich je nach Konstellation (Intensität der politischen, wirtschaftlichen, sozialen und kulturellen Austauschbeziehungen) eine mehr oder minder ausgeprägte Kluft zwischen folgenden Elementen beobachten:

- **stereotypen Fremdwahrnehmungsmustern**;
- **sozialem Wissen** über andere Kulturen, das auf Wissens- und Kulturtransfer, sozialer Mobilität (Tourismus, Schüleraustausch etc.) sowie wirtschaftlichen Austauschbeziehungen beruht;
- **Lebenswirklichkeiten** anderer Kulturen.

Dies thematisiert beispielsweise der nachfolgende Artikel über die deutsch-französischen Wirtschaftsbeziehungen, der von stereotypen Vorstellungsmustern – wie sie beispielsweise in der Werbung und in Antworten auf standardisierte Meinungsumfragen erscheinen – ausgeht, um diese mit der völlig anders gelagerten Lebenswirklichkeit zu konfrontieren. Der folgende Text, der in der Zeitschrift *Journal für*

Deutschland erschien, wird dort von zwei Bildmotiven eingerahmt, die zentrale Elemente des Makrostereotyps ›Frankreich‹ verkörpern: einer eleganten, modisch gekleideten Frau und einem Glas mit Rotwein, das auf das Stereotyp des französischen Lebensgenusses (»Savoir-vivre«) verweist.

> **Frankreich**
> »Die Franzosen und die Liebe. Oh, là, là! Was fällt einem nicht alles spontan zu Frank- reich ein! Der Charme von Paris. Elegante Frauen. Mode. Parfüm. Lavendelblauer Himmel über der Provence. Endlose Sonnenblumenfelder. Jeder hat da so seine eigenen sinnlichen Bilder, Gerüche, Gerichte – jetzt raten Sie aber doch bitte mal, was davon holen wir uns tatsächlich ins eigene Land? Importieren wir Kosmetik? Köstlichen Käse, Rotwein vielleicht? Total daneben. An erster Stelle importieren die Deutschen aus Frankreich – Autos. Zweitwichtigster Einfuhrartikel: Flugzeuge. Gefolgt von Elektrotechnik, Chemieerzeugnissen, Eisenwaren. Insgesamt hat die Bundesrepublik aus dem Nachbarland Frankreich Waren im Wert von 61,7 Milliarden Mark bezogen. Die Import-Nr. 1 für uns.« (*Journal für Deutschland*, 1995, 15).

Hinsichtlich der Häufigkeit von Stereotypen in der Darstellung fremder Kulturen im Massenmedium Fernsehen lässt sich aufgrund der zunehmenden ›Entertainisierung‹ des Mediums sowie der Entwicklung der Seh- und Rezeptionsgewohnheiten (zunehmende Präsenz schnell geschnittener, bunter und clipartiger Filme) eine **wachsende Tendenz zur Stereotypisierung** feststellen. Sonja Kretzschmar (2002, 159) stellt als Fazit einer umfangreichen empirischen Untersuchung zur Darstellung fremder Kulturen im deutschen, französischen und britischen Fernsehen fest:

»Ob es nun die positiven, fleißigen Asiaten-Stereotype oder die negativen Stereotype der Russenmafia sind, die sich sowohl auf globaler als auch auf innerstaatlicher Ebene wieder finden; einem interkulturellen Dialog ist die Stereotypisierung eher abträglich. Sie lässt keinen Raum für eine wirkliche Begegnung, da die Ergebnisse bereits im Voraus festgelegt sind. Für die Medien und ihre Marktgebundenheit sind Stereotypen generell leichter zu vermitteln, da sie sich auch den immer kürzer werdenden Nachrichtenformen mühelos anpassen lassen. [...] Besonders die Stereotype vom Kampf der Kulturen ist medial leichter vermittelbar als der mühsame Dialog der Kulturen; es fällt leicht, hier starke Emotionen zu erzeugen, die über den Publikumserfolg entscheiden.«

4.4 | Kulturanthropologische Dimensionen und historische Brechungen

In zumindest allen frühneuzeitlichen und modernen Gesellschaften Europas und Amerikas lassen sich seit dem 16. Jahrhundert folgende **vier Grunddispositive der Fremdwahrnehmung** finden, die die Einstellung zu fremden Kulturen und ihren Angehörigen geprägt haben: (1) Faszination; (2) Abgrenzung; (3) Neugierde und Pragmatismus; (4) kultureller Synkretismus.

1. Die **Faszination für das Fremde** – und vor allem für radikal andere Lebens- und Kulturformen – resultiert häufig aus einem Bedürfnis nach Infragestellung und Überschreitung der ästhetischen, moralischen, ethischen und kulturellen Normen der eigenen Gesellschaft und somit aus einem Gefühl der Entfremdung und des Mangels heraus. Formen der Faszination finden sich beispielsweise im Bordtagebuch des

Kolumbus. In den Notizen vor allem zu seiner ersten und zweiten Entdeckungsfahrt dominiert zwar sehr deutlich ein pragmatischer »Verwertungsstandpunkt«, der fremde Gesellschaften und Kulturen insbesondere unter dem Blickwinkel ihrer Nutzbarmachung und Ausbeutung sieht und beschreibt (Moebus 1981). An zahlreichen Stellen ist jedoch auch eine unverhohlene Bewunderung der »paradiesischen Ursprünglichkeit von Landschaften und Menschen« zu erkennen, beispielsweise in seiner Beschreibung der Karibikinsel Fernandina, die »den allerschönsten Anblick von der Welt« biete (Kolumbus 1492/1981, 32). Formen der Faszination lassen sich in vielen Mustern der Fremdwahrnehmung finden und erscheinen charakteristisch für die Einstellung sozialer Gruppen und Schichten zu zahlreichen anderen Kulturen.

So war die französische Germanophilie ebenso wie die deutsche Frankophilie – das heißt die Faszination durch ein sehr positiv besetztes, idealisiertes Frankreichbild – in erster Linie soziologisch in Teilen der deutschen Intelligenz und des Bürgertums verankert, die sich hierdurch von preußisch-nationalistischen Traditionen und nationalistischen Ideologen wie E. M. Arndt (s. Kap. 4.1) abzugrenzen suchten. Schriftsteller und Intellektuelle wie Georg Forster, Heinrich Heine und Walter Benjamin, aber auch Fernsehjournalisten wie Georg Stefan Troller und Ulrich Wickert repräsentieren ein Frankreichbild, das durch eine deutliche Identifikation mit dem Nachbarland, seiner politischen Kultur und seiner Lebensart und großenteils auch durch emotionale Faszination durch Frankreich geprägt erscheint.

Eine völlig andere Form der Faszination durch fremde Kulturen repräsentiert Gertrud Heises Tagebuch *Reise in die schwarze Haut* aus dem Jahr 1985. Das Werk, das eine Westafrikareise der Autorin aus einer subjektiven und intimistischen Innensicht heraus beschreibt, erscheint charakteristisch für die Afrikafaszination eines Teils der Generation von Mai 68 in Deutschland, aber auch in anderen europäischen Ländern, der sich mit den Befreiungsbewegungen des afrikanischen Kontinents identifizierte und zugleich in Afrika nach alternativen, natürlicheren, sexuell freieren und sinnlicheren Lebensformen suchte. Der Reisebericht schildert jedoch auch einen tief greifenden Prozess der Desillusionierung, der Konfrontation zwischen idealisierten Vorstellungsmustern und widersprüchlichen Wirklichkeitserfahrungen, sowie den mühsamen und langwierigen Versuch, mit Afrikanern in neue, nicht von stereotypen Vorstellungsmustern (vor-)geprägte Formen des interkulturellen Dialogs einzutreten.

2. Die **Abgrenzung gegenüber anderen Kulturen** beruht anthropologisch auf dem in allen Gesellschaften vorzufindenden Misstrauen gegenüber Unbekannten, Auswärtigen und Fremden, das heißt gegenüber Personen, die nicht den eigenen Familienclans und sozialen Netzen angehören. In vormodernen Gesellschaften des europäischen Mittelalters bildeten vor allem religiöse Kriterien die Grundlage für soziale Formen der Abgrenzung zwischen eigenen und fremden Gesellschaften und der Ausgrenzung Andersgläubiger, die häufig – etwa im Kontext der Kreuzzüge des 12. und 13. Jahrhunderts – als Heiden, Ungläubige oder Häretiker bezeichnet sowie als minderwertig eingestuft und ausgegrenzt wurden. Die frühneuzeitlichen und modernen Gesellschaften haben die religiösen Trennlinien teilweise schärfer und radikaler gezogen: so im Spanien des 15. bis 17. Jahrhunderts durch die Zwangsbekehrung von Juden und Mauren, die Vertreibung Andersgläubiger und die Einrichtung der Inquisition, oder im Frankreich des ausgehenden 17. und des 18. Jahrhunderts durch das Verbot anderer Religionen neben dem Katholizismus (Aufhebung des Toleranzedikts von Nantes, 1685) und die massenhafte Auswanderung der protestantischen Hugenotten. Im Zuge der Territorialisierung und Konfessionalisierung der europäischen Staaten seit dem ausgehenden Mittelalter wurde »die Bewegungsfreiheit

von fahrenden Gruppen und religiös Andersdenkenden, vor allem von Zigeunern, Täufern und Juden, eingeschränkt, wenngleich aufgrund der großen Mobilität, aufgrund von Bevölkerungsschwankungen und der Nachfrage nach Untertanen die obrigkeitlichen, kirchlichen und gemeindlichen Regeln selten konsequent eingehalten wurden« (Dülmen 2001,95).

Seit dem Beginn der Neuzeit haben vor allem zwei historische Prozesse eine Verstärkung und **Intensivierung der Abgrenzung zu anderen Gesellschaften** und Kulturen bewirkt: zum einen der Nationalismus, der die Grenzen zwischen Eigenem und Fremdem neu gezogen, mit neuen Bedeutungen ›aufgeladen‹ und nationalisiert hat; und zum anderen der Kolonialismus, vor allem in seiner imperialistischen Ausprägung in der zweiten Hälfte des 19. und der ersten Hälfte des 20. Jahrhunderts, der völlig neue Formen der Abgrenzung zwischen europäischen und außereuropäischen Gesellschaften hervorgebracht hat.

Unter den vielfältigen Ausprägungsformen des **Nationalismus** (Hobsbawm 1980) schuf in erster Linie das ethnisch geprägte Nationenmodell, das sich vor allem in Deutschland und zahlreichen osteuropäischen Staaten entwickelte, Abgrenzungsformen, die häufig mit einer Herabwürdigung des Fremden und einer idealisierenden Hervorhebung des Eigenen einhergingen. Ethnisch geprägte Nationenmodelle, wie sie Ernst Moritz Arndt und andere Vertreter des deutschen Nationalismus des 19. Jahrhunderts repräsentierten (s. Kap. 4.1), gehen von der Vorstellung angeborener gemeinsamer Charakterzüge der Nation aus, die sich scharf von den Eigenschaften anderer Nationen abheben und aufgrund ihrer gewissermaßen ›biologischen‹ Verankerung durch Ausländer und Immigranten auch nicht völlig erworben werden könnten. Der ethnisch geprägte Nationalismus schürte nicht mehr – wie frühneuzeitliche religiöse Formen der Ausgrenzung – die »Angst vor dem teuflisch Anderen« (Dülmen 2000, 88), sondern beschwor die »›Reinheit‹ einer Gesellschaft, in der Fremdes immer weniger einen Platz hatte. [...]. Der Fremde war nun nicht mehr einfach der Auswärtige, der Andersgläubige, der ›Unmensch‹, sondern einer, der sich den Maximen der entstehenden Nationalkultur entzog. Hatte man in der Vormoderne bei einer Herrschaftserweiterung von den neuen Untertanen keinen Verzicht auf ihre Tradition erwartet, sollte sich nun jeder in den neuen Staatsgrenzen als Deutscher, Franzose oder Italiener bekennen und sich entsprechend verhalten« (ebd., 88).

Der **Kolonialismus** bzw. **Imperialismus** des 16. bis 20. Jahrhunderts, der von nahezu allen europäischen Nationen und in der ersten Hälfte des 20. Jahrhunderts auch von Japan und den USA getragen wurde, führte in die Beziehungen zwischen Europa und der außereuropäischen Welt eine völlig neue Hierarchisierung der Beziehungen ein. Diese beruhte auf ethnischen und kulturellen Kategorien wie »Kultur« und »Zivilisation« und dem hierdurch gestützten Bewusstsein einer nicht nur kulturellen, sondern angeborenen Überlegenheit der weißen Rasse. Während die Beziehungen zwischen der europäisch-mediterranen und der außereuropäischen Welt in der Antike und im Mittelalter zwar häufig von Feindschaft und Konkurrenz, aber auch von dem Bewusstsein einer grundlegenden kulturellen Gleichwertigkeit der Völker und Kulturen geprägt war, beruhte der kolonialistische Diskurs seit den großen Entdeckungs- und Eroberungsfahrten des 15. und 16. Jahrhunderts nach Amerika und Südasien auf dem Postulat einer fundamentalen Überlegenheit der okzidentalen Zivilisation. Innerhalb des kolonialistischen Diskurses spielten wiederum unterschiedliche, auch zum Teil nationenspezifische Fremdbilder und Fremdwahrnehmungsmuster eine Rolle.

Im 16. bis 18. Jahrhundert dominierte die **Dichotomie zwischen »Wilden« und »Zivilisierten«** (Bitterli 1976), die bei einzelnen zivilisationskritischen Autoren des 18. Jahrhunderts wie Jean-Jacques Rousseau in Frankreich und Georg Forster in Deutschland auch zur Umkehrung der vorherrschenden Wertehierarchien und zur Idealisierung des bis dahin abgewerteten Wilden zum »bon sauvage« (edler Wilder) führte. Im 19. und 20. Jahrhundert beherrschte die Unterscheidung zunächst zwischen ›primitiven‹ und ›zivilisierten‹ und dann, seit den letzten Jahrzehnten des 19. Jahrhunderts, zwischen ›entwickelten‹ und ›unterentwickelten‹ Völkern und Kulturen die europäische Wahrnehmung außereuropäischer Kulturen. Der Kolonialdiskurs unterschied hierbei – etwa im Rahmen der Kolonial- und Weltausstellungen – neben diesem grundlegenden Gegensatzpaar eine differenzierte Skala von »Entwicklungsstufen«. Die Unterscheidung von ›primitiven‹ und ›zivilisierten‹ sowie von ›unterentwickelten‹ und ›entwickelten‹ Gesellschaften war – und ist teilweise bis in die Gegenwart hinein – von paternalistischen Erziehungs- und Entwicklungsmodellen geprägt. Diesen liegt die Vorstellung zugrunde, außereuropäische Völker sollten und müssten sukzessive zu den Errungenschaften der europäischen Zivilisation hingeführt werden, eine Vorstellung, die bis zum Ende der Kolonialzeit mit dem Bild vor allem der Afrikaner – aber auch anderer Angehöriger außereuropäischer Gesellschaften (wie Indianer, Inuit, Ureinwohner Australiens, Südseebewohner) – als zu erziehenden ›großen Kindern‹ (»grands enfants«) einherging.

Die Kultur- und Rassenhierarchie, die der europäische Kolonialismus hervorgebracht hat, spiegelt sich in sehr anschaulicher Weise in der europäischen Kolonialliteratur, aber auch in den Bestsellerromanen des 19. und 20. Jahrhunderts, wie dem Werk von Jules Verne. In Romanen wie *L'Ile mystérieuse* (1874; *die geheimnisvolle Insel*) und *Le tour du monde en quatre-vingts jours* (1872; *Reise um die Welt in 80 Tagen*) findet sich eine rückhaltlose **Idealisierung der okzidentalen Zivilisation**. Ihre herausragenden Vertreter, wie der Ingenieur Phileas Fogg, der Kapitän Grant und der Kapitän Nemo, werden als äußerst positiv besetzte Identifikationsfiguren dargestellt, die gegenüber den Vertretern anderer Kulturen die Rollen von Vorbildern und Erziehern einnehmen. Am anderen Ende der Werte- und Wahrnehmungsskala und damit am unteren Ende der sozialen Hierarchie befinden sich hingegen bei Jules Verne Afrikaner und Südseebewohner. Diese werden zwar als anthropologisch gleichwertig angesehen, aber zugleich, im Sinne des paternalistischen Kolonialdiskurses, als zu erziehende Repräsentanten »primitiver Kulturen«. In der Handlungsstruktur der Romane Vernes, etwa in *L'Ile mystérieuse*, nehmen sie nur völlig sekundäre Rollen ein und üben Hilfstätigkeiten aus, während die Handlungsinitiative uneingeschränkt den europäischen und nordamerikanischen Protagonisten, und hier vor allem den Ingenieuren, Seefahrern, Technikern und Journalisten, obliegt (Colonna d'Istria 2005).

3. **Neugierde und Pragmatismus** als Wahrnehmungsformen des Fremden haben gleichfalls mit der kolonialen Expansion der Frühen Neuzeit und der Moderne eine neue Ausprägung erfahren. Die umfangreiche Reiseliteratur über außereuropäische Gesellschaften, die im 18. und 19. Jahrhundert zu den beliebtesten Segmenten des Buchmarkts zählte, und die Entstehung einer wissenschaftlichen Beschäftigung mit außereuropäischen Kulturen seit der zweiten Hälfte des 18. Jahrhunderts (Forster, La Pérouse, Cook, Humboldt), sind im Wesentlichen auf ein wachsendes politisches, soziales und wirtschaftliches Bedürfnis nach **Herrschaftswissen** zurückzuführen. Diese grundlegende, politisch und sozial bedingte Motivation, durch differenziertes Wissen über Sprachen und Kulturen die unterworfenen außereuropäischen Gesell-

schaften besser und effizienter beherrschen zu können, steht auch im Zusammenhang mit der Entstehung von Fachdisziplinen wie der Ethnologie, der Afrikanistik, der Anthropologie, den Islamwissenschaften und der Orientalistik im Europa des 19. und der ersten Jahrzehnte des 20. Jahrhunderts.

Die Wissensproduktion über außereuropäische Gesellschaften basierte zwar häufig auf kolonialistischen Mustern der kulturellen Hierarchisierung, führte jedoch durch die Aufwertung empirischer Beobachtung und Erfahrung sukzessive auch neue, differenziertere Fremdwahrnehmungsformen ein. Dies lässt sich etwa in den Berichten der jesuitischen Missionare im Südamerika des 18. Jahrhunderts beobachten, die als Vorläufer der modernen Ethnologie gewertet werden. Jesuiten wie Johann Jakob Baegert (*Nachrichten von der Amerikanischen Halbinsel Californien*, 1772) und Martin Dobrizhoffer (*Geschichte der Abiponer, einer berittenen und kriegerischen Nation in Paraguay*, 1783) beschäftigten sich in äußerst minutiöser Weise mit indianischen Kulturen, Sprachen und Religionsformen, um auf dieser Wissensgrundlage die indianische Bevölkerung effizienter beherrschen und zum Christentum bekehren zu können (Lüsebrink 2004a). Zugleich spiegeln ihre Diskurse jedoch auch die radikale kulturelle Andersartigkeit indianischer Kulturen, ihren Willen zu Eigenständigkeit und kulturellem Widerstand, die das Selbstverständnis europäischer Zivilisationen als Vorbilder und Modelle für andere, vorgeblich ›primitivere‹ Kulturen im Grunde nachhaltig in Frage stellen (Lüsebrink 2004b).

4. **Kultureller Synkretismus** (s. Kap. 2.1.3) bedeutet Vermischung der eigenen und fremder Kulturen im Rahmen neuer Ausdrucks- und Darstellungsformen sprachlicher, sozialer, politischer und kultureller Art. In dieser Perspektive ließe sich auch von einer transkulturellen Identität sprechen. Bezüglich der Fremdwahrnehmungsformen impliziert der kulturelle Synkretismus, dass zwischen Eigenem und Fremdem und damit zwischen kulturellen Selbst- und Fremdbildern nicht (mehr) deutlich unterschieden werden kann. Dem Modell des kulturellen Synkretismus liegt die These zugrunde, dass alle Identitäten und Kulturen mehr oder minder starken transkulturellen Einflüssen unterliegen und somit grundlegend interkulturell geprägt sind. Während vor allem die nationalistischen und kolonialistischen Diskurse des 16. bis 20. Jahrhunderts eine mehr oder minder ausgeprägte Autonomie und damit auch Abgrenzung von Kulturen betonten, hat die postmoderne und postkoloniale Ära in vielen Bereichen das Bewusstsein synkretistischer Identitätskonzeptionen hervorgebracht.

Die Autoren des kulturtheoretischen Manifests *Eloge de la Créolité* (›Lob der Kreolität‹, 1989) sehen den karibischen Raum als ein antizipatorisches Laboratorium der zukünftigen Kulturentwicklung, in der, wie auf den Antillen als Folge von Kolonialismus und Sklavenhandel, die Sprachen und Kulturen Afrikas, Amerikas, Europas und Asiens eine kreative Synthese eingegangen seien (Bernabé/Chamoiseau/Confiant 1989). Der mexikanische Kulturtheoretiker Néstor García Canclini (1989) und der kubanische Schriftsteller und Essayist Alejo Carpentier (1949/84) stellen die Kulturen Südamerikas als grundlegend ›hybride‹ Kulturen dar, die über Jahrhunderte hinweg aus Gründen der sozialen und politischen (Selbst-)Legitimation der Kolonialherren und der weißen Oberschicht als lateinamerikanische und damit überwiegend europäisch geprägte Kulturen und Gesellschaften dargestellt wurden, was nicht den sozialen und kulturellen Realitäten entspreche.

Auch in europäischen Gesellschaften der Gegenwart hat das Bewusstsein, dass die eigenen Kulturen in vielfältiger Weise von anderen Kulturen geprägt worden sind und damit grundlegend **hybride oder synkretistische Kulturformen** repräsentieren, mittlerweile einen gewissen Stellenwert. So begegneten die Vertreter der demokratischen Parteien in Frankreich dem Diskurs der rechtsradikalen Partei Front National, der auf der scharfen Abgrenzung zwischen »Français de souche« (angestammten Franzosen) und »Étrangers« (Ausländern) sowie einem sehr negativen Bild der maghrebinischen und afrikanischen Immigranten basiert, mit dem Argument, mehr als ein Viertel der französischen Bevölkerung sei ausländischer Herkunft, wenn man nur vier Generationen zurückginge. Eine Unterscheidung zwischen eigener und fremder Kultur sowie eine Abwertung anderer Kulturen vor dem Hintergrund der Aufwertung der eigenen Nation sei somit in keiner Weise zu rechtfertigen.

Einer der international prominentesten Vertreter einer synkretistischen Konzeption von Kultur, die mit dem Konzept einhergeht, jede Identität sei auch in kultureller Hinsicht vielgestaltig **(plurale Identität)** ist der franko-libanesische Schriftsteller und Journalist Amin Maalouf (geb. 1949). In seinem Werk *Les identités meurtrières* (1999; dt. *Mörderische Identitäten*, 2000) geht er von seiner eigenen Biographie aus, die seit seiner Kindheit von der intensiven Erfahrung mehrerer Sprachen (Französisch, Arabisch, Englisch, Griechisch), Religionen (Christentum, Islam) und Kulturen geprägt ist. Am Beispiel seiner Heimat Libanon, die von 1975 bis 1990 in einen blutigen Bürgerkrieg zwischen rivalisierenden kulturellen, religiösen und politischen Gruppen verstrickt war und bis in die Gegenwart hinein von tiefen Gegensätzen und gewalttätigen Konflikten geprägt ist, stellt er dar, inwieweit der Rückzug auf eine singuläre kulturelle Identität (›Französisch‹, ›Arabisch‹, ›Israelisch‹) und die hiermit verknüpften Fremdwahrnehmungsmuster und Feindbilder Bevölkerungsgruppen gegeneinander aufgebracht haben, die zuvor über Jahrhunderte lang friedlich zusammen gelebt hatten. »Die Identität einer Person«, so Maalouf (1999, 36), »besteht aus multiplen Zugehörigkeiten; [...]. Sie stellt keine Übereinanderlagerung autonomer Zugehörigkeiten dar, sie ist kein ›Patchwork‹«. Sich selbst charakterisiert Maalouf, der 1976 den Libanon verließ, seitdem in Frankreich als Romancier und Journalist lebt und sich als kultureller Mittler zwischen dem Vorderen Orient und Europa versteht, als jemanden, der »zwischen zwei Ländern, zwei oder drei Sprachen und mehreren kulturellen Traditionen lebt« (Maalouf 1999, 9).

Selbst ein Referenzwerk für die aktuelle kulturelle und soziale Entwicklung der französischen Gesellschaft, das im Zweijahresturnus publizierte Werk *Francoscopie*, definiert die nationale Identität der Franzosen nicht mehr durch Formen der Abgrenzung, sondern durch ihre zunehmend transkulturell geprägte, synkretistische Struktur: »Die Franzosen sind heute Träger von drei Kulturen: der nationalen, der regionalen und der amerikanischen.« (Mermet 2003, 212). Der Politikwissenschaftler Claus Leggewie sieht in ähnlicher Perspektive die zeitgenössische deutsche Gesellschaft im Kontext von Immigration und Globalisierung zunehmend von transnationalen und transkulturellen Einflüssen geprägt, die klare Unterscheidungen etwa von ›deutscher‹ und ›ausländischer‹ Kultur in wachsendem Maße hinfällig werden ließen. Der Nationalstaat als »Leitlinie kollektiven Handelns wie als politisches Leitmotiv« werde zunehmend in Frage gestellt:

»War die Nation im 19. Jahrhundert, in Verbindung mit dem bürokratischen Anstaltsstaat und demokratischer Repräsentation, Fixpunkt personaler Identität und Bedingung sozialer Zugehörigkeit (und sein Fehlen die Hauptursache unerwünschter Staatenlosigkeit), entstehen heute, jenseits des Nationalstaates, flexible Formen von Zugehörigkeit und Gemeinschaft, welche die Repräsentativität und Legitimität demokratischer Herrschaft herausfordern.« (Leggewie 2003, 49).

Der Soziologe Richard Münch betont hingegen neben dem Einfluss der Globalisierung auf die Neuformung kollektiver Identitäten vor allem den **Prozess der Europäisierung** als »einer Zwischenstufe zwischen den Nationalstaaten und der Weltgesellschaft« (Münch 1998, 278). Die nationalen Identitäten und die hiermit verknüpften Fremdbilder seien einem komplexen Gefüge von lokalen, nationalen und transnationalen Identitäts- und Vorstellungsmustern gewichen, bei denen die tradierten Identifikations- und Ausgrenzungsmuster nur in Konfliktsituationen noch eine wichtige soziale und kulturelle Rolle spielen. Münch unterstreicht zugleich, dass jede Kultur Europas spezifische Formen transkultureller Identitäten ausgebildet habe: »Die Sprachen bleiben Träger eigener kultureller Traditionen, Denkweisen, Weltsichten und Einstellungen zur Welt. Der Habitus der Menschen wird sich weiterhin nach ihrer Sprache unterscheiden.« (Münch 1998, 282).

4.5 | Methodische Analyseansätze

Unter der Vielzahl von Methoden zur Analyse von Fremdbildern bzw. Fremdwahrnehmungsmustern (Images) erscheinen vor allem vier Richtungen wegweisend: (1) der semiotische Ansatz; (2) der diskursanalytische Ansatz; (3) der sozialpsychologische Ansatz; (4) die Stereotypenanalyse.

1. **Der semiotische Ansatz** ist auf die komplexe Zeichenhaftigkeit von Fremdwahrnehmungsmustern und insbesondere die Text-Bild-Beziehungen fokussiert. Für die Analyse von Fremdwahrnehmungsmustern und -bildern haben insbesondere Roland Barthes und Bernd Spillner (1982) Ansätze entwickelt, die in vielen empirischen Bereichen (Fremdsprachendidaktik, Werbeanalyse, Medienanalyse etc.) verwendet werden können.

Die Semiotik geht zunächst von der grundlegenden Unterscheidung zwischen materieller Zeichenform (Signifikant oder ›Bedeutendes‹, frz. »signifiant«) und Bedeutungsgehalt (Signifikat oder ›Bedeutetes‹, frz., »signifié«) aus. Diese erfordere eine Analyse sowohl der spezifischen Zeichenmaterialitäten (wie schriftsprachliche Zeichen, Bilder, Töne) als auch der mit ihnen verknüpften Bedeutungsinhalte. Zweitens wird zwischen zwei Ebenen des semiologischen Systems, der denotativen Ebene der eigentlichen (Wörterbuch-)Bedeutung von Zeichen und der konnotativen Ebene der assoziativen Zeichenbedeutungen, unterschieden. **Denotative Zeichenbedeutungen** (oder Denotate) umfassen Bedeutungen, die von allen Zeichenbenutzern geteilt werden, die also einen »gemeinsamen und verbindlichen, relativ stabilen Bedeutungsanteil enthalten« (Fischer-Lichte 1988, I, 9). **Konnotative Zeichenbedeutungen** (oder Konnotate) sind zusätzliche Bedeutungsanteile, »die sehr unterschiedlichen Gruppen gemeinsam sein können, wie zum Beispiel dem gesamten Kulturbereich, einzelnen Klassen oder Schichten, einer bestimmten politischen, ideologischen, religiösen, weltanschaulichen oder anderen Gruppe, den verschiedenen Subkulturen, einzelnen Familien oder anderen Kleingruppen [...] und generell schneller und stärker Veränderungen unterliegen als die Denotate« (ebd., I, 9). Sie konstituieren nach Barthes »Mythen« (frz. »mythes«). Barthes definiert den Mythos als ein »sekundäres semiologisches System«:

»Was im ersten System Zeichen ist (das heißt assoziatives Ganzes eines Begriffs und eines Bildes), ist einfaches Bedeutendes im zweiten. Man muß hier daran erinnern, daß die Materialien der mythischen Aussage (Sprache, Photographie, Gemälde, Plakat, Ritus, Objekt usw.), so verschieden sie auch zunächst sein mögen, sich auf die reine Funktion des Bedeutens reduzieren, sobald der Mythos sie erfaßt. Der Mythos sieht in ihnen ein und denselben Rohstoff. Ihre Einheit besteht darin, daß sie alle auf den einfachen Status einer Ausdrucksweise zurückgeführt sind. Ob es sich um ein eigentliches oder um ein bildliches Zeichen handelt, der Mythos erblickt darin eine Ganzheit von Zeichen, ein globales Zeichen, den Endterminus einer ersten semiologischen Kette. Und gerade dieser Endterminus wird zum ersten oder Teilterminus des vergrößerten Systems, das er errichtet.« (Barthes 1957/1982, 92).

Sekundäre konnotative Zeichensysteme benutzen somit die gleichen materiellen Signifikanten wie das denotative Zeichensystem, geben diesen jedoch eine zweite, zusätzliche, gewissermaßen ›aufgepfropfte‹ Bedeutungsdimension. Das Zusammenwirken der beiden Zeichensysteme wird von Barthes durch folgendes Schema verdeutlicht:

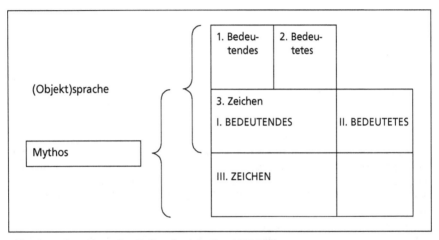

Abb. 4.6   Analyseebenen des ›Mythos‹ (nach Barthes 1957, 200)

Die zweite Zeichenebene des Mythos verwendet somit die Zeichen der Objektsprache als Bedeutendes und weist ihnen eine neue Bedeutung zu. Das erste Zeichensystem verleiht der konnotierten Bedeutung des Mythos einen scheinbaren Objektivitätscharakter und liefert hiermit den »Pseudo-Beweis seiner Naturgegebenheit. Damit sperrt sich der Mythos gegen jede geschichtliche Veränderung: Er verwandelt Geschichte in Natur, er sieht von der Gemachtheit und historisch-kulturellen Kontingenz der Dinge ab, und verschweigt den Prozeß ihrer Entstehung bzw. ihrer Produktion« (Kolesch 1997, 37 f.). Auf Fremdwahrnehmungsmuster wie das französische Deutschlandbild übertragen, impliziert dies, dass beispielsweise eine stereotype Darstellung des romantischen Deutschlands, die etwa die deutsche Tourismuswerbung in Frankreich auf Plakaten und in Werbeanzeigen verwendet, als naturgegeben und für Deutschland wesenhaft dargestellt wird. Konnotative Bedeutungssysteme weisen also die Tendenz auf, Wirklichkeitsphänomene nicht nur zu stereotypisieren, sondern sie auch aus ihren sozialen und historischen Zusammenhängen herauszulösen, Geschichte in Natur umzuwandeln, historisch Gewachsenes oder Konstruiertes zu etwas naturhaft Gegebenem umzuformen (Barthes 1957, 215). Ein konnotatives Zeichensystem (»Mythos«) besteht aus bedeutungstragenden Einzelelementen, die Barthes »Seme« nennt. Sie entsprechen den »Isotopien« in anderen sprachwissenschaftlichen und semiotischen Terminologien.

Abb. 4.7 Panzani-Reklame
(Anfang der 1960er Jahre,
aus Barthes 1964, 49)

Bezüglich der **Text-Bild-Beziehungen** unterscheidet Barthes zwei Formen: zum einen die Verankerung (»ancrage«), d. h. die systematische, interdependente Verzahnung von Text und Bild, bei der keines der beiden Elemente (bzw. Zeichensysteme) unabhängig voneinander stehen und verstanden werden könnte; und zum anderen die Komplementarität (»relais«), d. h. die ergänzende Verbindung von Text und Bild, bei der beide Zeichensysteme auch isoliert verstanden werden können.

Das Zusammenspiel von sprachlichen und visuellen Denotationen und Konnotationen bezeichnet Barthes auch als die spezifische Rhetorik eines Textes, beispielsweise eines Fremdwahrnehmungsmusters.

Er erläutert dies u. a. am Beispiel der Reklame des französischen Nudelherstellers Panzani, der in Frankreich seine Produkte (Spaghetti, Parmesankäse, Salsa) verkauft, indem er in mehrfacher Hinsicht ihre ›Italianität‹ hervorhebt und in unterschiedlichen Zeichencodes verankert: in Schriftzeichen (»Panzani«, »à l'italienne«) und in visuellen Zeichen wie der Verwendung der italienischen Nationalfarben und Italien-spezifischer Konnotationen, die durch die Präsentation von Gemüse (wie Tomaten) und Früchten (insbesondere Zitronen und Orangen) hervorgebracht werden, aber zugleich die Frische der betreffenden Produkte suggerieren sollen (Barthes 1964).

In ähnlicher methodischer Perspektive hat Heidemarie Sarter (1982) die visuelle und schriftsprachliche Verankerung eines gleichermaßen positiv besetzten und stereotypen Frankreichbildes in der Reklame für französischen Landwein (»Vin de pays«) analysiert. Die bildlich dargestellte Szene zeigt zwei ältere Männer und zwei ältere Frauen beim Picknick an einem Flussufer, die Atmosphäre ist locker und entspannt. Der Begleittext evoziert in poetischer Form das visuell dargestellte Ambiente, indem »Vin de pays« (Landwein) zum zentralen Zeichen für die im Text aneinandergereihten und durch das Prädikat »ist« verbundenen Aussagesätze wird: »Vin de pays ist weite / Hügel und Ackerwagen / ist Picknick am Wiesen/ rand und Brioches ist ein / Schäfchen im Schatten und / kitzelnder Halm ist / Steinkrug und Blick / ins Tal / ist französischer / Landwein ist Leben / und Lebenlassen« (Sarter 1982, 20).

Die eigentliche Werbebotschaft für das Produkt ›Landwein‹ (das zu Beginn und am Ende des Textes ausdrücklich erwähnt wird) wird hier eingekleidet in eine Serie von Aussagen, die sich auf (a) sinnliche (Natur)Eindrücke, (b) (ländliche) kulinarische Genüsse und (c) eine positiv besetzte ländliche Kommunikationssituation beziehen. Die hiermit verbundenen konnotativen Assoziationsketten stellen eine Verbindung zwischen »französischem Landwein« und »ländlichem Frankreich« her. Die Szenerie des Picknicks evoziert zudem künstlerische Vorbilder wie Auguste Renoirs berühmtes Gemälde »Déjeuner sur l'herbe« und verleiht der Werbebotschaft eine künstlerische Aura. Das für die Werbung verwendete Bild erweckt den Eindruck einer etwas vergilbten Fotografie und lässt somit an ein persönliches Erinnerungsfoto in einem Familienalbum denken. Die Text-Bild-Relationen und ihre konnotative Bedeutungsebene repräsentieren somit Bedeutungselemente (Seme), die sich zum Makrostereotyp oder »Mythos« Frankreichs als dem Land des »Savoir-vivre« zusammenfügen, in dem alle Franzosen als »Lebenskünstler« erscheinen (Sarter 1982, 23).

2. **Der diskursanalytische Ansatz** geht davon aus, dass Fremdwahrnehmungsmuster nicht isoliert gesehen werden können, sondern in ihren komplexen Bezugsnetzen betrachtet werden müssen. Unter sozialem Diskurs im Allgemeinen wird die Gesamtheit aller Texte verstanden, die in einer Gesellschaft zirkulieren und sich in ganz unterschiedlichen Zeichencodes (Schrift, Bild, Ton etc.) artikulieren können. Wird »Diskurs« im Plural verstanden, so sind hierunter, nach Michel Foucault (1971) und Jürgen Link (1983), »institutionalisierte, geregelte Redeweisen« zu verstehen: d. h. sie verfügen über eine eigene Begrifflichkeit, ein eigenes, typisches Vokabular, charakteristische Topoi (feststehende Bilder), ihre eigene Syntax (Verknüpfungsformen sprachlicher und visueller Elemente), ihre umgrenzten Themen- und Aussagefelder sowie ihre spezifischen Handlungsimplikationen. Ein Diskurs, den Foucault auch »Diskursformation« nennt, im definierten Sinn wäre beispielsweise der Diskurs über Sexualität oder der Diskurs über Gewalt in einer bestimmten Gesellschaft. Im Kontext der Fremdwahrnehmungsmuster ist hierunter ein kulturspezifischer Diskurs über andere Kulturen zu verstehen, beispielsweise der französische Diskurs über Afrika, der deutsche Diskurs über Amerika oder der kanadische Diskurs über die Indianerkulturen Nordamerikas. Der diskursanalytische Ansatz zielt also in dem hier interessierenden Zusammenhang darauf ab, die Verankerung spezifischer Fremdwahrnehmungsmuster in unterschiedlichen Medien, Textsorten und Materialitäten der Kommunikation zu untersuchen, ihre spezifischen Artikulationsweisen herauszuarbeiten und ihre jeweiligen ideologischen Zielsetzungen und Implikationen zu analysieren. So war beispielsweise das **französische Afrikabild der Kolonialzeit** in keiner Weise homogen, sondern in medialer und ideologischer Hinsicht äußerst vielgestaltig. Es artikulierte sich in einem komplexen Afrika-Diskurs, der in erster Linie aus vier diskursiven Formationen bestand:

- Erstens dem dominierenden **paternalistischen Afrikabild der französischen Dritten Republik**, das die Afrikaner als »grands enfants« betrachtete, die durch die koloniale Erziehungs- und Kulturpolitik Frankreichs langsam und in sukzessiven Etappen auf die Höhe der französischen »civilisation« gebracht werden könnten. Dieses ideologische Vorstellungsmuster artikulierte sich in sehr unterschiedlichen Medien, Textsorten und Zeichencodes, die von Reden und Schriften führender Kolonialpolitiker (wie des Erziehungspolitikers Georges Hardy in seinem Buch *Une Conquête morale. L'enseignement en A. O. F.*, 1917) über Kolonialromane und -filme bis hin zu Chansons und Werbeplakaten reichten, die zwangsläufig auf stereotype Darstellungsmuster zurückgreifen mussten. Ein Beispiel hierfür ist das erwähnte Werbeplakat (s. Abb. 4.4, S. 102) des Kakaogetränkherstellers Banania, das 1917 lanciert wurde und bis zum Ende der Kolonialzeit (1960) verwendet wurde: Es zeigt einen »Tirailleur sénégalais«, einen afrikanischen Soldaten in französischen Armeediensten, der, mit breitem Lächeln und naivem Gesichtsausdruck, das Kakaogetränk zu sich nimmt und dies in einem gebrochenen Französisch mit dem Satz »Y a bon banania« (›Banania gut‹) kommentiert, der zugleich als Slogan der Werbung diente.

- Eine zweite Diskursformation betrifft das **rassistische Afrikabild der extremen Rechten** in Frankreich sowie in Deutschland nach dem Ersten Weltkrieg und während des ›Dritten Reiches‹, das sich im Zuge der virulenten deutschen Propagandakampagne gegen die Beteiligung afrikanischer Soldaten an der Besetzung der linken Rheinseite und des Ruhrgebiets in den 1920er Jahren herausgebildet hatte. Unter Rekurs auf Vorurteile und Stereotypen des Afrikabilds der Frühen Neuzeit und des 19. Jahrhunderts wurden Afrikaner hier als barbarisch, grausam und einer minderwertigen Rasse angehörig, dargestellt, die sich im Kriegseinsatz von besonderer Brutalität gezeigt hätten (s. Abb. 4.8, S. 118).

- Eine dritte Diskursformation reduzierte die Wahrnehmung afrikanischer Gesellschaften auf ihre **ästhetische Dimension**. Afrika wurde als der ursprüngliche Kontinent gesehen, dessen Kunst- und Lebensformen durch ihre vorgebliche Einfachheit faszinierten und zum Vorbild für Kunst- und Literaturformen der Avantgarde genommen wurde, etwa bei Pablo Picasso, den Schriftstellern Blaise Cendrars und Philippe Soupault und dem Theatertheoretiker Antonin Artaud. Auch das Werk des deutschen Ethnologen Leo Frobenius, einer der Begründer der Afrikanistik im Deutschland der Kaiserzeit, und die Filme von Leni Riefenstahl über die Kultur der Nuba belegen eine vor allem ästhetisch begründete Faszination durch die Andersartigkeit afrikanischer Kulturen, die aus ihrer Sicht von äußeren Einflussnahmen möglichst unangetastet bleiben sollte.

- Eine vierte Diskursformation schließlich fußt auf der **Wortergreifung afrikanischer Schriftsteller**, Politiker, Künstler und Intellektueller wie Léopold Sédar Senghor und Blaise Diagne, die seit den 1920er Jahren ein völlig anderes Afrikabild präsentierten, in dem die **Werte und Traditionen des afrikanischen Kontinents** in ihren historischen und aktuellen Bezügen dargestellt und aufgewertet wurden.

Diese vier Komponenten des französischen Afrikabildes der späten Kolonialzeit standen in engen interdiskursiven Bezügen und Vernetzungen. Das paternalistische Afrikabild der französischen Dritten Republik setzte sich ostentativ sowohl vom rassistischen als auch vom ästhetisch-kulturalistischen Afrikabild ab, betonte die kulturelle Missionsaufgabe der »Civilisation française« auf dem afrikanischen Kontinent und denunzierte die Rassenideologie des Nationalsozialismus. Die frühe afrikanische Literatur und Publizistik nahm ihrerseits auf beide Diskursformen Bezug. Der senegalesische Schriftsteller und spätere Politiker Léopold Sédar Senghor etwa

Abb. 4.8 »Der französische Moloch« (aus: Simplicissimus, Nr. 46, 9.2.1921, 624)

bezog Distanz zum republikanischen Paternalismus, indem er unter Bezugnahme auf die Reden französischer Kolonialpolitiker über die militärischen Leistungen afrikanischer Soldaten im Dienste Frankreichs von einem »Lob voller Missachtung« (»Louanges de mépris«, 1946/1964) sprach und zur erwähnten Kakaogetränkreklame äußerte: »Ich werde das Banania-Lachen auf allen Wänden Frankreichs zerreißen« (ebd., 53). Zugleich bezog Senghor auch ausdrücklich Position gegen Formen der rassistischen Ideologie, indem er den polemischen Begriff »Schwarze Schande« in deutscher Sprache in seinem Werk zitierte und die hiermit verbundene Kampagne als traumatische Erfahrung der Entwürdigung und Verfolgung darstellte (Riesz/Schultz 1989; Lüsebrink 1989).

3. **Der sozialpsychologische Ansatz** zielt darauf ab, Fremdwahrnehmungsmuster als Verbindungen von Selbst- und Fremdbildern zu analysieren, die jeweils sowohl in psychologischen Registern als auch in Sprachhandlungsschemata verankert sind. Carl Friedrich Graumann und Margret Wintermantel (1989) unterscheiden hierbei sechs verschiedene Typen sprachlich-psychologischer Reaktionsmuster, die sich einer Skala zuordnen lassen (s. Abb. 4.9).

Die sechs Typen psychologisch-sprachlicher Reaktionsmuster lassen sich wie folgt beschreiben. Hierbei betreffen die ersten vier eine Skala grundlegender Einstellungsmuster, die beiden letzten hiermit verknüpfte Formen der Kategorisierung und Attribuierung:

- **Separating**: Die Unterscheidung von Eigenem und Fremdem ohne bewertende Dimension. Auf der sprachlichen Ebene drückt sich dies in der Unterscheidung von »Wir« und »Sie« bzw. von »Uns« und »den Anderen« aus.
- **Distancing**: Hier wird sprachlich und psychologisch eine deutliche Distanz zwischen den Angehörigen der eigenen Gesellschaft und Kultur und den »Anderen« etabliert, auf sprachlicher Ebene etwa durch die Attribuierung kulturspezifischer Eigenschaften.

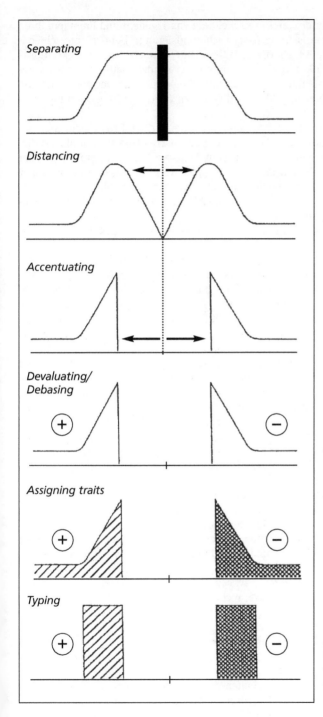

Abb. 4.9 Sprachlich-psychologische Reaktionsmuster der Fremdwahrnehmung (nach Graumann/Wintermantel 1989, 184)

- **Accentuating**: Hier findet die Unterscheidung von Eigenem und Fremdem ihren Ausdruck in einer Polarisierung (oder Dichotomisierung), bei der unterschiedliche Kulturen und ihre Angehörigen als Gegensatzpaare erscheinen. Der nationalistische Diskurs des 19. und 20. Jahrhunderts verwendete häufig diese Form der radikalen Gegenüberstellung von eigener und fremder Kultur, beispielsweise von Deutschen und Franzosen, Türken und Griechen oder ›slawischen‹ und ›germanischen Völkern‹.
- **Devaluating/Debasing**: Häufig kombiniert mit dem dritten Reaktionsmuster, vor allem im Kontext nationalistischer und kolonialistischer Diskurse, impliziert dieser Typ eine Abwertung anderer Kulturen und entsprechend eine Aufwertung der eigenen. Diese Konstellation lässt sich beispielsweise im Diskurs Ernst Moritz Arndts über Frankreich und die Franzosen beobachten (s. Kap. 4.1).
- **Assigning traits**: Die Zuschreibung von im Allgemeinen stereotypen Eigenschaften positiver oder negativer Art.
- **Typing**: Die Projektion sozialer Typen bzw. Typisierung (s. Kap. 4.2).

Die unterschiedlichen sozialpsychologischen und sprachlichen Reaktionsmuster verweisen auf die grundlegende **Konstruktivität sozialer Identitäten** und Fremdwahrnehmungsmuster. Der Rückgriff auf spezifische Reaktionsmuster kann auf individual- oder gruppenpsychologische Gründe, aber auch auf wirtschaftliche, soziale und kulturelle Erklärungsfaktoren zurückgeführt werden und ist auch in einzelnen Gesellschaften starken Wandlungsprozessen unterworfen. So belegt eine Untersuchung aus dem Jahr 1997, dass sich 9 % der Europäer als ›rassistisch‹ bezeichnen, d. h. ihre Reaktionsmuster lassen sich den Reaktionstypen 3 (»accentuating«) und 4 (»debasing«) zuordnen. Dieses Selbstkonzept, das mit spezifischen Einstellungs- und Wahrnehmungsmustern des Fremden einhergeht, findet sich in sehr unterschiedlicher Ausformung in den verschiedenen europäischen Gesellschaften: Während sich 22 % der Belgier, 21 % der Italiener, 16 % der Franzosen und 14 % der Österreicher als ›rassistisch‹ bezeichnen, liegt der Prozentsatz in Dänemark (12 %), Deutschland (8 %), Griechenland (6 %), den Niederlanden (5 %), Spanien (4 %) und Schweden (2 %) deutlich niedriger (*Eurobarometer Opinion Poll* Nr. 47.1., 1997, zit. nach Kretzschmar 2002, 124 f.).

Eine im Herbst 2008 vom Institut für Interdisziplinäre Konflikt- und Gewaltforschung an der Universität Bielefeld durchgeführte repräsentative Umfrage in sieben europäischen Ländern kommt zu dem Ergebnis, dass rassistische Einstellungsmuster in den Ländern der Europäischen Gemeinschaft (tendenziell) weiterhin eine kaum zu unterschätzende soziale und mentale Verankerung aufweisen. Auf die beiden gestellten Fragen:

- »Gibt es eine natürliche Hierarchie zwischen schwarzen und weißen Völkern?«
- »Schwarze und Weiße sollten besser nicht heiraten«

antworteten 31,3 % (Frage 1) bzw. 13,1 % (Frage 2) der EU-Bevölkerung mit »Ja«.

Besonders hoch waren die Zustimmungswerte, die auf den psychologisch-sprachlichen Reaktionsmustern (s. o.) »Accentuating« und »Debasing« beruhen, in Portugal, Polen und Ungarn, während sie in den Niederlanden (32,7 %/4,7 %) mit Bezug auf die zweite Frage zum Heiratsverhalten und vor allem in Italien (18,7 %/7,5 %) deutlich unter dem europäischen Durchschnitt lagen.

Die durch die Umfragen erfassten Werte belegen eine weit stärkere »Verbreitung und Intensität rassistisch begründeter Meinungen als bisher vermutet« (Zick 2010).

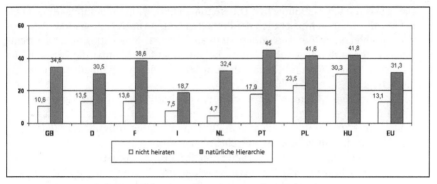

Abb. 4.10 Rassenbezogene Einstellungsmuster in der europäischen Gemeinschaft
(2008; Quelle: https://heimatkunde.boell.de/2010/04/01/spielarten-des-rassismus, 11.11.2016)

Diese werden vor allem in Krisen- und Konfliktsituationen mobilisiert und sind Komponenten von Rassismus als einer sozialen Einstellungshaltung in einem weiteren Sinn. Diese kann nach J. W. Jones (1997) durch folgende Merkmale definiert werden:

- das Postulat der rassischen Überlegenheit oder Unterlegenheit, die explizit oder implizit durch biologische Differenz und ethnische Zuschreibungen begründet werden;
- die Solidarität mit der ›Ingroup‹ und die Zurückweisung sowie Benachteiligung von Menschen, die aufgrund ihrer Hautfarbe, ihrer Herkunft, ihrer Werte und ihrer Verhaltenswiesen vom Selbstkonzept der ›Ingroup‹ abweichen;
- die Doktrin, dass Macht und die hiermit verbundenen Privilegien und Vorteile aufgrund ethnischer Zugehörigkeiten legitimiert werden können;
- die Überzeugung einer Übereinstimmung zwischen ›äußeren‹ (physiognomischen) und ›inneren‹, (psychologischen, kulturellen und mentalen) Merkmalen in der Wahrnehmung und Bestimmung von ›Rassen‹ und ›Ethnien‹.

4. Im Rahmen der **Stereotypenanalyse** werden Stereotypen im Allgemeinen mit Hilfe von Fragebögen und strukturierten Interviews erhoben, die ihrerseits allerdings häufig dazu führen, dass stereotype Vorstellungsmuster hierdurch auch generiert werden. In methodischer Hinsicht finden sich in der Stereotypenforschung in erster Linie folgende methodische Ansätze:

- Die **Methode des semantischen Differentials** gibt eine Serie von Eigenschaften vor, die aufgrund von Erfahrungswerten einer Kultur und ihren Angehörigen zugeschrieben werden, und fragt auf einer Wertigkeitsskala (im Allgemeinen von –3 bis + 3) nach der Ausprägung dieser Zuschreibungen (Schäfer 1973; Eck 1982). So wurden in einer Untersuchung zur Wahrnehmung in Deutschland lebender Ausländer durch deutsche Studierende im Fragebogen zehn Gegensatzpaare vorgegeben, denen 15 Nationalitäten zuzuordnen waren (Fischer 1994, 158). Die semantischen Gegensatzpaare waren: unterdrückt/frei, laut/still, sauber/schmuddelig, städtisch/bäuerlich, ruhig/temperamentvoll, unselbständig/selbständig, modern/altmodisch, faul/fleißig, aufgeschlossen/verschlossen, ungenau/genau. Die Auswertung zeigte eine erstaunliche Differenzierung in allen Bereichen, die in der vorliegenden Ausprägung nicht erwartet worden war und unmittelbare Korrelationen mit den gleichfalls erhobenen **Sympathie-Ratings** erlaubt.

Die Erfassung von semantischen Differentialen und Sympathieratings unterscheidet im Allgemeinen hinsichtlich der befragten Gruppe nach Nationalität, Alter sowie Geschlecht. In der genannten Untersuchung zu Einstellungsmustern deutscher Studierender gegenüber Ausländer/innen stuften Männer die Japaner, Österreicher, Franzosen und Engländer zum Teil deutlich als sympathischer ein als die befragten Frauen (Fischer 1994, 159).

- Die **kontrastive Methode** der Stereotypenanalyse zielt auf den Vergleich von Selbst- und Fremdkonzepten und untersucht die hier im Allgemeinen zutage tretenden Strukturen und Diskrepanzen. Zur Untersuchung kommen hier Polaritätsprofile, die den Interviewten in schriftlicher Form vorgelegt werden und die Grundfragen enthalten:»Wie würden Sie sich selbst/die Anderen (Franzosen, Briten etc.) einschätzen?« Die Auswertung erfolgt im Allgemeinen auf einer Skalenbreite von 6 (–3 bis + 3), die es erlaubt, präzise Abweichungswerte zu errechnen. Eine Untersuchung der Auto- und Heterostereotypen von Briten und Deutschen auf der Grundlage der Analyse von 15 Wertepaaren (fleißig/faul, ausgeglichen/unruhig, großzügig/kleinlich etc.) ergab vier relevante Wertepaare mit signifikanten Unterschieden, die auf grundlegende Konfliktpotentiale der deutsch-britischen Zusammenarbeit hindeuteten (Scholz 2000, 859):
  a) »Die Briten werden von den Deutschen intelligenter und friedliebender eingeschätzt als durch sich selbst: Sie sehen sich tendenziell als weniger intelligent und eher streitsüchtig an.
  b) Die Deutschen erscheinen den Briten ausgeglichen und arrogant, sich selbst jedoch unruhig und vergleichsweise weniger arrogant.«
  Obwohl die Ergebnisse der Untersuchung eine weitgehende Übereinstimmung der Auto- und Heterostereotype belegten, erwies sich das Thema der»Arroganz der Deutschen noch als das problematischste, weil es – in konfliktären Interaktionen für Schuldzuweisungen instrumentalisiert – auf einer unterschiedlichen Sicht der Welt beruht und daher eine Konsensfindung erschwert« (Scholz 2000, 859).
- Eine andere Form der kontrastiven Analyse von Stereotypen beruht auf einem **Fragenkatalog**, der darauf abzielt zu erfahren, ob die Befragten sich in bestimmten Bereichen mit anderen Nationen »verwandt« fühlen. So ergab eine Umfrage des französischen Meinungsforschungsinstituts IFOP aus dem Jahr 1989 zu deutsch-französischen Unterschieden, dass von den befragten Franzosen die »Art zu arbeiten«, und die »Erziehung« als weitgehend verwandt eingestuft wurden, im Gegensatz zur »Art der Zerstreuung« (verwandt: 28 %, nicht verwandt: 35 %) und vor allem zum politischen System (22 % versus 37 %), zum Temperament (25 % versus 60 %) und zu den »Koch- und Eßgewohnheiten« (16 % versus 65 %) (Kolboom 1991, 224).
- Die **Erfassung von Stereotypen durch Umfragen** ist zugleich die gängigste und methodisch problematischste Vorgehensweise, da sie unvermeidlich Stereotypen generiert und häufig deutlich hinter die im Allgemeinen komplexeren Perzeptionsweisen der Befragten zurückfällt. Sie beruht auf der Erfassung einer begrenzten Zahl von Eigenschaften, die mit den Angehörigen einer fremden Kultur und Gesellschaft assoziiert werden. In Umfragen zum Deutschlandbild in Frankreich und zum Frankreichbild in Deutschland, die auf ›typische Eigenschaften‹ zielen und sowohl Autostereotype (Selbstbilder) wie Heterostereotype (Fremdbilder) erfassen, werden am häufigsten die folgenden genannt, wobei sich in den letzten vierzig Jahren an ihrer Zusammensetzung und Häufigkeit bei dieser Erfassungs-

methode kaum Veränderungen ergeben haben (vgl. Weisenfeld 1979; Bassewitz 1990):

Franzosen	Deutsche
■ Spontaneität	■ Pflichtbewusstsein, Disziplin
■ »Laissez-faire«	■ Perfektionsimus
■ Ästhetik, Kreativität	■ Rationalität
■ Unabhängigkeit, Freiheit	■ Sicherheitsdenken
■ Individualismus	■ Hygiene
■ Improvisationskunst	■ Ordnungsbewusstsein
■ Nationalstolz	■ Umweltbewusstsein
■ Emotionalität	■ (Lebens-)Qualität, Komfort
■ Lebensfreude, Vergnügen	■ Fleiß
■ Erotik, Sinnlichkeit	■ Pünktlichkeit, Zuverlässigkeit
	■ Fortschrittsdenken
	■ Strebsamkeit
	■ Aufrichtigkeit

Abb. 4.11 In Umfragen zum Deutschlandbild in Frankreich und zum Frankreichbild in Deutschland ermittelte ›typische Eigenschaften‹

- Eine offenere, in deutlich geringerem Maße Stereotypen generierende, aber statistisch nicht präzise auswertbare Erfassungsmethode, die beispielsweise vom Deutsch-Französischen Jugendwerk (DFJW) 1979 in einer Befragung von 11.237 französischen Schüler/innen praktiziert wurde, zielt nicht auf typische Eigenschaften von Nationen und ihren Angehörigen, sondern auf das **Wissen über andere Kulturen**, in dem genannten Fall über das unmittelbare Nachbarland. Im Fall der DFJW-Umfrage wurde den Schülern/innen 20 Minuten Zeit gegeben, um auf dem Fragebogenblatt selbst ihr Wissen und ihre Gedanken über das Nachbarland zu notieren. Die Antworten lassen sich in acht Kategorien unterteilen, die von stereotypen Äußerungen bis zu differenziertem Wissen über historische, soziale und politische Fakten und Zusammenhänge reichen. Sie umfassen die Bereiche »Charakter und Lebensart«, »Last der Vergangenheit«, »Verhältnis der beiden deutschen Staaten«, »Bundesrepublik im Fadenkreuz«, »Persönliche Erfahrungen«, »Die deutsch-französischen Beziehungen« und »Die Quellen des Wissens über Deutschland« (Tiemann 1979).
- Eine Möglichkeit, die Problematik der Stereotypengenerierung durch Umfragen und Fragebögen methodisch zu lösen, stellt die systematische **Einbeziehung praktischer Erfahrungshorizonte** und hiermit verknüpfter interkultureller Trainingsmethoden dar. Stereotypen sind häufig mit unmittelbaren Erfahrungen verbunden, die vorgeprägte Meinungen und Perzeptionsformen verstärken oder auch ausdifferenzieren und in Frage stellen (s. hierzu Kap. 4.4). So wurden vom Goethe-Institut Amsterdam Student/innen der Fachhochschule für Touristik der Niederlande nach ihrem Bild der Deutschen befragt. Ausgangspunkt waren konkrete Erfahrungen mit deutschen Kund/innen in Hotels und Restaurants. Das Ziel der Umfrage bildete die Erfassung deutscher Eigenschaften und Verhaltensweisen (a) im Vergleich zu den Niederländern und (b) in ihren typischen Ausdrucksformen.

Die Deutschen in den Augen niederländischer Student/innen der Fachhochschule für Touristik in Breda (Niederlande) (die Wahrnehmungen beruhen zum größten Teil auf ihren Erfahrungen mit deutschen Kunden in Hotels und Restaurants)

I. Die Deutschen im Vergleich zu den Niederländern
- haben weniger Humor als die Niederländer
- sind förmlicher
- haben höhere Erwartungen
- verhalten sich auf geschäftlicher Ebene anders
- machen nicht einfach so mal einen Scherz wie die Amerikaner und die Engländer

II. Die Deutschen (an sich)
- sind pünktlich, genau und ernsthaft
- sprechen laut
- wünschen, dass alles reibungslos verläuft, und schätzen guten Service
- bedanken sich nicht schnell bei jemandem
- beschweren sich schnell
- sind laut beim Auftreten
- sind oft zurückhaltender
- sind nicht sehr sozial
- sind schwer zufriedenzustellen
- sind nicht die einfachsten, wenn sie verärgert sind
- sind sehr fröhlich oder äußerst ungenießbar
- wollen, dass man sich um sie kümmert
- sind sehr nationalistisch und chauvinistisch (Touristen auf Mallorca)
- legen viel Wert auf Hygiene und sind auch bereit, hierfür zu zahlen (aber oh weh, man entdeckt ein Stäubchen)
- verhalten sich unverschämt
- wirken sehr höflich und ruhig
- sind treu, aber oft auch asozial und egozentrisch
- schaffen am Strand ihr eigenes Territorium
- sind manchmal lästige Kunden
- sind sehr freundlich
- wollen alles korrekt auf formelle Art abhandeln
- lieben es, hart zu arbeiten
- schätzen es, wenn man ihre Sprache spricht
- wünschen es, gesiezt zu werden
- haben keine Probleme damit, aufzufallen
- haben Bierbäuche
- Frauen tragen viel Make-up, spießige Kleider und am liebsten eine Riesenbrille
- trinken gern (vor allem Bier) und essen gern und viel
- interessieren sich für das Gastland

Quelle: Bendieck/Denzel u. a. 2003, 118

Die erfahrungsspezifische Erhebung von Fremdwahrnehmungsmustern hat zum einen den Vorteil, dass hier stereotype Perzeptionsmuster zwar thematisiert werden, aber in ein komplexes Feld von interkulturellen Vergleichen expliziter oder impliziter Art (s. Kap. 2.2.3) eingebettet werden. Statt apodiktischer Aussagen (»Die Deutschen sind ...«) wird im Allgemeinen auf Nuancierungen und Vergleiche zurückgegriffen, die ein differenzierteres Gesamtbild abgeben. Zum anderen ermöglicht diese Erhebungsmethode eine unmittelbare Verbindung von interkulturellen Trainings mit der befragten Gruppe in Form von Rollenspielen, Fallbeispielen (»Case Studies«) und »Culture Assimilators« (s. Kap. 3.5).

An den zitierten Ergebnissen der niederländischen Untersuchung fällt auf, dass – von einer Aussage zum Nationalismus abgesehen – die in den Niederlanden im Deutschlandbild noch sehr präsente historische Erfahrung von Besatzung, Rassismus und nationalsozialistischer Gewaltherrschaft nicht thematisiert wird. Auch erscheint – im Zusammenhang mit den gesammelten interkulturellen Erfahrungen – die Perzeption Deutschlands und der Deutschen insgesamt deutlich positiver als in holländischen Meinungsumfragen der 1990er Jahre, in denen eine Mehrheit der befragten Jugendlichen eine negative Haltung gegenüber Deutschland und den Deutschen zum Ausdruck brachte. »Als Erklärung«, so der niederländische Historiker J. Pekelder (2013, 73), »wies man auf das sich verändernde Image Deutschlands hin. Nicht zuletzt war es Berlin, das Niederländer auf andere Gedanken über Deutschland und die Deutschen brachte. Sowohl der Bauboom und andere dynamische äußerliche Veränderungen als auch die erfrischende kulturelle Modernität der hippen deutschen Hauptstadt machten tiefen Eindruck.«

Die **Analyse von Wahrnehmungsmustern in Beziehung zu Erfahrungswissen** erweist sich somit als differenzierter als die isolierte Erhebung von Stereotypen, die häufig eine spürbare Diskrepanz zu den tatsächlichen Einstellungs- und Wahrnehmungsmustern erkennen lässt. Die Einordnung von Stereotypen in Erfahrungskontexte deckt sich im Grundansatz mit Analyseansätzen aus linguistischer Sicht, wie sie vor allem Uta Quasthoff (1973, 1978, 1981) vertritt, die für die empirische Analyse von Stereotypen folgende drei methodische Voraussetzungen formulierte:

- »Die Bedeutungsanalyse muß sich auf Äußerungen stützen können, die im Hinblick auf soziales Handeln besonders einschlägig sind.
- Die Analyse stereotyper Äußerungen darf nicht isoliert vorgenommen werden, sondern muß sich auf die textuelle Verwendungsweise in möglichst unverzerrter Alltagsinteraktion stützen.
- Um der Verbindung zwischen Alltagswissen und Bedeutung auf die Spur zu kommen, muß die Analyse dieses Alltagswissens systematisch variieren können.
- Es ist also eine interkulturelle Repräsentanz der Daten vorzusehen.« (Quasthoff 1981, 81).

Insbesondere auch für die Funktionen und Verwendungsweisen von Stereotypen in interkulturellen Interaktionssituationen ergeben sich aus diesem Ansatz fruchtbare Perspektiven (s. Kap. 4.8).

4.6 | Exotismus – Fremdwahrnehmungsmuster und Erfahrungskontexte

Der Exotismus zählt seit dem Beginn der frühen Neuzeit zu den wichtigsten positiv besetzten Fremdwahrnehmungsmustern in okzidentalen Gesellschaften. Er bezeichnet in allgemeinerer Form Phänomene der **Faszination durch fremde und ferne Gesellschaften** und Kulturen, die spezifischer auch als »Orientalismus« (Said 1978), »Chinoiserie« (China-Mode, vor allem im 18. Jahrhundert) oder »Japonisme« (Japan-Mode, vor allem in Frankreich; Rafoni 2004) definiert werden. Obwohl sich seine

Darstellungsformen verändert haben und das Exotische sich zunehmend – aber keineswegs ausschließlich – in geographisch sehr entfernte Weltgegenden verlagert hat, lassen sich Kontinuitätslinien zwischen der ›exotischen‹ Wahrnehmung der aus europäischer Sicht ›neu entdeckten‹ Kontinente im 15. und 16. Jahrhundert und der exotischen Darstellung ferner Gesellschaften in der zeitgenössischen Medienkultur feststellen.

Die Begriffe ›Exotismus‹ und ›Exotisch‹ leiten sich von dem griechischen Wort *exōtikós* (fremd) ab und haben sich seit dem 16. Jahrhundert in allen europäischen Sprachen eingebürgert. Die Verwendung des Wortes »exotisch« (frz. *exotique*, engl. *exotic*), an dessen Stelle im 18. und 19. Jahrhundert häufig Begriffe wie »fremdländisch« oder »pittoresk« gebraucht wurden, beschränkte sich zunächst in erster Linie auf die Tier- und Pflanzenwelt, etwa in François Rabelais' *Quart Livre* von 1552 (Maigne 1985, 9). Seit der Mitte des 19. Jahrhunderts entstand das Substantiv »Exotismus«, mit dem sich eine Bedeutungserweiterung verband. Als »exotisch« werden in deutschen Lexika des 19. und 20. Jahrhunderts Gesellschaften und Kulturen bezeichnet, die sehr »fremdländisch« anmuten, insbesondere »entlegene außereuropäische oder primitive Kulturgüter und -zustände (Küche, Tracht, Sitten und Bräuche), besonders dann, wenn der fesselnde Reiz des Fremdartigen betont werden soll« (Brockhaus 1990, Bd. 5, 309–310, Art. »exotisch«). Ursprünglich bezeichnete das Wort, das Ende des 18. Jahrhunderts Eingang in die deutsche Sprache fand, etwas »Fremdweltliches«, »aus den Tropen« Stammendes (ebd., 309).

Seit der Mitte des 19. Jahrhunderts lässt sich eine zunehmende Übertragung des Begriffs ›exotisch‹ auf Menschen anderer Hautfarben und Kulturen beobachten, etwa wenn der französische Dichter Charles Baudelaire in den *Curiosités esthétiques* (1868) mit dem fremdländischen Aussehen des Malers Eugène Delacroix seine »exotische Herkunft« verbindet oder der Soziologe André Siegfried (1937) die ›nichtweiße‹ Einwanderung in Kanada als »immigration exotique« bezeichnet. Parallel hierzu erfolgte seit der Mitte des 19. Jahrhunderts »die ästhetische Valorisierung des ›Exotischen‹ als Sinn für das Fremde, den Reiz des Andersartigen in Literatur, Musik und Bildender Kunst« (Riesz 1995, 75). Der Begriff ›exotisch‹ wird somit im Allgemeinen mit deutlich positiv besetzten Assoziationen verknüpft. Er schließt die Vorstellung anziehender, kulturell und ästhetisch faszinierender ferner Länder sowie alternativer Lebens- und Kulturformen ein.

Im Gegensatz zu den Begriffen ›Fremd‹, ›Fremder‹ und ›Fremdheit‹ implizieren die Begriffe ›Exotik‹ und ›Exotismus‹ weit mehr als eine bloße Andersartigkeit von Kultur und Natur: »wichtig ist für das Exotik-Konzept vor allem, daß die als fremd wahrgenommenen Landschaften, Menschen, Artefakte und Gewohnheiten jenseits einer peripher-kulturellen Pufferzone liegen, die sie vom Zentrum abschirmt.« (Mosbach 1994, 219). Der Begriff ›Exotik‹ schließt somit den Begriff ›Fremdheit‹ ein, aber nicht umgekehrt. Exotik, Exotismus und der hiermit verbundene Prozess der »Exotisierung« fremder Menschen, Kulturen und Lebenswelten beruhen zudem auf einer positiv besetzten emotionalen Einstellung zum Fremden. Sie schließt Interesse, Teilnahme und Faszination ein und steht somit sowohl negativen wie gleichgültigen Wahrnehmungsformen des Fremden entgegen. »Exotisierung«, so Bausinger (1987, 2), »hebt die andere Kultur aus dem Grau des Gleichgültigen heraus, gibt ihr Farbe (meist etwas zuviel Farbe!), ist eine notwendige Verfremdung, wo ein bislang ausgeblendeter Bereich überhaupt ins Blickfeld geraten soll.« Exotismus und Exotisierung stehen auch in enger Verbindung mit kulturellen Phänomen wie der »Folklorisierung«, durch die fremde Gesellschaften und Kulturen stereotyp verklärt und idealisiert werden, vor allem im modernen Ferntourismus (»exotische Urlaubsparadiese«), im Marketing von Lebensmitteln, Früchten sowie der Gastronomie fremder Länder (»exotische Früchte«) und in populären Musik- und Tanzformen (»exotische Klänge«, »exotische Tanzgruppen«).

Die soziale Dimension von Exotismus und Exotisierung betrifft zum einen Formen der **öffentlichen Inszenierung und Zurschaustellung** fremder Menschen und Kulturen, vor allem im Kontext des Kolonialismus: beispielsweise in den Welt- und Kolonialausstellungen, etwa im Rahmen ›afrikanischer Dörfer‹, balinesischer Tanzveranstaltungen oder madegassischer Theateraufführungen; oder in Hagenbecks Völkerschauen, bei denen in den letzten Jahrzehnten des 19. und den ersten Jahrzehnten des 20. Jahrhunderts eine Vielzahl außereuropäischer, insbesondere sogenannter ›primitiver‹ Gesellschaften und Kulturen, gezeigt wurden. Der Berliner Journalist Heinrich Hart schildert in einem Artikel für die *Breslauer Zeitung* aus dem Jahr 1884 sehr anschaulich die Inszenierungsform einer solchen exotischen Völkerschau, in diesem Fall die öffentliche Zurschaustellung einer Gruppe von Singhalesen aus dem Süden Indiens und Ceylon. Er enthält zentrale Elemente des exotischen Diskurses – die Vermischung von fremdartiger Tier- und Menschenwelt, die Faszination durch ungewöhnliche Tanz- und Musikformen, die ästhetische Anziehungskraft von Farben und theatralischer Inszenierung, die Mischung aus ostentativ zur Schau gestelltem Reichtum und aufdringlicher Bettelei:

> »Es ist kein Wunder, wenn meine Gedanken von unseren neuen, subtropischen Landsleuten zu unseren volltropischen Gästen, den Singhalesen, abschweifen, besonders da aus ihrem Lager ununterbrochen Musik zu mir herüberklingt. Statt Lager könnte man auch sagen Dorf, einen so originalen und echten Eindruck macht diese Niederlassung der größten Karawane exotischer Fremdlinge, die Berlin bislang beherbergt hat. Den ganzen Tag über herrscht das regste Treiben; Elephanten schleppen Holzstämme von 10 Zentnern Schwere von einer Ecke zur anderen, Tänzer kreisen unter einförmigem Gesang, aber mit graziösen Bewegungen wie im Wirbel umeinander, Frauen schlagen die Trommel oder laufen mit schreienden Babies herum, maskierte Harlekine machen billige Scherze mit meterlangen Kunstschwänzen, ein Taschenspieler erfreut durch die Naivität, mit der er seine harmlosen Stückchen einem durch Bellachini [beliebter Zauberkünstler der Zeit, H.-J. L.] verwöhnten Publikum vorführt, Schlangenbändiger schüchtern nicht nur die Vipern durch ihr Flötenspiel ein, ein Zug von Kriegern auf zwanzig buntgeschmückten Elephanten zieht majestätisch vorüber, ein Wettrennen von leichten, durch Zeburinder gezogenen Gespannen erfreut den Sportsmann, und ein Dutzend bettelnder Jünglinge, welche ihre Visitenkarten verkaufen, erfreuen alle Welt durch ihre Brocken deutscher Sprache, die sie nach Möglichkeit falsch anwenden.« (Hart 2005, 187–188).

Zum anderen betrifft die soziale Dimension von Exotismus **das Phänomen exotischer Gerichte, Gastronomieformen und Rezepte**: Exotismus wurde ja bereits seit dem Beginn der kolonialen Expansion Europas nach Übersee mit tropischen Früchten, Gewürzen und anderen Ingredienzien assoziiert. So hat die französische Soziologin F. Régnier in einer breit angelegten empirischen Studie über exotische Kochrezepte (insgesamt über 9.700) in aktuellen deutschen und französischen Frauenzeitschriften die große Verbreitung exotischer, mit Essen und Gastronomie assoziierter Vorstellungen nachgewiesen. Die Vorstellung des ›Exotismus‹ werde, so Régnier

(2004, 220), in dem untersuchten Corpus mit einer Anzahl von Begriffen und geographisch-kulturellen Zonen verknüpft, die jedoch in beiden Ländern – vor allem aufgrund ihrer unterschiedlichen Rolle als Kolonialmächte – verschieden gewichtet werden (Abb. 4.12).

Frankreich		Deutschland	
Adjektiv »exotique«	28,6	Adjektiv »exotisch«	43,7
Exotische Früchte	20,1	Exotische Früchte	15,9
Indien/Indonesien	10,4	Ferner Osten	13,2
Ferner Osten	9,7	Indien/Indonesien	9,9
Ferne Inseln	8,4	Gewürze	4,6
Gewürze	7,8	Mischung verschiedener Exotismen	3,3
Lateinamerika	4,5	Orient	3,3
Mischung verschiedener Exotismen	3,2	Ferne Inseln	2,6
Orient	2,6	Lateinamerika	1,3
Westeuropa	1,9	Südeuropa	1,3
Schwarzafrika	1,5	USA	0,7
Südeuropa	1,3	Westeuropa	0,2
USA	0,0	Schwarzafrika	0,0
Insgesamt	100,0		100,0

Abb. 4.12 Präsenz und Assoziationsformen des Wortfelds »Exotisch« in Kochrezepten deutscher und französischer Frauenzeitschriften (nach Régnier 2004)

Schließlich zählen zur sozialen Dimension des Exotismus Formen der Selbstverklärung und ›Selbst-Exotisierung‹: »die zugewiesene Exotenrolle wird also, in freundlicher Aufmachung, gespielt; im Lauf der Zeit wird sie sogar übernommen, angeeignet – aus der Verklärung wird Selbstverklärung« (Bausinger 1987, 5). In sozialer Hinsicht impliziert Exotismus somit auch »distanzierte Herablassung bei aller Nähe« und eine »berechnend-freundliche Haltung der anderen Seite« (ebd., 1987, 4; Schon 2003).

In systematischer Hinsicht lassen sich ›Exotismus‹/›Exotisierung‹ und interkulturelle Kommunikation/interkulturelles Verstehen als zwei sehr verschiedene, geradezu diametral gegenüberstehende Wahrnehmungsformen fremder Gesellschaften und Kulturen begreifen. Bedeutet Exotismus immer eine oberflächliche, von emotionaler Identifikation und Faszination getragene Annäherung an andere Menschen und Kulturen, so impliziert interkulturelles Verstehen den Willen zur Auseinandersetzung sowie zur Kommunikation und Interaktion mit ihnen:

»Damit scheinen Pole angesprochen zu sein, die eine Entwicklung markieren. Lernvorgänge sieht man in der Progression vom Exotismus zur interkulturellen Kommunikation, also vom distanzierten Interesse, der Teilnahme aus der Ferne bis hin zum dichten, belastbaren Kontakt in voller Unmittelbarkeit. Damit ist ein Modell historischer Entwicklung anvisiert (von der Chinoiserie zum deutsch-chinesischen Wirtschaftskontakt beispielsweise), aber auch ein Modell individueller Entfaltung.« (Bausinger 1987, 2).

Exotik kann somit als »Schlüsselreiz« verstanden werden, als Impuls, sich fremden Kulturen und Menschen, auch im eigenen Land, zuzuwenden, denen eine Gesellschaft ansonsten eher Gleichgültigkeit entgegengebracht hätte. Die Auseinandersetzung der deutschen Gesellschaft mit anderen, in ihren Grenzen lebenden Kulturen, die erst in den letzten Jahren zu einer intensiveren Beschäftigung etwa mit der Kultur, Literatur und den Lebensformen und Werten der nach Deutschland immigrierten Türken geführt hat, folgte auf eine erste Phase weitgehender Indifferenz und eine zweite, immer noch dominierende Phase der ›Exotisierung‹: »die pittoreske Andersartigkeit, die verlockende fremde Gastronomie, die neue Farbe in den Stadt- und Dorffesten hat die Existenz der fremden Bevölkerungsgruppen zunächst überhaupt ins Bewußtsein getragen. [...]. Gleichzeitig aber muß freilich gesehen werden, daß gerade der Rückzug auf Folklore eine ausgrenzende Funktion haben kann: die Ausländer werden auf den Bereich von Gyros und Zaziki, von Liedern und Tänzen fixiert, und ihre wirklichen Probleme, ihre alltäglichen Lebenswelten bleiben ausgeblendet« (Bausinger 1987, 12–13).

Eine ähnliche Spannung zwischen ›exotischer Wahrnehmung‹ und ›interkulturellem Verstehen‹ lässt sich im Bereich des **Tourismus** beobachten, in dem der Exotismus als Reisemotivation und als Wahrnehmungsfilter weiterhin eine herausragende Rolle spielt. Tourismuswerbung, aber auch Reiseberichte und Reiseführer für Fernreisen rekurrieren auf ein Stereotypenarsenal des Exotismus, das seit dem Bordtagebuch des Kolumbus keine grundlegenden Veränderungen erfahren hat, wie beispielsweise der nachfolgende Reisebericht über die Pazifikinsel »Paradise Island« belegt:

> »Der abendliche Sonnenuntergang am Seven Miles Beach, wenn das Meer wie flüssiges Erz schimmert, gehört zu den eindrucksvollsten Naturschauspielen, die Paradise Island zu bieten hat. Die »Bar de l'Oubli« ist eine hervorragende Adresse für Sundowner. Unter einer blauen Markise sitzt man lässig in Leinenstühlen, eine teuflisch gute Bahama Mama in der Hand, dieses rezeptfreie Antidepressivum aus Kokosmilch, Rum und Fruchtsaftallerlei, und genießt die Stille der untergehenden Sonne, die draußen über dem Meer einen schweinchenfarbenen Himmel hinterläßt. Nur von der Terrasse des »Eden Rock Hotels«, in dem schon die Garbo residierte, wehen Klangfetzen herüber. Immerzu erklingen die Lieder der Tahitianer, untermalen die Inselträume. Seit den Tagen der großen Entdecker und Eroberer wird die Sehnsucht nach dem Paradies von der Phantasie getragen, vom ewigen Wunsch der Menschheit, aus hektischem Alltag zu entfliehen. Den klassischen Inselcocktail aus so ziemlich allen exotischen Früchten mit Rum, Zuckersirup und Muskatnuß serviert uns eine schwarze Schönheit mit blitzenden Augen und keß frisierten Haaren.«
>
> Quelle: »Überall ist Paradise Island«. Ein Silvester-Cocktail aus Reiseberichten des vergangenen Jahres – oder was die klischeefeste Sonne-, Sand- und Säuselprosa enthüllt. Zusammengestellt von Bernd Loppow und Olaf Krohn. In: *Die Zeit*, Nr. 1, 29.12.1995, 43.

Der **Tourismus** stellt zweifelsohne einen Bereich dar, in dem exotische Fremdwahrnehmung in den zeitgenössischen Kulturen eine herausragende Rolle spielt. Vor allem bei der Werbung für Fernreisen in überseeische Länder, aber auch bei der Gestaltung von Hotelanlagen, der Auswahl von Ausflügen, der Routenwahl von Studienreisen und der Struktur von Reiseführern sind exotische Darstellungsmuster präsent und häufig dominierend. So belegen die Untersuchungen der Geographen H. Popp und M. Weiss zu deutschen Studienreisen nach Marokko die Vermittlung eines sehr selektiven Bilds des Landes.

»Aktuelle soziale, wirtschaftliche und politische Gesichtspunkte werden weder in den Reisekatalogen angekündigt, noch spielen sie während der Reise eine Rolle. Studienreisen vermitteln ein sehr selektives Bild des bereisten Landes und kein realistisches Abbild der gegenwärtigen Gesellschaft. Es werden vorwiegend traditionelle, ja archaische und dabei zudem visuell wahrnehmbare Elemente mit malerischer, exotischer und ästhetisierender Ausrichtung vermittelt.« (Popp 2004, 56, 58).

Obwohl Studienreisen zu den relativ wenigen touristischen Organisationsformen zählen, in denen die Länder außerhalb der Hotelanlagen und Küstenstrände intensiv besucht werden und bei denen sich die Teilnehmer/innen durch Lektüre vor allem von einschlägigen Reiseführern vorab mit ihrer Geschichte und Geographie auseinander setzen, spielen bereits bei den Reisemotivationen neben kulturrelevanten Erwartungen (»Historische Stätten besuchen«, »Geschichte kennen lernen« etc.) »fremdartig-exotische Erwartungen« eine herausragende Rolle: d. h., im Fall Marokkos, die »Wüste zu erleben«, »bizarre Landschaften zu sehen«, »das Flair des Orients zu verspüren« und im Zusammenhang hiermit, eine »reiche Fotoausbeute« mit nach Hause zu bringen (Weiss 1998, 62). Formen der exotischen Fremdwahrnehmung erreichen, wie die Untersuchung von Weiss (1998) gezeigt hat, vor allem **durch drei Faktoren** eine **dominierende wahrnehmungs- und handlungsleitende Rolle:**

1. Zum einen durch die thematische Ausrichtung der verwendeten **Reiseführer**, deren »Auswahl- und Differenzierungsmechanismen vielfach zu einer Exotisierung und zu starken Vereinfachungen« (ebd., 67) tendieren: »Bei der Durchsicht der Reiseführer mußte jedoch festgestellt werden, daß Informationen über Kultur und Lebensweise der einheimischen Bevölkerung nur in inhaltlich reduzierter Form zu finden sind. Das wäre aber für ein tieferes Verständnis nötig, da der orientalisch-islamische Kulturkreis gänzlich andere Normen, Wertvorstellungen und gesellschaftliche wie soziale Kodices aufweist.« (ebd., 67).
2. Zum anderen führt die **Route der Studienreisen** in Marokko über die vier Königsstädte Marokkos, das Rif-Gebirge und die Sahara und vermag somit einem exotisch-pittoresken Bild zu entsprechen, das in den Reiseprospekten mit Begriffen wie »pittoreske Altstadt«, »Faszination Sahara«, »märchenhafte Felslandschaft des Tales des Volksstammes der Ammeln«, »malerische, verlassene Dörfer« und – mit Bezug auf Tanger – »einst so berüchtigte Stadt« umrissen wird (ebd., 39–40).
3. Schließlich erweist sich die vor der Reise von vielen Teilnehmer/innen geäußerte Motivation, **Kontakt mit den Bewohnern** zu bekommen, aufgrund der Organisationsstruktur der Reise (Gruppenreise, knappes Zeitbudget, ständiger Ortswechsel), der fehlenden Sprachkenntnisse sowie mangelnder interkultureller Sensibilität vieler Teilnehmer als weitgehend illusorisch. Vor allem die touristische Jagd nach Fotos, die als »eine andere Form der Trophäenjagd« interpretiert werden kann, »deren Inhalte landschaftliche Eindrücke, archaische Arbeitsmethoden und Geräte, verschleierte Frauen und karge Ackerlandschaften sind« (Weiss 1998, 61; vgl. auch Kuhn 1994), erschwere interkulturelle Kontakte und führe zu vielfältigen Missverständnissen sowie negativen Bewertungen der deutschen Touristen durch die Einheimischen. Anton Escher (1994, 264) zitiert hierzu einen lokalen Reiseführer in Fes, der zugleich eine frappierende Kluft zwischen touristisch-exotischen Fremdbildern (Heteroimages) und marokkanischen Selbstbildern (›Autoimages‹, s. Kap. 4.1) aufzeigt:

»Wir bemerken, daß die Deutschen Bilder aufnehmen von Sachen, die uns nicht ehren und die uns selber nicht gefallen. Sie photographieren gerne Bettler oder Leute, die nicht gut angezogen sind oder manche Frauen, die dabei sind, Säuglinge auf der Straße zu stillen, nicht weil sie arm sind, sondern weil sie Profis sind auf dem Bereich des Bettelns. Also die Deutschen erlauben sich, Bilder aufzunehmen, die für Marokko nicht repräsentativ sind und die kein gutes Bild von Marokko geben. Sie wollen oft Bilder aufnehmen, die es nicht wert sind, photographiert zu werden« (Escher 1994, 264; vgl. auch Weiss 1998, 60).

Obwohl sich in vielen Bereichen, wie M. Weiss auf der Grundlage einer systematischen Befragung von knapp 500 Teilnehmern/innen an deutschen Studienreisen nach Marokko feststellen konnte, hinsichtlich des landeskundlichen Wissens und der Aussagen über Marokko durchaus Veränderungen erkennen lassen, die ein tendenziell wirklichkeitsnäheres Bild des Landes belegen, sei zugleich eine Persistenz gewisser stereotyper Vorstellungsmuster und Klischees festzustellen. Das Assoziationsfeld von Vorstellungen und Wissenselementen (»Image«), das die Teilnehmer vor der Reise mit Marokko verbanden, habe sich in zahlreichen Komponenten verändert, vor allem bezüglich der Rolle des Islam (der nach der Reise weitaus positiver und differenzierter gesehen wird), der politischen Verfassung des Landes und der wirtschaftlichen Struktur (die allerdings aufgrund der Reiseroute fast ausschließlich als traditionell agrarisch wahrgenommen wird). Zugleich verweisen zahlreiche emotionale und affektive Image-Komponenten des Marokko-Bildes auf die Vorstellung von traditionellen und archaischen Lebensbedingungen, deren Exotik in Gegensatz zur eigenen Alltagswelt gerückt wird. Die – auch längerfristige – Bedeutung dieser Image-Komponenten zeige sich auch in der Auswahl der Reisesouvenirs und der Wahl der Fotomotive. Das Fortbestehen exotischer Klischees, die somit die Wahrnehmung einer fremden Wirklichkeit sowie die in Fotos, Filmen, Souvenirs und Erzählungen konservierte Erinnerung beherrschen, ist zweifellos weniger auf die Reiseveranstalter als auf die Erwartungshaltungen ihrer Kunden zurückzuführen: »Da es wohl leichter fällt, potentielle Kunden mit affektiv-emotionalen Reiseerlebnissen zu gewinnen, darf man es durchaus als legitim betrachten, daß sich die Studienreiseanbieter vorwiegend an den überwiegend emotional-affektiven Vorstellungen, von Klischees und Stereotypen orientieren« (Weiss 1998, 199).

Exotik als Wahrnehmungsdisposition, die impliziert, vor Ort nach »archaischen Lebensformen, die von der eigenen Lebenssituation vollkommen abweichen«, nach »Naturnähe, Clan-Verhalten, traditionellem Kultur- und Brauchtum« (Pleines 1994, 66) zu suchen, erweist sich somit im touristischen Kontext als erstaunlich handlungswirksam und -leitend. Die hiermit verknüpften Formen der touristischen Inszenierung von Fremdheit verstellten jedoch, so Weiss (1998, 113), »den Weg zur Aneignung. Nicht mehr das Land an sich ist das Ziel, sondern das Bild, das schon vorher vorhanden ist und das während der Studienreise vermittelt wird. Die Chance zum bildungswirksamen und realitätshaltigen Erleben wird deutlich durch das Angebot von Kunstwelten gemindert«.

4.7 | Fremdwahrnehmung in Medien

Die Medien sind in weit stärkerem Maße als lebensweltliche Erfahrungen für die Vermittlung von Wissen über andere Kulturen und somit auch für die Herausbildung mehr oder weniger differenzierter Perzeptionsmuster von Bedeutung. So gaben mehr als die Hälfte (53 %) der im Rahmen einer Studie zum Deutschlandbild in

Frankreich befragten Franzosen an, ihre Kenntnisse über Deutschland würden im Wesentlichen aus dem Radio stammen; 47 % nannten das Fernsehen, 37 % überregionale Zeitungen, erst an vierter Stelle folgten Informationen aus Gesprächen mit Personen, die Deutschland besucht hatten (Bassewitz 1990, 33). Den Darstellungen interkultureller Gesprächs- und Begegnungssituationen im Fernsehen, beispielsweise in Form von Talkshows, könne, so Real (1989) und Tanja Thomas (2002), ein »wesentlicher Einfluss auf die Kommunikationsprozesse zugeschrieben werden: sie bewirken eine qualitative Veränderung der menschlichen Erfahrung, strukturieren Zeit und Raum und gestalten maßgeblich die Kultur moderner Gesellschaften: sie formen den Alltag, über sie konstituieren sich auch kollektive und nationale Identitäten, an ihnen entlang bildet sich das Bewusstsein« (T. Thomas 2002, 159).

Bestimmte Mediengattungen wie die Sportberichterstattung tragen in entscheidendem Maße zur sozialen Tradierung, Verbreitung und Verfestigung von Stereotypen, insbesondere von Völkerstereotypen, bei. So stellt J. Müller (2004) als Ergebnis seiner umfangreichen, methodisch wegweisenden Studie zur Fußballberichterstattung in Deutschland und Frankreich u. a. fest:

Fremdwahrnehmung und Fußballberichterstattung
»Die Fußball-Berichterstattung hat sowohl für Deutschland als auch für Frankreich die Existenz eines imaginären Volkscharakters offenbart, dessen Darstellung in den verschiedenen Pressepublikationen und Fernsehsendern in den zentralen Punkten fast völlig deckungsgleich ist. Bezüglich der französischen Deutschlandwahrnehmung sind in erster Linie folgende Fremdbilder zu nennen: die Disziplin, der Eifer, die Arbeitsamkeit und der Wille, die der fehlenden Kreativität und Unbekümmertheit gegenüberstehen; Erfolg durch Effizienz, die aufgrund der ungenügenden Brillanz auch als notwendig dargestellt wird; daneben die Rauheit und Härte des Umgangs und der Sprache verbunden mit der körperlichen Größe und einer gewissen Behäbigkeit als Gegensatz zur Eleganz. Umgekehrt gipfelt das offensichtlich Schöne, die Leichtigkeit und Eleganz, das Kunstvolle, Kreative und Spielerische, das sich im französischen Fußball-Spielstil als imaginärer Volkscharakter aller Franzosen zu offenbaren scheint, in den Augen der Deutschen letztendlich doch in einer übertriebenen Verspieltheit und in durch mentales Versagen hervorgerufener Erfolglosigkeit.« (Müller 2004, 535).

Sowohl in der Auslandsberichterstattung als auch in anderen Formen der Darstellung anderer Kulturen in der eigenen Gesellschaft lassen sich jedoch häufig frappierende **Asymmetrien zwischen soziokulturellen Realitäten und ihrer medialen Wahrnehmung** feststellen, in sehr markanter Weise auch in Deutschland. »Ihrer Zusammensetzung nach ist die Bundesrepublik«, so der Ethnologe Hermann Bausinger (1987, 13), »eine multikulturelle Gesellschaft. In ihrem Selbstverständnis und in der praktischen Kommunikation ist sie es nicht. Man braucht nur auf die Haltung der Rechtsinstanzen, der Bürokratie, aber auch der Massenmedien zu verweisen, um naiv-optimistische Erwartungen in dieser Hinsicht zu widerlegen: Der Anteil von Fernsehsendungen in der Sprache der Arbeitsimmigranten erreicht bei weitem nicht deren Prozentanteil an der deutschen Bevölkerung, von einem Minderheitenschutz ganz zu schweigen«. An diesem mittlerweile drei Jahrzehnte zurückliegenden Befund des Anthropologen Bausinger hat sich trotz gewisser Neuentwicklungen nichts Grundlegendes verändert.

Trotz des fortschreitenden Prozesses der Globalisierung und einer wachsenden

Internationalisierung der Volkswirtschaften und Konsumkulturen ist paradoxerweise die Auslandsberichterstattung in ihren verschiedenen Formen (Magazine, Dokumentationen, Reisefeuilletons etc.) beispielsweise im Fernsehen in den letzten 40 Jahren tendenziell zurückgegangen. Das Interesse für außenpolitische Themen etwa in Deutschland ist vor allem seit dem Ende des Kalten Krieges deutlich gefallen und »liegt heute auf dem Niveau der 50er Jahre« (Kretzschmar 2002, 146).

Dies zeigt sich beispielsweise am Publikumsinteresse für die beiden wichtigsten Auslandskorrespondentensendungen im deutschen Fernsehen, dem *Weltspiegel* in der ARD und dem *Auslandsjournal* im ZDF. Für beide Sendungen lagen die Zuschauerzahlen Mitte der 1980er Jahre bei 5,5 Millionen (Auslandsjournal) bzw. 6,9 Millionen (Weltspiegel), während sie Ende der 1990er Jahre auf jeweils 2,7 Millionen gesunken waren (Kretzschmar 2002, 146).

Noch einschneidender ist der Rückgang der regelmäßigen, auf Auslandskorrespondenten gestützten **Berichterstattung in den US-amerikanischen Medien**: Drei Viertel der 100 größten US-amerikanischen Tageszeitungen verzichten mittlerweile auf Auslandskorrespondenten und greifen lediglich auf Agenturmaterial zurück. Generell besteht die Tendenz, die teuren Auslandsbüros mit festen Korrespondentenplätzen von Reisekorrespondenten abzulösen, den »'parachutist correspondents‹, die von den Heimatredaktionen aus zum Ort des Geschehens fliegen und per SNG (Satellite News Gathering) berichten« (Kretzschmar 2002, 145). Mit diesem »Ad-hoc-Journalismus«, der auf spektakuläre Ereignisse (Naturkatastrophen, Kriege, Attentate) zielt, sind einschneidende qualitative Konsequenzen verknüpft: »kurze Einspielungen mit einem »Aufsager« ersetzen immer mehr die ausgiebigen Dreharbeiten vor Ort, die für eine Einordnung komplexer Vorgänge notwendig sind« (ebd., 145).

Generell lässt sich in westlichen Industrieländern seit Mitte der 1980er Jahre eine zunehmende **Tendenz zur »Ent-Politisierung« und »Entertainisierung«** der Radio- und Fernsehprogramme feststellen, die zur Bevorzugung innenpolitischer zu Lasten außenpolitischer und internationaler Themen geführt hat. Die Kluft zwischen zunehmender Internationalisierung aller Bereiche, einschließlich der alltäglichen Konsum- und Lebenswelt, und der zurückgehenden Präsenz fremder Kulturen und Gesellschaften in europäischen und nordamerikanischen Medien, vor allem in Nachrichtensendungen, ist frappierend und zugleich paradox. Für die Menschen in Deutschland bedeutet, so die Medienwissenschaftlerin Sonja Kretzschmar, »die Globalisierung offenbar eher die Zunahme von Unüberschaubarkeit – auf die sie mit einem Rückzug ins Regionale, Übersichtliche, reagieren. Die beiden öffentlich-rechtlichen Sender sind ohnehin die einzigen Sender in Deutschland, die einen regelmäßigen Programmplatz für Auslandsberichterstattung besitzen. Die kommerziellen Sender berichten nur bei aktuellen Ereignissen aus dem Ausland; nur der Nachrichtensender n-tv hat die Sendung *Auslandsreport* im Programm, die aber mangels Korrespondenten meist nur mit Agenturmaterial gefüllt wird« (Kretzschmar 2002, 147).

Dirk Sager, langjähriger ZDF-Studioleiter in Moskau, der bei den Medientagen 2009 in München auf die Gefahren des sensationsbezogenen »Fallschirmjournalismus« einging, beklagte die zunehmende Boulevardisierung des Programms, welche die Auslandsberichterstattung mehr und mehr an den Rand dränge. Er empfinde es als einen Ausdruck von Verachtung der Menschen, wenn ein Sender beispielsweise für ganz Afrika nur zwei Korrespondenten habe. Sager: »[Wir erleben] von Afrika nur die Zuspitzung von Hunger, Krisen und Katastrophen – nicht aber deren Hintergründe« (https://www.reporter-ohne-grenzen.de/fileadmin/Redaktion/OEA_Fundraising/Jahresberichte_Archiv/Jahresbericth_2009_Web.pdf).

Auch im internationalen Vergleich zeigen sich signifikante Unterschiede, wobei sich im deutschen Fernsehen – im Vergleich etwa zu Frankreich und Großbritannien – ein unterdurchschnittliches Interesse an fremden Kulturen und eine mangelnde Bereitschaft feststellen lassen, neue Sende- und Berichterstattungsformen zu erproben. So liegt der Anteil der ausgestrahlten Dokumentationen, die fremde Kulturen als Thema behandeln, in Deutschland bei 2,5 % und in Großbritannien bei 4,5 % (Kretzschmar 2002, 222). Die auslandsbezogenen Sendungen im deutschen Fernsehen weisen zudem eine deutlich stärkere Europa-Zentriertheit auf, zu Lasten vor allem der Sendungen zu Asien und Schwarzafrika.

	Deutschland	Frankreich	Großbritannien
Europa (EU)	27,5 %	16,3 %	16,3 %
Europa (nicht EU)	9,9 %	4,4 %	1,9 %
Asien	16,5 %	22,2,%	40,7 %
Schwarzafrika	9,5 %	17,8 %	9,3 %

Abb. 4.13 Darstellung ausgewählter fremder Kulturräume im deutschen, französischen und britischen Fernsehen (Untersuchungszeitraum 1998, nach Kretzschmar 2002, 223, 225, 227)

Darüber hinaus lassen sich im Ländervergleich **kulturelle Spezifika** der medialen Darstellung fremder Kulturen beobachten (Kretzschmar 2002):

- So ist in Frankreich eine *fehlende Tradition der politischen Berichterstattung* im Fernsehen zu beobachten, die sich in dem geringen Anteil von Auslandsmagazinen zeigt (ebd., 228).
- In Deutschland »existieren verhältnismäßig *wenig Dokumentationen zu ethnologischen Themen*, in Frankreich und Großbritannien hingegen fast doppelt so viele Filme. Eine umfangreiche Auseinandersetzung mit fremden Kulturen durch die Ausstrahlung von Filmen, die schwerpunktmäßig fremde Riten und Gebräuche thematisieren, findet in Deutschland nur in geringem Umfang statt« (ebd., 229).
- Im Gegensatz zu Großbritannien und Frankreich weisen in Deutschland fremde Kulturen, insbesondere die Migrantenkulturen, *keinen festen Programmplatz* auf: »sie rücken nur aus aktuellen, stereotypisierten Anlässen in den Fokus der längeren politischen Reportagen, beispielsweise mit dem Thema der Russen-Mafia oder den vietnamesischen Zigarettenhändlern« (ebd., 236).
- Anders als in Großbritannien und Frankreich, in denen das Fernsehprogramm unterschiedlichen *religiösen Gruppen* Darstellungsmöglichkeiten bietet, weisen die nicht-christlichen Religionen in Deutschland keine festen Sendeplätze auf und sind im Programm nur sehr marginal präsent.
- »In Bezug auf die *regionalen Schwerpunkte* zeigt sich, dass Großbritannien und Frankreich innerhalb der anglophonen und frankophonen Welt verhältnismäßig eng mit nicht-europäischen fremden Kulturen verbunden sind. In Deutschland ist dies nicht der Fall. Das deutschsprachige Ausland und Europa selber bilden hier die transnationalen Bezugspunkte.« (ebd., 244).
- »Das Fernsehangebot in Deutschland spiegelt ein gesellschaftliches Leben wider, in dem der **Kontakt und Austausch mit nicht-europäischen Kulturen ohne Tradition** ist. Frankreich und Großbritannien waren Zentren von globalen Kolonialreichen, und seit dieser Zeit waren die Länder auch Schauplatz von Auseinandersetzungen zwischen Menschen von europäischen und nicht-europäischen Kultu-

ren. In Deutschland fehlt die Erfahrung mit nicht-europäischen Kulturen und auch die Tradition des Umgangs mit ihnen. In einer Welt der globalen Vernetzung, in der Kulturen in zunehmendem Maße miteinander konfrontiert werden, wird dieser Mangel an Erfahrung im kulturellen Dialog in Deutschland offensichtlicher als früher, und auch das Fernsehen nimmt hier keine Vorreiterrolle in der Gesellschaft wahr. Der deutsche Fernsehblick über die Grenzen bleibt allzu oft auf das deutschsprachige Ausland und Europa beschränkt« (Kretzschmar 2002, 245). Insbesondere das *subsaharische Afrika* spielt in deutschen Medien, abgesehen von punktuellen Berichten über Naturkatastrophen, Hungersnöte, Bürgerkriege und gewaltsame politische Ereignisse, nur eine sehr marginale Rolle (Schmidt/Wilke 1998, 179).

Als **gemeinsame Charakteristika** des Umgangs mit fremden Kulturen in den drei größten europäischen Medienöffentlichkeiten lassen sich festhalten:

- Die generell *bescheidene Präsenz von fremden Kulturen* in den Medien der größten europäischen Gesellschaften und Öffentlichkeiten (Kretzschmar 2002, 242).
- Die *Dominanz der Reisemagazine* als »zentrale Form der Beschäftigung mit fremden Kulturen«. Diese »zeigen deutlich, dass sich die Beschäftigung mit fremden Kulturen im Fernsehen grenzwertig zwischen Unterhaltung und Information bewegt. Bunte Bilder, schöne Strände, und im Zweifelsfall noch ein paar Hintergrundinformationen zu Land und Leuten, damit der Urlauber nicht wegen unpassender Kleidung auffällt, beziehungsweise wegen kulturellen Fehlverhaltens in schwierige Situationen kommt« (ebd., 236).
- Die wichtige Rolle auch der *Abenteuer- und Reisefilme*, die gleichfalls einen massenwirksamen Rahmen bilden, in dem sich die Zuschauer über Menschen fremder Kulturen informieren.
- Im *kommerziellen Fernsehen* ist eine deutliche *Dominanz exotischer Darstellungsmuster* zu beobachten, zu Lasten dokumentarischer, politischer und ethnologischer Formen. »Das öffentliche Fernsehen«, so Thierry Garrell, Leiter der Dokumentarabteilung bei La Sept/Arte in Frankreich, »braucht keine fremden Kulturen, braucht den Anderen nicht, es braucht allein den Exotismus, das exotische Vergnügen« (zit. nach ebd., 305).

Neben ihrer Rolle als Vermittler von Bildern, Informationen und Wissen über andere Kulturen stellen Medien wichtige **Indikatoren für mentale Einstellungsstrukturen** gegenüber fremden Ländern dar. Dies wird besonders deutlich in Konflikt- und Spannungssituationen wie der Wiedervereinigung Deutschlands, bei der in ausländischen Medien, vor allem in England und Frankreich, Ängste über ein wieder erstarktes neues Deutschland geweckt wurden und stereotype Vorstellungen über deutschen Militarismus und deutsche Großmachtgelüste selbst auf den Titelblättern französischer Wochenzeitschriften während der Jahreswende 1989/90 zu finden waren. In ihnen war von der »Grosse Allemagne« (das große, gefräßige Deutschland), von der Bedrohung durch ein »Viertes Reich« (»La menace du IVe Reich«, *Le Monde*, 3.3.1990), vom »Blitzkrieg« der Wiedervereinigung (*L'Express*, 16.3.1990), von der Furcht vor einem »deutschen Europa« (»Europe allemande«) und der »Beunruhigung Frankreichs« (»inquiétude française«, *Le Point*, Oktober 1990) die Rede. Symbole wie der deutsche Reichsadler standen emblematisch für die Angst vor der Wiederkehr vergangener Großmachtträume und der Auferstehung des preußischen Geistes unter neuen Vorzeichen, die auch von Meinungsumfragen bestätigt wurde

Abb. 4.14 »Das dicke Deutschland«.
Le Point, 11. März 1990 (Übersetzung
des französischen Texts: »Der Blitzkrieg
des Kanzlers Kohl, um Deutschland zu
vereinen, ruft Bitterkeit in der DDR und
Besorgnis in Westeuropa hervor«)

und somit nicht nur ein Medienphänomen darstellte. So gaben 36 % der befragten Franzosen im März 1990 zu, »Angst« vor der Wiedervereinigung Deutschlands zu haben, 64 % hielten eine ökonomische Vorherrschaft (»domination économique«) des wiedervereinigten Deutschlands in Europa für wahrscheinlich und 58 % äußerten, hiervor »eher Angst« zu haben (*L'Express*, 16.3.1990).

In einem Interview in der Zeitschrift *Transatlantik* sprach der französische Islamwissenschaftler Jacques Berque im August 1990 von der Gefahr, die »europäische Konstruktion«, die bisher auf einem gewissen Gleichgewicht der europäischen Mächte beruht habe, »könne ins Wanken« geraten: »Dabei geht es nicht um ein militärisches Gleichgewicht. Nach den Verwüstungen des letzten Krieges halte ich es für ausgeschlossen, daß irgendein Volk verrückt genug ist, einen Wettstreit kriegerischer Art auch nur ins Auge zu fassen. Doch die wirtschaftlichen und demographischen Unterschiede müssen sehr wohl beachtet werden.« (Berque 1990, 14). In der britischen Öffentlichkeit fanden sich zum Teil noch deutlich negativere Reaktionen und Deutschlandperzeptionen als in Frankreich. Der britische Handels- und Industrieminister Nicholas Ridley sah in einem Interview im *Spectator* (14.7.1990) »die Deutschen als Gefahr für Frieden und Stabilität in Europa«. Die Europäische Währungsunion sei ein »Deutscher Überfall mit dem Ziel, ganz Europa zu beherrschen« (Mork 1999, 125).

Auch der außenpolitische Alleingang Deutschlands bei der Anerkennung Kroatiens und Sloweniens im Jahr 1991, die ohne vorherige Konsultation der französischen Regierung erfolgte, führte zu negativen Stereotypen Deutschlands in der Medienöffentlichkeit vor allem Frankreichs. Dem wiedervereinigten Deutschland wurde eine Rückkehr zu »Hegemonialbestrebungen« der Vergangenheit unterstellt (»hégémonisme allemand«), Marie Subtil sprach in *Le Monde* (13.7.1991) von einem neuen

**Abb. 4.15 Titelblatt der türkischen
Tageszeitung *T. C. Sözcü*, 3.6.2016**

»expansionisme germanique«. Pierre-Marie Gallois sah in der deutschen Jugosla-
wienpolitik eine »Bestrafung der Serben, die so hartnäckig zu den Siegern der beiden
Weltkriege gehalten hatten«, und glaubte feststellen zu können, dass sich Deutschland nun »durch die Allmacht der Wirtschaft zurückerobert hatte, was durch die
Waffen verlorengegangen war« (*Le Monde*, auszugsweise in *Die Zeit*, 13.7.1992).
Yves Cuau charakterisierte Deutschland in *Le Monde* (27.2.1992) in diesem Kontext
als »arrogant« und »dominierend« (»dominatrice«). Auch bei weniger historisch bedeutsamen Ereignissen wie den deutsch-französischen Konflikten um die Endmon-
tage neuer Airbus-Flugzeugtypen in den 1990er Jahren oder dem – durch die Intervention des französischen Staates ermöglichten – Kauf (bzw. der ›feindlichen Übernahme‹) des Chemiekonzerns Aventis durch das französische Unternehmen Sanofi-
Synthélabo 2004 lässt sich beobachten, wie »aus einer Tiefenströmung gegenseitiger
Wahrnehmung geradezu atavistisch wirkende Bilder und Klischees an die in der Regel freundliche Oberfläche gespült werden« (Kolboom 1991, 213).

Sehr negativ besetzte Assoziationen mit Deutschland, die vor allem auf die historische Vergangenheit und insbesondere das Zweite Kaiserreich und die Figur Bis-
marcks sowie das ›Dritte Reich‹ und den Holocaust zurückgreifen, wurden auch in
der unmittelbaren Gegenwart in populären Medien des Auslands verwendet, um
politische Entscheidungen der Bundesregierung und des Bundestags anzugreifen: so
etwa die Entscheidung des Bundestags Anfang Juni 2016, den Tod von wahrschein-

Abb. 4.16 Merkel
und Sarkozy in der
Finanzkrise (Quelle:
http://www.mrkunz.
ch/ karikatur/
20110816-finanz
krise.jpg, 15.1.2012)

lich über einer Million Armeniern als »Völkermord« zu bezeichnen. Die türkische
Boulevardzeitung *T. C. Sözcü* zeigte daraufhin am 3.6.2016 auf ihrer Titelseite das
Porträt der Bundeskanzlerin Angela Merkel mit Hitlerbärtchen und Hakenkreuzen
versehen. Über dem Bild ist in der Titelüberschrift des Leitartikels zu diesem Thema,
der auch ausdrücklicher den Namen Hitlers erwähnt, in großen Buchstaben auf
Deutsch zu lesen: »Schämen Sie sich!« (s. Abb. 4.15).

In der 2008 einsetzenden weltweiten Finanz- und Wirtschaftskrise und in besonderem Maße seit der Euro- und Griechenlandkrise im Jahr 2011 lässt sich ein Wieder-
aufleben traditioneller Klischees vor allem im Medium der Karikatur, aber auch in
begleitenden Kommentaren, beobachten. Ähnlich wie im Kontext der Wiedervereinigung wird die Angst vor einem wirtschaftlich und auch politisch in Europa zu starken Deutschland vor allem in der britischen und griechischen, aber auch in der französischen Presse durch die Wiederverwendung von negativ besetzten Nationalsym-
bolen wie der preußischen Pickelhaube oder durch Parallelen zum Nationalsozialismus reaktiviert (s. Abb. 4.16).

4.8 | Fremdbilder in interkulturellen Interaktions-
situationen

Fremdwahrnehmungsmuster prägen in entscheidendem Maße Wirklichkeitserfahrungen und damit auch Kommunikationserfahrungen mit Angehörigen anderer Kulturen. Ein exotisches Bild fremder Kulturen erweist sich hierbei häufig – neben den
Sprachproblemen – als kommunikationshemmend. Studien zum interkulturellen
Kontakt im Rahmen von Studienreisen nach Marokko haben beispielsweise gezeigt,
dass zwar vor dem Beginn der Reise der »Kontakt zu Einheimischen« eine wichtige
Reisemotivation bildete (bei 39,2 % der Befragten; Weiss 1998, 59), persönliche Gespräche mit Einheimischen sich jedoch – abgesehen von Reiseführern und dem Busfahrer – kaum entwickelten. Aufgrund der Verstärkung der bereits vorhandenen Stereotypen »Marokkaner sind sehr aufdringlich«, »arm« und »traditionell« nahm der
Wunsch zu direkten Kontakten unter den Reiseteilnehmer/innen zudem im Lauf der
Reise eher ab, während sich zugleich exotische Klischees verstärkten: »Die altbe-
kannten Stereotype und Klischees werden im Prospekt angekündigt, in den Massen-

medien immer wieder bestätigt und vor Ort präsentiert. Interkulturelle Kommunikation als Teil eines besseren Verständnisses der marokkanischen Gesellschaft und Kultur hat hier nur sehr wenig Raum« (Weiss 1998, 116).

Eine Untersuchung zu den **Kommunikationsmustern deutscher Touristen** in Tunesien belegt, in anderer Konstellation, ähnliche interkulturelle Kommunikationsbarrieren, die auch auf Selbst- und Fremdwahrnehmungsmustern beruhen. So hatten 87 % der befragten deutschen Tunesienurlauber über die Tunesier ein positives Bild, obwohl nur 4 % von ihnen mit Tunesiern ein Gespräch geführt hatten. Die deutschen sowie die europäischen Touristen vor Ort, mit denen die Deutschen zu 41 % bzw. 8 % Kontakt hatten, wurden hingegen deutlich weniger positiv beurteilt (32 % bzw. 57 % »positive Wahrnehmung«; Pfaffenbach 1999, 55). Das Erklärungsmuster hierfür ist darin zu finden, dass die Tunesier, einschließlich der tunesischen Touristen, sich in die Vorstellung der multikulturell-exotischen »Urlaubskulisse« einfügten, während die anderen deutschen und europäischen Touristen, auch durch den interpersonalen Kontakt bedingt, weitaus kritischer gesehen und beurteilt, von deutschen Touristen »beherrschte Hotels« sogar als »zu deutsch empfunden wurden« (ebd., 56).

Für die Analyse der Präsenz, Funktion und Dynamik von Fremdwahrnehmungsmustern in interkulturellen Interaktionssituationen bestehen vor allem **zwei Untersuchungsansätze und -methoden**: (1) der Ansatz der interaktionalen Soziolinguistik; und (2) der kommunikationspsychologische Ansatz.

1. Der methodische **Ansatz der interaktionalen Soziolinguistik** zielt darauf ab, auf der Grundlage der möglichst präzisen, auch non-verbale und paraverbale Signale einbeziehenden Transkription von Gesprächssituationen die kommunikationsspezifische Rolle von Fremdbildern, insbesondere von Stereotypen, herauszuarbeiten. Folgende Leitfragestellungen stehen hierbei im Vordergrund:

- »Wie werden Menschen zu Fremden gemacht; d. h. welche Differenzen werden relevant gesetzt, um die Kategorie des Fremden zu konstruieren, und wie werden Grenzziehungen zwischen dem Eigenen und Fremden artikuliert?
- Wer definiert Differenz und wie wird Differenz gewertet?
- Wie werden Differenzen reproduziert, aufrechterhalten – d. h. über welche ›Wege‹ wird Konsens über Kategorisierungen und Zuschreibungen organisiert?« (T. Thomas 2002, 157).

In Bezug auf die Dynamik interkultureller Kommunikationssituationen folgt hieraus die Fragestellung, »wie die Beteiligten an einem bestimmten historischen Moment Selbst- und Fremdbilder konstruieren, wie sie die Konstruktionen bearbeiten, wie sie sich über die Bilder einigen und damit Diskurse und Diskursregeln (re)produzieren« (T. Thomas 2002, 160). Die folgende Situation einer Talkshow im deutschen Fernsehen (SWR-Sendung »Streit im Schloß«, 26.2.1999), die von T. Thomas analysiert wurde, vermag zu illustrieren, wie Selbst- und Fremdbilder interaktiv ›hergestellt‹ werden. Gesprächsteilnehmer in dem nachfolgenden Gesprächsausschnitt sind neben der Moderatorin Dorothee von Bose (Mod.) Petra Roth (P. R.), damals Oberbürgermeisterin der Stadt Frankfurt/Main, und Bülent Aslan (B. A., Forum türkische Deutsche, CDU). Am übrigen Gespräch nahm darüber hinaus u. a. auch die nachfolgend erwähnte Ausländerbeauftragte des Berliner Bezirks Schöneberg, Emine Demirbüken, teil:

Mod.	... sind Sie jetzt kein Türke mehr – jetzt haben Sie ihren türkischen Paß abgegeben, Sie haben den deutschen Paß, was sind Sie jetzt?
B. A.	also zunächst einmal die Frage der kulturellen Identität hat nichts mit der Frage zu tun, für welchen Staat ich mich entscheide, bei welchem Staat ich meine staatliche Anbindung suche, ich möchte doch nochmals aufgreifen, was Frau Demirbüken zuletzt gesagt hat, wir betonen die Staatsbürgerschaft aus Integrationsgesichtspunkten viel zu hoch in der öffentlichen Diskussion, es gibt zum einen viel wichtigere Themen, mit denen wir uns beschäftigen müssen, und zum anderen müssen wir im Bereich der Staatsbürgerschaft die Diskussion insofern unterscheiden, wir diskutieren hier nicht, ob wir die Menschen ausländischer Herkunft in Deutschland, ob wir denen ein Angebot machen wollen, das ist unsere Position als CDU, das sieht man an der Politik, die wir in der Vergangenheit gemacht haben und die jetzt auch in der Diskussion dargestellt wird, Frau Roth hat es angesprochen, 1993 hat die CDU die erleichterte Einbürgerung eingeführt und als Ergebnis sind dramatische – eh oder drastische ein drastischer Anstieg in den Einbürgerungszahlen rausgekommen.
Mod.	jetzt werden Sie mal nicht so politisch. Ich will wissen, erstmal, was mit ihnen ist – sind Sie Türke oder sind Sie Deutscher oder spielt das für Sie keine Rolle?
B. A.	ich bin Deutscher türkischer Herkunft, so einfach ist das
Mod.	ein Deutscher türkischer Herkunft
P. R.	das ist das, das ist das, was ich in Frankfurt haben will – Deutsche türkischer Herkunft
Mod.	und was sagt Ihre Familie dazu?
B. A.	meine Familie ist auch eingebürgert.

Aus: T. Thomas 2002, 163–164

Die Gesprächssequenz kreiste um die Problematik der Staatsangehörigkeit, die auf Seiten der Moderatorin als primäre Grundlage personaler Identität (»Was sind Sie jetzt?«) erscheint, wobei sie kennzeichnenderweise aus der Tatsache, dass Bülent Aslan nun den deutschen Pass besitzt, nicht folgert, er sei nun Deutscher geworden, sondern seine neue Identität mit einer Negation beschreibt (»kein Türke mehr«). Auf den Einwand, Identität lasse sich nicht (nur) über die Staatsangehörigkeit definieren, geht die Moderatorin nicht ein, sondern stellt ihren Gesprächspartner vor die von ihr gesetzte Alternative, *entweder* Deutscher oder Türke zu sein. Die Antwort (»Deutscher türkischer Herkunft«) wird zunächst retardierend aufgenommen, d. h. als in gewisser Hinsicht ungewöhnlich markiert und dann von Petra Roth, der Frankfurter Oberbürgermeisterin, bestätigt, aber gleichzeitig entpersonalisiert und aus ihrer komplexen kulturellen Problematik herausgelöst. Aslan erhält keine Gelegenheit, dies aus seiner Sicht näher zu erläutern. Die Frage der Moderatorin, was denn seine Familie dazu sage, zielt auf die Privatsphäre des Gastes und basiert auf der Grundvorstellung, dass eine solche Identitätsdefinition in der türkischen Familie auf Widerstand stoßen müsse. Zugleich stellt die Moderatorin das Konzept der CDU, »das unter dem Schlagwort ›Deutscher ausländischer Herkunft‹ firmiert, implizit in Frage« und betrachtet damit die Kategorie ›Deutscher türkischer Herkunft‹ als Problem der ›Türken‹: »Konflikte, Konflikteskalationen projiziert sie auf die ›Anderen‹, Intoleranz und Ursprung von Konflikten durch Reaktionen auf Seiten der Wir-Gruppe verschweigt sie« (T. Thomas 2002, 165–166).

Keim (2002) hat in einer Analyse von Gesprächen im Rahmen eines Erstkontakts, die im Zusammenhang mit einem Deutschkurs in Poznan 1994 zwischen deutschen und polnischen Teilnehmern geführt wurden, die Präsenz und Funktionsweise von Stereotypen und vor allem den spielerischen Umgang mit ihnen aufgezeigt. So wurden in Situationen wie der Überquerung der Straße auf oder neben einem Zebrastreifen durch die Kursteilnehmer Stereotypen wie »Ordentliche Deutsche«, »Unordentliche Polen« sowie »die Deutschen können sich im Urlaub nicht benehmen« aktiviert. Zugleich wurde aber auch, wie Keim herausarbeitet, in *spielerisch-ironischer Weise* mit ihnen umgegangen, d. h. sie wurden thematisiert und durch Ironie und Selbstinfragestellung der Gesprächspartner relativiert und aufgehoben. Diese **spielerische Thematisierung und Überwindung von Stereotypen** in solchen Situationen erwies sich als möglich, weil die Gesprächspartner dem gleichen sozialen und beruflichen Milieu angehörten und der (Erst)Kontakt in einer entspannten und freundlichen Atmosphäre stattfand und nicht in einer Konkurrenzsituation.

2. Der methodische **Ansatz der Kommunikationspsychologie** zielt bei der Analyse der Präsenz und Funktion von Stereotypen in interkulturellen Interaktionssituationen auf die Herausarbeitung unterschiedlicher Kulturstandards (s. Kap. 2.1.7). Zentrale Begriffe der Analyse sind a) **Selbstkonzept** b) **Trendkonzept**, c) **Handlungskonzept** und d) **Relationskonzept**. Hierunter werden die in der Interaktion zu beobachtenden kulturspezifischen Vorstellungen der eigenen Identität (a), der Identität der Kommunikationspartner (b), der für eine Situation angemessenen Handlungen (c) und generell von interpersonalen Beziehungen (d) verstanden.

Die Analyse der folgenden deutsch-japanischen Kommunikationssituation veranschaulicht diesen methodischen Ansatz:

> »Eine kleine Gruppe von Freunden und Bekannten beschließt, gemeinsam zum Essen zu gehen. Neben einer Japanerin sind überwiegend Deutsche dabei. Als die Frage die Runde macht, welches Restaurant man aufsuchen solle, meint die Japanerin, es sei ihr egal, sie sei mit jedem einverstanden. Etwas später geht es in dem Restaurant um die Bestellungen. Noch bevor der Kellner sie aufnimmt, fragt man am Tisch unter anderen die Japanerin, was sie denn gewählt habe. Als sie mit der Antwort eine ganze Weile zögert, meint einer ihrer deutschen Freunde: »Nur keine falsche japanische Bescheidenheit. Sag‹ doch einfach, was Du gerne essen möchtest.« Die Japanerin fühlt sich (wie sie später bekundet) bloßgestellt ...« (Rez/Kraemer/Kobayashi 2005, 15).

Der Verlauf der letztlich in einer Irritation mündenden Kommunikationssituation wird durch die Präsenz von divergierenden Selbst-, Fremd-, Handlungs- und Relationskonzepten bestimmt, deren Inkongruenz den Beteiligten offensichtlich nicht bewusst ist. Situationsorientierung in Japan (Relationskonzept) impliziert, die eigenen Äußerungen und das eigene Verhalten »so zu gestalten, dass die Harmonie in der Beziehung zwischen den Interaktionspartnern *(uchi)* nicht gestört wird. Orientierungsrahmen ist eben nicht, wie es die unter Deutschen verbreitete Ausdrucksorientierung nahe legt, (›sag doch einfach, was Du gerne essen möchtest‹); vielmehr gilt es aus japanischer Sicht zu eruieren, was die Anderen möchten und (von mir) erwarten« (ebd., 15). Gemäß dem japanischen (Selbst)Konzept des *omoiyari* (›dem Anderen Gedanken bringen‹, d. h. Empathie, Mitgefühl) hat sich die Japanerin völlig korrekt verhalten: »Somit war es eben *keine* ›falsche japanische Bescheidenheit‹, sondern im Sinne des *uchi* und des *tatemae* angemessenes und gebotenes Verhalten – und ausgerechnet dafür wurde sie, aus ihrer Sicht, von ihren deutschen Bekannten bloßgestellt« (ebd., 15). Mit *tatemae* ist ein kulturspezifisches Handlungskonzept gemeint, das situationsorientiert ist und auf die Fragen abhebt »Was muss ich in einer bestimmten Situation tun? Was erwarten andere von mir?« (ebd., 13).

Stereotype Fremdbilder wie die ›falsche Bescheidenheit der Japaner‹ oder ihre persönliche Unnahbarkeit, die sich in einer ›Maske des Lächelns‹ zeige, kontrastieren somit in der Perspektive des kommunikationspsychologischen Ansatzes mit sehr komplexen Selbst- und Relationskonzepten der Interaktionspartner. Ihre Kenntnis und die hiermit verbundene spezifische interkulturelle Kompetenz, die eine *emische Annäherung* an andere Kulturen impliziert (s. hierzu Kap. 2.2.3), umfasst spezifische Kulturstandards bzw. Konzepte: Im untersuchten Fallbeispiel sind dies neben dem Konzept des *omoiyari* das Konzept des *wa* (Harmonie), das impliziert, Gespräche und Interaktionen mit Anderen möglichst ausgeglichen und konfliktfrei verlaufen zu lassen; sowie das Konzept des *enryo* (Zögern, Zurückhaltung), das sich in Gesprächs- und Interaktionsstrategien wie Themenwechsel, Schweigen und Mehrdeutigkeit sowie dem Bestreben äußert, negative Gefühle wie Empörung, Wut, Trauer und Zorn möglichst nicht offen zu zeigen, sondern sie eher hinter einer »Maske des Lächelns« zu verbergen (Sugitani 1996; Gudykunst/Nishida 1993).

Fremdwahrnehmungsmuster sind somit immer in *kommunikative Kontexte* eingebettet und aus ihnen heraus zu verstehen: in interkulturelle Interaktionssituationen sowie in kommunikative Gattungen verschiedenster Art, von der Literatur und Filmen über Werbung bis zu Diskursen von touristischen Reiseführern. Letztere transferieren, wie Bernd Müller-Jacquier (2010) aufgezeigt hat, Fremdkulturwissen in unterschiedlichster Ausprägung (von Clichés und Stereotypen bis zu fundiertem Sachwissen). Indem sie in der Interaktion mit Touristen Zeigens- und Erwähnenswertes *identifizieren*, dieses *erklären* und zugleich unmittelbare Erfahrung, Vorwissen (der Adressaten) und eigenes Wissen miteinander *vernetzen*, initiieren sie ebenso zeittypische wie paradigmatische und sozial breitenwirksame Formen des interkulturellen Lernens.

5 Kulturtransfer

5.1 | Das Konzept des Kulturtransfers – Begriffe und Methoden

Kulturtransferprozesse betreffen die interkulturellen Vermittlungsformen zwischen Kulturen, das heißt jene Kulturgüter und -praktiken, die übertragen und in einer spezifischen Zielkultur rezipiert werden: Informationen, Diskurse, Texte, Bilder, Institutionen und Handlungsweisen und hiermit auch die kulturelle Dimension des Transfers von Objekten, Produkten und Konsumgütern. Kulturtransferprozesse können sämtliche Dimensionen betreffen, die der anthropologische Kulturbegriff umfasst (s. Kap. 2.1.3): neben Nationalkulturen auch Kulturräume sowie regionale, transnationale und soziale Kulturbegriffe. In dieser Perspektive bilden Prozesse und Phänomene des Kulturtransfers auch einen wichtigen Bestandteil der interkulturellen Beziehungen etwa zwischen Afrika und Europa oder zwischen Nordamerika und Asien. Es lassen sich, vor allem in der Frühen Neuzeit, d. h. vor der Entstehung und Verfestigung der modernen Nationalkulturen, auch intensive Kulturtransferprozesse auf interregionaler Ebene ausmachen, beispielsweise zwischen dem Königreich Sachsen und Frankreich im 17., 18. und beginnenden 19. Jahrhundert (Middell/Middell 1995, Middell 2000, 2001; Hollwedel/Ludwig/Middell 2004; Paulmann 1998).

Der **methodische Ansatz des Kulturtransfers** nimmt also die »Wege, Medien und sprachlichen Bedingungen für die Vermittlung von Texten, kulturellen Objekten und Praktiken« zum Ausgangspunkt.

»Er thematisiert, aus welchen Motiven heraus Wissen erworben, nach welchen Kriterien das Wissenswerte selektiert und zu welchen Zwecken die erworbene Information benutzt wurde. Die einzelnen Gegenstände werden dabei nicht isoliert betrachtet, sondern in ihrem gesellschaftlichen und politischen Umfeld. Die Aneignung sozialer und politischer Einrichtungen eines anderen Landes, wie Universitätswesen, Sozialversicherung oder parlamentarische Geschäftsordnungen, fällt gleichfalls in das Forschungsgebiet, denn unter der Beachtung der mit solchen Systemen verbundenen Normen und Deutungen kann man sie als Transfer von sozialer und politischer Technologie betrachten.« (Muhs/Paulmann/Steinmetz 1998, 31).

Kulturtransfer – oder ›interkultureller Transfer‹ – als Gegenstandsbereich interkultureller Praxis, Lehre und Forschung betrifft also nicht einen bestimmten kulturellen Sektor, sondern das gesamte Spektrum symbolischer Formen: d. h. die Übertragung von Ideen, kulturellen Artefakten, Praktiken und Institutionen aus einem spezifischen System gesellschaftlicher Handlungs-, Verhaltens- und Deutungsmuster in ein anderes. In vielen Bereichen, wie beispielsweise der Übersetzung von Büchern, Filmen und anderen Medienangeboten oder bei der Übermittlung von Informationen und Bildern aus anderen Kulturen und Kulturräumen, zum Beispiel in der täglichen Medienberichterstattung, sind Kulturtransferprozesse unmittelbar erkennbar und fassbar, sowohl in quantitativer Hinsicht (was wird übersetzt oder übermittelt, wie wird selektiert?) als auch in qualitativer Perspektive (wie wurde im Hinblick auf ein anderes Zielpublikum übersetzt und kommentiert?). In anderen Bereichen wie der materiellen Kultur, insbesondere der Konsumkultur (Kleidungs- und Essensgewohnheiten), sowie in soziokulturellen Codes und Ritualen, sind Kulturtransferprozesse schwerer erkennbar, ihre Rekonstruktion und Analyse gleicht häufig, wie Middell (2004) formuliert hat, einer ›Spurensuche‹: »Die Spuren sind verwischt, Fremdes wird für Eigenes ausgegeben. [...]. Häufig finden Umdeutungen statt, damit Gegenstände oder Ideen ihre Funktion im neuen Kontext erfüllen« (ebd., 13).

In der **Lehr- und Forschungspraxis** lässt sich das Konzept des Kulturtransfers umsetzen in konkrete Fragestellungen beispielsweise zu den Transferwegen (Institutionen, Vermittlerfiguren), zur Begriffs- und Textübersetzung, zur interkulturellen Adaptation von Diskursen und Institutionen und zur Verwendung von Informationen und Wissensbeständen über andere Gesellschaften und Kulturen.

Die Untersuchung von Kulturtransferprozessen versteht somit interkulturelle Vorgänge der Vermittlung von kulturellen Objekten, Praktiken, Texten und Diskursen als grundlegend **dynamische Prozesse**. Sie richtet den Blick gleichermaßen auf Phänomene der dinglich-materiellen wie der geistig-intellektuellen Kultur und verbindet einen qualitativ-interpretierenden Ansatz mit der qualitativ-seriellen Erfassung und Bearbeitung potentiell sehr umfangreicher Textcorpora (etwa im Fall von Übersetzungsstatistiken). Das Konzept des Kulturtransfers lehnt sich an Konzepte (und hiermit verknüpfte methodische Instrumente) wie ›Akkulturation‹, ›Assimilation‹, ›Dekulturation‹ und ›Enkulturation‹ an. Hierunter werden in der Kulturanthropologie und teilweise auch in der Theorie der Interkulturellen Kommunikation Formen der (inter)kulturellen Adaptation an andere Kulturen verstanden.

- ›**Akkulturation**‹ ist generell die Erlernung und Aneignung kultureller Werte, Symbole, Rituale und Symbolsysteme im Zuge des Sozialisationsprozesses innerhalb einer Kultur, die somit alle Angehörigen einer Kulturgemeinschaft betrifft.
- Unter ›**Integration**‹ und ›**Assimilation**‹ werden zwei unterschiedlich intensive und weitgehende Formen der Angleichung an fremde Kulturen, auch im Kontext der Immigration, verstanden (s. Kap. 2.1.6).
- Mit **Integration** sind Formen kultureller und sozialer Anpassung an eine dominante Kultur gemeint, bei der jedoch zumindest in einer Übergangsphase wichtige Identitätselemente der Ausgangs- oder Herkunftskultur erhalten bleiben, wie Sprache, Rituale und Kleidungscodes.
- Unter ›**Assimilation**‹ wird der weitestgehende Prozess von ›Akkulturation‹ und ›Dekulturation‹ verstanden.
- ›**Dekulturation**‹ schließlich bezeichnet korrelativ zu den genannten Begriffen den Prozess der ›Verlernung‹ der eigenen Kultur, bis hin zum teilweisen oder völligen ›Vergessen‹ der Muttersprache, der mit der Übernahme fremder Kulturformen häufig sukzessive einhergeht.

Die genannten Begriffe und die mit ihnen verknüpften Theoriemodelle verwenden jedoch im Gegensatz zur Kulturtransferforschung häufig einen eher statischen und auch tendenziell hierarchischen Kulturbegriff, der auf der Gegenüberstellung von dominierenden/dominierten bzw. überlegenen/unterlegenen Kulturen beruht.

Die Analyse von Prozessen des Kulturtransfers setzt **Vergleichsparameter** voraus, d. h. die systematische Einführung und Berücksichtigung einer komparatistischen Perspektive als gemeinsamer Bewertungsmaßstab (Werner 1995). Formen des Kulturtransfers können erst identifiziert werden, wenn vergleichbare Phänomene vorliegen, die vermittelt, übertragen und häufig mehr oder minder stark verändert wurden, aber zugleich eine zumindest in Grundzügen ähnliche Struktur aufweisen. Aufgrund der Tatsache, dass Kulturtransferprozesse sich durch zeitliche und räumliche Distanzen auszeichnen und hiermit Vergleiche ermöglichen, sind sie durch **verschiedene Formen der Asymmetrie** gekennzeichnet (nach Werner 1997):

1. **Zeitliche Asymmetrien** bezeichnen den mehr oder minder großen Abstand zwischen dem Erscheinen eines kulturellen Artefakts und seines Transfers in andere Kulturräume: Der Transfer beispielsweise der politischen Sprache und Ideologie der Französischen Revolution erfolgte Ende des 18. Jahrhunderts zunächst in den deutschen und italienischen Sprach- und Kulturraum, dann – vor allem in den ersten Jahrzehnten des 19. Jahrhunderts – nach Spanien und Lateinamerika und schließlich, mit beträchtlichen Veränderungen, nach Ost- und Südosteuropa sowie erst im 20. Jahrhundert in die Länder Afrikas und Südostasiens.

2. **Räumlich-geographische Asymmetrien** (innerhalb kultureller Systeme) bezeichnen Phänomene des ›Kulturgefälles‹ innerhalb eines kulturellen Raums, wie sie zum Beispiel im 18. und 19. Jahrhundert – etwa in Russland – die sukzessive Verbreitung medizinischer Neuerungen zunächst in den großen, durch den Kulturtransfer mit Westeuropa geprägten Städten St. Petersburg und Moskau und dann sukzessive auf dem Land repräsentiert.

3. **Mehrdimensionale Asymmetrien** liegen bei der Verknüpfung zeitlicher und räumlicher Asymmetrien vor. Der Transfer beispielsweise der politischen Sprache und Publizistik der Französischen Revolution in den Jahren 1789 bis 1815 nach Deutschland erfolgte schwerpunktmäßig zunächst im Westen und Südwesten des deutschen Sprach- und Kulturraums und erst mit Verspätung, und in weit weniger intensiver Weise, in Nord- und Ostdeutschland. Er erreichte zunächst die politisierten städtischen Schichten, allen voran die deutschen Jakobiner, d. h. die Sympathisanten der Französischen Republik und ihrer demokratischen Errungenschaften, und erst allmählich, und lediglich in unvollständiger und partieller Weise, die städtischen Unterschichten sowie die Landbevölkerung; vom Umland etwa von Mainz, dem damaligen Zentrum der deutschen Jakobinerbewegung in den Jahren 1792 bis 1794, einmal abgesehen.

5.2 | Strukturelemente des Kulturtransfers

Definiert man, notwendigerweise in zunächst schematisierter Form, Kulturtransfer als die interkulturelle Vermittlung von kulturellen Texten, Objekten, Diskursen und Praktiken von einem – im Allgemeinen für Gesellschaften seit dem 18. Jahrhundert dominant national definierten, aber nach Subsystemen ausdifferenzierten – kulturellen System in ein anderes, so lassen sich in einem ersten Schritt **drei wesentliche Untersuchungsebenen** unterscheiden: das kulturelle System zum einen der Ausgangs- und zum anderen der Zielkultur; sowie die transferierten kulturellen Objekte, Diskurse, Texte und Praktiken.

Das Phänomen des Kulturtransfers weist eine Dynamik auf, die sich auf der Grundlage der Unterscheidung von **drei Prozessen** beschreiben lässt:

1. Erstens lassen sich **Selektionsprozesse** unterscheiden: Hierunter werden Formen der Auswahl von Objekten, Texten, Diskursen und Praktiken in der Ausgangskultur verstanden, die eine sowohl qualitative wie quantitative Dimension aufweisen. Aus der Buchproduktion eines Kulturraums – wie etwa des französischsprachigen – wird beispielsweise jeweils nur ein kleiner Bruchteil für Übersetzungen ausgewählt. Dies lässt sich präzise anhand von Übersetzungsstatistiken ablesen und – zumindest ansatzweise – auf qualitative Kriterien wie den ästhetischen Wert, das vermutete Publikumsinteresse, kulturelle Trends oder auch politische und soziale Erwartungs-

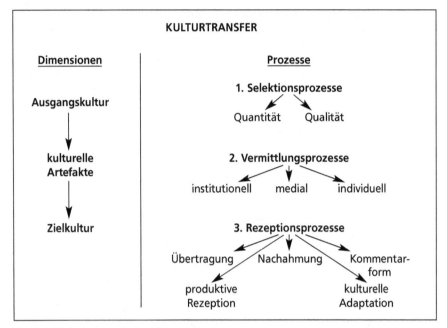

KULTURTRANSFER

Abb. 5.1 Strukturelemente des Kulturtransfers

haltungen zurückführen. L. Jordan und B. Kortländer (1995) unterscheiden hinsichtlich der Motive und Auslösungsfaktoren für Kulturtransferprozesse systematisch zwischen **technischen, praktischen und ideologischen Interessen**:

a) Das *technische Interesse*, d. h. das »Interesse an der Optimierung von Arbeitsabläufen, schlägt sich nieder im Import technischer Entwicklungen und Errungenschaften aus dem Bereich der Kultur, z. B. in der Übernahme bestimmter Herstellungsverfahren für Druckgraphik, beim Bau von Musikinstrumenten, der Methode der Quellenkritik innerhalb der Geschichtswissenschaft, dem Nachbau von Organisationsabläufen oder institutionellen Strukturen im Bereich der Hochschulplanung etc.«.

b) Das *praktische Interesse*, »das zunächst auf Fremd- und Selbstverstehen ausgerichtet ist, drückt sich aus vor allem in den Übersetzungen, den Text- und Werkausgaben, der Lektüre, Kritik und Vermittlung von Texten (aus allen Bereichen von Kunst und Wissenschaft), der Aufführung und Drucklegung von Musik- und Theaterstücken, der Organisation von Ausstellungen, dem Ankauf von Bildern etc.«.

c) Das *ideologische Interesse* »drückt sich aus in Normen und Werten, die durch die importierten Kulturgüter in ihrer Ursprungskultur tatsächlich vertreten werden oder durch solche Normen und Werte, die die importierten Güter nach der Absicht der Importeure repräsentieren sollen« (Jordan/Kortländer 1995, 7).

2. Bei jeder Form des Kulturtransfers sind unterschiedlich gelagerte **interkulturelle Vermittlungsprozesse** zu beobachten (Espagne 1997; Lüsebrink/Riesz 1983). Diese Mittler- oder »Transportebene« (Jordan/Kortländer 1995, 7) umfasst in erster Linie **drei Arten von Vermittlerfiguren und Vermittlungsinstitutionen**:

a) Zum einen *personale Vermittler* wie Reisende, freie Journalisten, Hauslehrer, Auslandskorrespondenten, Austauschlehrer und -studierende, Ballett- und Orchesterchefs aus anderen Kulturen sowie Übersetzer. Im Tourismusbereich zählen hierzu Fremdenführer, Museumsführer, Dolmetscher sowie das Personal an Hotelrezeptionen; im Unternehmens- und Wirtschaftsbereich die sogenannten ›interkulturellen Interfaces‹, zu deren Aufgaben u. a. der Kontakt mit Kund/innen aus anderen Kulturen zählt, wie Außenhandelsmitarbeiter/innen, Sekretär/innen, insbesondere Fremdsprachensekretär/innen und Fremdsprachenkorrespondent/innen, Marketingverantwortliche, Übersetzer/innen, Konferenzdolmetscher/innen und Messehostessen sowie Werbe- und Kommunikationsverantwortliche in Unternehmen, Institutionen und Agenturen (Walter 1995; Mast 2002).

b) Zum anderen lassen sich *Mittlerinstitutionen* unterscheiden, deren wesentliche Aufgabe im Bereich der Kulturvermittlung besteht. Hierzu zählen in erster Linie die staatlichen Kulturinstitute und die kulturpolitischen Abteilungen der Außenministerien sowie bilaterale und kooperative Institutionen wie die Deutsch-Französischen Häuser und die Amerikahäuser, das Deutsch-Französische Jugendwerk, das Deutsch-Französische Sekretariat für die berufliche Bildung und der deutsch-französische Fernsehsender ARTE. Auch Verlage, die sich auf die Übersetzung ausländischer Literatur spezialisiert haben oder ihr besondere Aufmerksamkeit widmen (wie der Verlag Actes Sud in Frankreich, der Peter Hammer-Verlag in Wuppertal oder der Suhrkamp-Verlag in Berlin; vgl. Müller 2015), sind zu dieser Kategorie interkultureller Vermittlerinstanzen zu zählen.

c) Schließlich nehmen die meisten Medien als *mediale Mittlerinstanzen*, sowohl im Bereich der Printmedien wie des Hörfunks und der audio-visuellen Medien, eine interkulturelle Mittlerfunktion ein, indem sie, in sehr unterschiedlicher Intensität und Qualität, Informationen und Bilder über andere Kulturen transferieren.

3. **Rezeptionsprozesse** betreffen die Integration und dynamische Aneignung transferierter Diskurse, Texte, Objekte und Praktiken im sozialen und kulturellen Horizont der Zielkultur und im Kontext spezifischer Rezeptionsgruppen. B. Kortländer (1995, 8–9) bezeichnet diese auch als »Integrationsprozesse« und versteht hierunter die »Integration des importierten Kulturgutes in den kulturellen bzw. den Bildungshorizont des individuellen Rezipienten«, die notwendigerweise zu »Veränderungen in der Struktur« führe. **Fünf Formen der Rezeption** lassen sich hierbei unterscheiden:

a) **Übertragung**: Hiermit ist der kulturelle Transfer im Sinn einer möglichst originalgetreuen Übertragung – etwa einer textnahen Übersetzung – transferierter kultureller Artefakte gemeint. Auch Phänomene wie die Aufführung von Theaterstücken und Filmen in anderen Kulturen in der Originalsprache oder der Export von originalsprachigen Büchern sind hierunter zu fassen.

b) **Nachahmung**: Hierunter sind Formen »epigonaler Eigenschöpfung« (Kortländer 1995, 8) zu verstehen, in denen das fremdsprachige und fremdkulturelle Muster in der eigenen Produktion deutlich erkennbar bleibt. Beispiele hierfür sind im literarischen Bereich die Nachahmung des historischen Romans nach dem Vorbild Walter Scotts in ganz Europa, beispielsweise bei Victor Hugo; im Film- und Medienbereich die Nachahmung von Mediengattungen wie Talkshows, Western-Filme – beispielsweise in Gestalt der ›Italo-Western‹ (Cine-Graph 2011) oder der James-Bond-Action-Filme außerhalb ihrer Entstehungskultur, den USA, in anderen Medienkulturen; oder im ökonomischen Bereich die Nachahmung von Methoden und Praktiken des Managements US-amerikanischer Prägung in anderen Kulturen seit den ausgehenden 1940er Jahren.

c) **Formen kultureller Adaptation** betreffen die kulturellen Veränderungen von Diskursen, Texten, Praktiken und Institutionen im Hinblick auf Spezifika der Zielkultur, etwa bezüglich differenter Wertvorstellungen, Identifikationsmuster sowie ästhetischer Register. Ein Beispiel hierfür ist etwa die Adaptation der Paratexte von Übersetzungen, beispielsweise die Wahl anderer Titel, Klappentexte und Titelillustrationen bei Buchübersetzungen (Riesz 1985; Gouaffo 1998, s. Kap. 5.4); oder die auf deutsche Verhältnisse angepasste Adaptation eines Kollektivsymbols wie der Bastille im deutschen Sprach- und Kulturraum des ausgehenden 18. Jahrhunderts.

Beispiele kultureller Umformung und zugleich Anpassung lassen sich in der Gegenwart in vielfältiger Weise und in sehr unterschiedlichen kulturellen Praxisbereichen und Medien finden. Die Verbreitung des Internet beispielsweise hat zwar zu einer weltweiten Angleichung der Kommunikationsformen- und techniken, nicht aber ihrer Inhalte und der hiermit verknüpften Kommunikationsstile und Identitätsformen geführt. Die 1997 formulierte These des indischen Informationswissenschaftlers Subbiah Arunachalam vom Indian Institute of Technology, das »Internet gefährdet unsere Identität. Die elektronischen Medien sind so gleichmachend, daß die ganze Welt den Westen nachäffen wird« (Asendorpf 1997, 62), muss vor dem Hintergrund der seitdem zu beobachtenden Entwicklung deutlich relativiert werden. Der Transfer beispielsweise des Mitte der 1990er Jahre in den USA entstandenen **E-Commerce** (Gründung von eBay 1995) nach Deutschland und Frankreich belegt sehr unterschiedliche, je nach Kultur verschiedene interkulturelle Aneignungsformen: nicht nur in sprachlicher Hinsicht, wo sich die französische Internetsprache englischen Einflüssen gegenüber deutlich resistenter zeigt, sondern auch in seiner Verbreitung und Akzeptanz, in der sozialen Nutzung (die sich in Frankreich auf eine völlig anders gelagerte Produktpalette und preiswertere Artikel bezieht) und im Aufbau der Auktionsplattformen. Diese unterschiedlichen Aneignungs- und Rezeptionsformen erklären sich aus den rechtlichen und wirtschaftlichen Rahmenbedingungen, aber vor allem aus sozialen und mentalen Faktoren wie dem höheren Preisbewusstsein in Deutschland, einem differierenden Kaufverhalten (größere Bedeutung der direkten Kommunikation in Frankreich) sowie der distanzierteren Haltung der Franzosen gegenüber dem technologischen und kulturellen Einfluss der USA (s. Kap. 5.6). Diese unterschiedlichen Faktoren führten zu einer deutlich stärkeren kulturellen Adaptation und Modifikation auch des in den USA entstandenen wirtschaftlichkulturellen Modells des E-Commerce in Frankreich als beispielsweise in Deutschland (Haberer 2001; Brodersen 2001; Vatter 2004).

Vielfältige Formen der Adaptation betreffen gleichfalls den Wirtschaftsbereich, wie etwa die **Werbung** (s. hierzu ausführlich Kap. 5.7). So finden sich zum Beispiel in den französischen und in den entsprechenden deutschen Werbeprospekten für den Renault Mégane (1998) die gleichen Bilder und eine weitgehend identische ästhetische Aufmachung. Völlig umgeschrieben wurden jedoch für den deutschen Markt und das deutsche Zielpublikum die Begleittexte. An die Stelle des persönlichen, subjektiven und erzählerischen französischen Werbetexts, der Leser/innen und potentielle Kund/innen in eine Erlebnissituation mit dem Auto hineinzuversetzen sucht, tritt in der deutschen Werbung eine distanziert formulierte Werbebotschaft, die sich dezidiert objektiver gibt und stärker auf Informationen abhebt als der französische Originaltext (s. Abb. 5.2).

Französische Fassung, Paris, 1998:	Deutsche Fassung der entsprechenden Passage, mit gleichen Bildern und gleicher Text-Bild-Disposition. Brühl, Renault Deutschland, 1998:
Lignes fluides, comme dessinées par la mer. [= Überschrift]. Mercredi, 20h 15. La côte s'éloigne, mais les senteurs des pins nous parviennent toujours. Je revois encore Mégane Classic tout à l'heure sur les quais, sur fond de grande bleue; son envergure, sa prestance naturelle, sa ligne intemporelle et surtout cet arrière bien affirmé qui distingue, à mes yeux, les vraies berlines. [Textbeginn, ca. 1/3 der Prospektseite] *Übersetzung:* »Mittwoch, 20 Uhr 15. Die Küste entfernt sich, aber der Duft der Pinien folgt uns nach. Ich denke daran, wie vorhin der Mégane Classic am Ufer stand, vor dem großen Blau des Meeres; seine Größe, seine unaufdringlich stattliche Erscheinung, sein zeitloses Design und vor allem der wohl gestaltete hintere Teil der, in meinen Augen, die wahren Limousinen auszeichnet.«	Das schöne Gefühl, sich von Formen leiten zu lassen. [= Überschrift]. Wer sich von klaren Formen leiten lässt, wer in der Verbindung von Styling und Funktionalität den wahren Ausdruck der Design-Qualität erkennt, dem öffnet sich die Persönlichkeit des Mégane Classic innen wie außen auf faszinierende Weise.

Abb. 5.2 Renault-Mégane-Prospektwerbung, französische und deutsche Texte (Prospekt, farbig, A-4-Glanzpapier)

Eine ähnliche Tendenz zeigt eine Renault-Werbung aus den Jahren 2013 und 2014 (s. Abb. 5.3 und 5.4 auf S. 150/151): Die französische Werbung, die ebenso wie die deutsche in Publikumszeitschriften veröffentlicht wurde, präsentiert das Renault-Modell »Talisman« vor futuristischer Architektur-Kulisse in der Abenddämmerung mit der Überschrift »Meistern Sie Ihren Weg«; der Fließtext der Werbung enthält wenige, aber die wichtigsten Informationen. Letztere stehen im Gegensatz hierzu im Mittelpunkt der deutschen Werbung, die – ähnlich, aber in konkreterer und expliziter sprachlicher Ausformulierung – die Kernbotschaft »Sicherheit« enthält: »Kontrolle ist gut. 4 Control ist besser.« Im Gegensatz zur gleichzeitig zum selben Modell erschienenen französischen Werbung enthält die deutsche deutlich mehr Informationen (etwa viermal so viele), u. a. auch zum Preis, zur Garantiedauer und zu technischen Details wie der als Option angebotenen Allradlenkung.

Obwohl die kognitiven und emotionalen Kernbotschaften, die mit dem Auto verknüpft werden, im Wesentlichen identisch sind, unterscheiden sich ihre sprachlichen Umsetzungen und Assoziationsnetze somit grundlegend und verweisen auf Unterschiede der kulturellen Systeme, insbesondere der Kommunikationsstile und der kollektiven Werte.

d) **Kommentarformen:** Der interkulturelle Transfer von kulturellen Texten, Diskursen, Praktiken und Institutionen wird häufig begleitet von Formen des Kommentars, das heißt der diskursiven Bedeutungsgebung und -interpretation. Im Bereich der Übersetzungen sind dies beispielsweise Formen der Literatur- und Kulturkritik. Im Fremdsprachenunterricht handelt es sich hierbei um pädagogische Begleittexte, die den interkulturellen Transfer von Sprache und Wissen (über andere Länder und Kulturen) vorstrukturieren und kommentieren und somit ihre soziale Rezeption in der Zielkultur in entscheidendem Maße prägen. Im Mediensektor stellen Film-, Fernseh- und Musikkritiken über fremdkulturelle Medienangebote interkulturelle Kommentarformen dar. Im Bereich der Institutionen und Praktiken

Abb. 5.3 Renault-Werbung in französischen Printmedien (2013)

sind dies vielfältige Formen der Einführung und Erklärung fremdkultureller Einflüsse. Im kolonialen Kontext waren dies beispielsweise Schullehrbücher, schulische Curricula und kulturpolitische Werke, die die Einführung und Adaptation okzidentaler Institutionen wie Schule und Universität, von Symbolsystemen wie dem lateinischen Alphabet oder von Medien wie Radio, Fernsehen und Film vorbereiteten und begleiteten. Im wirtschaftlichen Sektor gehören z. B. Fachbücher, aber auch Testberichte und Produktvorstellungen in Zeitschriften und im Internet zu diesem Bereich.

e) **Produktive Rezeption**: Hiermit sind Formen der kreativen Aneignung (nicht der imitativen Nachahmung) und Transformation von kulturellen Diskursen, Texten, Praktiken und Institutionen aus anderen Sprach- und Kulturräumen gemeint. Zu ihnen gehören auch Phänomene und Prozesse der »kulturellen Umdeutung« oder des »negativen Kulturtransfers« (Bruendel 1998).

Vor allem die zeitgenössische globale Medienkultur ist durch Prozesse nicht nur der Übersetzung, Imitation und Adaptation, sondern in zunehmendem Maße auch der **produktiven Umformung** und **kreativen Aneignung von Medienangeboten** aus anderen Kulturen gekennzeichnet (Ang 1996). Der in den 1950er Jahren entstandene indische sog. Bollywood-Film ist ein Beispiel dafür, wie okzidentale Mediengattungen wie das Musical und der sentimentale Liebesfilm und Musikrhythmen

Abb. 5.4 Renault-Werbung
in deutschen Printmedien
(2014)

wie Tango und Bossanova mit indischen Erzählformen und Mythen sowie der
medialen Inszenierung indischer Geschichte und indischer Geographie kreativ verbunden wurden. Populäre indische Filme wie *Mother India* (1957) und *An Indian
Family* (2002) veranschaulichen, wie hier okzidentale Medien- und Musikformen
sehr unterschiedlicher Provenienz zu einer völlig neuen, genuin interkulturellen
Filmgattung verschmolzen werden, deren Produktionszahlen und Publikumserfolg
mittlerweile den der US-Hollywood-Filme erreicht haben und zum Teil sogar über-
treffen.

Ein anderes Fallbeispiel für die kreative Dimension der zeitgenössischen Medienkultur repräsentiert der millionenfach aufgelegte Roman *Heidis Lehr- und Wander-
jahre* (1879) der Schweizer Schriftstellerin Johanna Spyri. Der Roman wurde nicht
nur in zahlreiche Sprachen übersetzt, mehrfach verfilmt sowie in verschiedenen
Bühnenfassungen aufgeführt (Halter 2001), sondern 1974 auch in Japan zunächst
als Zeichentrickfilm und dann seit 1998 in japanischen Comics (Mangas) für junge
Mädchen in neue Bildsprachen und andere kulturelle Wertesysteme übertragen. Die
populäre, in Deutschland vor allem als Mädchenbuch rezipierte Geschichte des Al-
penkindes Heidi, das in der Idylle der Berge bei ihrem Großvater Zuflucht vor der
Unrast und Brutalität der modernen Großstädte sucht, wurde von dem japanischen
Zeichner Igarashi Yumiko erheblich verkürzt. Zugleich wurde der emotionale Gehalt

des Werkes durch bestimmte Text- und Bildstrategien, die für japanische Mädchen-mangas charakteristisch sind, deutlich verstärkt. Den Sehnsüchten und Träumen von einer idealen, integren Lebenswelt, die auch in Spyris Erzählung eine wichtige Rolle spielen, wurde hier durch die Einführung von inneren Stimmen, »durch die das Gesprochene auf die Persönlichkeit der Figuren zurückverweist und Einfühlung herausfordert« (Domenig 2001, 163), ein zentraler Stellenwert eingeräumt und sie wurden mit Rollenbildern, Werten und Identifikationsfiguren japanischer Mädchen verknüpft: »Zur Charakterisierung von Heidi und Heidi-Produkten wird auffallend häufig das Adjektiv *kawaii* (niedlich, süß) verwendet, was eine emotionale Nähe und ein warmes Empfinden gegenüber der gemeinten Figur zum Ausdruck bringt. Die Bezeichnung *kawaii* konnotiert zugleich aber auch ›Kindlichkeit‹ und mit ›Kindheit‹ assoziierte Freiheiten« (Domenig 2001, 154).

Beide Beispiele, der indische Bollywood-Film ebenso wie die japanischen Mangas über Heidi, belegen, dass die globale Verbreitung der gleichen technischen Mittel und Mediengattungen keineswegs notwendigerweise eine Standardisierung von Ausdrucksformen nach sich zieht, sondern im Gegenteil häufig kreative Formen der Aneignung und kulturellen Umformung hervorbringt. In besonderem Maße bietet die japanische Gegenwartskultur, wie I. Hijiya-Kirschnereit in ihrem originellen *Kulturführer Japan* veranschaulicht, eine kaum übersehbare Fülle von Beispielen für die Tatsache, dass sich im Zuge der Globalisierung »gleichzeitig lokale oder regionale Besonderheiten erhalten oder sogar neu herausbilden können« (Hijiya-Kirschnereit 2000, 15).

Formen des ›negativen Kulturtransfers‹ (Bruendel 1998) implizieren eine Aneignung fremdkultureller Texte, Diskurse oder Praktiken, die deren formale Struktur belässt, sie aber mit völlig neuen Inhalten und Funktionen versieht, die dem Bedeutungsgehalt des Vorbilds oder Musters häufig geradezu diametral entgegenstehen. Dies lässt sich beispielsweise anhand des frühen deutschen Nationalismus beobachten, etwa bei Ernst Moritz Arndt, der kulturelle Formen der öffentlich-massenwirksamen Inszenierung kollektiver Identität aus Frankreich übernahm, diese aber zugleich sprachlich übersetzte, ästhetisch umformte und mit völlig anderen politischen Sinngebungen versah (Lüsebrink 1997). Statt der französischen Nationalfeste, deren Massenwirksamkeit Arndt bewunderte und nachzuahmen trachtete, konzipierte er – erstmals bei den nationalen Feierlichkeiten zum Gedenken an den ersten Jahrestag der Völkerschlacht bei Leipzig im Oktober 1814 – deutschnationale »Vaterlandsfeste« (Lüsebrink 1995b). Ihnen lag nicht mehr, wie im französischen Kontext, ein revolutionär geprägtes Nationenkonzept zugrunde, sondern ein ethnisch geprägtes Konzept von Nation, das bei den Feierlichkeiten im Jahr 1814 in völlig anderen, sich dezidiert vom französischen Vorbild absetzenden und abgrenzenden sprachlichen, bildlichen, ästhetischen und rhetorischen Formen umgesetzt wurde.

Auf ähnliche Verlaufsformen und Funktionen verweist die Analyse des paradox anmutenden französisch-deutschen Kulturtransfers im Kontext des Ersten Weltkriegs. Die französischen Ideale der Revolution wurden vorher zwar wahrgenommen und rezipiert, aber nur, um sie entschieden abzulehnen. Steffen Bruendel umreißt dies wie folgt:

»In der Negation liegt bereits die Anerkennung der Relevanz des Anderen. Auch ein negativer Bezugspunkt bleibt ein konstitutiver Bezugspunkt. Jedwede Ideenkonstruktion bedarf des abgrenzenden Bezuges und erzwingt Grenzziehungen auch auf symbolischer Ebene. Die Gegenüberstellung der »Ideen von 1914« und der »Ideen von 1789« ist ein Beispiel für solche Grenzziehungen. Im Folgenden soll anhand der »Ideen von 1914« gezeigt werden, dass der postulierte Gegensatz zum Feind, zu »1789«, den kulturellen Zusammenhang gerade nicht unterbrach, sondern im Gegenteil in polemischer Absicht intensivierte. Die deutschen »Ideen von 1914« sind ein Beispiel für kriegsfunktionalen *negativen Kulturtransfer*« (Bruendel 1998, 154).

Vielfältige Formen der interkulturellen Neuverwendung, Re-Kontextualisierung und Neuinterpretation von kulturellen Objekten, Diskursen und Praktiken, die im Allgemeinen mit den Begriffen **»Recyclage culturel«** und **»Cultural Recycling«** (Dionne/Mariniello/Moser 1996) bezeichnet werden, können als Prozesse produktiver Rezeption verstanden werden. Gemeint sind beispielsweise Phänomene wie die Umformung von Konsummüll (wie leere Konservendosen, ausgediente Auto-Nummernschilder oder ausrangierte Reklametafeln) zu Gebrauchsgegenständen verschiedenster Art (Spielzeuge, Schaufeln, Trinkbecher, Kerzenleuchter, Schubladen) in Lateinamerika und Afrika und ihre anschließende, gelegentliche kreative Wiederverwendung als populäre Kunstobjekte (»Folk Art«) auf lokalen Märkten und dann in okzidentalen Museen, Kunstausstellungen und -galerien. Sie stellen somit Phänomene eines erneuten Kulturtransfers dar, in diesem Fall aus der Alltagskultur außereuropäischer Gesellschaften in die europäische und nordamerikanische Kunstszene, wie beispielsweise die Ausstellung *Recycled – Reseen* 1996 in den USA dokumentierte (Cerny/Seriff 1996).

Kortländer definiert diese fünfte, am weitesten gehende Rezeptionsform im Prozess des Kulturtransfers als eine »häufig bis zur Unkenntlichkeit gehende Einarbeitung des Fremden in das Eigene. [...] Es fällt deshalb schwer, diese Weise der Integration im Einzelfall zu spezifizieren und ohne zu hohe spekulative Anteile zu beschreiben. Dennoch ist diese Art, fremdes Kulturgut aufzunehmen, ohne Zweifel die häufigste und deshalb auch interessanteste. Das Fremde wird oft gar nicht als Bestandteil des herrschenden geistigen Klimas rezipiert und weiterverarbeitet, gelegentlich sicher auch ohne das Bewußtsein davon, daß man überhaupt an einem Kulturtransfer partizipiert« (Kortländer 1995, 8).

Formen der **produktiven Rezeption** in Prozessen des Kulturtransfers verweisen somit auf die grundlegende Dynamik kultureller Prozesse selbst, die fremdkulturelle und fremdsprachliche Elemente in gleicher Weise integriert und transformiert wie Elemente des eigenen Sprach- und Kulturraums, so dass die Grenzen zwischen eigener und fremder Kultur sich verwischen und tendenziell auflösen. Die Analyse von Kulturtransferprozessen ist somit eng verknüpft mit der Untersuchung von Formen des kulturellen Synkretismus und der kulturellen Hybridisierung, auf die programmatisch kulturtheoretische Konzepte wie »Créolité«, »Métissage«, »Third Space« (Homi Bhabha) und »Syncrétisme« verweisen (s. Kap. 2.1.4 sowie Burke 2000, 14–24).

5.3 | Zur interkulturellen Dynamik von Kulturtransferprozessen

Das Konzept des Kulturtransfers und die hiermit verknüpfte Forschungsrichtung zielen nicht auf die Analyse der Beziehungen zweier als statisch gedachter kultureller Systeme, sondern auf die kulturelle Dynamik des Kulturaustauschs: »Die Übernahme eines fremden Kulturguts«, so Michel Espagne und Michael Werner, »ist nie ein rein kumulatives, sondern immer auch ein schöpferisches Verfahren. Sie kann also nicht nach der ursprünglichen Bedeutung der in Kontakt tretenden Elemente beurteilt werden. Nur bestimmte Momente der beiden gesellschaftlichen Konfigurationen werden von der Begegnung betroffen. Und gerade der Auswahlmechanismus, der die Akzeptanz von ›Fremdheit‹ steuert, verwandelt die Bedeutung des rezipierten Kulturguts« (Espagne/Werner 1988, 21).

Dies impliziert, beispielsweise im Hinblick auf den Transfer kultureller Texte, dass nicht nur auf einer **makrokulturellen** Ebene Quantität und Selektion sowie die regionalgeographische Verteilung beispielsweise von Übersetzungen zu erfassen sind; sondern auch, auf einer **mikrokulturellen** Ebene, die Semantik und Pragmatik der Übersetzungen, ihre verlegerischen Paratexte und ihre Aneignung durch verschiedenste Formen der Lektüre, aber auch der produktiven (Weiter-)Verarbeitung – etwa durch literarisches Schreiben oder künstlerische Formen – bei Leser/innen der Zielkultur.

Kulturtransferprozesse stellen häufig nur auf den ersten Blick bipolare (oder bilaterale) Prozesse dar, die zwei Kulturen betreffen. Sie sind in vielen Fällen und Konstellationen **trilateral oder mehrpolig** und hierdurch von besonderer Komplexität (Dimitrieva/Espagne 1996; Espagne 2005). So bildeten beispielsweise der Transfer und die Rezeption bestimmter Elemente der englischen Kultur des 17. und 18. Jahrhunderts im zeitgenössischen Deutschland – wie die Konzeption des englischen Gartens oder des Theaters von William Shakespeare – Reaktionen auf die französische Kulturhegemonie, d. h. den massiven Transfer französischer Kulturformen aus den verschiedensten Bereichen (Literatur, Sprache, Architektur, Innenarchitektur, Gartenbau, Musik, Mobiliar, Mode, Gastronomie, Hofetikette, Umgangsformen) in das Deutschland des 18. Jahrhunderts, vor allem im Bereich der Hof- und Elitekulturen. Ein anderes Beispiel: Der Transfer deutscher Literatur und deutscher Literatur- und Kulturtheorie – von Bertolt Brecht und Hans Magnus Enzensberger über Jürgen Habermas bis Hans Robert Jauß – nach Lateinamerika erfolgte im 20. Jahrhundert, vor allem seit 1945, ganz überwiegend über die ›Mittlerstation‹ Frankreich. Diese Form des trilateralen Kulturtransfers impliziert auch, dass die in Lateinamerika rezipierten Werke teilweise auf einer Übersetzung aus dem Französischen beruhten und nicht unmittelbar aus dem Deutschen übersetzt wurden. Das kulturelle und literarische Feld Frankreichs bildete in diesem spezifischen interkulturellen Transferprozess somit eine zweite, zwischengeschaltete Ausgangskultur, mit spezifischen Selektionsmodi und Aneignungsprozessen sowie partikularen Vermittlungsinstanzen.

Ein drittes Beispiel: Die 2012 in Kanada (u. a. in Ottawa und Montréal) in der Inszenierung von Brigitte Haentjens aufgeführte *Opéra de Quat-sous* (»Dreigroschenoper«) stellt eine relativ freie Übersetzung der Brecht'schen *Dreigroschenoper* ins kanadische Französisch dar. Für seine kreative (Neu-)Inszenierung griff der – des Deutschen nicht mächtige – Autor und Übersetzer Jean Marc Dalpé zum einen auf eine interlineare, »Wort-für-Wort-Übersetzung« (ins Französische) eines beauftragten Übersetzers und zum anderen auf drei verschiedene, bereits vorliegende englische Übersetzungen des Stückes von Brecht zurück. Das Stück verkörpert somit gleich in mehrfacher Hinsicht einen trilateralen Kulturtransfer und zugleich eine Form produktiver Rezeption, da die Handlung vom London der 1920er Jahre in das Montréal des Jahres 1939 transponiert wurde und mehrere Personennamen und ihre Profile im Vergleich zum Brecht'schen Original grundlegend verändert wurden.

Ebenso wichtig wie Prozesse des Transfers selbst sind für die Kulturtransferforschung Phänomene der Verweigerung, der **mentalen und kulturellen Resistenz**, der Nicht-Rezeption oder stark verzögerten Aufnahme. Das Werk von Jürgen Habermas beispielsweise (u. a. sein Hauptwerk *Der Strukturwandel der Öffentlichkeit*, 1961) ist in Frankreich erst mit über 15-jähriger Verspätung Ende der 1970er Jahre übersetzt und wahrgenommen worden. Intensiv rezipiert und diskutiert wurde es allerdings erst Ende der 80er Jahre. Entscheidender Auslöser hierfür war die intensive Habermas-Rezeption in den USA seit Anfang der 80er Jahre, vor allem in den »Cultural Studies« und den »Women Studies«, die insbesondere seine Kategorie der »Öffentlichkeit« (»public sphere«) rezipierten und auch in Frankreich schlagartig das Interesse an Habermas weckten. Verstärkt wurde dieses Interesse durch eine Gastprofessur von Habermas am Collège de France, der renommiertesten Bildungsinstitution in Frankreich, in den 1980er Jahren, durch die er die Aufmerksamkeit vor allem der Pariser Medienöffentlichkeit und Intellektuellenszene auf sich zog und in gewisser Hinsicht zum interkulturellen Vermittler seines eigenen Werkes wurde.

Phänomene der mentalen und kulturellen Resistenz gegen bestimmte Formen und Inhalte interkulturellen Transfers zeigen sich vor allem bei systematischen Vergleichen: So lassen sich die unterschiedlichen Ausprägungen und die Intensität des amerikanisch-europäischen Kulturtransfers und das hiermit verknüpfte Phänomen der kulturellen Amerikanisierung beispielsweise ableiten von der Dichte der McDonald's-Restaurants, der Beliebtheit US-amerikanischer TV-Serien und Kinofilme und der Sendehäufigkeit angloamerikanischer Lieder im Hörfunk. Aufgrund dieser Kriterien weisen Holland und Deutschland den höchsten Amerikanisierungsgrad, Frankreich hingegen eine relative kulturelle Resistenz auf (s. Kap. 5.6). Noch schärfer sind hinsichtlich der unterschiedlichen kulturspezifischen Intensität von Amerikanisierungsprozessen die Kontraste zwischen dem anglophonen und dem frankophonen Teil Kanadas, obwohl beide Gesellschaften dem gleichen Staat, der kanadischen Föderation, angehören: Während in Québec neun Zehntel der beliebtesten TV-Fernsehsendungen frankophonen Ursprungs sind und im Wesentlichen aus Québec oder Frankreich stammen, ist die Situation im anglophonen Teil Kanadas gerade umgekehrt, wo 45 der 50 beliebtesten TV-Sendungen angloamerikanische Produktionen darstellen. Phänomene der **Nicht-Rezeption oder Verweigerung** erschließen sich erst bei intensiver Auseinandersetzung sowohl mit Inhalten und Strukturen des Kulturtransfers selbst als auch mit der Ausgangskultur. So fällt beispielsweise im Bereich der französisch-deutschen Übersetzungen seit den 1960er Jahren auf, dass von den kulturell wichtigen ›Bestseller‹-Bereichen des französischen Buchmarktes vor allem ein Bereich deutlich unterrepräsentiert ist und über Jahrzehnte hinweg in Deutschland so gut wie gar nicht wahrgenommen und rezipiert wurde: die in Frankreich sehr populäre, mit Phänomenen wie ›kultureller Identität‹ und ›kollektivem Gedächtnis‹ verknüpfte Gattung des historischen Romans, die u. a. durch zeitgenössische Bestsellerautoren wie Max Gallo, Amin Maalouf, Régine Pernoud und Françoise Chandernagor repräsentiert wird (Nies 1983, 145).

Die **Antriebskräfte oder ›Generatoren‹ von Kulturtransferprozessen** sind vielfältig und lassen sich in Ergänzung zu den von Jordan/Kortländer (1995) genannten Kriterien (s. S. Kap. 5.2, S. 146) vor allem folgenden Kategorien zuordnen:

1. **Ökonomische Interessen** sind mit der Zielsetzung verknüpft, den Vertrieb von Gütern und Dienstleistungen in möglichst effizienter Weise auf die Kultur des Ziellandes abzustimmen, was eine mehr oder weniger fundierte Kenntnis des Erwartungshorizonts der Zielkultur bzw. einzelner Konsumentenschichten impliziert. Die internationale Konsumforschung, wie sie vor allem die Schule um Werner Kroeber-Riel und seine Nachfolger/in repräsentiert, hat hierfür spezifische anwendungsbezogene Untersuchungsmethoden entwickelt (wie die Analyse assoziativer Netzwerke in Verbindung zu emotionalen Kernbotschaften), die u. a. auf der empirischen Untersuchung kultur(raum)spezifischer Werte, Assoziations-

felder und ästhetischer Modelle beruhen (Kroeber-Riel 1992a, 1992b; Dmoch 1997; s. Kap. 5.7).

2. **Politische und ideologische Zielsetzungen** sind häufig mit kulturvermittelnden Institutionen verbunden, die beispielsweise Übersetzungen fördern, kulturpolitische Initiativen tragen und hierfür – mit ganz unterschiedlicher sozialer und kultureller Wirkung – Institutionen wie die Goethe-Institute im Falle Deutschlands oder die Centres Culturels Français einsetzen. Besonders manifest sind politische Interessen als Antriebsfaktoren des Kulturtransfers in Epochen politisch-militärischer Expansion und Hegemonie, wie zum Beispiel
   - im Zuge der französischen Besetzung des linken Rheinufers und von Teilen Westdeutschlands während der Revolutionskriege und der napoleonischen Zeit;
   - nach den beiden Weltkriegen in den allierten Besatzungszonen;
   - im Zusammenhang mit der Etablierung und Durchsetzung kolonialer Herrschaft in Übersee.

   Die europäische Kolonialherrschaft zog – trotz sehr unterschiedlicher kolonialpolitischer Zielsetzungen und mit sehr unterschiedlicher Intensität – massive Formen des Kulturtransfers in allen Bereichen nach sich, vom Transfer sprachlicher Ausdrucksformen und Kommunikationsmittel (Sprachen, literarische Gattungen, Mediengattungen) bis zum Transfer (und zur partiellen Adaptation sowie produktiven Rezeption) von kulturellen Praktiken (beispielsweise europäischer Pädagogik) und Institutionen (u. a. Schule, Gerichtswesen, Verwaltung).

3. **Emotionale bzw. affektive Faktoren** spielen gleichfalls für Kulturtransferprozesse eine zum Teil nur schwer fassbare, aber kaum zu überschätzende Rolle. Emotionale Dispositive wie Faszination, Identifikation, Hass und Ressentiment oder aber die Suche nach Gegenmodellen zur eigenen, als unbefriedigend empfundenen Situation und Lebenswelt erweisen sich für viele Kulturtransferphänomene als ebenso wirkungsvoll wie rationale oder kognitive Faktoren. So war die Faszination deutscher Intellektueller für Frankreich sowohl politisch und kulturell wie auch ästhetisch und gastronomisch bedingt, d. h. von vielfältigen Formen des Transfers und der Rezeption von Ideen, Kulturgütern und Lebensformen begleitet. Ihre Abschwächung – für die programmatisch Lothar Baiers Buch *Firma Frankreich* (1988) steht – verweist auf ein Zurücktreten emotionaler Faktoren zugunsten eines dominant politisch und ökonomisch bedingten Interesses am Nachbarland Frankreich sowie eine tendenzielle Verlagerung emotional besetzter Identifikationsmuster auf andere geographische Sphären, vor allem außerhalb Europas (Karibik, Lateinamerika, Asien).

Emotional geprägte **Einstellungsmuster zu anderen Kulturen** stehen in unmittelbarem Zusammenhang mit dem spezifischen Interesse für bestimmte Bereiche anderer Kulturen, aber auch mit der Wahrnehmung oder Nicht-Wahrnehmung gesellschaftlicher und wirtschaftlicher Entwicklungen. Das weitgehend von sehr stereotypen Vorstellungen geprägte Bild Indiens in Europa, in stärkerem Maße in Frankreich als in Deutschland, hat beispielsweise dazu geführt, dass die sprunghafte Wirtschaftsentwicklung und das Wirtschaftspotential des Subkontinents, etwa im Vergleich zu China, deutlich unterschätzt werden, obwohl beide Länder ein ähnlich hohes Wirtschaftswachstum (von ca. 8–9 %) und ein vergleichbares Entwicklungspotential aufweisen.

Ein anderes Beispiel für die Konsequenzen eines emotional besetzten Fremdwahrnehmungsmusters für Kulturtransferprozesse bildet das ›germanophile‹, positive **französische Deutschlandbild**, das sich neben dem vor allem seit 1870/71 entwickelten ›Feindbild Deutschland‹ vor allem unter den intellektuellen Schichten und dem französischen Bürgertum im 19. Jahrhundert herausbildete. Dieses wird seit dem ausgehenden 18. Jahrhundert bis in die Gegenwart hinein u. a. von stereotypen Vorstellungen eines romantisch-verklärten Deutschlandbilds bestimmt (s. Kap. 4.7) und hatte, wie F. Nies (1996) gezeigt hat, unmittelbare Auswirkungen auf Schwerpunkte und Auswahl der aus dem Deutschen ins Französische übersetzten Literatur. »Romantisch zu sein auf deutsche Art, das heißt aus der Sicht unseres großen westlichen Nachbarn auch, sich uninteressiert zu zeigen an den Problemen der modernen Welt, der Industrialisierung, des Großstadtlebens wie den daraus entstehenden sozialen Konflikten. Seit den 80er Jahren des 18. Jahrhunderts begegnen wir diesem stereotypen Bild deutscher Literatur« (ebd., 341).

Dies erklärt zum einen, warum zwar deutsche romantische Schriftsteller wie E. T. A. Hoffmann, Tieck, Wackenroder, Achim von Arnim und Wilhelm Hauff intensiv übersetzt wurden und in Frankreich ein aus deutscher Sicht zuweilen kaum verständlicher Enthusiasmus für die Opern Richard Wagners, die Romane Ernst Jüngers und das Werk Friedrich Nietzsches zu beobachten ist, zum anderen aber die realistisch-sozialkritische Strömung der deutschen Literatur und Philosophie wenig oder kaum wahrgenommen und übersetzt wurde, d. h. Autoren wie Theodor Fontane, Gerhart Hauptmann, Alfred Döblin oder Kurt Tucholsky: »warum das Publikum dort den mystischen Dichter Gerhart Hauptmann lieber las als den politisch-sozialen Autor, warum *Die Ratten* oder die Stücke Tollers nie ins Französische übertragen wurden, warum *Berlin Alexanderplatz* von Döblin und *Effi Briest* [von Theodor Fontane] 40 Jahre, die *Chronik der Sperlingsgasse* von Wilhelm Raabe 75 Jahre warten mußten, bevor sie übersetzt wurden« (ebd., 342).

Emotionale, subjektiv und stark persönlich geprägte Motivationsfaktoren können gelegentlich unvermutete soziale und institutionelle Breiten- und Langzeitwirkungen erzeugen. Ein Beispiel hierfür stellen die Deutschlandaufenthalte der beiden französischen Philologen Gaston Paris und Michel Bréal in den 1850er Jahren in Bonn und Göttingen dar. Sie bildeten den entscheidenden Auslöser für die Übertragung philologischer Methodenmodelle von Deutschland nach Frankreich und beeinflussten hiermit die französischen Geisteswissenschaften des ausgehenden 19. und des 20. Jahrhunderts nachhaltig (Espagne 1990, 148).

Phänomene und Prozesse des Kulturtransfers, denen im Kontext des europäischen Einigungsprozesses, der Internationalisierung der Volkswirtschaften und der kulturellen und wirtschaftlichen Globalisierung zunehmende Bedeutung zukommt, sind ein zentraler Bestandteil Interkultureller Kommunikation und damit auch interkulturellen Lernens und Forschens. Prozesse wie die europäische Integration oder die ökonomische Globalisierung verleiten dazu, kulturelle, vor allem auch sprachlich geprägte Differenzen zwischen unterschiedlichen Gesellschaften – vor allem wenn sie, wie Frankreich und Deutschland, unmittelbar benachbart sind (Kolboom 2000) – zu unterschätzen oder gar zu nivellieren. Formen der kulturellen Angleichung und Homogenisierung sind nur auf den ersten Blick zweckrationaler und ökonomischer; sie provozieren jedoch häufig Formen des Widerstands, der Verweigerung und Ablehnung, des Nicht-Verstehens oder der Fehlinterpretation, die letztlich kontraproduktiv und, ökonomisch gesprochen, ›kostspieliger‹ sind. Der Erfolg von Bestseller-Autoren des 18. Jahrhunderts (wie Voltaire und Raynal) im Europa der Aufklärung ebenso wie die globale Wirkung von Erzähltexten wie *Heidi* und von

Abb. 5.5 Der globalisierungs- und ame-
rikakritische Bauernführer José Bové,
nach seiner Verhaftung 1999,
im Anschluss an die Zerstörung und Plün-
derung eines McDonald's Restaurants
in Millau (Quelle: *L'Evenement*,
9.–15.9.1999, Titelblatt)

Filmgattungen wie dem indischen Bollywood-Film in der zeitgenössischen Medienkultur beruhen auch – und zum Teil im Wesentlichen – auf dem Geschick (hier konkret auch: der ›interkulturellen Kompetenz‹) ihrer Übersetzer, Verleger, Kritiker, Pro-
duzenten und Marketing-Manager: d. h. deren Fähigkeit, Texte, Diskurse, Mediengattungen und Ideen, oder auch Werbe- und Produktstrategien gezielt neuen, anderen
kulturellen Rezeptionshorizonten anzupassen, in sprachlicher, ästhetischer und dis-
kursiver Weise, durch Formen des interkulturellen Kommentars und der Adaptation
wie auch der produktiven Rezeption.

Ein Fallbeispiel aus einem anderen kulturellen Sektor und einer völlig anderen
Epoche – der Gegenwart – betrifft Kulturtransferprozesse in der zeitgenössischen
globalisierten Konsumkultur. Folgt man den empirischen Untersuchungen einer
Gruppe amerikanischer Kulturwissenschaftler und Anthropologen um James Watson (1997), so beruht der weltweite Erfolg der Fastfoodkette McDonald's auf der ge-
schickten kulturspezifischen, auf lokale und regionale Bedürfnisse gleichermaßen
gezielt Rücksicht nehmenden Adaptation einer globalen ökonomischen Strategie.
Unter strukturellen Gesichtspunkten ist die hier zugrunde liegende Adaptationsstra-
tegie somit mit ähnlichen Phänomenen in der Vergangenheit vergleichbar. Dass dieses ›Erfolgsrezept‹ vor allem im Land der »exception culturelle« (Frank 1999), nämlich Frankreich, nicht oder nicht in gleicher Weise zu greifen vermochte wie den
meisten anderen Gesellschaften, zeigen die symbolischen Plünderungen von McDonald's Restaurants als Form politischer Aktion im Sommer 1999 sowie die Hochstili-
sierung des Wortführers und Demonstrantenführers José Bové zu einer nicht nur
französischen, sondern transatlantischen Identifikationsfigur des Widerstands gegen
die fortschreitende ökonomische und kulturelle Globalisierung (s. Abb. 5.5).

Die Intensivierung und Globalisierung von Kulturtransferprozessen, die die
gesamte Konsum- und Medienkultur und nahezu die gesamte Gesellschaft betreffen
und nicht nur – wie in den Globalisierungsprozessen des 16. bis beginnenden
20. Jahrhunderts – im Wesentlichen eine Elitenschicht, erscheinen hier zugleich als
Generatoren neuer Formen der Verweigerung und des kulturellen und politischen
Widerstandes.

5.4 | Literatur und Medien im Kulturtransfer – Übersetzungen, Adaptationsformen, Paratexte

Sowohl in der Literatur als auch in anderen Medien lässt sich die ganze Bandbreite von Kulturtransferprozessen beobachten. Übersetzungen spielen im literarischen Bereich eine wichtige Rolle. Vor allem in den (kontinental)europäischen Ländern nehmen sie auf dem Buchmarkt einen herausragenden Platz ein, in Deutschland etwa ein Siebtel der gesamten Buchproduktion. In Film und Fernsehen betrifft die Übersetzungsproblematik neben Synchronisationen auch Untertitelungen. Die Übersetzungen von literarischen und kulturellen Feuilletons im Hörfunk sowie von Radiohörspielen, die noch in den 1950er und 1960er Jahren einen gewissen Stellenwert einnahmen und ein Qualitätsmerkmal eines anspruchsvollen Hörfunkprogramms darstellten, sind aus Kostengründen sowie aufgrund veränderter Medienstrukturen sehr stark zurückgegangen. Kulturelle Adaptationsformen sind in erster Linie in den Paratexten (Titelübersetzungen, Vor- und Nachworte, Werbeplakate, Interviews etc.) zu finden und spielen eine zentrale Rolle für die Rezeption und Interpretation fremdkultureller Literatur und Medien.

Die **Übertragung afrikanischer Literatur ins Deutsche** liefert ein signifikantes Fallbeispiel für die **Übersetzung und Adaptation literarischer Texte** in anderen Kulturräumen. Afrikanische Literatur, die zu über 90 % in europäischen Sprachen (Englisch, Französisch, Portugiesisch) geschrieben und veröffentlicht wird, gehört zweifellos zu den Randbereichen des Übersetzungsmarkts in Deutschland: Weniger als 5 % der Werke afrikanischer Autor/innen sind bisher übersetzt worden, afrikanische Literatur ist, trotz der kulturellen, politischen und zunehmend auch wirtschaftlichen Bedeutung Afrikas, überhaupt erst seit den 1950er Jahren in Deutschland zur Kenntnis genommen worden. Von den über 6000 gedruckten und in Buchform vorliegenden Werken der frankophonen afrikanischen Literatur liegen wenig mehr als 200, d. h. ca. 3,3 %, in deutschen Übersetzungen vor. Drei Gesichtspunkte sind bei dieser Art des Kulturtransfers, der zunächst auf der Ebene der Übertragung (textnahe Übersetzung) und daneben auch der Adaptation und des Kommentars (in Form von Literaturkritiken, Rezensionen etc.) erfolgte, von herausragender Bedeutung:

1. Die entscheidende Rolle bestimmter **Vermittlerfiguren**, unter denen insbesondere der Journalist, Übersetzer und Literaturkritiker Janheinz Jahn (1918–73) und der Literatur-, Theater- und Kunstkritiker Uli Beier (geb. 1922) hervorzuheben sind. Vor allem J. Jahn ist die ›Entdeckung‹ der afrikanischen Literatur im deutschen Sprachraum und die Vermittlung von Autoren wie Léopold Sedar Senghor auch an ein breiteres Publikum zu verdanken.

2. Die Rolle von **Vermittlerinstitutionen** wie der Frankfurter Buchmesse 1980 und der im gleichen Jahr gegründeten Gesellschaft zur Förderung der Literatur in Asien, Afrika und Lateinamerika in Frankfurt/Main.

3. Die Präsenz bestimmter soziokultureller **Rezeptionsdispositive** (oder Erwartungshaltungen), die zur Übersetzung – und damit auch zum kulturellen Transfer – afrikanischer Literatur im deutschen Sprachraum führte, diese gewissermaßen motivierte und ›generierte‹. Zu nennen wären in erster Linie:
   – der Erwartungshorizont der *engagierten Linken der 1968er-Generation* sowie in der DDR, der die intensive und großenteils relativ rasch erfolgte Übersetzung vor allem militanter, antikolonialistischer Literatur afrikanischer Schriftsteller wie Mongo Beti (Kamerun), Ousmane Sembene (Senegal) und Henri Lopes (Kongo Brazzaville) zu erklären vermag;

- die *Frauenbewegung* seit den 1980er Jahren, die entscheidend die – gleichfalls intensive – Übersetzung und Rezeption afrikanischer Frauenliteratur motivierte (Autorinnen wie Mariama Bâ, Aminata Sow Fall, Calixte Beyala, Ken Bugul, Fatou Diome);
- das kulturelle und mentale *Dispositiv des ›Exotismus‹* (s. Kap. 4.6), das zumindest in der Frühphase die Übertragung afrikanischer Literatur in entscheidendem Maße beeinflusste und die paratextuellen Adaptationsformen bestimmte (Gouaffo 1998).

Die **Analyse des Paratextes** ist ein methodischer Ansatz, um die kulturellen Adaptationsformen von – in diesem Fall literarischen – Übersetzungen präziser herauszuarbeiten. Unter ›Paratext‹ werden nach Gérard Genette (1987, 10–11) alle Textelemente verstanden, die einem literarischen Werk (oder auch einem Medienprodukt) von seinen Produzent/innen (Autor, Übersetzer, Verleger) beigefügt werden, um es den Leser/innen zu präsentieren und ihnen hierdurch gezielt eine bestimmte Bedeutung zu geben. Hierzu gehören zum einen die Elemente des ›Peritextes‹ (Titel, Zwischenüberschriften, Illustrationen, Vor- und Nachwort), die materiell mit dem Werk verbunden sind; und zum anderen die Komponenten des ›Epitextes‹, der sich außerhalb des Werkes befindet, d. h. öffentliche Äußerungen wie Interviews, Korrespondenzen, Tagebuchnotizen, Drehbuchaufnahmen etc. des Autors, Regisseurs oder Übersetzers, die das Werk unmittelbar betreffen und zum Teil auch gezielt für das Marketing eingesetzt werden.

Eine Analyse beispielsweise der **Titelübersetzungen** afrikanischer Literatur zeigt signifikante interkulturelle Adaptationsformen auf, die im Wesentlichen auf die erwähnten Rezeptionsdispositive zurückzuführen sind:

1. **Wörtliche Übereinstimmung von Originaltitel und deutscher Übersetzung**: Dieser Typus der wörtlichen Übertragung liegt in einer ganzen Reihe von Fällen vor, wie z. B. bei Camara Layes Roman *Le Regard du Roi* (übersetzt mit *Der Blick des Königs*) oder Ayi Kwei Armahs *The beautiful ones are not yet born*. Bei näherem Hinsehen erweist sich aber auch die wörtliche Übersetzung häufig als nicht unproblematisch und verkürzend. Ein Beispiel hierfür ist die Übersetzung des Titels des Romans *Le vieux nègre et la médaille* (1956) von Ferdinand Oyono (Kamerun), der im Deutschen mit *Der alte Neger und die Medaille* (1957) wiedergegeben wurde, wobei das deutsche Wort ›Medaille‹ nur einen Aspekt des polysemischen französischen Wortes »médaille« wiedergibt und zudem im Deutschen eher Assoziationen mit ›Goldmedaille‹, olympische Medaille etc. weckt. Mit »médaille« ist aber im Roman selbst ein Orden gemeint, den der Protagonist des Romans, Meka, am 14. Juli verliehen bekommt. Dieser erscheint zunächst als Verkörperung des angepassten, von den weißen Kolonialherrn faszinierten Afrikaners, der seine beiden Söhne im Krieg für Frankreich verloren und seinen Grundbesitz der katholischen Kirche vermacht hat. Der Roman schildert sodann die Desillusionierung des Protagonisten, der nach der Ordensverleihung zunehmend die tiefe Kluft zwischen republikanischer Ideologie und französischem Zivilisationsanspruch auf der einen und der kolonialen Herrschaftspraxis auf der anderen Seite zu entdecken beginnt. Diese im französischen Titel angelegten Sinnschichten werden durch die wörtliche Übersetzung des Titels ausgeblendet.

Ein anderes Beispiel: Die deutsche Übersetzung des Romans *The Interpreter* (1965) des nigerianischen Literaturnobelpreisträgers Wole Soyinka erhielt im Deutschen den Titel *Die Ausleger* (1983), was eine wörtliche Übersetzung darstellt und auf den ersten Blick auch den französischen und italienischen Titelübersetzungen *Les interprètes* (1979) und *Gli interpreti* (1979) entspricht. Der Titel *Die Ausleger* weckt jedoch im Deutschen völlig andere Assoziationen, lässt beispielsweise an ein ›Auslegerboot‹ oder an Kranteile denken, Wortbedeutungen, die auch in den gängigen Wörterbüchern vor der (Neben-)Bedeutung ›Interpreten‹ genannt werden. In dem Roman geht es jedoch um eine Gruppe 30- bis 35-jähriger nigerianischer Intellektueller, die »in ihrer Arbeit und ihren Gesprächen bemüht sind, sich in der sehr komplexen und verworrenen Situation in Nigeria nach Erlangung der Unabhängigkeit am Anfang der 1960er Jahre zurechtzufinden, diese Realität zu verstehen und sie zu denken« (Riesz 1985/1993, 351), d. h. sie zu ›interpretieren‹.

2. Hinsichtlich der **inhaltlich abweichenden Titelübersetzungen** lassen sich zwei Grundmotivationen erkennen:

- Zum einen die *›Exotisierung‹ der Titel*, die zur plakativen Einführung afrikanischer Namen sowie exotischer Bilder und Assoziationsmuster führt, wie ›schwarzer Fürst‹, ›Neger‹ und ›Tam-Tam‹. So wurde beispielsweise der Titel des Romans *Les soleils des indépendances* (1968; Die Sonnen der Unabhängigkeiten) von Ahmadou Kourouma übersetzt mit *Der schwarze Fürst von Horodougou* (1980), wodurch die aktualitätsbezogene und gegenüber den Realitäten der unabhängig gewordenen Staaten Afrikas sehr kritische Sinndimension des Romans im Titel völlig ausgeblendet wurde. Der Romantitel *Things fall apart* (1958; Die Dinge fallen auseinander) von Chinua Achebe wurde übersetzt mit *Okonkwo oder das Alte stürzt* (1959). Der im Originaltitel und leitmotivisch im Roman selbst verankerte intertextuelle Bezug zu einem Zitat aus dem Gedicht *The Second Coming* (1919) des englischen Dichters W. B. Yeats (»Things fall apart; the centre cannot hold;/Mere anarchy is loosed upon the world«) ist somit in der Übersetzung entfallen.

- Zum anderen lässt sich eine *Politisierung der Titelübersetzungen* feststellen, die häufig mit der Einführung oder Adaptation anderer Elemente des Paratextes korrespondiert (Titelblattillustrationen, Vor- und Nachworte etc.). Der Titel des Romans *Sans Tam-Tam* (1977; Ohne Tam-Tam) des kongolesischen Autors Henri Lopes beispielsweise wurde übersetzt mit *Die strafversetzte Revolution* (1979). Hierdurch wird zwar der politische Gehalt des (Brief-)Romans betont. Zugleich geht aber nicht nur die intertextuelle Anspielung auf Lopes' Auseinandersetzungen mit der *Négritude*-Ideologie Léopold Sédar Senghors verloren, der die Werte und Traditionen Afrikas idealisierte und u. a. durch das Musikinstrument des ›Tam-Tam‹ symbolisierte; sondern auch die nüchtern-pragmatische Zielsetzung des Autors Lopes, der 1975 bis 1977 Premierminister der Volksrepublik Kongo war und mit den Mitteln der literarischen Fiktion sein Lesepublikum aufzufordern suchte, sich »sans tam-tam«, d. h. ohne ideologisches Pathos und überzogene Selbststilisierung, den konkreten sozialen, kulturellen und wirtschaftlichen Problemen Afrikas zu widmen. Eine wörtliche Übersetzung des Originaltitels hätte in diesem Fall zweifelsohne dem Sinngehalt des Werkes und der Autorintention besser entsprochen.

Paratexte stellen somit wichtige Bestandteile der interkulturellen Rezeption literarischer Werke oder Medienangebote dar. Sie nehmen eine wichtige Funktion im Marketing ein, prägen ihre Interpretation und Rezeption und zielen darauf ab, durch verschiedene Formen der Adaptation (beispielsweise der Werktitel und der Titelblattillustration oder der Vorworte) auf Rezeptionsdispositive und Erwartungshaltungen des fremdkulturellen Zielpublikums einzugehen.

Interkulturelle Formen der produktiven Rezeption von literarischen Werken und Medien gehen über Formen der Übersetzung und Adaptation deutlich hinaus. Sie verändern in entscheidenden Elementen die Struktur der Vorlagen oder Modelle und verleihen ihnen eine völlig neue Bedeutung. Insofern sind sie intrakulturellen Formen der produktiven Rezeption durchaus vergleichbar, wie sie beispielsweise in der *Relecture* und Neuinterpretation von Klassikern innerhalb einer Kultur vorliegen. Plenzdorfs Roman *Die neuen Leiden des jungen Werthers* (1973/76), knapp 200 Jahre nach Goethes Original erschienen, stellt ein Beispiel für eine intrakulturelle produktive Rezeption eines literarischen Klassikers dar. Interkulturelle Formen implizieren jedoch immer nicht nur eine grundlegende sprachliche Veränderung (und damit auch die Problematik der Übersetzung), sondern auch unterschiedliche kulturelle Dimensionen (Werte, Identifikationsfiguren, Rituale und Symbole, s. Kap. 2.1.3) und damit interkulturelle Vermittlerfiguren und -prozesse. Sie unterscheiden sich somit grundlegend etwa von der Neu-Interpretation und Neu-Aufführung eines Klassikers wie Friedrich Schiller in der deutschen Gegenwartskultur oder dem Remake eines Hollywood-Klassikers wie *Great Expectations* (1934) von Stuart Walker durch David Lean im Jahr 1946 sowie – gleichfalls unter demselben Titel – durch Alfonso Cuaron 1998. Diese sind den *intra*kulturellen Transfers zuzuordnen und weisen trotz einiger struktureller Parallelen einen ganz anderen Stellenwert und eine völlig anders gelagerte Bedeutung als *inter*kulturelle Transfers auf.

5.5 | Die produktive Rezeption von Literatur- und Medienangeboten – Methodik und Fallbeispiele

Die **kreative Relecture** von William Shakespeares Drama *The Tempest* (1611) in dem Theaterstück *Une Tempête* (1969) des französischsprachigen karibischen Schriftstellers und Politikers Aimé Césaire (1913–2008) stellt ein herausragendes zeitgenössisches Beispiel für interkulturelle Formen produktiver Rezeption im literarischen Bereich dar. Es handelt sich bei Césaires Theaterstück um ein postkoloniales Werk, das bewusst und gezielt koloniale Ideologien und Herrschaftsansprüche in Frage stellt und sich hierbei an einem der großen Klassiker der europäischen Literatur ›abarbeitet‹, diesen neu interpretiert, gegen den Strich bürstet und hierbei verschüttete und verdrängte Sinn- und Bedeutungsschichten hervorholt. Es bringt mit den Mitteln der literarischen Fiktion politische Zielsetzungen zum Ausdruck, die Césaire zuvor bereits in politischen Reden (er war von 1946 bis 1993 Abgeordneter in der französischen Nationalversammlung) und in seinem politischen Manifest *Discours sur le colonialisme* (1950) artikuliert hatte. Vor dem Hintergrund des Indochina- und des sich abzeichnenden Algerienkriegs sowie der Erfahrungen des Zweiten Weltkriegs hatte Césaire in seinem Manifest grundlegend den Zivilisations- und damit auch den Kolonisationsanspruch der okzidentalen Welt und vor allem Europas in Frage gestellt. Für die kolonisierten Völker forderte er das Recht auf politische und kulturelle Selbstbestimmung ein. Die literarische Umsetzung dieser politischen Zielsetzungen erfolgte bei Césaire vor allem in seinem Gedicht *Cahier d'un retour au pays natal* (1946) sowie in seinen Theaterstücken, die mittlerweile zu den Klassikern der frankophonen Literaturen außerhalb Europas zählen.

Shakespeares Drama *The Tempest*, dessen Handlung Césaire in seiner Grundstruktur übernahm, aber zugleich stark kürzte, erzählt die Geschichte der Verbannung des Herzogs Prospero, der, von seinem Bruder Antonio aus seinem ererbten Fürstentum Mailand vertrieben, auf See geht und zusammen mit einigen Getreuen und seiner Tochter Miranda auf eine tropische Insel gelangt. Dort unterwirft und versklavt er die Eingeborenen, im Stück repräsentiert durch den ›Negersklaven‹ Caliban, Sohn der ›Hexe‹ Sycorax, sowie den Luftgeist Ariel. Durch Zauberkraft entfacht Prospero einen Sturm und bringt hierdurch seine Widersacher, die ihm gefolgt sind, d. h. seinen Bruder und Rivalen Antonio, dessen Sohn und sein Gefolge, in seine Gewalt. Die gefangenen Schiffbrüchigen werden einem Bußgericht unterworfen, der in Prosperos Tochter Miranda verliebte Ferdinand muss sich einer Bewährungsprobe unterziehen. Caliban zettelt einen Aufstand an, der jedoch schon im Ansatz scheitert. Am Ende verlobt Prospero Ferdinand und Miranda und bereitet seine Rückkehr nach Mailand vor. Césaire hat hinsichtlich der Handlungsstruktur, aber vor allem bei der Figurenkonstellation entscheidende Änderungen vorgenommen, die dem Stück im Vergleich zur europäischen Vorlage einen völlig anderen, anti- bzw. **postkolonialen Sinn** geben:

- Die Rolle der europäischen Protagonisten wurde eingeschränkt, aus einer ›Liebes- und Intrigenaffäre unter Weißen‹ wurde ein Stück, in dem auch die Eingeborenen der tropischen Insel eine wichtige Rolle spielen.
- Das Ende des Stücks wird offen gelassen, an die Stelle eines versöhnlichen Schlusses bei Shakespeare, bei dem die (europäischen) Widersacher ihren Zwist beilegen, tritt die offene Konfrontation zwischen Prospero und Caliban, der die Unterwerfung unter die europäischen (Kolonial)Herren verweigert und zum Widerstand aufruft, worauf Prospero, unter Berufung auf seinen zivilisatorischen Auftrag, schwört, diesen gewaltsam niederzuschlagen.
- An die Stelle eines (binnen)europäischen Machtkonflikts, in dem die Eingeborenen nur eine ›exotische‹ Randrolle spielten, ist somit ein gewaltsamer Konflikt getreten, in dem die – bei Shakespeare weitgehend verdrängte – Kolonialproblematik ins Zentrum gerückt wird.
- Die allegorischen Figuren bei Shakespeare erhalten ein soziokulturelles Profil: Aus dem ›Erdgeist‹ Caliban wird bei Césaire ein »Esclave nègre« (›Negersklave‹); und der ›Luftgeist‹ Ariel erscheint bei Césaire als Mulatte und assimilierter Intellektueller, der statt der Konfrontation mit Prospero die Vermittlung sucht, objektiv jedoch immer auf Seiten des weißen Kolonialherrn steht.
- Als zusätzliche Figur führt Césaire den Götzen Eshu ein, der die religiöse und kulturelle Differenz zwischen der europäischen und der karibischen Welt symbolisiert. Zur Identifikationsfigur wird in *Une Tempête* eindeutig der revoltierende ›Negersklave‹ Caliban, ganz im Gegensatz zu Shakespeare, wo Prospero diese Funktion einnimmt.

Césaires produktive Rezeption von Shakespeares *The Tempest* veranschaulicht einen interkulturellen Paradigmawechsel im Verhältnis zwischen der okzidentalen und der außereuropäischen (post)kolonialen Welt. Er symbolisiert die Wortergreifung von Autoren, wie auch von Filmemachern und Künstlern, der außereuropäischen (post)kolonialen Welt, die radikal andere Sichtweisen der eigenen Geschichte, Kultur und Gesellschaft zum Ausdruck bringen wollen (Ashcroft/Griffiths/Tiffin 1989) und hierbei häufig mit europäischen Ausdrucksformen (Literatur- und Mediengattungen, Ästhetik, Sprache) brechen oder diese in völlig neuer Weise verwenden.

Zugleich verfolgen sie die Zielsetzung, durch einen interkulturellen ›Sichtwechsel‹ (s. Kap. 3.4) die europäische Kultur aus außereuropäischer Perspektive neu zu lesen und zu interpretieren. »Die Dritte Welt ist in besonders sensibler Weise geeignet, die koloniale Formbestimmtheit der europäischen Literatur in ihrer Lektüre aufzudecken und uns Europäer nicht nur wesentliche Seiten unserer eigenen Literatur zu lehren, sondern auch einen erfolgreichen, kreativen Umgang mit Literatur zu demonstrieren [...]« (Bader 1983, 288). Für diese Form der produktiven Rezeption von Klassikern in anderen Kulturen und Kulturkreisen eignet sich in besonderer Weise das Theater als öffentliches und performatives literarisches Genre, das zudem in wachsendem Maße Komponenten anderer Medien und Ausdrucksformen (Kunst, Video, Film) in seine Inszenierungspraxis integriert hat (Fischer-Lichte 2004).

Die **produktive Rezeption von Medienangeboten** umfasst gleichfalls ein breites Spektrum, das von der kreativen Aneignung von Musikformen und Videoclips (wie dem US-amerikanischen Rap in Frankreich, s. Kap. 5.6, über die interkulturelle Anpassung von Fernsehformaten) bis zu den *Remakes* von Filmen in anderen Kulturen reicht.

Mit der vierten, in den 1980er Jahren einsetzenden Phase der Globalisierung haben der interkulturelle Transfer und die hiermit verbundenen Adaptationsformen von Medienformaten eine völlig neue Dimension erreicht. Diese ist sowohl mit der zunehmenden Liberalisierung des Welthandels als auch mit der Entstehung des Satellitenfernsehens und der fortschreitenden Privatisierung staatlicher oder öffentlich-rechtlicher Fernseh- und Rundfunkanstalten seit Mitte der 1980er Jahre vor allem in Europa verbunden, die zu einer deutlich zunehmenden Nachfrage nach Programmangeboten geführt haben. Neben Formatübernahmen, bei denen importierte Fernsehprogramme durch Synchronisierung oder Untertitelung an die Zielkultur angepasst werden – wie im Fall weltweit verbreiteter US-amerikanischer Serien wie *Miami Vice* (1984–89), *Dallas* (1978–91) und *Dynasty* (1981–89) – lassen sich indirekte sowie direkte Formatadaptationen unterscheiden.

Zu den **indirekten Formatadaptationen** sind Serien zu zählen, die sich an anderskulturellen Vorbildern orientieren, jedoch ein ästhetisch und kulturell eigenständiges Produkt repräsentieren, wie etwa die von der US-Serie Dallas inspirierte französische Serie *Châteauvallon*. Moran (2009) bezeichnet diese Form der interkulturellen Adaptation auch als *generic spin-offs*. **Die direkten Formatadaptationen**, deren Bedeutung in den letzten Jahrzehnten sprunghaft zugenommen hat, stellen eine »kulturorientierte Übersetzungsleistung« (Didier 2012) dar. Durch sie werden thematische, erzählerische und ästhetische Elemente im Hinblick auf die Erwartungshaltung der Zielkultur verändert und lokalen Erwartungshaltungen und Sehtraditionen angepasst. Die Fülle von weltweiten und zum Teil äußerst erfolgreichen Formatadaptationen in den letzten beiden Jahrzehnten zeigt, dass neben den USA auch andere Medienkulturen in zunehmendem Maße eine Rolle als Produktionsregionen spielen. So wurde das deutsche Format *Wetten, dass ...?* seit 2007 in die USA, aber auch nach China, Italien und in die Niederlande verkauft und dort adaptiert. Das britische *Big-Brother*-Reality-TV-Format und die Erfolgsformate *Super Nanny* (seit 2004) sowie *The Weakest Link* (seit 2000) lagen einer Vielzahl von Adaptationen weltweit zugrunde und inspirierten auch die deutschen Fernsehserien *House of Love* (RTL, 2001) und *Girlscamp* (SAT.1, 2001). Die US-Serie *CSI: Crime Scene Investigation* (seit 2000) und die abgeleiteten ›spin offs‹ *CSI: Miami* (seit 2002) und *CSI: New York* (seit 2004) wurden in der Folge in mehreren europäischen Serien interkulturell adaptiert: zunächst in der italienischen Kriminalserie *R. I. S. – Delitti Imperfetti* (2005), auf der die französische Serie *R. I.S – Police Scientifique* (seit 2007) aufbaute, die wiederum die Basis für die deutsche Kriminalserie *R. I. S. – Die Sprache der Toten* (seit 2007) bildete (Didier 2012).

Wie A. Didier (2014) in ihrer wegweisenden Studie am Beispiel des CSI-Formats gezeigt hat, erfolgt die Lokalisierung in den Fernsehformat-Adaptationen der Serie auf mehreren Ebenen und in verschiedenen Codes: der Figurenkonzeption der Protagonisten, der Handlungsrahmen mit seinen nationalen Stereotypen (die in der US-Originalserie etwa auf die Stereotypen des ›American Dream‹ rekurrieren), der Handlungsorte, der historischen und kulturellen Referenzen sowie der behandelten und der ausgeschlossenen und tabuisierten Themen.

Die britische Serie *Who wants to be a Millionaire?* und ihre insgesamt 108 weltweiten Adaptationen sowie die große Anzahl von nationalkulturellen Adaptationen der kolumbianischen Serie *Yo soy Betty la fea*, aus der zunächst die erfolgreiche US-amerikanische Serie *Ugly Betty* (2006–2010) wurde, sind weitere zeittypische Beispiele für die enge Verbindung von globaler Verbreitung und differenzierter interkultureller Adaptation im Bereich der Fernsehformate. Das Beispiel der Serie *Yo soy Betty la fea*, die zunächst in Synchronfassungen (in zahlreichen südamerikanischen Ländern und dann in Nordamerika und in mehreren europäischen Ländern) verbreitet wurde, bevor sie – mit deutlich größerem Erfolg – als Fernsehformat angeboten wurde (in Deutschland adaptiert unter dem Titel *Verliebt in Berlin*, 2005–2007), belegt die tendenziell zunehmende Bedeutung von interkulturellen Adaptationen gegenüber dem Verkauf des Originals (und seiner Präsentation in der Originalsprache oder in Synchronisierung) in anderen Kulturräumen.

Das Phänomen der **Remakes französischer Filme** im Hollywood-Kino stellt insofern ein besonders anschauliches Beispiel für die kreative Dimension von Kulturtransferprozessen dar, als hier – ebenso wie bei literarischen Texten – die kulturellen Aneignungsformen und die ihnen zugrunde liegenden Erwartungshaltungen des Publikums anhand verschiedener Facetten der Textstruktur (Handlung, Figurendarstellung, Kommentarformen, Filmtechnik, Wertesysteme) präzise erfasst werden können.

J. Manderbach definiert **filmische Remakes** allgemein, unter Einschluss der sehr viel häufigeren intrakulturellen Neuverfilmungen, als »Neuverfilmung eines schon einmal verfilmten Stoffes. Als Remakes bezeichnet man nur solche Filme, die einen Vorläufer mehr oder minder detailgetreu nachvollziehen – meist aktualisiert, bisweilen in andere Genres übertragen, gelegentlich auch in ganz andere Schauplätze und Zeiten versetzt«. (Manderbach 1988, zit. nach Hobsch 2002, 12). Das Hollywood-Kino rekurriert bei Remakes vor allem auf Bestseller des europäischen Kinos, die dem US-amerikanischen Geschmack angepasst und zugleich uminterpretiert werden. Noch vor italienischen und deutschen Filmen (u. a. von Fritz Lang) dominieren unter den US-Remakes bereits seit den 1930er Jahren französische Filme, u. a. von so bekannten Regisseuren wie Jean Renoir (*La chienne*, 1931; Remake *La rue rouge*, 1945, von Fritz Lang), Julien Divivier (*Pépé le Moko*, 1937; Remakes *Casbah*, 1938, von John Cromwell und *Casbah*, 1948, von John Berry) und François Truffaut (*L'homme qui aimait les femmes*, 1997; Remake *The Man who Loved Women*, 1983, von Blake Edwards) (Protopopoff/Serceau 1989a).

Fallbeispiel: Eines der bekanntesten und erfolgreichsten US-amerikanischen Remakes eines französischen Films in den letzten Jahrzehnten stellt Jim McBrides Neuverfilmung *Breathless* (»Atemlos«, 1983) von Jean-Luc Godards Film *A bout de souffle* (1959) dar, einem Klassiker des neuen französischen Films *(Nouvelle Vague)*. Bei

Godard ebenso wie bei McBride kreist die Handlung um einen kleinen Gangster (Michel Poiccard, gespielt von Jean-Paul Belmondo, bzw. Jesse, dargestellt von Richard Gere), der von Gelegenheitsdiebstählen und Hehlerei lebt, eher durch Zufall zum Polizistenmörder wird und mit einer Studentin liiert ist – in *A bout de souffle* mit der amerikanischen Journalismus-Studentin Patricia und in dem USRemake *Breathless* mit der französischen Architekturstudentin Monica Poiccard. In beiden Filmen ist das Verhältnis der Liebenden durch einen schroffen Wechsel zwischen Leidenschaft und Distanznahme gekennzeichnet, die zum Verrat an dem Protagonisten führt. Handlungs- und Personenstruktur der beiden Filme sind weitgehend ähnlich oder zumindest in weiten Teilen vergleichbar, bis auf das im Remake offene Ende (während in der französischen Vorlage der Protagonist die Flucht verweigert und von der Polizei erschossen wird).

Grundlegend verschieden sind hingegen neben der räumlichen Situierung und der hiermit verknüpften Assoziationen (Marseille und Paris bei Godard, Las Vegas und Los Angeles bei Jim McBride) das Personenprofil, die Formen der Kommunikation, die interkulturellen Bezüge und die Filmtechnik, die im Remake deutlich auf ein US-amerikanisches Massenpublikum zielen (Protopopoff/Serceau 1989b; Durham 1998, 49–69). So zeigt sich bei Godard der französische Protagonist von Amerika und seiner Kultur fasziniert, die im Film durch Humphrey Bogart (den er durch charakteristische Gesten zu imitieren sucht), amerikanische Filmplakate, amerikanische Autos, amerikanische Ausdrücke und Sprachfetzen und schließlich durch seine amerikanische Geliebte (gespielt von Jean Seberg) verkörpert wird. Diese **Amerikafaszination** findet in McBrides Film nur ein schwach ausgeprägtes Äquivalent in den – wenigen – Bezugnahmen auf Frankreich. Französische Kultur- und Medienprodukte spielen keine Rolle, die französische Sprache wird allenfalls in dem – im Verhältnis zu Godards Film wenig ausgeprägten – Akzent der Protagonistin evoziert. Die in Godards Film völlig asymmetrisch und diskontinuierlich verlaufende Kommunikation zwischen den beiden Protagonisten, die sich wenig zu sagen haben und deren Verhältnis auf physischer Anziehung sowie auf einer emotionalen Faszination durch die Sprache und ›Kultur des Anderen‹ beruht, wird in McBrides Film gewissermaßen ›synchronisiert‹ und zugleich in psychologischer und interkultureller Hinsicht nivelliert. Weder die interpersonale noch die interkulturelle Kommunikation, die in Godards Film wesentlich sind, werden hier als Probleme thematisiert.

Entsprechend ersetzt das US-amerikanische Remake auch die innovativen filmästhetischen Charakteristika des Vorbilds (»Jump Cuts«, d. h. Sequenzenbrüche, geschulterte Kamera, ungewöhnliche Kameraeinstellungen, fehlende künstliche Beleuchtung in Innenräumen etc.) durch einen sehr konventionellen Filmstil, der durch die Musikbegleitung (Rockmusik der 1960er und 1970er Jahre) zusätzlich unterstrichen wird. Aus einem experimentellen, mittlerweile zum ›Kultfilm‹ avancierten Film der *Nouvelle Vague*, in dessen Zentrum eine vom Existentialismus geprägte kinematographische Reflexion über Geschlechterbeziehungen und (interkulturelle) Kommunikation steht, ist im US-amerikanischen Remake eine gefällige, dem Massengeschmack angepasste »Lovers-on-the-Run-Story« geworden, in der der Protagonist eine unkonventionelle und zugleich sympathische Außenseiterfigur verkörpert.

Ähnliche Tendenzen lassen sich in zahlreichen anderen **US-Remakes französischer Filme** der letzten Jahrzehnte feststellen, so etwa in dem Film *Intersection* (1994) von Mark Rydell, einem Remake von *Les choses de la vie* (1970) von Claude Sautet; in Leonard Nimroys *Three Men and a Baby* (1987), einem Remake des Bestseller-Films *Trois hommes et un couffin* (1985) von Coline Serreau; in dem Film *Un-*

faithful von Adrian Lyne, einem US-Remake des Filmklassikers *La femme infidèle* (1969) von Claude Chabrol, oder in dem Film *Original Sin* (2000) von Michael Cristofer, einer US-Neufassung von François Truffauts *Nouvelle-Vague*-Klassiker *La Sirène du Mississippi* (1960). In allen Fällen lässt sich eine Ausrichtung der Handlungs- und Figurenstruktur, des Handlungsrahmens, der zugrunde liegenden kulturellen Werte, Rituale und Identifikationsfiguren sowie der Filmästhetik auf den Geschmack des US-amerikanischen Massenpublikums feststellen. Während Claude Sautet beispielsweise in *Les choses de la vie* (1970) der Beziehung seines Protagonisten zu seiner – im Gegensatz zu seiner Ehefrau – weit intellektuelleren Geliebten eine zusätzliche interkulturelle Dimension gab, indem er diese von einer deutschen Journalistin mit deutlichem Akzent verkörpern ließ (gespielt von Romy Schneider), entfällt diese Dimension im Remake ganz. Im Gegensatz dazu wird in der US-Version (*Intersection*) die Familienproblematik und der hieraus resultierende Konflikt in das Zentrum der Handlung gerückt: Statt eines 18-jährigen, weitgehend unabhängigen Sohnes erscheint im Remake eine 14-jährige Tochter, die ihrem Vater sehr zugetan ist und hierdurch den – in beiden Filmen durch einen tödlichen Verkehrsunfall des Protagonisten endenden – Konflikt ganz im Sinne einer US-amerikanischen ›Political Correctness‹ zusätzlich verschärft. Das amerikanische Remake von Coline Serreaus Erfolgsfilm *Trois hommes et un couffin* wechselt völlig die paraverbalen Register von Humor und Ironie (s. Kap. 3.2., Punkt 6), die interkulturell ohnehin nur sehr schwer ›übersetzbar‹ sind, und formt das sozialkritische und zugleich humorvolle französische Original zu einer auf plumpe Lacheffekte ausgerichteten Situationskomödie um. In Michael Cristofers Remake von Truffauts Filmklassiker *La Sirène du Mississippi*, in dem Handlungsstruktur und Figurenkonfiguration des Vorbilds weitgehend beibehalten werden, tritt an die Stelle eines komplexen, psychologischen Beziehungsdramas eine in sehr viel schnellerem Tempo und Sequenzenwechsel gedrehte »Sex-and-Crime-Story«, deren Protagonisten nicht zufällig von den vor allem aus Action-Filmen bekannten Schauspielern Angelina Jolie und Antonio Banderas dargestellt werden. Auch der fremdkulturelle Handlungsrahmen ist im Remake weiter ›exotisiert‹ und dem Erwartungshorizont des US-Publikums angeglichen worden, indem er statt in Louisiana in dem nostalgisch evozierten Havanna der 1950er Jahre angesiedelt wurde.

Zwischen **interkultureller Adaptation** und **produktiver Rezeption** bestehen, wie die Beispiele der Fernsehformatadaptationen und der filmischen Remakes belegen, keine grundlegenden, sondern allenfalls graduelle Unterschiede. Wie D. Protopopoff und M. Serceau (1989b) herausgearbeitet haben, stellen sowohl Adaptationen wie Remakes Formen der Neuinterpretation und der – häufig aktualisierenden – Wieder-Aneignung literarischer, kultureller und filmischer Stoffe dar, die einen wichtigen Teil der Literatur-, Kultur- und Filmproduktion insgesamt betreffen und keineswegs marginale Phänomene darstellen. Das *interkulturelle* Remake als eine Form der produktiven Rezeption geht jedoch über die Adaptation deutlich hinaus. Indem es durch grundlegende Veränderungen dem Text oder Film eine völlig neue Bedeutung verleiht, wird es selbst zum ›Original‹ (und nicht mehr zur mehr oder minder abgewandelten ›Kopie‹). Das Vorbild wird hier neu interpretiert und in einem völlig anderen sprachlichen und kulturellen Kontext grundlegend umgeschrieben. Die damit verknüpften Zielsetzungen sind, wie die Beispiele von Césaires Shakespeare-*Relecture* und der US-amerikanischen Remakes französischer Filme zeigen, ebenso unterschiedlich wie ihre ästhetische Qualität.

5.6 | Politische, wirtschaftliche und soziokulturelle Dimensionen des Kulturtransfers – Amerikanisierung und Antiamerikanismus im interkulturellen Vergleich

Amerikanisierung ist zweifelsohne der wichtigste und massenwirksamste Kulturtransferprozess in zeitgenössischen Gesellschaften. Unter »Amerikanisierung« versteht man den Transfer »amerikanischer Ideale, Kulturgüter und Produktionsformen« (Gassert 1999, 534). Dieser Prozess hat in den 1920er Jahren in allen westlichen Industriegesellschaften mit einer ersten Welle des Transfers US-amerikanischer Produkte und Kulturformen eingesetzt und sich nach dem Zweiten Weltkrieg beschleunigt, und zwar in mehreren Etappen: zwischen 1945 und 1985 in Form eines zunehmenden Einflusses der US-amerikanischen Kultur auf andere Medien- und Konsumkulturen; und seit Mitte der 1980er Jahre, in der Phase der sogenannten 4. Globalisierung, in einer unbestrittenen US-Dominanz im Mediensektor und im Bereich der Informationstechnologien. Diese erklärt sich vor allem durch die Einführung und weltweite Verbreitung des PC, des Internet und anderer neuer Kommunikations- und Informationstechnologien sowie den Prozess der Liberalisierung des Welthandels seit Anfang der 1990er Jahre (›Uruguay-Runde‹ der GATT-Verhandlungen). Erst seit Beginn des neuen Jahrtausends lässt sich eine sich abschwächende Dominanz der US-Medienindustrie feststellen, die sich der zunehmenden Konkurrenz neuer Medienzentren in China, Indien, Brasilien, Mexiko und Nigeria gegenübersieht (Tunstall 2008).

Die **Amerikanisierung von Lebensformen**, Konsumgewohnheiten und Medienangeboten steht somit nicht nur im Zentrum der aktuellen Phase des Globalisierungsprozesses, sondern hat seit dem Zweiten Weltkrieg in entscheidendem Maße die Medien- und Kulturentwicklung aller Gesellschaften des Globus beeinflusst, in besonderem Maße die der europäischen Gesellschaften. ›Amerikanisierung‹ impliziert vielfältige Formen des Kulturtransfers, die sich keineswegs, wie gelegentlich verkürzend dargestellt, auf die reine Übernahme oder Imitation US-amerikanischer Konsumgewohnheiten (wie Fastfood oder Tiefkühlkost), Medienformen und Mediengattungen (wie *News Magazines* oder TV-Talkshows), Musikformen (wie Blues oder Rap und Hip Hop) sowie weltweit vermarkteten Filmangeboten (wie *Titanic*) und Fernsehserien (wie *Dallas*, *Sex and the City* und *Desperate Housewives*) beschränken. Bei näherem Hinsehen spielen Formen der interkulturellen Adaptation und der produktiven Rezeption, aber auch der kulturellen Resistenz und Verweigerung eine zumindest ebenso große Rolle. Der **amerikanisch-französische Kulturtransfer** in seinen vielfältigen Facetten und Dimensionen vermag diese Komplexität und Bandbreite des Phänomens Kulturtransfer anschaulich zu beleuchten. Es zeigt sich hier eine in vielen Kulturtransferprozessen zu beobachtende, aber in diesem Fall besonders ausgeprägte Verflechtung kultureller Phänomene (Film, Musik, audio-visuelle Medien) mit politischen Ereignissen und Entscheidungen, wirtschaftlichen Interessen, sozialen Einstellungen und mentalen Bewusstseinsstrukturen.

Kein anderes westliches Industrieland weist auch nur annähernd ein ähnlich ambivalentes, geradezu paradoxes Verhältnis zu den Vereinigten Staaten von Amerika auf wie Frankreich (Kuisel 1993; Roger 2002; Rigoulot 2002–2003; Colombani/ Wells 2004; Baudry 2004; Wiecha 2006; Dard/Lüsebrink 2008). Die USA zählen seit dem 18. Jahrhundert, als das damalige absolutistische Königtum Frankreich den Unabhängigkeitskampf der nordamerikanischen Kolonien finanziell und militärisch unterstützte, und insbesondere seit dem Ersten Weltkrieg zu den engsten Bündnispartnern Frankreichs, das nach dem Zweiten Weltkrieg auch weit mehr als die anderen europäischen Länder von der US-amerikanischen Marshallplanhilfe profitierte. Die Modernisierung der französischen Wirtschaft in den Jahren 1945 bis 1975 wurde in entscheidendem Maße von Impulsen getragen, die aus den USA kamen, beispielsweise im Bereich des Marketing und der Rationalisierung von Produktionsweisen (Boltanski 1981).

Die USA sind gleichfalls nach Deutschland, China, Großbritannien und Italien der fünftwichtigste Wirtschaftspartner Frankreichs: Das Außenhandelsvolumen zwischen den beiden Ländern, das bis 2001 einen konstanten Anstieg zu verzeichnen hatte, umfasste im Jahr 2014 59 Mrd. Euro (http://www.diplomatie.gouv.fr/fr/dossiers-pays/etats-unis/la-france-et-les-etats-unis/). Die französischen Direktinvestitionen in den USA liegen nach den britischen Investitionen fast gleichauf mit den niederländischen, deutschen, japanischen und holländischen Investitionen; und Frankreich stellt, nach Großbritannien und den Niederlanden, aber vor Deutschland und anderen europäischen Ländern, das wichtigste Zielland für US-amerikanische Investitionen in der Europäischen Union dar.

Trotz dieser engen **wirtschaftlichen Verflechtungen** und der Tatsache, dass Frankreich, wie der französische Kulturwissenschaftler P. Roger in seiner Studie zur Geschichte des französischen Antiamerikanismus hervorhebt, im Gegensatz etwa zu Deutschland, Italien, Spanien, Japan und Großbritannien nie Krieg gegen die USA geführt hat, sind die anti-amerikanischen Ressentiments in Frankreich bis in die Gegenwart hinein deutlich stärker als in anderen westlichen Industrieländern. Die Öffnung und Intensivierung der französisch-amerikanischen Wirtschaftsbeziehungen seit Ende der 1980er Jahre, symbolisiert u. a. durch die Einrichtung des Freizeitparks Eurodisney (heute Disneyland Paris) in Marne-la-Vallée östlich von Paris im Jahr 1992, rückte an die Stelle einer über Jahrzehnte hinweg eher distanzierten und zum Teil offen amerikafeindlichen Wirtschaftspolitik. So führten die französischen Regierungen Ende der 1940er und Anfang der 1950er Jahre einen hartnäckigen Kampf gegen US-amerikanische Comics (wie *Tarzan*), die zeitweise als jugendgefährdende Schriften verboten waren. Die Einfuhr von Coca-Cola, das als vorgeblich gesundheitsgefährdend eingestuft wurde, unterlag 1950 einem De-facto-Embargo, eine europaweit einzigartige Maßnahme (Gassert 1999, 544; Kuisel 1993, 52–69). Frankreich war zwischen 1959 und 1966 auch das einzige Land in Westeuropa, das US-amerikanische Investitionen rigoros beschränkte und eine Reihe von Investitionsprojekten – wie die geplante Ansiedlung der Ford-Werke in Lothringen – verhinderte (Kuisel 1993, 154–166). In den ersten neun Monaten des Jahres 1965 beispielsweise lehnte die französische Regierung von 164 US-Investitionsanträgen 40 ab, u. a. auch von Großunternehmen wie General Electric und Libby McNeill (ebd., 164–165).

Die Tatsache, dass die USA in beiden Weltkriegen kriegsentscheidend auf Seiten Frankreichs eingegriffen und die Befreiung des Landes von der deutschen Besatzung letztlich ermöglichten, wird im kollektiven Gedächtnis der Franzosen eher verdrängt und rückt deutlich hinter die Bedeutung zurück, die beispielsweise der Rolle de Gaulles, Général Leclercs und der *Résistance* beigemessen wird. Die **politischen, sozialen und kulturellen Ausprägungsformen** des Antiamerikanismus, d. h. der kritischen Haltung Frankreichs gegenüber den USA, lassen sich anhand zahlreicher Phänomene belegen, die auch weitgehend losgelöst sind von der jeweiligen politischen Regierungs- und Parlamentsmehrheit:

- In **politischer Hinsicht** zeigen sie sich u. a. in den Entscheidungen de Gaulles zum Aufbau einer eigenen, von den USA unabhängigen Atomstreitmacht und dem Austritt Frankreichs aus der Vollmitgliedschaft der NATO im Jahr 1966; sowie in der Konzeption der *exception culturelle*, der Herausnahme des kulturellen Sektors aus den GATT-Verhandlungen seit 1992, die bei der US-Regierung auf heftigen Widerstand stieß und von Frankreich 2003 auch in dem Entwurf einer neuen europäischen Verfassung verankert wurde.

- In **sozialer Hinsicht** zeigt sich Antiamerikanismus etwa in der breiten Sympathie, auf die in der französischen Bevölkerung die Aktionen des Bauernführers José Bové gegen »La Mal-Bouffe américaine« (der ›amerikanische Fraß‹) und insbesondere die zum Symbol der weltweiten Amerikanisierung der Lebensformen avancierte Fastfood-Kette McDonald's stießen (s. S. 158).

- In **kultureller Hinsicht** verweist der im Vergleich zu anderen europäischen Ländern hohe Marktanteil des französischen und insgesamt des europäischen Films, der sich in Europa allein in Frankreich gegenüber dem US-amerikanischen Film zu behaupten vermochte, auf eine gewisse Zurückhaltung (›Resistenz‹) gegenüber US-amerikanischen Medienprodukten. So betrug der Marktanteil in französischen Kinos für französische Filme 44,7 % und für US-Filme, deren Anteil im europäischen Durchschnitt bei über 60 % liegt, bei 45,4 %, etwa gleich so hoch wie der Anteil französischer Filme (44,4 %; Quelle: http://www.zdnet.fr/i/edit/ ne/2015/12/Cinema15008.png). In Deutschland hingegen liegt der Marktanteil von US-Filmen bei 61 %, der Anteil deutscher Filme in Kinos hingegen nur bei 27,5 % (Quelle: SPIO https://www.spio.de/?seitid = 3&tid = 3). Hiermit verknüpft ist eine in Frankreich zweifellos stärkere Identifikation des Publikums mit der eigenen Film- und Medienproduktion. Auch in Bereichen wie der Musik und den Ess- und Trinkgewohnheiten zeigt sich eine deutlich stärkere **kulturelle Resistenz** der französischen Gesellschaft gegenüber angloamerikanischen und insbesondere US-amerikanischen Einflüssen, wobei politische Entscheidungen wie die 1994 eingeführte Quotenregelung für frankophone Chansons vorherrschende kulturelle und mentale Einstellungen eher akzentuiert und verstärkt als genuin hervorgerufen haben.

Die Ereignisse des 11. September 2001 und ihre Folgen haben, so Mermet (2002, 254), die »französische Schizophrenie« gegenüber den Vereinigten Staaten wie in einem Brennglas in scharfen Konturen hervortreten lassen. Die Bewunderung Amerikas, seiner technologischen Modernität, seiner multikulturellen Offenheit und der individuellen Aufstiegs- und Erfolgschancen, die das amerikanische Gesellschaftssystem ermöglicht, kontrastiert scharf mit der sehr negativen Einschätzung des außenpolitischen Dominanzanspruchs der Vereinigten Staaten, ihrer expansiven Kulturindustrie, einer eher negativen Beurteilung US-amerikanischer Lebensformen sowie der nachhaltigen Kritik an der herausragenden Rolle der Religion, die im weitgehend laizistischen Frankreich auf Unverständnis stößt.

Selbst die jüngeren Franzosen, die weit stärker als die ältere Generation in ihrem Lebensstil, insbesondere in den Kleidungs- und Essgewohnheiten, US-amerikanische Einflüsse aufgenommen haben, standen nicht nur der Regierung Bush ablehnend gegenüber, sondern weisen auch ein eher **negativ geprägtes Amerikabild** auf. Einer im Jahr 1999, d. h. vor den Ereignissen des 11. September, durchgeführten Umfrage zufolge hielten 67 % der 35–49-jährigen, aber immerhin noch 55 % der 18–24-jährigen Franzosen den amerikanischen Kultureinfluss für zu groß (»trop importante«) (zit. nach Roger 2002, 582). 25 % der 15–25-jährigen Franzosen bringen der USA gegenwärtig deutliche Antipathie entgegen, 16 % hingegen Sympathie, während 58 % eine eher neutrale Haltung einnehmen. Die mit den USA von den Befragten am häufigsten assoziierten Begriffe sind »Puissance« (Macht), »Les inégalités« (Ungleichheiten) und »Violence« (Gewalt), während die – vor allem in Frankreich – sehr positiv besetzten Begriffe und Werte »Liberté« (Freiheit) und »Culture« (Kultur) nur selten, d. h. von 13 % bzw. 9 % der befragten 15–25-Jährigen mit den USA in Verbindung gebracht werden. 88 % der jüngeren Franzosen lehnten die US-amerikanische Intervention 2003 im Irak ab, ein knappes Viertel unter ihnen wünschte sogar einen Sieg Saddam Husseins herbei (gegenüber 48 %, die nach Kriegsbeginn den Sieg der angloamerikanischen Koalition wünschten). Der Direktor des National Intelligence Council (NIC), einer US-Geheimdienstbehörde, Robert Hutchings, resümierte aus amerikanischer Sicht die paradoxen amerikanisch-französischen Beziehungen wie folgt:

»Unsere Beziehungen haben immer zwischen Liebe und Hass oszilliert. Unsere Debatten sind immer lebhaft gewesen und werden es immer sein. Die Amerikaner werden niemals den Gedanken akzeptieren, dass auch ein ›kleines‹ Land für sich beanspruchen kann, eine globale Weltsicht zu haben. Umso mehr als seine Gedanken – beziehungsweise seine politischen Initiativen – sich gezielt gegen die Strategie des Weißen Hauses richten.« (Hutchings 2003, 28).

Die paradoxe Haltung Frankreichs und der Franzosen zu den USA und der mit ihr verbundene Antiamerikanismus weist **historische Ursprünge und Verlaufsformen** auf, die bis in das 18. Jahrhundert, den Kontext der Amerikanischen und der Französischen Revolution, zurückreichen. Wie Roger (2002) in seiner umfangreichen und vorzüglich dokumentierten Studie gezeigt hat, liegen die Ursprünge des französischen Antiamerikanismus in der Ende des 18. Jahrhunderts entstandenen kulturellen und ideologischen **Konkurrenzsituation zwischen Frankreich und den USA**, zwei Gesellschaften und Kulturen, die nicht nur beide die Grundlagen der modernen politischen Demokratien schufen, sondern auch beide einen universalen kulturellen und politischen Geltungsanspruch vertreten. Inhalte und Werte der »Civilisation Française«, die seit 1789 eng mit den Idealen von Aufklärung und Französischer Revolution verknüpft sind, traten zunehmend in Konkurrenz zum »American Way of Life« und dem mit ihm verbundenen Demokratieideal.

Mit ihm verknüpfen die USA einen ähnlichen Universalitätsanspruch wie Frankreich, der gleichfalls auf den Werten des *Siècle des Lumières* (Zeitalter der Aufklärung) gründet, aber zugleich auch völlig **anders gelagerte Werte und Kulturstandards** propagiert und verkörpert: vor allem die größere soziale und politische Bedeutung von Geld und Reichtum, die stärkere Präsenz der Religion im öffentlichen Leben, die weitaus größere Gewichtung individuellen Erfolgs und persönlicher Initiative und – hiermit verknüpft – den weitaus geringeren Stellenwert des Staates im Bereich der sozialen Fürsorge und Erziehung. Französischen Intellektuellen verschiedenster politischer Couleur und Provenienz wie Georges Duhamel (*Scènes de la vie future*, 1930), Jean-Paul Sartre (u. a. in »New York, ville coloniale«, *Situations III*, 1949) oder André Malraux ist eine dezidierte Distanznahme zu den USA, den kulturellen Werten und dem politischen und wirtschaftlichen Hegemonieanspruch, den sie verkörpern, gemeinsam. Die Einstellung des französischen Politikers Georges Clémenceau, der Amerika als »die Entwicklung von der Barbarei zur Dekadenz ohne Umweg über die Kultur« (zit. nach Diner 2002, 36) charakterisierte, stellt nur die polemisch überzogene Spitze einer mentalen Haltung dar, die weite Kreise der sozialen und intellektuellen Eliten Frankreichs im 20. Jahrhundert vertraten. Das neureiche und seit dem Zweiten Weltkrieg auch übermächtige Amerika und seine aggressiv expansiven Massenkulturen, symbolisiert durch die Filmindustrie Hollywoods, die Freizeitkultur von Disney und die Fastfood-Gastronomie von McDonald's, erscheinen hier in radikalem Gegensatz zur »Civilisation Française«, ihren grundlegenden Werten und Lebensformen.

Der **Einfluss der US-amerikanischen Kultur auf die Gesellschaften Europas**, die Mentalitäten ihrer Einwohner und ihre kulturellen Lebens- und Ausdrucksformen, hat sich seit den 1950er Jahren verfestigt und in allen Altersstufen und Gesellschaftsschichten verbreitet. Zugleich haben sich Intensität, Formen und Konsequenzen dieses massenwirksamen Kulturtransfers gewandelt. Von einer Alternativ- und Protestkultur der jüngeren Generation, die im Nachkriegseuropa der 1950er Jahre zum Lebensstil, zur Moral und zur Ästhetik der Väter eine Alternative suchte, ist Amerikas Kultur längst in allen westeuropäischen Ländern und seit dem Zusammenbruch der kommunistischen Regime auch in Osteuropa zum bestimmenden Faktor der Massenkultur schlechthin avanciert. Amerikanische Konzerne wie *The Walt Disney Company*, *McDonald's* und *Toys »R« Us* und ihre Produkte haben die europäische Kinder-, Jugend- und Spielkultur grundlegend verändert, vor allem seit den 1960er Jahren. Die Zahl der McDonald's Restaurants hat sich in den 1990er Jahren selbst in Frankreich verfünffacht und stieg von 150 auf über 900 und bis 2014 auf über 1300 an (Mermet 2006, 176; http://www.la-croix.com/Actualite/Economie-Entreprises/Economie/McDonald-s-ne-fait-plus-recette-sauf-en-France-2015-03-01-1286210). Während McDonald's weltweit im Jahre 2002 eine leicht rückläufige Geschäftsentwicklung verzeichnen musste, stieg der Umsatz in Frankreich um 10 %, eine Folge des französischen Nachholbedarfs im Fastfood-Sektor, einer spezifischen Marktsituation sowie einer stärkeren Anpassung der US-amerikanischen Kette an französische Konsumgewohnheiten (Ferracci 2002). Vor allem seit den 1970er Jahren haben deutsche, italienische und in besonders frappierender Weise französische Vorstädte zudem ihr eigenes kulturelles und ästhetisches Profil zunehmend tendenziell eingebüßt und aus den USA kommende Formen der Architektur, der Konsumästhetik und der Einkaufsgewohnheiten (wie *Self Service*, *Drive-In* etc.) übernommen.

Insbesondere die amerikanische Film- und Fernsehproduktion hat ihren Einfluss und ihre Marktposition in Europa in den letzten Jahrzehnten sprunghaft ausgebaut. Hollywood beherrscht seit den 1980er Jahren, zumindest in Europa und in der gesamten westlichen Hemisphäre, nahezu uneingeschränkt die Welt der audiovisuellen Bilder. Der Marktanteil US-amerikanischer Filmproduktionen in Europa ist im vergangenen Jahrzehnt von 69 % auf über 85 % gestiegen. Mit der Eröffnung des Freizeitparks Eurodisney Paris im Jahr 1992, während der Präsidentschaft des Sozialisten François Mitterrand und der Amtszeit seines militant-linksintellektuellen Kulturministers Jack Lang, schien die letzte Bastion des politischen und kulturellen Antiamerikanismus in Europa gefallen zu sein – oder zumindest nachhaltig zu bröckeln: nämlich Frankreich.

Doch bei genauerem Hinsehen stellt sich der Prozess der kulturellen Amerikanisierung, der in ganz Europa in den 1950er Jahren einsetzte und sich seitdem beschleunigte, etwas anders dar: komplexer, widersprüchlicher, ungleichzeitiger, geprägt von nationenspezifischen Formen der Faszinationund Aneignung, bis hin zu Formen des soziokulturellen Widerstandes gegen amerikanische Kultur-, Konsum- und Lebensformen. So zeigen sich bereits hinsichtlich des Marktanteils amerikanischer Filme in den verschiedenen Ländern Europas ganz erhebliche Unterschiede:

Er liegt bei 59,7 % in Spanien, bei 57,2 % in Italien und bei 61 % in Deutschland, aber nur bei 43 % (Zahlen für 2012) in Frankreich, dem westeuropäischen Land mit dem mit Abstand geringsten Marktanteil US-amerikanischer Film- und Fernsehproduktionen. Trotz des zunehmenden Kapitaleinsatzes der amerikanischen Filmproduzenten für Werbung und Promotion und der Verbreitung von Mega-Filmpalästen nach amerikanischem Vorbild haben sie ihren Marktanteil im letzten Jahrzehnt in Frankreich nur geringfügig (8–10 %) steigern können, während die Steigerungsraten in Deutschland, den Niederlanden, Italien und Belgien im gleichen Zeitraum bei über 50 % lagen. Frankreich ist das einzige europäische Land mit einer international konkurrenzfähigen Filmindustrie, die zum Hegemonialanspruch Hollywoods ein gewisses Gegengewicht zu bilden vermag. So betrug der Anteil der eigenen Filmproduktion an den Kinoeintritten in Frankreich im Jahr 2003 35 %, in Italien 22 %, in Spanien 14 %, in Deutschland 9 % und in Großbritannien lediglich 8 % (Mermet 2004, 435).

Die größere **kulturelle Resistenz** vor allem der französischen Gesellschaft gegenüber der Amerikanisierung zeigt sich auch in anderen Phänomenen. So ist der Pro-Kopf-Verbrauch von Coca-Cola in Frankreich mit 14 Litern pro Jahr dreimal niedriger als in Deutschland und fünfmal niedriger als in den USA. Der Erfolg amerikanischer Fastfood-Ketten wie McDonald's setzte in Frankreich später und zögernder ein als in anderen westlichen Ländern und ist auch durch eine völlig andere Marktsituation gekennzeichnet: Zwar nimmt mittlerweile bereits jeder fünfte Franzose seine Mittagsmahlzeit in einem Fastfood-Restaurant ein (8 % 1980, 15 % 1992), deren Zahl kontinuierlich gestiegen ist – während die Zahl der traditionellen Bistros in geradezu spektakulärer Weise von über 200.000 im Jahre 1960 auf 50.000 (2001) sank. Im Vergleich mit anderen europäischen und amerikanischen Ländern dominieren in Frankreich jedoch Fastfood-Ketten eigenen, französischen Stils, wie Brioche Dorée, Chez Paul, Pomme de pain und Flunch, in denen nicht Hamburger, sondern vor allem Salate, Croque-Monsieurs und Sandwichs verzehrt werden, die in Frankreich immer noch einen achtmal höheren Marktanteil einnehmen als die Hamburger US-amerikanischen Stils (Mermet 2006, 176; Fantasia 1995). Ähnliches gilt für den Kulturtransfer in der **Musik- und Chansonszene**. Das französische Chanson weist in Frankreich immer noch einen Marktanteil von über 50 % auf, während in vielen europäischen Gesellschaften inzwischen mehr als zwei Drittel des Musikkonsums angloamerikanischen Ursprungs sind. Im Bereich der Unterhaltungsmusik ist der Marktanteil frankophoner Titel sogar zwischen 1995 und 2001 von 51 % auf 62 % gestiegen, 66 % der Franzosen ziehen das »Chanson française« gegenüber anderen Musiktrends vor (Mermet 2006, 417), eine im europäischen Vergleich völlig singuläre Entwicklung. Diese französische Sonderstellung *(Exception culturelle française)* in vielen kulturellen Bereichen ist sicherlich zum Teil auf die national geprägte und gezielt protektionistische französische Sprach- und Kulturpolitik zurückzuführen, mit ihren strikten Quotenregelungen (seit 1994 für Chansons im Hörfunk) und ihren umfangreichen Förderprogrammen für die eigene Film-, Fernseh- und Musikproduktion.

Zugleich zeigt sich bei näherem Hinsehen in Frankreich, in stärkerem Maße als in anderen westlichen Gesellschaften, ein sehr kreativer Umgang insbesondere mit US-amerikanischen und karibischen Musiktrends, wie dem Reggae (beispielsweise bei Serge Gainsbourg) oder dem Rap.

Diese ›kulturelle Ausnahmestellung‹ Frankreichs im Prozess der Amerikanisierung als des wichtigsten Kulturtransferprozesses in der gegenwärtigen Phase der

Globalisierung zeigt sich auch in der breiten Sympathie, auf die in den letzten Jahren militante Aktionen wie die des südfranzösischen Bauernführers José Bové gestoßen sind. So plünderte Bové 1999 zusammen mit anderen Demonstranten das McDonald's Restaurant in der südfranzösischen Provinzstadt Millau und machte sich zum Wortführer des Widerstandes gegen die Liberalisierung des Agrarmarktes und die Amerikanisierung der französischen Ess- und Konsumkultur.

Ähnlich wie in der Protestbewegung vom Mai ›68, nur unter völlig anderen Voraussetzungen und mit ganz anderen Zielsetzungen, bildete sich eine Oppositions- und Protestbewegung quer durch alle Schichten der französischen Gesellschaft, von Bauern und Arbeitern bis hin zur Pariser Intelligenzija. Der Prozess gegen José Bové im Juni/Juli 2000 wurde von einer groß angelegten Demonstration gegen die Auswirkungen von Globalisierung und Amerikanisierung begleitet. In ihr vermischten sich, wie bereits im Mai ›68, politische Positionsnahmen und Volksfest und erreichten eine breite Medienwirkung. In keiner anderen Gesellschaft wurden seit dem Beginn der 1990er Jahre, in denen die neue Phase der Liberalisierung des Welthandels einsetzte (›Uruguay-Runde‹ der GATT-Verhandlungen), die **kulturellen Auswirkungen von Globalisierung** und Amerikanisierung intensiver und kritischer diskutiert als in Frankreich, mit jener Mischung aus Vergangenheitsnostalgie und sozialer Utopie, die die politische Kultur Frankreichs seit der Großen Revolution von 1789 geprägt hat und kennzeichnet.

Amerikanisierungsprozesse sind jedoch, in Frankreich wie in anderen Gesellschaften und Kulturen, einhergegangen mit der **kreativen Aneignung US-amerikanischer Kulturformen** und – zum Teil positiv besetzten – Amerikabildern. Hüser hat diesen Zusammenhang am Beispiel des Transfers und der produktiven Rezeption einer in den USA entstandenen zeitgenössischen Musikrichtung, dem Rap, untersucht (Hüser 2003, 2004).

Hüser geht von der Feststellung aus, dass der Rap Ende der 1970er Jahre in den Ghettos von New York City und Los Angeles entstanden ist und sich seitdem als Musiktrend globalisiert hat, wobei die musikalisch-formale Grundstruktur überall weitgehend gleich geblieben ist: »An welchem Ort und in welcher Sprache Rap auch immer betrieben wird: Basis und Form, Rhythmus und Schläge, Sprechgesang und Endlosschleifen sind gleich.« (Hüser 2003, 68). Trotzdem lässt sich beispielsweise im Fall des französischen Rap weder von einer Imitation, einer bloßen Nachahmung, noch von einer Adaptation einer US-Musikmode sprechen, sondern von einem kulturspezifischen Rezeptionsprozess, der in Frankreich in sehr kreativen Formen verlief. Die **produktive Rezeption des Rap in Frankreich** ist vor allem durch folgende vier Charakteristika gekennzeichnet:

1. **Inhaltliche Neuorientierung:** Die Inhalte des französischen Rap sind grundlegend verschieden vom US-amerikanischen ›Vorbild‹: An die Stelle von Gewalt, Machismus, Materialismus und Sexualität, den dominierenden Themen des US-amerikanischen Rap, sind in Frankreich in erster Linie soziale und politische Inhalte getreten:

»Offene oder verbrämte Gewaltmotive sind im Franko-Rap keinesfalls die Regel, und werden immer kritischer reflektiert. [...]. Während gute Teile der amerikanischen Rap-Szene sich in Liedtexten und Videoclips extrem machistisch zeigen, Frauen als erotische Staffage dienen, reduziert auf Sex-Objekte in knappen Bikinis, auf Schlampen und Huren, die sich den Bedürfnissen der Männerwelt anzupassen haben, dies ganz selbstverständlich und mit großem Vergnügen bewerkstelligen, ist der Anteil derer, die sich im Hexagon darauf einlassen, weiterhin verschwindend gering. Im Gegenteil finden sich nicht wenige Stücke, in denen sich männliche

Rapper über solche Vorstellungen mokieren, Frauen die Männer austricksen und als Machos bloßstellen, fortbestehende gesellschaftliche Benachteiligungen angeprangern und mit latentem Rassismus gegenüber Nicht-Weißen auf eine Stufe gestellt werden.« (Hüser 2003, 82).

2. **Amerikabilder:** Inhaltlich, d. h. in seinen Texten, grenzt sich der französische Rap ausdrücklich von den USA ab und verwendet eher negative Bilder der USA.
3. **Multikulturalität:** Der US-amerikanische Rap stellt im Wesentlichen eine musikalische Ausdrucksform der schwarzamerikanischen Ghettos dar, der französische Rap hingegen ist eine Ausdrucksform der Banlieues, die nicht ethnisch geprägt sind, sondern multikulturell.
4. **Politisierung:** Der französische Rap weist zahlreiche Bezüge auf Werte, Symbole und Identifikationsfiguren des *republikanischen und revolutionären Frankreich* auf, die häufig allerdings umschrieben und aktualisiert werden:

»Legion sind im französischen Rap die Anspielungen auf Nation, Republik und Staatsbürgerlichkeit. Entgegen weitverbreiteten Anspielungen wertkonservativer wie neo-jakobinischer Kreise meinen Rapper sehr wohl, die republikanische Lektion gelernt zu haben, Freiheit, Gleichheit und Brüderlichkeit, Demokratie, Gewaltenteilung und Volkssouveränität gegen die verteidigen zu müssen, die solche Ideale nicht ernst- und für bare Münze nehmen. Die scharfe Kritik an den politischen und gesellschaftlichen Verhältnissen beruht weniger auf einer Absage an »das Land der Aufklärung, Heimat der Menschen- und Bürgerrechte«, als auf der tiefen kollektiven Verankerung solcher Vorstellungen. Das Umschreiben der Marseillaise, das Einfärben der Trikolore oder das Anrufen von Marianne belegen ausdrücklich, wie hoch die Messlatten für die Beurteilung tagespolitischer Umsetzung liegen, gerade weil republikanische Symbole und Diskurse sowie die Werte von 1789 stets als Referenzen dienen« (ebd., 89).

Diese **kreativen Aneignungsformen US-amerikanischer Populärkultur**, die sich in besonders ausgeprägter Weise in Frankreich, beispielsweise in dem umrissenen Fall des französischen Rap, zeigen, bilden eine wichtige und bisher zu wenig berücksichtigte Dimension der Amerikanisierung, die häufig zu sehr als ein rein imitativer Kulturtransferprozess gesehen wird. In vielen Bereichen, wie der kulturellen Transformation der amerikanischen Liebesromane des Typs *Harlequin* in Frankreich und Holland (Capelle 1996), der Umsetzung US-amerikanischer Medienkonzepte wie der Talkshows in Europa und Japan und der Übernahme, aber auch der Umformung des amerikanischen Halloween-Festes seit Ende der 1990er Jahre in Frankreich, lassen sich Formen der kreativen Rezeption ausmachen. Für diese Formen der ›Hybridisierung‹ (s. Kap. 2.1.4) schlägt der schwedische Kulturanthropologe Ulf Hannerz das bisher fast ausschließlich in postkolonialen Kontexten verwendete Konzept der »Kreolisierung« vor (Hannerz 1992; Gassert 1999, 551).

Auch die kulturspezifische Lektüre und **Neu-Interpretation US-amerikanischer TV-Serien** lässt sich diesen Phänomenen zuordnen. So haben Liebes und Katz (1990) für die weltweite Rezeption der US-Fernsehserie *Dallas*, D. Miller (1992), für die soziokulturellen Aneignungsformen der amerikanischen TV-Soap-Opera *The Young and the Restless* auf der Karibikinsel Trinidad und P. S. N. Lee (1991) für die kreative Aneignung von James-Bond-Filmen in Hong Kong (die das narrative Modell für die dortigen Kung-Fu-Filme bildeten) unterschiedliche Konfigurationen **lokaler Rezeptionsformen global verbreiteter Medienangebote** herausgearbeitet. Die Untersuchung des weltweiten Transfers der TV-Serie *Dallas* beispielsweise belegt zum einen signifikante Formen der ›kulturellen Resistenz‹ (s. Kap. 5.1.3), da vor allem in Japan und Brasilien die Serie kaum Erfolg hatte; und zum anderen nicht eine passive Aufnahme, sondern eine aktive Auseinandersetzung (»negotiation«) in der Alltags-

kommunikation mit den kulturellen Werten und Identifikationsfiguren der Serie. Beispielsweise in Marokko wurde von den befragten Zuschauern der Serie deutlich zwischen »them« und »us« unterschieden, die repräsentierten kulturellen Werte und
Kommunikationsweisen wurden sehr kritisch gesehen und vor dem Hintergrund der
eigenen Kulturstandards beurteilt und großenteils abgelehnt.

Die Rezeption einer globalisierten US-amerikanischen Serie erweise sich, so die
These von Liebes/Katz, für Angehörige sehr unterschiedlicher Kulturen als ein Anlass, das Gesehene mit eigenen Erfahrungen zu konfrontieren und hierüber im Alltag
zu sprechen. *Dallas* stelle somit, wie andere fremdkulturelle Serien auch, ein pro-
duktives Ferment der individuellen Bewusstwerdung und der Affirmation der eigenen kulturellen Identität dar (»viewers typically use television fiction as a forum to
discuss their own lives«, ebd., 155). Nicht die Kulturstandards und Identifikationsfiguren der Serie erwiesen sich als maßgebend und handlungsleitend, sondern die in
der Auseinandersetzung mit ihr hervorgetretenen, der Moral der *Dallas*-Protagonis-
ten häufig geradezu diametral entgegengesetzten eigenen Prinzipien und Identifikationsmuster (»In the absence of the local soap opera – which is likely to be more popular than any import – a program like *Dallas* may have some value. The value co-
mes not from the program, but from negotiation with it«, ebd., 154). Ganz andere
Formen der Aneignung stellten Lee und Miller in ihren Untersuchungen zur Rezeption US-amerikanischer Medienangebote in Hong Kong und auf der Karibikinsel Trinidad fest: Während in Hong Kong die – gleichfalls in allen Kulturen verbreiteten –
James-Bond-Filme unmittelbare narrative und thematische Vorbilder für die vor Ort
gedrehten Kung-Fu-Filme bildeten, deren kulturelle Patterns (Symbole, Werte, Identifikationsfiguren, Rituale) jedoch der chinesischen Kultur entstammen, erklärt sich
der ungeheure populäre Erfolg der US-Serie *The Young and the Restless* in Trinidad
aus einer spezifischen Lektüre der Soap-Opera. Wie D. Miller herausarbeitete, sah
das Massenpublikum der Karibikinsel unmittelbare Parallelen zwischen der eigenen
Lebenswelt und der von Klatsch, Skandalen, Bloßstellungen, Kontingenz und Un-
ordnung beherrschten Situation der Protagonisten der US-Serie (Miller 1992, 176;
Ang 1996, 160), woraus sich der Erfolg der Serie erkläre.

Wie vielschichtig Kulturtransferprozesse im Bereich der Amerikanisierung sind
und wie eng Selbst- und Fremdbilder, die Übernahme fremdkultureller Modelle und
der Wille, diesen einen eigenen kulturellen Stempel aufzudrücken, miteinander ver-
woben sind, hat der holländische Kulturwissenschaftler Mel van Elteren (1994,
1996) am Beispiel des **Spannungsverhältnisses von Globalisierung und Lokalisierung** in der Rock-Szene in Holland aufgezeigt:

»Die Vielschichtigkeit der Interaktionsprozesse wird klar, wenn man sich vergegenwärtigt,
dass der Drang zur ›Authentizität‹, sprich die Verwendung der niederländischen Sprache
durch niederländische Musiker, wenigstens zum Teil von amerikanischen Vorbildern ausging,
etwa von Regionalisierungstendenzen der Rock-Musik im amerikanischen Südwesten, die
wiederum selbst das Resultat einer ›Multikulturalisierung‹ der amerikanischen Gesellschaft
sind. Schließlich erklärt van Elteren überzeugend, wie ein romantisches Bild der amerikanischen Landschaft und nostalgische, zum Teil stereotype Vorstellungen über die USA als einem
Land unbegrenzter Möglichkeiten, individueller Freiheit und ›echter‹ Erfahrung die Phanta-
sien der holländischen Rockmusiker beflügelten« (Gassert 1999, 552).

5.7 | Kulturtransfer und interkulturelles Marketing

Kulturtransfer weist im wirtschaftlichen Bereich eine wachsende Bedeutung und zugleich sehr unterschiedliche Dimensionen auf, die jedoch terminologisch, je nach Fachdisziplin, anders gefasst werden. Während sich in den Kulturwissenschaften auch für die Analyse der interkulturellen Dimension wirtschaftlicher Beziehungen vor allem der Begriff ›Kulturtransfer‹ eingebürgert hat, finden sich in anderen Disziplinen wie den Wirtschaftswissenschaften anders gelagerte Termini wie ›Interkulturelles Marketing‹, ›Interkulturelle Werbung‹, ›Interkulturelles Personalmanagement‹ (Barmeyer/Bolten 1998) und ›Marketing international‹ (Usunier 1992).

In der **Kulturanthropologie**, die sich in den letzten Jahren auch den Transferprozessen im wirtschaftlichen Bereich zugewandt hat, wird u. a. der Begriff »Cultural Localization« (Watson 1997) verwendet, um Formen der lokalen Adaptation globaler Wirtschafts- und Konsumkonzepte (wie der Fastfood-Kette McDonald's) zu beschreiben und zu analysieren. So adaptierte McDonald's beispielsweise in Ostasien sein Marketingkonzept, indem dort statt Hamburger und Pommes Frites Teriyaki Macs mit Hühnchen und Reis sowie »Riceburger« das Zentrum der Produktpalette bilden. Die Disposition der Restaurants, vor allem die Sitzgelegenheiten und Tische, wurde der in vielen asiatischen Ländern verbreiteten Gewohnheit, gemeinsam im großen Familienkreis (und nicht isoliert und an kleinen Tischchen) zu essen, angepasst. McDonald's, das sich in vielen Ländern Asiens als Symbol des amerikanischen Lifestyles etablierte und zunächst von der Anziehungskraft profitierte, die die US-amerikanische Kultur besonders auf Teile der Jugend ausübte, gelang es, durch diese (inter)kulturelle Adaptation an lokale Essensgewohnheiten und Lebensformen auch Teile der neuen Mittelschichten zu gewinnen und die Restaurants zu einem beliebten Ort für Geburtstagsparties und Familienfeiern zu machen (Watson 1997).

Die **wirtschaftswissenschaftlich orientierten Ansätze**, wie sie u. a. Usunier (1992), Kroeber-Riel (1996), Dmoch (1997) und Müller/Gelbrich (2004) vertreten, gehen von der grundlegenden Frage aus, ob und in welchem Maße Produkte und die mit ihnen verknüpften Werbe- und Marketingstrategien beim Export und Transfer in andere Kulturen und Kulturräume beibehalten und damit standardisiert oder aber differenziert und somit angepasst werden sollen. An die Entscheidung, mehr oder minder differenziert zu handeln, knüpfe sich, so Müller/Gelbrich (2004), folgende »Schlüsselfrage« an:

»Woran sollen wir uns in welcher Weise anpassen? Während der Entscheidungsspielraum gering ist, wenn es sich um den Einfluss der juristisch definierten Umwelt handelt (z. B. Zugabenverordnung), müssen in allen anderen Fällen die jeweiligen Vor- und Nachteile der Standardisierungs- und Differenzierungsstrategie sorgsam gegeneinander abgewogen werden. Allgemein formuliert fällt die Antwort leicht: Die Landeskultur ist immer dann ein bedeutsamer Entscheidungsparameter für das Marketing, wenn es gilt, **kultursensible Leistungen in kulturell heterogenen Umwelten** zu vermarkten« (ebd., VII–VIII).

Meffert/Bolz (1994) unterscheiden in dieser Perspektive die **Kulturabhängigkeit verschiedener Produktkategorien:** Während Produkte wie Computer-Hardware, fotografische Ausrüstungen, Werkzeugmaschinen, Verbraucherelektronik und Computer-Software nicht oder relativ wenig kulturgebunden sind, sind Nahrungsmittel, Textilien, Verlagsprodukte, Toilettenartikel und Haushaltsreinigungsmittel in hohem Maße kulturgebunden. Einen mittleren Grad an Kulturgebundenheit weisen Produkte wie langlebige Haushaltsgüter (Waschmaschinen, Kühlschränke etc.), Papierwaren, Autos, Weine und Spirituosen sowie Kosmetika auf. Von dem unterschiedlichen Grad der Kulturgebundenheit von Produktkategorien hängt die Notwendigkeit der interkulturellen Adaptation des Marketings, insbesondere auch der Werbung, unmittelbar ab.

Dem **interkulturellen Marketing** in seinen verschiedenen Ausprägungsformen kommt aus zwei Gründen eine rapide wachsende Bedeutung zu: zum einen aufgrund der zunehmenden Internationalisierung von Märkten und Unternehmen, nicht nur im Bereich der Großunternehmen, sondern in wachsendem Maße auch der mittelständischen Unternehmen; und zum anderen aufgrund der wachsenden technischen Angleichung der Produkte, die zugleich zunehmend ästhetisch und kulturell ausdifferenziert werden (durch Lifestyleformen, Design, spezifische Werbebotschaften etc.). Müller/Gelbrich (2004, 207) grenzen das interkulturelle Marketing vom **Ethno-Marketing** ab, bei dem »kulturelle Unterschiede, die innerhalb eines Landes auftreten, im Mittelpunkt der Betrachtung« stehen, beispielsweise im Hinblick auf türkischstämmige Migranten als Zielgruppe für Konsumentenwerbung in Deutschland.

Unter **Ethno-Marketing** wird ein zielgruppenspezifisches Marketing verstanden. Es beinhaltet die

»Ausgestaltung aller Beziehungen einer Unternehmung auf eine Zielgruppe, die sich aufgrund von historischen, kulturellen und sprachlichen Gegebenheiten von der Bevölkerungsmehrheit in einem Land unterscheidet. Die Unterschiede können Einfluss auf psychographische Kriterien wie bspw. andersartige Einstellungen, Motive oder Bedürfnisse haben; diese Kriterien zeigen sich in einem Konsumverhalten, welches von der Mehrheitsgesellschaft abweicht.« (»Ethno-Marketing«. http://wirtschaftslexikon.gabler. de).

Aufgrund der einerseits sprunghaft zunehmenden Bedeutung von Migrant/innen in okzidentalen Gesellschaften, die auch als Konsumentengruppen immer mehr ins Gewicht fallen, und andererseits des zunehmenden Stellenwerts kultureller Differenzierung, auch im religiösen Bereich, kommt dem Ethno-Marketing eine wachsende Rolle zu. So sind beim Marketing, insbesondere in der Werbung, in Bezug auf die türkischen Immigrant/innen in Deutschland die wachsende Bedeutung des Islam (knapp zwei Drittel der Personen türkischer Herkunft in Deutschland bezeichnen sich als religiös), die kulturspezifische Bedeutung der Großfamilie, der Stellenwert traditioneller Erziehungsmodelle sowie der Institution der Ehe zu berücksichtigen. Unternehmen wie Daimler-Benz, die Deutsche Bank mit ihrer Filiale *Bankamiz*, die Société Générale in Frankreich oder Unternehmen des Telekommunikationssektors wie *Ay Yildiz* (E-Plus) und *Kleema* (in Frankreich) haben in den letzten Jahren erfolgreich Ethno-Marketing-orientierte Strategien entwickelt, indem sie – im Hinblick insbesondere auf die türkischen Immigranten in Deutschland und die maghrebinischen Immigranten in Frankreich:

- eine zielgruppenspezifische Angebotspalette entwickelt haben.
- identitätsstiftende Symbole der Zielgruppe mit spezifischen Konnotationen (wie Farbsymbole, Flaggen, Kopftücher) berücksichtigen. Ein signifikantes Beispiel hierfür ist die Verwendung des *Nazar Boncuğu*-Symbols in der Werbung der Deutschen-Bank-Filiale *Bankamiz* (türkisch für: ›Die Bank für uns‹) für türkische Kunden. Als emotional besetztes »kulturelles Schemabild« (Kroeber-Riel 1993) soll das im islamischen Raum vor allen in der Türkei verbreitete Symbol, das wörtlich »Blaue Perle« bedeutet, den Besitzer vor dem ›bösen Blick‹ schützen. Dieser entsteht aus Missgunst und Neid heraus und erweist sich als Bedrohung für Besitz und Wohlergehen derer, auf den er gerichtet ist (Schön 2011, 129).

- bei Personendarstellungen insbesondere der weitaus größeren Rolle von Familie und Ehe in der Bildkommunikation Ausdruck verleihen.
- kulturspezifische Werte berücksichtigen (wie die Bedeutung der Religion auch im Alltag, wie etwa bei Essenspraktiken, z. B. dem Verzehr von Halal-Fleisch). auch sprachlich, u. a. durch zweisprachige Werbe- und Informationstexte auf die Zielgruppen eingehen.

Die spezifische Zielrichtung des **interkulturellen Marketings** beschreiben Müller/ Gelbrich (2004) wie folgt:

»Unternehmen, die in mehreren Ländern agieren, treffen dabei auf Institutionen und Individuen, die in einem bestimmten Kulturraum mit spezifischen Werten, Einstellungen und Verhaltensweisen verwurzelt sind. Diesen kulturellen Eigenheiten gilt es, je nach Standardisierungspotential bzw. Differenzierungsbedarf, Rechnung zu tragen, z. B. bei der Gestaltung der Produktpolitik, Kommunikationspolitik, Distributionspolitik, Preispolitik« (ebd., 206).

In dieser Hinsicht lassen sich, vor allem im Anschluss an Kroeber-Riel (1992a), für den Kulturtransfer im wirtschaftlichen Bereich, hier im Zusammenhang mit dem Export von Wirtschaftsgütern, folgende **drei Analyseebenen** unterscheiden:
- die **kulturelle Präsenz und Bedeutung** von Produkten;
- die **Verknüpfung von Kernbotschaften** mit Produkten;
- die **sprachliche und visuelle Umsetzung von Kernbotschaften**.

1. Die **kulturelle Bedeutung von Produkten** determiniert in entscheidendem Maße die Kernbotschaften und damit auch die hiermit verbundenen kulturellen Assoziationen. Autos haben z. B. in Deutschland und Frankreich einen anderen kulturellen Stellenwert: In Deutschland werden Technik, Geschwindigkeit und Ökologie deutlich stärker betont, und mit dem Auto ist ein größerer sozialer Prestigewert verknüpft als beispielsweise in Frankreich, wo Komfort, Fahrvergnügen und ein niedriger Preis eine wichtigere Rolle spielen, was sich u. a. darin äußert, dass in Frankreich im Durchschnitt kleinere und preiswertere Autos gefahren werden und für diesen Konsumbereich signifikant weniger Geld ausgegeben wird.

2. Unter **Kernbotschaften** ist im Bereich des Produktmarketings und speziell der Werbung die »Operationalisierung des Werbeziels« zu verstehen. Kroeber-Riel (1992a, 264) bezeichnet Kernbotschaften auch als »Positionierungskonzepte«. Sie enthalten die »wesentlichen Informationen oder emotionalen Appelle, die zum Produktkauf anregen sollen« (Dmoch 1997, 7). Unterschieden wird zwischen informativer und emotionaler Kernbotschaft, in »Abhängigkeit davon, ob die Kernbotschaft primär auf sachliche oder primär auf gefühlsmäßige Eigenschaften des Produkts abstellt« (Dmoch 1997, 8). Die Grenzen zwischen beiden Typen von Kernbotschaften sind jedoch fließend, da Informationen in wachsendem Maße auch emotional vermittelt werden.

3. Die **sprachliche und bildliche Umsetzung** der Kernbotschaften betrifft zum einen Übersetzungsvorgänge, die mehr oder minder prononcierte Formen der Adaptation enthalten können. Zum anderen betrifft sie in wesentlichem Maße die assoziative (oder konnotative) Bedeutung, die in einer Kultur mit Begriffen und Vorstellungen verknüpft wird. Wird ein Produkt, beispielsweise ein Duschmittel oder ein Lebensmittel, mit der Kernbotschaft ›Frisch‹ verbunden, so hängt ihre sprachliche und visuelle Umsetzung von den kulturspezifischen Assoziationsfeldern ab, die hiermit in einer Kultur verbunden werden. Gleiches gilt für eine Kernbotschaft wie ›Ruhig‹,

die mit so unterschiedlichen Produkten wie Luxuslimousinen, Immobilien (in ruhiger Lage) oder Fluggesellschaften (Slogan von Emirates Airlines: »Calme, luxe et Emirates«, d. h. »Ruhe, Luxus und Emirates«, in Abwandlung des Baudelaire-Zitates »Luxe, calme et volupté«, d. h. ›Luxus, Ruhe und Wollust‹, aus seinem Gedicht »L'Invitation au voyage«, 1857) verknüpft werden können. In Deutschland bzw. Frankreich wurden, einer empirischen Untersuchung von Kroeber-Riel (1992b) zufolge, mit den genannten Begriffen und Vorstellungen ›frisch‹/›frais‹ sowie ›ruhig‹/›tranquille‹ folgende Assoziationen am häufigsten verknüpft, aus denen sich unmittelbare Auswirkungen für die Wahl des sprachlichen und visuellen Werbematerials ergeben (s. Abb. 5.6).

frisch/frais				ruhig/tranquille			
Deutsche		**Franzosen**		**Deutsche**		**Franzosen**	
Früchte	44	Früchte	29	Wald	41	Land	13
Dusche	43	Getränk	25	Schlafen	35	Wald	11
Wasser	33	Frischer Wind	23	Kirche	20	Natur	10
Frischer Wind	29	Eis	20	Nacht	19	Haus	9
Gemüse	27	Wasser	18	Wasser	17	See	9
Getränk	26	Gemüse	13	Lesen	14	Zimmer	8
Bad	26	Kaltes Wetter	11	Friedhof	13	Bücherei	5
Eis	23	Kühlschrank	10	Natur	9	Landschaft	5
Milch	16	Schnee	10	Bett	8	Einsam	5
Kleidung	13	Yoghurt	10	See	8	Pensionär	5

Abb. 5.6 Zwei emotionale Kernbotschaften mit unterschiedlicher assoziativer Bedeutung zwischen deutschen und französischen Testpersonen (dargestellt sind die Prozentsätze der häufigsten Assoziationen für 95 deutsche und 210 französische Testpersonen, nach Kroeber-Riel 1992a, 264; Dmoch 1996, 40)

Auch der »Country of origin«-Effekt spielt für die sprachliche und bildliche Umsetzung von Werbebotschaften eine wichtige Rolle: diese kann sowohl die Valorisierung der heimischen Produkte als auch das Image, das mit Labeln wie »Made in Germany« im Ausland oder oder »Made in Japan« in Deutschland verknüpft wird, betreffen (Usunier 1992). So unterstreicht Volkswagen in seinen Produktwerbungen etwa in Frankreich und Kanada das »Made in Germany« und die hiermit verbundenen Qualitätsvorstellungen durch den – nicht ins Französische oder Englische übersetzten – Slogan: »Das Auto«. Im Gegensatz hierzu versucht Coca-Cola, im Rahmen seiner globalen Marketingstrategie seit den 1980er Jahren, sich in einer Reihe von Ländern gezielt von seinem traditionellen, eng mit den USA und dem ›American Way of Life‹ verbundenen Image zu lösen. Im Nachhaltigkeitsbericht der *Coca-Cola France* von 2009 beispielsweise, bezeichnet sich das Unternehmen ausdrücklich als »zugleich international und sehr französisch«, auf seiner Website charakterisiert es sich selbst als »ein Unternehmen, das 90 Jahre nach seiner Ankunft in Frankreich zum integralen Bestandteil des Alltagslebens der Franzosen geworden ist (http://www.coca-cola-france.fr/notre-activite).

Ähnlich versucht McDonald's bereits seit über 20 Jahren, seine globalen Marketingstrategien glokal zu verankern und anzupassen. Die weltweite Kampagne mit dem englischsprachigen Slogan »McDonald's – I'm loving it«, die die Markenpräferenz in zahlreichen Ländern geradezu sprunghaft steigen ließ (in Deutschland um 69 %, in Australien um 138 %), stellte die erste globale Kampagne von McDonald's dar. Sie wurde aber beispielsweise im Internet glokalisiert umgesetzt:

»Konkret bedeutet dies, daß die Startseite von McDonald's weltweit sowohl individualistische (z. B. persönliche Freiheit) als auch kollektivistische Werte (z. B. Geborgenheit in der Familie) aktualisiert, in den einzelnen Ländermärkten jedoch unterschiedliche Akzente setzt. In Japan etwa, wo die Verbeugung der ikonographische Ausdruck des für die Gesellschaft so bedeutsamen Strebens nach Harmonie ist, verbeugen sich vier McDonald's Mitarbeiter vor dem Betrachter.« (Müller/Gelbrich 2014, 373).

Bezüglich des Verbreitungsgrads der assoziativen, emotional geprägten Bedeutung von Kernbotschaften trifft Kroeber-Riel (1992a, 265) folgende **vier Unterscheidungen**:

1. **Interkulturell verbreitete Emotionen:**Dies sind in erster Linie biologisch vorgeprägte oder erfahrungsunabhängige Assoziationen, wie z. B. das Kindchenschema, ›Heldenerlebnisse‹ (›Initiation‹, ›Prüfung‹ und ›Bewährung‹), Prestigeerlebnisse (Anerkennung/Belohnung); das Stereotyp des ›Alten Weisen‹, das stets in Problemsituationen auftritt und als außenstehende Autorität allein befähigt ist, Lösungswege aufzuzeigen (Dieterle 1992, 95); oder die Verknüpfung der Farbe Rot mit Feuer, Blut und Leidenschaft, die in (nahezu) allen Kulturen zu finden sind.

2. **Transeuropäisch ausgeprägte Emotionen:** Hierzu zählen Assoziationen, die kulturraumspezifisch, d. h. länderübergreifend, etwa in ganz Europa, festgestellt werden können, wie z. B. das Tropenschema oder das Mittelmeerschema, »bildlich wiedergegeben durch tiefblauen Himmel, Felsenküste und weiße Ruinen« (Kroeber-Riel 1992a, 265).

3. **Länderspezifische Emotionen:** Assoziationen, die für eine Nationalkultur spezifisch sind, wie z. B. der englische Humor, oder zentrale historische Ereignisse und Figuren evozieren (Napoléon, Verdun, Stalingrad). Hierzu zählen auch Assoziationen, die kulturspezifisch codiert sind, wie z. B. Rot als die Farbe des Adels in der deutschen und des Hohen Klerus in der französischen Gesellschaft.

4. **Subkulturell ausgeprägte Emotionen:** Assoziationen, die sozial und zielgruppenspezifisch verbreitet sind, wie z. B. die Farbe Rot, die, je nach Zielgruppe, so unterschiedliche emotional besetzte Assoziationen hervorrufen kann wie die Rennsportmarke Ferrari, den Fußballclub 1. FC Kaiserslautern und seine Spieler (»die roten Teufel vom Betzenberg«) sowie die Identifikation mit den Ideen von Sozialismus und Kommunismus (›Rote Fahne‹).

Von **Standardisierung** ist zu sprechen, wenn ein Werbemittel, das in anderen Kulturen und Kulturräumen eingesetzt wird, dieselbe Kernbotschaft enthält und diese »im Hinblick auf Bild und Text identisch umgesetzt wird« (Dmoch 1997, 8; vgl. auch Hahn 2000, 19–21). Zunehmend rücken global agierende Unternehmen wie Cola-Cola und McDonald's von einer Standardisierungsstrategie ab und bemühen sich um eine differenzierte kulturelle Adaptation ihrer Produkte und der mit ihnen verknüpften Kernbotschaften und Assoziationsfelder. McDonald's beispielsweise adaptierte in zum Teil sehr differenzierter Weise seine Produktpalette, seine Werbestrategien, aber auch die Ästhetik und Disposition seiner Fastfood-Restaurants selbst, um sie Konsumgewohnheiten, Werten, Ritualen (wie gemeinsames Essen in der (Groß-)

Familie) und Symbolen, d. h. den verschiedenen kulturellen Dimensionen der Zielkulturen, anzupassen.

Selbst Coca-Cola, eine Marke und ein Unternehmen, das geradezu als Inbegriff
der Globalisierung im Bereich des Konsums gelten kann, verfolgt seit den 1980er
Jahren weltweit eine Strategie der differenzierten Standardisierung **(Glokale Marketingstrategie)**. Diese betrifft in erster Linie die Kommunikations- und Marketingstrategien, aber auch die Produktpalette sowie die Produktbezeichnungen. So sind die
deutschen Webseiten des Unternehmens deutlich informations- und faktenorientier-
ter sowie textlastiger, während die französischen Webseiten beispielsweise spieleri-
scher und phantasievoller gestaltet sind. Das Inhaltsverzeichnis auf der Website der
Coca-Cola GmbH ist in Grau- und Rottönen sowie sehr sachlich und übersichtlich gestaltet. Es verweist auf Informationen zum Unternehmen, zur Markenvielfalt, zur
Nachhaltigkeit sowie auf einen »Newsroom« (www.coca-cola.gmbh.de/meta/
sitemap/index.html, 9.4.2012). Das französische Pendant verweist zwar auf die gleichen Informationen, die aber in völlig anderer Form, nämlich auf spielerische Weise
in Form eines Metroplans mit ganz unterschiedlichen Farben präsentiert werden
(»Plan du site«, www.coca-cola-france.fr/plan-du-site.html, 9.4.2012).

Ein Vergleich von Werbebotschaften, die in den USA und in China in Fernsehspots
mit den gleichen Produkten (Automobile und Dienstleistungen) verbunden werden,
zeigt grundlegende Unterschiede (s. Abb. 5.7). Während in China die Werbebotschaft ›Modernität‹ in fast zwei Dritteln der Werbespots erscheint und visuell sowie
verbal umgesetzt wird, spielt sie in den USA nur eine untergeordnete Rolle. Die Werbebotschaften ›Höflichkeit‹, ›Reichtum‹ und ›Sparsamkeit‹ sind, zusammengenom-
men, in knapp zwei Drittel der chinesischen TV-Werbespots für Dienstleistungen zu
finden, während in den USA lediglich die Kernbotschaft ›Sparsamkeit‹ eine gewisse,
wenn auch sehr begrenzte, Bedeutung hat (s. Abb. 5.7).

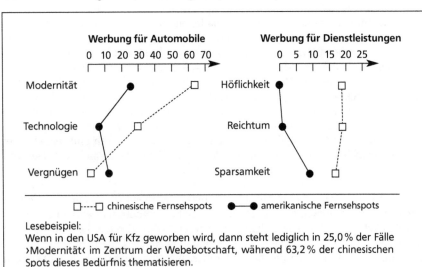

Abb. 5.7 Werbebotschaften im interkulturellen Vergleich (aus Bolten 2007, 485)

Die Erkenntnis einer prinzipiellen Notwendigkeit interkulturellen Marketings hat sich mittlerweile weitgehend durchgesetzt.

»So weiß man spätestens seit den Negativerfahrungen mit übereilten Standardisierungsmaßnahmen in den 1980er Jahren, dass eine weltweite Standardisierung (identisches Produkt, gleiche Verpackung, gleicher Werbespot etc.) zwar erhebliches Kostensenkungspotential birgt, dass andererseits aber ungleich höhere Opportunitätskosten (Opportunitätskosten bezeichnen den entgangenen Nutzen, der bei Alternativen durch die Entscheidung für die eine und gegen die andere Möglichkeit entsteht) entstehen können, gerade weil die Distanz zu den Zielgruppen zu groß ist und die Marketingaktivitäten dementsprechend nicht akzeptiert werden.« (Bolten 2015, 159).

Wie beim Marketing generell, sind auch beim interkulturellen Marketing die **vier klassischen Marketinginstrumente** relevant, d. h.:

- die Produkt- und Leistungspolitik;
- die Preispolitik;
- die Kommunikationspolitik;
- die Distributionspolitik.

In systematischer Hinsicht unterscheidet Dmoch **vier grundlegende Strategien**, die sich zwischen den Polen von **Standardisierung** und mehr oder minder starker **interkultureller Adaptation** bewegen:

1. Die **ethnozentrische Strategie**: Sie »impliziert eine Ausweitung der ursprünglich nationalen Marktbearbeitungsstrategie auf ausländische Zielmärkte (Exportmarketing). Zugunsten einer starken Ausrichtung am Stammland werden nationale Eigenheiten des ausländischen Zielmarktes vernachlässigt. Dementsprechend werden Werbemittel aus dem Stammland im Gastland adaptiert, d. h. neben der Übersetzung geringfügig verändert, um den lokalen Geschmack zu treffen. Das Werbeziel liegt bei dieser Strategie in der Erhöhung des Bekanntheitsgrads der Marke« (Dmoch 1997, 11).
2. »Die **polyzentrische Strategie** geht mit einer Anpassung an die Eigenarten der Gastländer einher. Mit der differenzierten Marktbearbeitung ist eine eigenständige Kommunikationspolitik verknüpft. Die Werbung liegt in der Verantwortung der Tochtergesellschaft. Werbemittel aus dem Stammland werden nicht übernommen. Ziel dieser Strategie ist es, der Marke ein bestimmtes Image zu verleihen. Dieses muss nicht mit dem des Stammhauses übereinstimmen.« (ebd.).
3. »Die **regiozentrische Strategie** setzt die Identifikation von Zielmärkten voraus, deren Konsumenten eigentlich auf die Bearbeitung durch dasselbe Marketingmix reagieren. [...]. Ein Beispiel ist das Euro-Marketing. Ziel dieser Strategie besteht darin, der Firma bzw. der Marke in allen [regionalspezifisch eingegrenzten] Zielmärkten das gleiche Image zu verleihen.« (ebd.).
4. »Die **geozentrische Strategie** ist darauf ausgerichtet, Wettbewerbsvorteile durch eine Kosten- oder Qualitätsführerschaft auf dem Weltmarkt zu erringen, indem der gesamte Prozess der betrieblichen Leistungserstellung und die sie begleitenden Informations-, Organisations- und Kontrollprozesse global ausgerichtet werden. Im Rahmen des globalen, standardisierten Marketing besteht das Ziel der internationalen Werbung im Aufbau eines weltweit einheitlichen Images.« (ebd.).

Die interkulturelle Adaptation von Werbung, die sich in unterschiedlicher Intensität in den ersten drei Strategien findet, betrifft prinzipiell sämtliche Ebenen von ›Kultur‹ im anthropologischen Sinn, d. h. Werte, Rituale, Identifikationsfiguren und Symbole

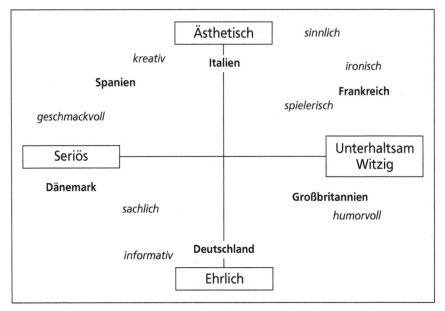

Abb. 5.8 Unterschiedliche Kommunikations- und Werbestile in Europa (nach: Bonnal 1990, 272 und Dmoch 1997, 21)

bzw. symbolische Systeme wie die Sprache (s. Kap. 2.1.3, das »Zwiebelmodell« nach Hofstede). Für die Adaptation von Kernbotschaften und ihre sprachliche und visuelle Umsetzung sind, wie die folgenden Beispiele belegen, neben den kulturspezifischen Werten (bzw. ›Kulturstandards‹) die Kommunikationsstile von besonderer Bedeutung. Bonnal (1990, 272) und hieran anschließend Dmoch (1997, 21) unterscheiden schematisch **vier Kommunikationsstile**, die sich in sprachlicher und visueller Form auf die kulturspezifischen Ausprägungen der Werbestile niederschlagen: ästhetisch, seriös, unterhaltsam-witzig und ehrlich. Diesen vier Kommunikationsstilen, deren Relevanz von empirischen Untersuchungen vor allem für den Marketingbereich belegt wurde, lassen sich die verschiedenen europäischen Nationalkulturen tendenziell zuordnen:

So lässt sich beobachten, dass die französische Werbung häufig von ästhetischen, unterhaltsam-witzigen Kommunikationsformen geprägt ist, die auf sinnliche Darstellungsregister sowie auch auf einen spielerischen und ironischen Ton zurückgreifen, im Gegensatz zur deutschen Werbung, die tendenziell deutlich nüchterner, informativer und sachlicher wirkt. Humor spielt in der britischen Werbung generell eine größere Rolle, während er in der deutschen Werbung weniger verwendet und auch völlig anders umgesetzt wird.

Die unterschiedlichen Werbestile sind auch auf unterschiedliche, kulturell geprägte **Erwartungshaltungen der Konsumenten** zurückzuführen, die in Deutschland Werbung stärker als ein Informationsmedium ansehen, während sie in Frankreich und England stärker mit einer Unterhaltungsfunktion verbunden wird. Diese Unterschiede gelten in deutlich stärkerem Maße für Medien und Textsorten, in denen Sachinformationen dargestellt werden können, wie in der Printmedienwerbung, auf Websites oder in Werbebroschüren, während sich die Kommunikations- und damit auch die Werbestile im Hörfunk sowie in der audiovisuellen Werbung medienbedingt deutlich stärker angleichen. Als genereller internationaler Trend ist die zunehmend erlebnisbetonte Gestaltung von Werbebotschaften festzustellen.

1. Fallbeispiel: Bei vielen interkulturellen Adaptationsformen zeigen sich strukturelle Unterschiede erst bei einer genaueren, Lexik und Syntax der Werbetexte präzise einbeziehenden Analyse und revidieren den anfänglichen Eindruck einer weitgehenden Standardisierung. So ist die Werbung (in Broschüren aus den Jahren 1999–2001) für das Automodell »Peugeot 206« in Deutschland und Frankreich weitgehend ähnlich: Der Bildteil ist identisch, der Textteil in seiner quantitativen und graphischen Disposition weitgehend vergleichbar und teilweise identisch, der Schlussteil des Textes (ca. ein Viertel des Gesamttextes) ist mit nur leichten Veränderungen wörtlich übersetzt. Die mit dem Auto verknüpften Kernbotschaften sind vergleichbar und betreffen ›Sicherheit‹, ›Fahrvergnügen‹, ›Komfort‹ und ›Technik‹. Eine präzisere Textanalyse verweist jedoch auf unterschiedliche Gewichtungen der Kernbotschaften in der französischen Ausgangsfassung und ihrer Adaptation für den deutschen Markt sowie auf hiermit verknüpfte unterschiedliche Kommunikationsstile. So lassen sich bei einem genauen Vergleich der deutschen und französischen Peugeot-206-Werbungen vor allem **drei Veränderungen** herausarbeiten, die die **interkulturelle Adaptation der Werbung charakterisieren:**

1. **Entpersonalisierung:** Der personalisierte Stil des französischen Originals weicht einem anonymen Erzähl- und Darstellungsduktus: An die Stelle von »Les amoureux de la technologie découvriront« (die Liebhaber der Technologie werden entdecken) tritt die entpersonalisierte Beschreibung der Eigenschaften des Autos.

2. **Ent-Emotionalisierung:** Das Wort »amoureux« (als Adjektiv ›verliebt‹, als Substantiv ›der Verliebte‹) wird im französischen Original gleich zweimal verwendet, in Verbindung mit den anderen emotional besetzten Begriffen »séduisant« (verführerisch), »déraisonnable« (unvernünftig), »plaisir« (Vergnügen) und »créative« (kreativ). Im deutschen Text ist zwar auch zu Beginn die Rede von »hin- und hergerissen« und »Fahrvergnügen«, aber das emotional besetzte Vokabular ist sehr viel begrenzter und wird auch deutlich durch ein nüchtern-sachliches Vokabular relativiert.

3. **Versachlichung:** Beide Texte enthalten Sachinformationen über das Produkt, die auch im französischen Text präsent sind und auch technische Details betreffen, wie z. B. der Terminus »swirl« für ein innovatives Verbrennungsprinzip oder »Common-rail« für eine neue Dieseltechnologie. Im französischen Text finden sich jedoch neben den im engeren Sinn technikbezogenen Informationen auch komfortbezogene Sachinformationen, z. B. zum neu gestalteten Handschuhfach. Vor allem der Kommunikationsstil des deutschen Textes ist in wichtigen, auch syntaktisch auffälligen Elementen anders gestaltet und insistiert auf der sachlichen Richtigkeit der Aussagen: So wird eine Aufzählung von Sachinformationen mit dem Ausdruck »in puncto« eingeleitet: »in puncto Sicherheit, Komfort und technischer Innovation«; und anstelle des eher unverbindlichen, den Leser im Konditional ansprechenden Satzes »S'il ne devait rester qu'une idée au terme de la lecture de cette brochure, elle serait la suivante« (und wenn nur eine Idee am Ende der Lektüre dieser Broschüre bleiben sollte, wäre es die folgende), tritt im Deutschen die lapidare, betont sachliche Feststellung: »Fakt ist.« Auf beide Aussagen, die unverbindlich-suggerierende des französischen Textes und die nachdrücklich sachliche der adaptierten deutschen Fassung, folgt ein Doppelpunkt und ein wörtlich übersetztes Resümee der Qualitäten des Produkts.

Dauerhaft im Badezimmer – so lautet das Urteil für den Einhebelmischer Europlus aus dem GROHETEC-Programm. Begründung: Sein ergonomisch geformter Griff sowie speziell konstruierte und geschliffene Keramikscheiben in se..em Innern sorgen für dauerhaft reibungslose Handhabung. Beweis: Seine tadellose Fu..tion nach einem Testverfahren der GROHE-Forschung, bei dem eine mindestens zehnjährige Nutzung in einem 4-Personen-Haushalt mit über 200.000 Bewegungen simuliert wurde. Am besten, Sie überzeugen sich selbst, wie gut der GROHE Europlus sich führen läßt: bei Ihrem Sanitär-Fachinstallateur oder in der Fachausstellung Bad.

..n Sie unsere Armaturen-Prospekte für Küche und Bad: Friedrich Grohe AG, Info-Service, Postfach 13 61, 58653 Hemer

GROHE

Abb. 5.9 Printmedienwerbung der Firma Grohe (1998/99)

2. Fallbeispiel: Zwei Printmedienwerbungen der deutschen Firma Grohe, die in erster Linie Badezimmerarmaturen herstellt, stellen ein zweites Beispiel für die interkulturelle Adaptation von Werbebotschaften dar, in diesem Fall für den französischen Markt.

Die beiden Werbungen sind hinsichtlich ihrer sprachlichen und bildlichen Struktur ähnlich aufgebaut: Sie zeigen einen sogenannten Einhebelmischer, dessen Abbildung jeweils drei Viertel der Werbeseite einnimmt. Der Textteil besteht aus dem Logo der Firma Grohe, der Angabe der Adresse der Werbeabteilung und einem Fließtext, der in der deutschen (Ursprungs-)Version etwas länger und in einem leicht größeren Schriftgrad gesetzt ist. Der in den Bildteil eingebaute Slogan weist eine ästhetische Form auf: Er folgt wellenförmig der Bewegung des Einhebelmischers, wobei diese im deutschen Bild visualisiert wird, während in der französischen Adaptation das Produkt selbst aus einer seitlichen Perspektive und ohne angedeutete Bewegungen gezeigt wird.

Der französische Textteil stellt keine Übersetzung der deutschen Vorlage dar, sondern enthält Kernbotschaften und Assoziationsfelder, die sich in wesentlichen Komponenten vom ›Original‹ unterscheiden. Der deutschsprachige Schrifttext rückt die primäre Kernbotschaft ›Dauerhaftigkeit‹ ins Zentrum. Dies wird durch den Hinweis auf technische Details (wie »speziell konstruierte und geschliffene Keramikscheiben«), aber vor allem durch die Erwähnung aufwändiger Testverfahren unterstri-

Abb. 5.10 Printmedienwerbung der Firma Grohe (1998/99)

chen: »Seine tadellose Funktion nach einem Testverfahren der GROHE-Forschung, bei dem eine mindestens zehnjährige Nutzung in einem 4-Personen-Haushalt mit über 200.000 Bewegungen simuliert wurde.« Visuell wird die Kernbotschaft in der Darstellung der Hebelbewegungen umgesetzt, die extreme Beanspruchung und Solidität assoziiert. Als sekundäre Kernbotschaften erscheinen in der deutschen Version die ›reibungslose Handhabung‹ sowie die ›Fachberatung‹, auf die am Ende des Textes ausdrücklich hingewiesen wird.

Die Kernbotschaft der französischen, interkulturell adaptierten Printmedienwerbung entspricht den umrissenen Tendenzen der unterschiedlichen, jeweils kulturspezifischen Kommunikations- und Werbestile. Ähnlich wie im Bildteil selbst, der durch die gewählte Perspektive die Ästhetik des Produkts unterstreicht, werden im Fließtextteil v. a. ›Schönheit‹ (»la beauté des lignes harmonieuses«, die Schönheit der harmonischen Linien) und ›Eleganz‹ (»élégance des matériaux nobles«, Eleganz des noblen Materials) sowie ›Komfort‹ (»confort«) und ›Vergnügen‹ (»plaisir«) hervorgehoben. Erst im zweiten Absatz des Schrifttexts ist von ›Zuverlässigkeit‹ (»fiabilité«) die Rede, deren eher sekundäre Einordnung auch dadurch deutlich wird, dass sie keine bildliche Umsetzung erfährt. Während der wahrnehmungspsychologisch für eine Werbung wichtigere Bildteil der deutschen Werbung sich auf die Kernbotschaft ›Haltbarkeit‹ bezieht, evoziert der französische Bildteil ausschließlich die Kernbotschaft ›Schönheit‹, die auch schriftsprachlich in mehreren Begriffen verankert ist.

Nicht immer sind Formen der interkulturellen Adaptation von Werbebotschaften so deutlich auszumachen wie in den genannten deutsch-französischen Beispielen. Die interkulturelle Adaptation spiegelt in diesem Fall nicht nur kulturspezifische Werbe- und Kommunikationsstile, sondern auch verschiedene kulturelle Wertesysteme, die tendenziell auf einer unterschiedlichen soziokulturellen Gewichtung von Sachinformationen (die sich in Deutschland auch in einer gewissen ›Fetischisierung‹ von Test- und Prüfverfahren sowie von ›Expertenmeinungen‹ äußert) auf der einen und von ästhetisch-emotionalen Faktoren auf der anderen Seite beruhen.

Formen der interkulturellen Adaptation von Werbebotschaften, wie die anhand der Grohe- und Peugeot-Werbung in Deutschland und Frankreich aufgezeigten, unterliegen nicht nur **medienspezifischen**, sondern auch **zielgruppenspezifischen Einflüssen**. Ihr grundlegendes Ziel ist es, eine homogene Zielgruppe in den verschiedenen Ländern anzusprechen und hierbei möglichst präzise kulturelle Spezifika zu berücksichtigen. Bei bestimmten, aber insgesamt quantitativ eher marginalen Produkt- und Zielgruppen erübrigt sich aus diesen Gründen eine interkulturelle Adaptation teilweise oder weitgehend, wie S. Hahn (2000) in seiner Untersuchung zum Werbediskurs im interkulturellen Kontext unterstreicht:

»Beispiele hierfür sind Geschäftsleute und ihr Konsumverhalten in Zusammenhang mit Flugreisen, Kreditkarten und Mietwagen; oder auch Personen mit hoher Kaufkraft und ihre Kaufgewohnheiten hinsichtlich Luxusgütern (z. B. Diamanten, Champagner, Cognac). Wenn wir jedoch das Feld der alltäglichen Bedarfsgüter betrachten – Benzin, nicht-alkoholische Getränke, Lebensmittel, Pflegeprodukte etc. –, so existiert hier keine homogene Zielgruppe, Unternehmen aus diesen Branchen, die beabsichtigen, eine einheitliche internationale Werbung zu lancieren, müssen ihre Zielgruppen in den Ländern gleich definieren und in ihren interkulturellen Kommunikationsmitteln einen gemeinsamen Nenner zur Zielgruppenansprache finden« (ebd., 22 f.).

Interkulturelles Marketing ebenso wie Interkulturelles Management situieren sich somit im Schnittbereich kulturwissenschaftlicher und wirtschaftswissenschaftlicher Fragestellungen, Theorieansätze und Methoden. Interkulturelles Management wird, wie die Wirtschaftswissenschaftler Christian Scholz und Volker Stein betonen, »dringend gebraucht in einem Wirtschaftssystem, in dem die Akteure im Weltmaßstab denken und handeln wollen« (Scholz/Stein 2013, 9). Unternehmerische und wissenschaftliche Ansätze, die von einer zunehmenden Konvergenz und Angleichung der kulturellen Systeme im Kontext des aktuellen Globalisierungsprozesses ausgehen, haben sich als grundlegend problematisch erwiesen. Prozesse des internationalen Marketings unter dem methodischen Fokus des Kulturtransfers zu betrachten und zu analysieren, wie im vorliegenden Kapitel, bedeutet in diesem Zusammenhang, den Blick auf den Transfer sowohl materieller kultureller Artefakte (wie Werbebotschaften, Kommunikationsformen, Medienformate) als auch immaterieller Artefakte und Praktiken (wie *Diversity Management*, Nachhaltigkeitskonzepte, *Corporate Social Responsability*) zu lenken. Die Akteure und Organisationen spielen hier ebenso eine Rolle wie die komplexen Diffusions- und Rezeptionsformen, durch die sich Artefakte, Praktiken und Ideen verändern – in sprachlicher, materieller, kultureller und medialer Hinsicht. »Der Transfer und die Ideen wirtschaftlicher Organisation stehen hier im Vordergrund, wodurch die Kulturtransfer-Forschung anknüpft an Begriffe wie Diffusion und Translation, die ähnliche Prozesse kulturellen Austauschs umschreiben« (Barmeyer 2012, 113).

6 Interkulturelle Kommunikation im Kontext der aktuellen Globalisierung – Problembereiche und Herausforderungen

6.1 | Multikulturalität und Amerikanisierung

Das Fach – oder besser: die interdisziplinäre Ausrichtung – ›Interkulturelle Kommunikation‹ ist vor knapp 40 Jahren nicht zufällig in Kanada und den USA entstanden und hat sich dort seitdem in den Wissenschaftsinstitutionen und in der öffentlichen Diskussion etabliert. Die nordamerikanischen Gesellschaften repräsentieren weltweit die Kulturen, die am intensivsten in die beiden Prozesse der Migration und der Globalisierung eingebunden sind. Diese haben in letzten beiden Jahrzehnten völlig neue Dimensionen angenommen: Jeder achte US-Amerikaner ist außerhalb der USA geboren worden, vor allem in Mexiko und anderen mittel- und südamerikanischen Gesellschaften sowie in Indien und China; die Zahl der ausländischen Studierenden an US-amerikanischen Universitäten hat sich in den letzten fünfzig Jahren versiebzehnfacht; ein Drittel der Dissertationen im naturwissenschaftlichen Bereich und die Hälfte der Dissertationen in den Fächern Mathematik und Informatik, mit stark zunehmender Tendenz, werden an US-Universitäten mittlerweile von Ausländern verfasst, vor allem von Indern und Chinesen. Drei Viertel der jungen Forscher/innen aus dem Ausland bleiben in den USA. Die anderen kehren in ihre Heimatländer zurück und verkörpern dort zentrale (inter-)kulturelle Mittler des globalen Kultur- und Wissenstransfers der Gegenwart, für den die USA den Dreh- und Angelpunkt bilden (Minc 2004, 21–22).

Wie A. Minc (2004) und andere zeitgenössische Kultur- und Wirtschaftswissenschaftler (Cohen 2004) betonen, stellen die USA und Kanada in vieler Hinsicht Vorreiter und ›Laboratorien‹ der interkulturellen und multikulturellen Welt der Zukunft dar. Ihre Eliten werden in zunehmendem Maße von der Immigration aus nicht-okzidentalen Gesellschaften und Kulturen geprägt; ihre kulturellen Bezugspunkte und ihre wirtschaftlichen Vernetzungen liegen in wachsendem Maße nicht mehr in Europa, sondern in Asien, Afrika und Lateinamerika. Die traditionelle, europäisch geprägte amerikanische Kultur und Gesellschaft, die vielfach zitierten und ebenso angeprangerten WASPs *(White Anglo-Saxon Protestants)* repräsentieren in deutlich abnehmendem Maße die politischen und vor allem kulturellen, wissenschaftlichen und intellektuellen Führungsschichten Nordamerikas. »Alle prangern die Vereinigten Staaten der Vergangenheit an; sie haben weder ihre Transformation in ein ›globales Land‹ (»Pays mondial«) berücksichtigt noch die Konsequenzen, die sich hieraus für die Rolle Amerikas in der Welt ergeben.« (Minc 2004, 41). Somit ist weniger der globale kulturelle und wirtschaftliche Einfluss der USA charakteristisch für die interkulturelle Dimension des gegenwärtigen Globalisierungsprozesses als vielmehr seine vielfältigen und komplexen kulturellen Aneignungs-, Vermittlungs- und Rezeptionsformen. Die neuen Marketing- und Kommunikationsstrategien von Global Players wie Coca-Cola und McDonald's (s. Kap. 5.6) stellen hierfür ebenso markante Beispiele dar wie der Transfer und die Transformation US-amerikanischer Medienangebote (wie *Dallas, C. S. I.*, und *Loft Story*, s. Kap. 5.6), die kulturspezifische Aneignung US-amerikanischer Informations- und Kommunikationstechnologien oder die Entstehung und weltweite Verbreitung des indischen Bollywood-Films, der selbst in vielfältiger Weise transkulturell geprägt ist und globale Einflüsse aufnimmt sowie filmästhetisch verarbeitet (Jolly/Wadhwani/Barretto 2007).

Diese interkulturellen Problemfelder, die auch für die zukünftige Entwicklung europäischer Gesellschaften und Kulturen von entscheidender Bedeutung sind, liegen im interdisziplinären Schnittfeld kultur-, politik- und wirtschaftswissenschaftlicher Fragestellungen und Disziplinen. Sie auf *eine* Fachdisziplin reduzieren zu wollen, würde, wie die einzelnen Kapitel des vorliegenden Bandes zu belegen versuchten, den Erkenntnishorizont einengen und wichtige Erkenntnischancen vergeben.

6.2 | Problemfelder Immigration und Multikulturalität

Immigration ist, wie in verschiedenen Kapiteln (vor allem Kap. 2.1.5) dargelegt wurde, in keiner Weise ein neues Problem europäischer und außereuropäischer Gesellschaften, sondern weist eine lange, komplexe historische Tradition auf, die allerdings unter kulturwissenschaftlicher und interkultureller Perspektive bisher nur in Ansätzen aufgearbeitet wurde. Während die Migrationsprozesse der Vergangenheit in Europa – von Kriegszeiten abgesehen – in erster Linie vor dem Hintergrund der wirtschaftlichen Expansion und des hiermit verbundenen Arbeitskräftebedarfs der Industrialisierung erfolgten, stehen seit den 1980er Jahren vor allem sozio-ökonomische, demographische und politische Gründe im Vordergrund (Varrod/Laporte 2003): zum einen die negative Entwicklung der Geburtenrate in allen europäischen Ländern (mit Ausnahme Irlands und Frankreichs), die kurz- und mittelfristig lediglich durch eine stetige und massive Immigration kompensiert werden kann; zum anderen die wachsende Kluft zwischen eher wohlhabenden Ländern, zu denen in Zukunft auch die derzeitigen Schwellenländer China, Brasilien, Südafrika und Mexiko sowie in ein bis zwei Generationen auch Indien zu zählen sein werden, und Ländern mit wachsender Armut, vor allem in Afrika, Osteuropa, Südasien und Südamerika; und drittens die Zunahme militärisch-politischer Konflikte in zahlreichen Regionen des Vorderen Orients, Afrikas und Asiens seit den 1990er Jahren. Diese sozioökonomische Kluft hat zu Beginn der 1990er Jahre in erster Linie, trotz wachsender Immigrationsbeschränkungen der Industrieländer, vor allem die Migrationsströme aus Mexiko, Indien, Vietnam, den Philippinen und Pakistan (jeweils über 2 Millionen Auswanderer) sowie Ägypten, Algerien und den Ländern des Vorderen Orients, vor allem Syrien und dem Irak (jeweils 1–2 Millionen Auswanderer), erheblich verstärkt.

Die drei genannten **Migrationsprozesse** stellen die aufnehmenden Gesellschaften in Europa, Nordamerika und Australien, aber auch die von Migrations- und Flüchtlingsströmen in sehr stark betroffenen Regionen selbst vor gänzlich neue interkulturelle Herausforderungen der Integration von – und der Kommunikation mit – Menschen aus völlig anderen Gesellschaften und Kulturen. Dies gilt in besonderem Maße für die deutsche Gesellschaft, die in mehrfacher Hinsicht – etwa im Vergleich zu Frankreich, den Niederlanden und Großbritannien – deutliche Erfahrungsdefizite und historische Hypotheken im Umgang mit Immigranten und allgemein mit fremden Kulturen aufweist (s. Kap. 4.4 und 4.7).

Mit der 2004 in Frankreich und 2006 in Deutschland von den Regierungen und Wirtschaftsverbänden unterzeichneten »Charta der Vielfalt« ist in konzeptueller Hinsicht eine Neuorientierung in der Immigrationspolitik verbunden. Die inzwischen auch international von zahlreichen Wirtschaftsunternehmen unterzeichnete »Charta der Vielfalt« beruht auf der am 2.11.2001 verabschiedeten »Déclaration universelle de l'UNESCO sur la diversité culturelle« (›Universelle Erklärung der UNESCO zur kulturellen Vielfalt‹, http://portal.unesco.org/fr/ev.php-URL_ID = 13179&URL_DO = DO_TOPIC&URL_SECTION = 201.html).

Der herausragende Stellenwert, den der Begriff ›Vielfalt‹ (Diversity, Diversité) in den letzten Jahren im Rahmen der Immigrationspolitik eingenommen hat, impliziert einen Perspektivenwechsel, der zugleich in der Politik und der Zivilgesellschaft intensiv und kontrovers diskutiert wird: Statt der tradierten **Konzepte ›Integration‹** und ›**Chancengleichheit‹** werden etwa in den auf junge Immigranten (oder Gruppen mit Immigrationshintergrund) zielenden Programmen des Deutsch-Französischen Jugendwerks (DFJW) seit 2015 die **Konzepte ›Vielfalt‹** und ›**Partizipation‹** verwendet (Boubeker/Ottersbach 2015). Hierdurch wird einerseits der Blick auf die Notwendigkeit der Anerkennung kultureller Vielfalt und der hiermit verbundenen interkulturellen Aushandlungs- und Anpassungsprozesse gelenkt; und andererseits wird statt der Betonung der Chancen*gleichheit* der Akzent auf die *Ungleichheit* der sozialen Bedingungen gelegt, die nur durch eine stärkere Einbindung und Partizipation von Immigranten in die Zivilgesellschaft, in allen ihren Bereichen (Kindergarten, Schule, Universität, Politik, Wirtschaftsunternehmen, Sport etc.), überwunden werde könne.

Diese Konzeption schließt an neuere soziologische und anthropologische Untersuchungen wie von Mark Terkessidis (2010, 2015) und Werner Schiffauer (2016) an. Der Anthropologe Schiffauer etwa verbindet in den Schlussfolgerungen seines Buches *Schule, Moschee, Elternhaus* einen neu perspektivierten Integrationsbegriff mit der Forderung nach umfassender Partizipation gesellschaftlicher Gruppen mit Migrationshintergrund an den Institutionen der Zivilgesellschaft. Der **Integrationsbegriff** sei nur akzeptabel, wenn er auf die »gleichberechtigte Teilhabe an Bildung, Recht, Wirtschaft und Politik« ziele; er werde jedoch problematisch, wenn er auch auf die »kulturelle und soziale Integration«, d. h. eine weitgehende Assimilation, ausgedehnt werde (Schiffauer 2016, 289). In interkulturell sensiblen und konfliktbeladenen Bereichen wie Religion und Kultur (im anthropologischen Sinn des Begriffs) müssten zeitgenössische Gesellschaften lernen, **Distanz** zu wahren, um mit Andersheit umzugehen: »Höflichkeit und Diplomatie sind Kulturtechniken, in denen mit Distanz umgegangen wird, mit denen aber auch Distanz aufrecht erhalten wird. [...]. Wir haben die Kunst des Umgangs mit Distanz verlernt – und müssen sie jetzt in der postnationalen Ordnung wieder erlernen« (ebd., 2016, 288).

Die im vorliegenden Band umrissenen Themenbereiche ›Interkulturelles Lernen‹ (Kap. 3.4), ›Interkulturelle Kompetenz‹ (Kap. 2.1.2), ›Fremdwahrnehmung‹ (Kap. 4) und ›Modelle multikultureller Gesellschaften‹ (s. Kap. 2.1.5) sind in diesem Zusammenhang von zentraler Bedeutung. Ihnen wird durch die immer wichtigere Rolle der Immigration und die sukzessive Umwandlung auch der deutschen Gesellschaft in eine tendenziell multikulturelle in Zukunft ein herausragender sozialer und kultureller Stellenwert zukommen, den sie bislang weder in deutschen Bildungsinstitutionen noch im kulturellen und wissenschaftlichen Bereich und noch weniger in den Medien erreicht haben.

6.3 | Die neue Geopolitik von Exotismus und Fremd-wahrnehmung

Selbst- und Fremdwahrnehmungsprozesse spielen für die verschiedenen Formen und Prozesse Interkultureller Kommunikation eine zentrale Rolle. Sie prägen inter-kulturelle Begegnungen vor, sind in ihrem Verlauf präsent – wenn etwa Vorurteile und Stereotypen in Frage gestellt und überwunden werden (s. Kap. 3) – und stellen eine wichtige Motivation für die Auseinandersetzung mit – oder die Ablehnung von – anderen Kulturen und ihren Angehörigen dar. Sie beeinflussen somit in entschei-dendem Maße interkulturelles Lernen, aber auch den interkulturellen Transfer von Wissen, Informationen und Bildern aus anderen Kulturen (s. Kap. 4 und Kap. 5). Die Veränderung und Wandlung von Selbst- und Fremdbildern stellen im Allgemeinen mentale Bewusstseinsvorgänge mittel- und langfristiger Dauer dar, die nur in Aus-nahmefällen durch einschneidende historische Ereignisse entscheidend beeinflusst und verändert werden können.

Die deutsch-französische Annäherung und Freundschaft seit den 1950er Jahren, die hiermit einhergehende Positivierung der tradierten gegenseitigen Fremdbilder und die – weitgehende – Verdrängung der bisherigen Feindbilder stellen zweifels-ohne eines der bemerkenswertesten Beispiele für einen **relativ raschen Wandel kol-lektiver Fremdbilder** dar, der über 150 Jahre deutsch-französischer Kriege und hier-mit verknüpfter Feindbilder beendete (s. Kap. 4.1). Er vollzog sich im Wesentlichen zwischen 1949 und 1970, aufgrund der politischen Änderung Westdeutschlands und Frankreichs, des vielfältigen Engagements einzelner herausragender kultureller Ver-mittler, der engagierten Tätigkeit sozialer Gruppen und Institutionen des öffentli-chen und des privaten Bereichs (wie Deutsch-Französisches Jugendwerk, Carolus-Magnus-Kreis etc.) sowie des weltweit einzigartig dichten Netzes deutsch-französi-scher Städtepartnerschaften.

Auf globaler Ebene haben die Unabhängigkeitsbewegungen in den ehemaligen Kolonien zwischen dem Ende des Zweiten Weltkrieges und dem Jahr 1962 (Unab-hängigkeit Algeriens) zu einer sukzessiven Veränderung nicht nur der Beziehungen, sondern auch der Perzeptionsmuster geführt. Auch aufgrund der zunehmend wich-tiger werdenden Rolle, die außereuropäische Staaten in der Weltwirtschaft und in in-ternationalen Organisationen einnehmen, sind Begriffe wie ›Entwicklungshilfe‹, ›entwickelt‹/›unterentwickelt‹ und ›Dritte Welt‹ zunehmend in Frage gestellt und durch neue Begriffsbildungen ersetzt worden (wie ›Entwicklungszusammenarbeit‹, ›Kooperation‹, ›kooperative Forschung‹ etc.). Obwohl auch seit den 1960er Jahren in den okzidentalen Medienkulturen außereuropäische Journalist/innen, Schriftstel-ler/innen sowie auch Filme und literarische Werke weiterhin eine insgesamt eher marginale Rolle einnehmen, haben sich zumindest in den anspruchsvolleren Medien die okzidentalen Wahrnehmungsmuster grundlegend verändert. Im Bereich der ›Eli-tenkulturen‹ wirken außereuropäische Schriftsteller, Journalisten und Wissenschaft-ler in zunehmendem Maße am Wissens- und Informationstransfer über ihre Gesell-schaften und Kulturen mit. Sie haben seit den 1960er Jahren dazu beigetragen, die Wahrnehmung afrikanischer, asiatischer und lateinamerikanischer Gesellschaften in Europa und Nordamerika zu ›ent-exotisieren‹. Hieran haben außereuropäische Intel-lektuelle und Wissenschaftler wie der nigerianische Literatur-Nobelpreisträger Wole Soyinka, der malische Historiker Joseph Ki-Zerbo, der senegalesische Filmemacher Ousmane Sembène oder der kubanische Autor und Publizist Alejo Carpentier einen entscheidenden Anteil.

Der 11. September 2001 und die terroristische Attentatsserie seit den Anschlägen gegen die Redaktion des französischen Satiremagazins *Charlie Hebdo* im Januar 2015 stellen *Ereignisse* dar, die zweifellos nachhaltig die tradierte ›Geopolitik des Exotismus‹ verändert haben. Das ›Faszinosum Orient‹, das seit dem 18. Jahrhundert der europäische Orientalismus in seinen ästhetischen, künstlerischen, intellektuellen und in den letzten Jahrzehnten auch touristischen Ausprägungen ausgebildet hat, ist, vor allem in den USA, aber auch in Europa, einem sehr pauschalen und tendenziell negativen Orient- und Islambild gewichen, das von Schlagworten wie ›Fundamentalismus‹, ›Terrorismus‹ und ›Fanatismus‹ bestimmt wird. »Der Traum vom Orient ist im Fernsehen gestorben« (»Le rêve d'Orient est mort, à la télé«), schreibt der französische Schriftsteller und Journalist S. Tesson (2005, 10) und konstatiert einen deutlichen Rückgang nicht nur des touristischen, sondern auch des Medieninteresses an islamischen Gesellschaften und Kulturen – von der Berichterstattung über Kriege, Attentate und Katastrophen abgesehen.

Beide Phänomene – die positive Umwertung der Deutschland- und Frankreichbilder und die tendenzielle Negativierung der Orient- bzw. Islambilder in den okzidentalen Gesellschaften und Kulturen der Gegenwart – betreffen *mentale Prozesse* mit sozialer Breitenwirkung. Sie beeinflussen in unmittelbarer und nachhaltiger Weise, wie in verschiedenen Kapiteln dieses Buches deutlich geworden ist, interkulturelle Interaktionen verschiedenster Art (wie Schüler- und Studierendenaustausch, Wirtschaftskommunikation, Tourismus u. a., s. Kap. 4.8), aber auch die Medienberichterstattung und damit den Informations-, Wissens-, Bild- und in einem übergreifenden Sinn den Kulturtransfer.

Die Kluft zwischen der zunehmenden Intensität der wirtschaftlichen und politischen Verflechtungen innerhalb Europas und zwischen europäischen und außereuropäischen Gesellschaften und Kulturen und dem im Vergleich hierzu häufig eher dürftigen – in der Medienberichterstattung in vielen Bereichen sogar seit mehreren Jahrzehnten konstant zurückgehenden (s. Kap. 4.7) – Kultur-, Wissens- und Informationstransfer in Medien und Institutionen ist frappierend. Dies gilt insbesondere für die Beziehungen der okzidentalen Gesellschaften mit den Kulturen Afrikas, des Vorderen Orients und großen Teilen Asiens. Vor allem auch die deutsche Medienöffentlichkeit weist hier, wie vergleichende Analysen zur Auslandsberichterstattung im Fernsehen gezeigt haben (s. Kap. 4.7), gravierende Defizite auf. Die Tatsache, dass sich die Fernsehberichterstattung über zahlreiche ferne, ›exotische‹ Länder nicht selten auf Krisen- und Katastrophenberichte sowie auf touristische Klischees (in Sendungen wie dem Reisemagazin *Vox Tours*, seit 1993) beschränkt, mag im Vergleich zu einer *völlig* fehlenden Berichterstattung von manchen immer noch als ›Fortschritt‹ gewertet werden. Dies stellt jedoch einer Gesellschaft wie der bundesrepublikanischen, die in ungleich stärkerem Maße als in der Vergangenheit, d. h. noch in den 1950er oder 1970er Jahren, in globale Vernetzungen und interkulturelle Beziehungen eingebunden ist, ein Armutszeugnis aus.

6.4 | Postkoloniale Interkulturalität

Spätestens seit den 1950er und 1960er Jahren, mit der Unabhängigkeit fast aller ehemaligen europäischen Kolonien in Afrika und Asien, haben sich nicht nur die politischen, sondern auch die interkulturellen Beziehungen zwischen dem Okzident und der ehemaligen kolonialen Welt in zunehmendem Maße verändert. Die Problematik des ›**Writing back**‹ (Ashcroft/Griffiths/Tiffin 1989), des Gegendiskurses in Literatur, Wissenschaft, Publizistik und Film (›Filming back‹, Fendler 2008), beherrschte vor allem die 1950er bis 1980er Jahre, ist jedoch weiterhin von Bedeutung und Aktualität. Durch das Phänomen des *writing back* sind von außereuropäischen Intellektuellen und Schriftstellern eigene, der okzidentalen Perspektive zum Teil radikal entgegengesetzte Sichtweisen entwickelt und zum Ausdruck gebracht worden. Die Entwicklung eines völlig neuen und anderen Blicks auf die eigene Lebenswelt und die europäisch-außereuropäischen Beziehungen zeigt sich auch in dem Bestreben außereuropäischer Wissenschaftler, Schriftsteller und Intellektueller, interkulturelle Erfahrungen, Konfrontationen und Begegnungssituationen mit den Europäern (und Nordamerikanern) anders zu lesen und neu zu interpretieren. Die Werke des mexikanischen Anthropologen Léon-Portilla (1974, 1998) und des französischen Ethnologen N. Wachtel (1971) zielen darauf ab, die Weltsicht und den interkulturellen Erfahrungshorizont der Besiegten und Unterlegenen der *Conquista* Südamerikas zu rekonstruieren – ein Unterfangen, dass in vielen anderen Bereichen, vor allem für die Geschichte des Sklavenhandels, aufgrund fehlender überlieferter Quellen nur noch sehr bruchstückhaft möglich ist. Susanne Gehrmann und János Riesz haben gemeinsam mit afrikanischen Wissenschaftlern die Darstellung von Europäern in afrikanischen Literaturen und Kulturen untersucht und hiermit einen bisher weitgehend verdrängten Teil der Kultur- und Kommunikationsgeschichte zwischen den beiden Kontinenten aufgearbeitet (Gehrmann/Riesz 2004). Der franko-libanesische Schriftsteller und Intellektuelle Amin Maalouf verdeutlicht in seinem Buch *Les Croisades vues par les Arabes* (1983) die arabische Sichtweise der Kreuzzüge des 11.–13. Jahrhunderts, die bis in die Gegenwart hinein für die Beziehungen Europas zum Vorderen Orient von kaum zu unterschätzender Bedeutung sind. Harbsmeier (2001, 2004) hat in ähnlicher Weise die Wahrnehmung Europas durch nach Dänemark reisende Inuit aus Grönland untersucht.

Den wohl bemerkenswertesten Versuch der Überwindung einer ethno- und zugleich eurozentrischen Sicht der Weltgeschichte hat der französische Historiker Claude Bernard in seinem Buch *L'histoire à parts égales* (»Die Geschichte zu gleichen Teilen«) vorgelegt. In seiner Untersuchung analysiert er die interkulturellen Kontakte zwischen holländischen Händlern und Bewohnern des südostasiatischen Archipels um 1600, indem er systematisch Quellen aus beiden Kulturen berücksichtigt und die jeweilige Sicht der interkulturellen Begegnung rekonstruiert. Begriffe wie ›Entdeckung‹, ›Eroberung‹ und ›Kolonisierung‹ erweisen sich angesichts der sehr komplexen Machtverhältnisse und Machtbeziehungen, die hierbei zutage treten, als völlig obsolet; ebenso wie der Begriff ›koloniale Herrschaft‹, dessen traditionelle Bedeutung nicht die differenzierten Macht- und Kommunikationsbeziehungen zwischen den europäischen Eindringlingen und den einheimischen Herrschern und ihren Untertanen zu erfassen vermag. Bei ihnen spielten die Unterwerfung der Einheimischen unter die militärische Übermacht europäischer Mächte sowie Formen der Aneignung fremder Sprachen und Kulturtechniken ebenso eine Rolle wie Widerstand, Verweigerung, List und gezielte Manipulation (etwa beim Übersetzen) sowie pure Gleichgültigkeit. Letztere stellte Bernard vor allem bei den einheimischen Eliten fest, die den grobschlächtigen und vor allem auf Geld und Gewinn erpichten Holländern häufig mit Herablassung und aristokratischer Indifferenz begegneten.

Bernard zeigt die Notwendigkeit auf, auch die frühen Phasen der Globalisierung polyzentrisch zu denken: das heißt von verschiedenen Machtzentren in Asien, Europa, Afrika und Amerika auszugehen, die auch im Zeitalter der aggressiv-militärischen Eroberungspolitik der europäischen Mächte ihre Autonomie und ihr transkulturelles Beziehungsgeflecht weitgehend aufrecht zu erhalten vermochten. Er kennzeichnet diese Perspektive mit dem Begriff **»Polyzentrische Geschichte«** (»Histoire polycentrique«, Bertrand 2011, 14), der sich mit dem Ansatz einer ›**Connected History**‹ weitgehend deckt (Chakrabarty 2000; Subrahmanyam 2005; Pernau 2011, 37–42).

Wie in dem vorliegenden Band u. a. die Kapitel zu den Wahrnehmungsmustern Afrikas in Europa (Kap. 4.4, 4.6) und zur Medienberichterstattung (Kap. 4.7) zeigten, liegt eine wichtige Herausforderung interkultureller Lehre und Forschung in der Aufarbeitung der kolonialen und postkolonialen Beziehungen zwischen dem Okzident und der außereuropäischen Welt. Während die wirtschaftlichen, sozialen und politischen Dimensionen dieser Beziehungen relativ gut aufgearbeitet sind, allerdings in den Bildungsinstitutionen eine zu geringe Berücksichtigung finden – ein Zeichen des fortdauernden ›Ethnozentrismus‹ –, sind Bereiche wie das ›interkulturelle Gedächtnis‹, ›interkulturelle Kommunikationssituationen‹ und die verschiedenen Facetten des Kulturtransfers zwischen der (post)kolonialen Welt und dem Okzident wenig bekannt und erforscht. Dies gilt m. E. auch für das durch Theoretiker wie Homi Bhabha (1994) in den Literatur- und Kulturwissenschaften intensiv diskutierte Problemfeld der ›hybriden Schreibweisen‹ und der synkretistischen kulturellen Ausdrucksformen (»Third Space«). Diese werden häufig in allzu abstrakter und modisch-theoretischer Perspektive in den Blick genommen, während philologisch genaue und präzise, am sprachlichen oder filmischen Material arbeitende Untersuchungen – wie die auf diesem Gebiet vorbildlichen Studien von Diop (2011) sowie von Utz (2007) und Ette (2001, 2012) – eher selten sind.

Der aus der Elfenbeinküste stammende Schriftsteller Ahmadou Kourouma, der durch Romane wie *Les Soleils des Indépendances* (1968, dt. ›Der schwarze Fürst‹) und *Allah n'est pas obligé* (2000, dt. ›Allah muss nicht gerecht sein‹) hervorgetreten ist, hat in seinem Aufsatz »Écrire en français, penser dans sa langue maternelle« (›Auf Französisch schreiben, in seiner Muttersprache denken, Kourouma 1997) sehr präzise und anschaulich auf die methodischen Herausforderungen hingewiesen, die hybride, interkulturelle Schreibweisen implizieren. Kourouma geht hier auf die Schwierigkeiten ein, afrikanische Lebenswirklichkeiten in einer völlig anderen europäischen Sprache wie dem Französischen – seiner literarischen Ausdruckssprache – darzustellen.

Literatur zu schreiben, bedeute für ihn, so Kourouma, auf Französisch zu schreiben, obwohl seine Muttersprache das Malinké sei, eine Sprache ohne etablierte grammatische, syntaktische und lexikalische Normen, die nichts als die »große Freiheit der Mündlichkeit« gekannt habe (»la grande liberté de l'oralité«). Auf Französisch zu schreiben, bedeute für ihn zugleich, die animistisch geprägte Begrifflichkeit und Vorstellungswelt seiner Muttersprache ins Schriftfranzösische hinein zu übersetzen und die völlig andere Struktur der Lexik notdürftig aufeinander anzupassen, d. h. z. B. Ausdrücke wie »Manger l'âme« (›die Seele essen‹), was in etwa bedeute, ›einen verhängnisvollen magischen Einfluss ausüben‹, zumindest annähernd sprachlich und in ihrer kulturellen Bedeutung zu erfassen. Die Semantik und die Syntax, aber auch den Rhythmus, die Prosodie und die gestische Einbindung des mündlichen Malinké ins Französische zu übertragen, impliziert, aus Kouroumas Sicht, notwendigerweise eine ›Afrikanisierung‹ des Französischen, die Abweichung von etablierten syntaktischen Normen und vor allem die Einführung einer neuen Bedeutungsvielfalt auf der semantischen Ebene, auf der neben der französischsprachigen Oberfläche andere, ethnokulturelle, Bedeutungsschichten sichtbar werden müssten.

Es gelte, das Französische ›aufzubrechen‹, zu zersetzen, zu afrikanisieren, syntaktische Formen, Wörter, Ausdrücke und Sprichwörter aus afrikanischen Sprachen in die französische Syntax und Lexik einzufügen und hiermit zu einer neuen, multikulturellen, kreativen und hybriden Literatursprache zu gelangen. »Wir müssen den Rhythmus, der die afrikanischen Sprachen kennzeichnet, aufnehmen, Bilder und Symbole verwenden, Vergleiche Metaphern vorziehen und Sprichwörter sowie bildhafte Ausdrücke unserer Sprachen verwenden und sie ins Französische übertragen«, so Kouroumas (1997, 115) Plädoyer, das er in allen seinen Romanen und Theaterstücken in ebenso konsequenter wie kreativer Weise umzusetzen versuchte.

6.5 | Interkulturelle Kompetenz und Interkulturelles Lernen

Zu den Schlagworten und mittlerweile auch zu den Standardforderungen der pädagogischen Diskussion der Gegenwart zählen, zumindest seit den 1990er Jahren, die Konzepte ›Interkulturelle Kompetenz‹ und ›Interkulturelles Lernen‹. Sie bilden, zusammen mit dem Begriff ›Interkulturelles Management‹ und den verschiedenen Konzepten interkulturellen Trainings, den Kernbereich der gegenwärtigen Diskussion um Interkulturelle Kommunikation, ihre gesellschaftliche und politische Bedeutung und die Möglichkeit, sie in Bildungsinstitutionen und Medien neu und intensiver zu verankern.

Vier Problemkreise, die an verschiedenen Stellen des vorliegenden Buches und unter unterschiedlichen Gesichtspunkten behandelt worden sind, kennzeichnen die **aktuelle Diskussion um Interkulturelle Kompetenz und Interkulturelles Lernen**. Sie stellen zentrale Herausforderungen für die zukünftige Vermittlung der interkulturellen Kommunikation in Bildungsinstitutionen, Öffentlichkeit und Medien dar:

1. Es besteht eine Tendenz der Medienberichterstattung, aber auch vieler interkultureller Trainings und interkultureller Handbücher und Lehrwerke, zur **Schematisierung und Stereotypisierung kollektiver Verhaltensweisen und Mentalitäten** (s. Kap. 4.2). Diese stellen in vielen Bereichen einerseits in gewisser Hinsicht eine kognitive und mediale *Notwendigkeit*, zugleich aber auch eine Sackgasse dar. So äußerte ein von A. Moosmüller (1997, 207) zitierter japanischer Mitarbeiter eines amerikanischen Unternehmens, »daß Wissen über kulturell bedingte Verhaltensunterschiede nicht nütze, sondern eher schade, weil dadurch Vorurteile verstärkt würden: ›Wenn ich zu einem chinesischen Kunden gehe, dann muß ich mich anpassen. Das Wissen über den durchschnittlichen Chinesen hilft mir dabei nicht, deshalb denke ich nur an das Individuum. Z. B. wird gesagt, ›Chinesen respektieren nur das Geld.‹ Wenn ich dieses Bild in mir habe und treffe dann einen Chinesen, würde ich wahrscheinlich einen großen Fehler machen. Dieses ›er ist so, weil er ein Chinese ist‹, finde ich vollkommen falsch.«« Die Kritik an den Kulturdimensionen Hofstedes, an der Kulturstandardtheorie (s. Kap. 2.1.7), an Huntingtons Theorie des Zivilisationskonflikts (s. Kap. 2.2.1), an zahlreichen Formen interkultureller Trainings, an gängigen interkulturellen Business-Ratgebern (›Do's and Don'ts‹) sowie – als Konsequenz hieraus – der Rekurs auf neue Formen des ›Methoden-Mixes‹ bei interkulturellen Fortbildungen und Trainings (s. Kap. 3.5) trägt dieser Skepsis zunehmend Rechnung.

2. **Kulturvergleichende (»cross-cultural«) Ansätze**, wie sie die Kulturstandardtheorie repräsentiert, werden in zunehmendem Maße deutlich von **genuin inter-**

kulturellen Ansätzen unterschieden und letztere zum ›eigentlichen‹ Gegenstandsbereich interkultureller Lehre, Fortbildung und Forschung erklärt. Leggewie/Zifonun (2010, 16) stellen mit Recht fest, dass Kulturunterschiede nicht automatisch und nicht immer auf dieselbe Weise relevant werden, sondern in der Interaktion erst realisiert werden müssen. Am dezidiertesten und überzeugendsten vertritt Müller-Jacquier (1999, 2004) diese Position. Wie Müller-Jacquier selbst in seinen Forschungen (u. a. 1999) aufzeigt, existieren jedoch zahlreiche, enge Verbindungen zwischen beiden Ansätzen, für die es in vielen Bereichen an grundlegender Forschung mangelt: So liefert z. B. die noch in den Anfängen steckende vergleichende Forschung zu Kommunikationsstilen wichtige Erkenntnisse auch über den Verlauf und die potentiellen Missverständnisse in interkulturellen Kommunikationssituationen. Dies gilt etwa für Höflichkeitsstile, in so unterschiedlichen Bereichen wie der Respektierung – oder auch Nicht-Beachtung – von Höflichkeit bei der Kritik an Anderen (Held 2002); für die sprachliche Höflichkeit in innerbetrieblichen E-Mails (Kleinberger/Günther 2002) und in der Briefkommunikation (Neuland 2010); oder für das Höflichkeits- und Kommunikationsverhalten von Jugendlichen im internationalen Vergleich, dem etwa im Zusammenhang mit Schüleraustausch-Programmen in der interkulturellen Begegnung ein wichtiger Stellenwert zukommt (Büchle 2002). Ein anderer, in vielen Bereichen der interkulturellen Forschung und Didaktik sowie des interkulturellen Trainings vernachlässigter Bereich, in dem sich interkulturelle und vergleichende Ansätze verschränken, stellen Textsortenanalysen dar. Der situationsadäquate **Umgang mit fremdsprachlichen Textmustern** wie z. B. Bewerbungsschreiben, Zeitungsberichten, Packungsbeilagen, Gebrauchsanleitungen, Sportberichten, Werbungen, Geburts- und Todesanzeigen oder Wetterberichten bildet in der Tat ein wichtiges Lernziel im Rahmen eines kommunikativen Verständnisses von Sprachvermittlung und umfasst zugleich einen wichtigen Bestandteil interkultureller Handlungskompetenz (Venohr 2005, 7). Er stellt auch eine nicht zu unterschätzende Herausforderung an die sprachliche Übersetzung und das kulturelle Verstehen von Texten und damit für interkulturelle Kommunikationsprozesse insgesamt dar (Schmidt 1990).

Im Vergleich zu den kontrastiven Ansätzen steht die Analyse der **Dynamik interkultureller Kommunikationssituationen** deutlich im Zentrum der Untersuchung interkultureller Kommunikation. **Interkulturelle Konflikte** bilden hier keineswegs Ausnahmen, sondern stellen eher die ›Normalität‹ dar. Interkulturelle Konflikte gehen weit über die Problematik der ›Critical Incidents‹ hinaus und dienen dem Ausdruck von Gruppen- oder Gemeinschaftsinteressen. Sie betreffen latente oder offen ausgetragene Interessenkonflikte, unterschiedliche Deutungsmuster und verschiedene Auffassungen von Kommunikationsstilen und sozialen Rollen (etwa der Rollenverteilung von Männern und Frauen). »Der Konflikt wird hier zum Medium der Binnenintegration in Abgrenzung zum ›Nachbarn‹, die sich durch Ausgrenzung vollzieht. Konflikt wird so zur Normalität, hat nichts Revolutionäres oder Problematisches, das die Ordnung auseinander treiben würde« (Leggewie/Zifonun 2010, 25).

3. Die interkulturelle Lehre, Fortbildung und Forschung zeichnet sich zweifellos in hohem Maße durch ihre **Fokussierung auf aktuelle, lebensweltliche Kommunikationssituationen** aus. Dies hat sicherlich vor dem Hintergrund der Anforderungen der Praxis, und der hiermit verbundenen Trainings-, Ausbildungs- und Weiterbildungsformen, eine gewisse Berechtigung.

Der vorliegende Band versucht in vielerlei Hinsicht, auch andere Wege zu beschreiten und insbesondere den medialen Darstellungs- und Vermittlungsformen von Interkulturalität sowie der historischen Dimension interkultureller Prozesse Raum zu geben. Während zahlreiche, auf aktuelle und lebensweltliche Kommunikationssituationen ausgerichtete Studien häufig auf einer sehr schmalen, wenig repräsentativen und nur begrenzt aussagekräftigen Materialbasis beruhen und zu nicht immer überzeugenden Ergebnissen gelangen, sind breite Bereiche des Kultur- und Wissenstransfers und der Interkulturellen Kommunikation in Medien wenig erforscht und werden noch weniger in der interkulturellen Lehre sowie Fort- und Weiterbildung verwendet. Dies gilt auch für den Bereich der Literatur, der hier ein außerordentlich reiches Erfahrungspotential bietet, das neue Forschungsrichtungen wie die interkulturelle Literaturwissenschaft erst in den letzten Jahren zu erkunden begonnen haben (Hofmann 2006; Kirsch 2011; Heimböckel u. a. 2010; Mecklenburg 2003).

Ein besonderer Stellenwert kommt literarischen Werken zu, die den interkulturellen Globalisierungsprozess selbst zum Gegenstand haben und die U. Reichardt als »**Literatur des Globalen**« bezeichnet. Hierbei handelt es sich um Texte, die »die gesamte Welt zu beschreiben suchen«, aber ebenso um Texte, die »konkrete Erscheinungsformen des Globalisierungsprozesses der letzten 500 Jahre darstellen, und schließlich – als sicherlich häufigste Variante – Texte, die Schnittpunkte des Aufeinandertreffens von Menschen, Kulturen und Vorstellungsformen aus den verschiedenen Teilen der Erde darstellen. Dabei erweisen sich, dem Medium der Literatur entsprechend, Vielsprachigkeit sowie poly- und heteroglotte Sprachformen als besonders wichtig« (Reichardt 2010, 162).

In zunehmendem Maße sind Literaturen, Medien und andere kulturelle Ausdrucksweisen durch komplexe interkulturelle Strukturen geprägt. Diese sind vor allem in Afrika, Südamerika und Asien auf das Erbe des Kolonialismus zurückzuführen. Sie sind aber im Zuge des ökonomischen und kulturellen Globalisierungsprozesses und als Folge zunehmender Migrationsbewegungen in unterschiedlichen Ausprägungen in allen Gesellschaften und Kulturen des Globus zu finden. Hierzu gehören Phänomene wie das Schreiben in fremden Sprachen, die literarische Mehrsprachigkeit und die hiermit verknüpfte Herausbildung hybrider, interkultureller Medien- und Literaturformen, die durch die kreative Verarbeitung mehrerer differenter sprachlicher und kultureller Codes gekennzeichnet sind.

4. Schließlich zielte der vorliegende Band darauf ab, die **Bedeutung von Sprache**, und damit auch von Spracherwerb, Sprachgebrauch, Sprachvermittlung und Übersetzung, in allen Bereichen der Interkulturellen Kommunikation zu unterstreichen und herauszuarbeiten. Sprachliches und interkulturelles Lernen und die hiermit verbundenen Forschungsrichtungen werden häufig, vor allem auch in der US-amerikanischen Forschung, als weitgehend getrennte Bereiche behandelt. Sie gehören jedoch, wie die neuere Forschung auch in Deutschland (s. u. a. Müller-Jacquier 1999, 2004) betont, untrennbar zusammen. Der Fremdsprachenunterricht »bereitet«, wie Müller-Jacquier (1999, 107) unterstreicht, »auf das Interagieren in interkulturellen Situationen vor, hat jedoch zu lange unter dem Einfluss einer kommunikations- und interaktionsabgewandten Linguistik gestanden; die Bedeutungsvermittlung beschränkte sich größtenteils auf die Herstellung von Wortgleichungen, und auch im Bereich der Landeskunde herrschten wissensdominierte Ansätze vor. Dies führte auf Schülerseite zu einer Ansammlung von sprachlich-landeskundlichem Wissen, das in konkreten interkulturel-

len Kommunikationssituationen nicht richtig funktionierte.« Umgekehrt vernachlässigen interkulturelle Ansätze in anderen Disziplinen, in Lehre, Forschung und Weiterbildung ebenso wie bei Trainings, häufig die sprachliche Dimension, auch vor dem Hintergrund der zunehmenden, aber in ihren interkulturellen und soziokulturellen Konsequenzen häufig falsch eingeschätzten Bedeutung des Englischen als internationaler *Lingua franca* (Ammon 2004; Götze 1998; Götze/Traoré 1998). Mit Recht betont Müller-Jacquier (1999, 107), der Fremdsprachenunterricht sei »m. E. der natürliche Ort zur Vermittlung interkultureller Kompetenzen«.

Die **Konsequenzen** aus diesen letztgenannten Überlegungen sind vielfältig und wurden in verschiedenen Teilen des vorliegenden Buches (u. a. Kap. 3.1, Kap. 4.5) thematisiert. Hieraus ergibt sich vor allem die Notwendigkeit, die sprachliche Dimension in ihren verschiedenen Facetten sowohl bei der Analyse interkultureller Interaktionen als auch bei der Untersuchung von Kulturtransferprozessen und Fremdwahrnehmungsmustern adäquat und systematisch zu berücksichtigen. Zum anderen stellt sich die Herausforderung an die Fremdsprachenphilologien und ihre kultur-, sprach- und literaturwissenschaftlichen Ausrichtungen, in dem interdisziplinären Problembereich ›Interkulturelle Kommunikation‹ die ihnen an sich zukommende wichtige, wenn nicht gar zentrale Rolle auszufüllen – eine Herausforderung, die allerdings bisher nur in den Randbereichen der großen philologischen Fächer wie Germanistik, Romanistik und Anglistik/Amerikanistik, etwa im Bereich ›Deutsch als Fremdsprache/Interkulturelle Germanistik‹, wirklich dezidiert und kreativ aufgenommen wurde.

6.6 | Interkulturelle Wirtschaftskommunikation im Kontext der Globalisierung

Der Bereich Interkulturelle Wirtschaftskommunikation, der im vorliegenden Buch hinsichtlich der Kommunikations- und Interaktionsprozesse (s. Kap. 3.3), der relevanten interkulturellen Trainingsmethoden (Kap. 5.7.) und des interkulturellen Marketings (s. Kap. 6.7) behandelt wurde, zählt neben der Migrationsforschung und der Interkulturellen Pädagogik zu den am stärksten expandierenden und in der Praxis nachgefragten Bereichen der Interkulturellen Kommunikation. Innerhalb der drei großen Anwendungsfelder der interkulturellen Wirtschaftskommunikation – der interkulturellen Organisationslehre (1), des interkulturellen Marketings (2) und der interkulturellen Personalorganisation und -entwicklung (3) (Bolten 2015) – standen in den letzten Jahren auf der **mikroökonomischen Ebene** der Unternehmen vor allem folgende Objektbereiche im Mittelpunkt interkultureller Fragestellungen:

- die **internationale Kommunikationsstrategie** von Unternehmen, die Fragestellungen wie die Übersetzung und Adaptation unternehmerischer Kommunikationsmittel und -medien (wie Geschäftsberichte, Websites, Mitarbeiterzeitschriften) umfasst (Bolten 2015, 162–170; Schlierer 2004; Sterner 2010; Scholz/Stein 2013);
- die **interkulturelle Personalentwicklung**, die durch den zunehmenden Stellenwert ausländischer Mitarbeiter/innen, die Bedeutung von Auslandsentsendungen und die wachsende internationale Konkurrenz um hochqualifizierte Mitarbeiter/innen zu neuen Entwicklungen im Bereich der Personalauswahl und besonders des Assessment-Centers geführt hat (Bolten 2015, 194–196);

- die **interkulturellen Kommunikationsstrukturen** von Unternehmen, die sich durch den Internationalisierungsschub der letzten 10 bis 15 Jahre erheblich komplexer als zuvor gestalten und Problembereichen wie multikulturellen Arbeitsgruppen und virtuellen Arbeitsteams eine völlig neue Dimension gegeben haben.

Die **Mikroebene** der interkulturellen Kommunikationsprozesse und Kommunikationsformen im Wirtschaftsbereich, die von Einstellungsgesprächen mit fremdkulturellen Mitarbeitern/innen bis zur präzisen textuellen und bildlichen Gestaltung von Werbebotschaften und Unternehmenswebsites reicht, ist im Vergleich zur Meso- und Makroebene in der Forschung eher vernachlässigt worden. Zahlreiche neuere Forschungen zeigen jedoch ihren zentralen, kaum zu überschätzenden Stellenwert auf. Insbesondere der kulturspezifischen Verwendung von Textsorten (wie ›Reklamationen‹, ›Verkaufsgespräche‹, ›Beratungen‹) und sprachpragmatischen Aspekten (wie Anredeformen, Begrüßungsformeln, argumentative Stile) wurde in Studien etwa zur deutsch-japanischen und deutsch-chinesischen Kommunikation und Interaktion im Unternehmensbereich wachsende Aufmerksamkeit (vgl. u. a. Horn 2005, Schreiter 2015) gewidmet. Differente Werte und Kulturstandards werden nicht kontrastiv und von der sozialen Interaktion abgelöst, sondern in der Dynamik interkultureller Interaktions- und Kommunikationsprozesse gesehen. Diese spielen sich zudem in wachsendem Maße nicht in bi-kulturellen Konstellationen – wie deutsch/französisch oder amerikanisch/chinesisch – ab, sondern in multikulturellen Konfigurationen, wie multikulturell besetzten Teams, Personalabteilungen und Führungsebenen. Interkulturelle Wirtschaftskommunikation wird auf einer interpersonalen Mikroebene von den strukturell gleichen Einstellungen und Verhaltensmustern behindert und erschwert wie in anderen interkulturellen Kommunikationskontexten, d. h. in erster Linie folgenden (nach Payer 2011, 175):

- **Missverständnisse:** »Man interpretiert etwas mit den Mitteln der eigenen Kultur, obwohl es in der anderen eine ganz andere Bedeutung hat.«
- **Ethnozentrismus:** »Man sieht die eigene Kultur als Natur, Höhepunkt der menschlichen Entwicklung, wahres Menschentum und ähnliches an.«
- **Stereotype:** »Man sieht nicht mehr die einzelne, einer anderen Kultur zugehörige Person, sondern ›die‹ Deutschen, ›die Thais‹, ›die‹ Schwarzen, ›die‹ Juden usw.«
- **Idealisierung:** »Man projiziert in eine fremde Kultur eigene Wunschvorstellungen.«
- **Herabsetzung:** »Gegensatz zur Idealisierung, man setzt eine andere Kultur herab.«

Interkulturelle Missverständnisse ebenso wie Formen des Ethnozentrismus oder der Stereotypisierung äußern sich in konkreten Interaktions- und Kommunikationssituationen. »Interkulturelle Konfliktsituationen gehören nolens volens zum festen Bestandteil des Unternehmensalltags. Gegenseitiges Missverstehen, Fehlperzeptionen und Vorurteile sind Ausgangspunkt für die Anfälligkeit interkultureller Kommunikations- und Interaktionsprozesse und verhindern in vielen Fällen ein wirkungsvolles Miteinander« (Horn 2005, 147). Ihre Bewältigung setzt interkulturelle Kompetenz in ihren verschiedenen Dimensionen (sprachlich, fachlich, emotional) voraus; sie vollzieht sich jedoch in Prozessen, in deren Dynamik Kompromisse und die Bereitschaft zum Zuhören und zum Aufeinander-zu-Gehen eine entscheidende Rolle spielen und in deren Verlauf sich die Interaktionspartner notwendigerweise beide anpassen und verändern müssen.

Die **Mesoebene** der interkulturellen Wirtschaftskommunikation betrifft kommunikative Optionen und Strategien der ökonomischen Internationalisierung. Hierzu zählen die Wahl der Werbemittel, grundlegende Strategien der Personalentwicklung und -auswahl und die Gestaltung der Kommunikationsstrukturen. Binationale und multinationale Unternehmen wie der Fernsehsender Arte oder der Flugzeugbauer Airbus weisen hinsichtlich der Personal- und Kommunikationsstrukturen eine besondere interkulturelle Komplexität auf, die auch Konfliktpotentiale beinhalten kann. C. Barmeyer und U. Mayrhofer haben in einer Untersuchung zu Airbus ein Raster zur Analyse interkultureller Unternehmens- und Organisationskulturen erstellt, das auch auf multinationale Konstellationen übertragen werden kann. Es umfasst:

- die kulturspezifische regulatorische *Rolle des Staates* im Wirtschaftsbereich
- die strukturierende *Rolle der Unternehmensführung*
- die *Rolle beruflicher Netzwerke und Elitebildung*
- die strategische *Rolle von Karrieremustern*
- *spezifische Kulturmuster*

Das Beispiel von Airbus zeigt in allen Komponenten deutliche kulturelle Divergenzen, die auf unterschiedlichen Ausrichtungen der deutschen und französischen Unternehmens- und Organisationskulturen beruhen. Sowohl auf der Seite der Stakeholder als auch im Bereich der Unternehmensführung dominieren bei Airbus deutsch und französisch geprägte Unternehmensstrategien und Organisationstrukturen, die auf die komplexe interkulturelle Funktionsstruktur eines Unternehmens wie Airbus einwirken. Ihre Analyse verweist darauf, dass diese einer kontinuierlichen Entwicklung unterworfen ist, die als ›interkultureller Aushandlungsprozess‹ beschrieben werden kann. Sein Verlauf hängt insbesondere von der Zusammensetzung des Aufsichtsrats, den Einflussnahmen des Staates (vor allem von französischer Seite) und den kulturell geprägten Karrieremustern der Vorstandsvorsitzenden ab, die sich in Frankreich und Deutschland deutlich unterscheiden. So sind Führungsstil und Unternehmensstrategie von Noel Forgeard, 2005 bis 2006 Airbus-Chef deutlich von seiner Ausbildung an den französischen Elitehochschulen *École Polytechnique* und *École des Mines* sowie von einer mehrjährigen Tätigkeit im Staatssektor geprägt (*interfunctional mobility*), während die Karriere der meisten deutschen Airbuschefs von einem betriebsinternen Aufstieg (*mountaineering*) gekennzeichnet ist. Charakteristisch für die Herausbildung einer spezifischen Interkultur bei Airbus erscheint, dass mit Thomas Enders 2012 ein Airbuschef ernannt wurde, der beide Karrieremuster in seiner Biografie verkörperte.

Auf der **makroökonomischen Ebene** haben sich im Kontext der derzeitigen, vierten Phase der Globalisierung völlig neue Entwicklungen ergeben, die Fragestellungen der Interkulturellen Wirtschaftskommunikation unmittelbar betreffen. Wurde der Globalisierungsprozess noch in den 1980er und den beginnenden 1990er Jahren von den USA beherrscht und wurden häufig, in allerdings unkorrekter Weise, die Begriffe ›Globalisierung‹ und ›Amerikanisierung‹ weitgehend synonym verwendet, so lassen sich seit Mitte der 1990er Jahre grundlegende Neuentwicklungen feststellen.

Zum einen haben sich Formen des Protests gegen westliche Lebens- und Konsumformen und der Ablehnung vor allem westlicher Kultur- und Wirtschaftsmodelle, die in den ausgehenden 1970er Jahren mit der Iranischen Revolution eingesetzt hatten, verstärkt, insbesondere in Teilen der islamischen Welt sowie in Teilen Afrikas und Lateinamerikas. »Entgegen den Vorhersagen der Modernisierungstheoretiker«, so der Ethnologe Karl-Heinz Kohl, »erfuhren traditionelle Werte einen unerwarteten

Wiederaufstieg. Als Ende der 1970er Jahre in Persien das westlich orientierte Schah-Regime durch die Herrschaft der Mullahs abgelöst wurde, war dies nur der Auftakt einer weltweiten kulturellen Gegenbewegung« (Kohl 2000, 11).

Zum anderen erweist sich der Globalisierungsprozess zunehmend als ein poly-zentrischer Prozess, in dem neben den westlichen Industriestaaten die Länder Japan, Indien, China, aber auch Nigeria und südamerikanische Staaten wie Brasilien und Mexiko eine wachsende Rolle spielen. Kennzeichnend hierfür ist nicht nur die weltweite Expansion nicht-westlicher Industriekonzerne (wie des indischen Konzerns Mittal Steel in Europa), der Aufstieg Chinas zur zweitgrößten Wirtschaftsmacht der Erde und Asiens zum konkurrierenden Wirtschaftsraum des Westens, sondern auch der zunehmende globale Einfluss und Transfer nicht-westlicher Medienkulturen und -formate: wie z. B. der in Südamerika entstandenen *Telenovela*; des indischen *Bollywood*-Films und des nigerianischen und ägyptischen Kinos; sowie der japanischen Medien- und Konsumkultur, die sich in globalisierten Phänomenen wie den Mangas oder der Pokémon-Faszination zeigen (Kelts 2006).

Wie J. Tunstall in seinem Buch *The Media were American* (2008) aufgezeigt hat, ist an die Stelle der US-amerikanischen Mediendominanz der Jahrzehnte nach dem Zweiten Weltkrieg seit den 1990er Jahren zunehmend eine **polyzentrische Konstellation** getreten. In ihr spielen die neuen Medienmächte China, Indien, Nigeria, Brasilien, aber auch Europa, Ägypten und Mexiko eine zunehmende Rolle im Hinblick auf ihre eigenen Medienmärkte und Medienöffentlichkeiten sowie im internationalen Rahmen. Der Globalisierungsprozess seit den 1980er Jahren hat, auch aufgrund der neuen politischen Rahmenbedingungen seit der Iranischen Revolution von 1978 und dem Zusammenbruch des kommunistischen Ostblocks 1989/90, zu einem Erstarken von Nationalismen und Regionalismen geführt, auch im Medienbereich. Zwar hat sich der weltweite Transfer von Medienformaten weiter beschleunigt; zugleich aber auch das Bedürfnis nach interkultureller Adaption, d. h. der verbalen und visuellen Anpassung transkultureller Medienformate an spezifische Erwartungshaltungen regionaler oder nationaler Märkte. Transkulturelle Fernsehanstalten wie CNN, Discovery oder Al-Jazira erreichen außerhalb der Kulturräume, in denen sie produziert werden, im Allgemeinen nur einen verschwindend geringen Marktanteil, der selbst in Ländern wie den Niederlanden unter 1 % liegt (Tunstall 2008, 13). Der derzeitige Globalisierungsprozess hat anthropologische Bedürfnisse nach kultureller Nähe, nach regionalen und nationalen Spezifika sowie nach sprachlichen und kulturellen Eigenheiten deutlich verstärkt (Gumbrecht 2010, 56–57).

Stärker noch als in den vorherigen, von Europa und dem okzidentalen Kulturraum ausgehenden Phasen der Globalisierung spielen in diesen neueren globalen Transferprozessen Formen der Adaptation und vor allem der kreativen Rezeption und Aneignung (s. hierzu Kap. 5.3–5.5) eine zentrale Rolle. Diese Phänomene bezeichnet K.-H. Kohl als »**Die andere Seite der Globalisierung**«. Sie betreffen alle Dimensionen der zeitgenössischen Konsum- und Medienkulturen und sind aufgrund ihrer Verankerung in komplexen kulturellen Lebenswelten für interkulturelle Fragestellungen von besonderer Relevanz.

Neuere Forschungen wie die von K.-H. Kohl und J. Osterhammel belegen, dass Globalisierungsprozesse – in der Gegenwart ebenso wenig wie in der Vergangenheit, seit dem ausgehenden 15. Jahrhundert – zwangsläufig mit Uniformisierung einhergehen. Im Gegenteil: Sie führen im Allgemeinen zu komplexen, interkulturellen Aneignungs- und Umdeutungsprozessen, deren kreative Dimension offensichtlich ist.

Die ›andere Seite der Globalisierung‹ – kreative interkulturelle Aneignungs- und Umdeutungsprozesse

»Kulturellen Aneignungs- und Umdeutungsprozessen unterliegen heute auch die populären Figuren der amerikanischen und ostasiatischen Filmindustrie wie James Bond, Terminator, Rambo oder Bruce Lee. Haben sie in den visuellen Erzählungen der Moderne den Platz der antiken Helden eingenommen, so finden sie in Afrika, Ozeanien und Südamerika als Geister und Halbgötter in den Bereich der religiösen Vorstellungen Eingang. So diente zum Beispiel in der Armee der 140.000 Geister, die den Holy-Spirit-Soldaten der einheimischen Prophetin Alice Lakwena in Uganda zu manchem Sieg über die staatlichen Truppen verholfen hatten, auch James Bond. In Brasilien sind es die Anhänger der Besessenheitskulte wie Candomblé und Umbanda, die neben den Orisha-Gottheiten der westafrikanischen Yoruba und einigen großen Heiligen der katholischen Kirche auch moderne Filmfiguren in ihr Pantheon aufgenommen haben. In den Séancen werden sie von den einheimischen Priestern so lange beschworen, bis sie von einem der Teilnehmer Besitz ergreifen, durch deren Mund sprechen und ihre Kräfte zur Heilung von Kranken einsetzen.

Die Integration der imaginären Helden der amerikanischen Unterhaltungsindustrie in indigene Religionssysteme ist das vielleicht extremste Beispiel für den kulturellen Einpassungsprozess, dem Elemente der modernen westlichen Kultur im Zuge der Globalisierung unterliegen. Weit davon entfernt, zu einer Uniformierung der Kulturen der Welt beizutragen, werden sie zu Gegenständen eines höchst kreativen Umdeutungsvorgangs. [...]. Rambo oder James Bond in eine Reihe mit Geistern, Heiligen oder Göttern zu stellen, sie zu beschwören und als Helfer im Kampf gegen das wirkliche Böse anzurufen, legt die religiösen Dimensionen bloß, die der Konzeption dieser mythischen Kunstfiguren zugrunde liegen. Im wörtlichen Sinne entfremdet, vereinnahmt und zum Eigenen erklärt, erhalten europäische Ideen, Güter und Ikonen auf diese Weise neue Bedeutungsdimensionen. Globale und lokale Elemente gehen hybride Verbindungen ein. Es entstehen kulturelle Mischgebilde, die alles andere als einförmig oder eintönig sind. Sie verkörpern die fruchtbaren Spannungen zwischen den Kulturen. [...]. Zu jenen Vorgängen der Verschmelzung von Kulturelementen unterschiedlichster regionaler Herkunft, die sich im Zuge der Globalisierung heute überall beobachten lassen, ist es im Verlauf der Geschichte immer wieder gekommen. Das besondere Erfolgsgeheimnis der europäischen Gesellschaften scheint sogar darin zu bestehen, dass sie sich dieser Herausforderungen bewusst und immer wieder von neuem gestellt haben und dem Neuen gegenüber weit aufgeschlossener waren als zahlreiche andere Kulturen. Bedeutet die Globalisierung also das Ende kultureller Identitäten? Wird eine einheitliche, westlich geprägte Weltkultur alle bestehenden Kulturen ablösen? Die angeführten Beispiele scheinen eher auf eine andere Entwicklung hinzuweisen. Es ist nicht die tödliche Langeweile einer Einheitskultur, die uns bevorsteht. Vielmehr hat der Globalisierungsprozeß bisher nur dazu beigetragen, die innere Vielfalt der Kulturen der Welt in dem Maße zu bereichern, indem er sie zu einer Weltkultur zusammenschweißen beginnt« (Kohl 2001, 16–17).

Interkulturelle Kommunikation in einem extensiven Sinn, wie er dem vorliegenden Einführungswerk zugrunde liegt, lenkt somit den Blick von der Mikroebene der Face-to-Face-Interaktionen im Alltag über die Mesoebene interkulturell geprägter Medienkommunikation bis hin zur Makroebene globaler Transferprozesse. In struktureller und methodischer Hinsicht weisen diese Ebenen zahlreiche Ähnlichkeiten auf. Sie sind durchgehend von komplexen Kontakt-, Beziehungs- und Aushandlungsphänomenen geprägt, die häufig Konflikte, individuelle Distanznahmen, Befremdungen und gelegentlich auch kollektive Ängste hervorrufen, aber mindestens ebenso häufig Kreativität erfordern und provozieren.

Literaturverzeichnis

1. Einleitung

Asante, M. K./Gudykunst, W. B. (1989): *Handbook of International and Intercultural Communication*. Newbury Park, CA.: Sage Publications.

Assmann, Aleida (1999): Interkulturelle Übersetzung. In: Hahn/Platz 1999, S. 65–71.

Baratta, Mario von (2003): *Der Fischer Weltalmanach 2004*. Frankfurt a. M.: Fischer Taschenbuch Verlag.

Barmeyer, Christoph I./Bolten, Jürgen (Hg.) (1998): *Interkulturelle Personalorganisation*. Sternenfels/ Berlin: Wissenschaft und Praxis (Schriftenreihe Interkulturelle Wirtschaftskommunikation Bd. 4).

Dinges, Martin (2004): Neue Kulturgeschichte. In: Lüsebrink 2004b, S. 201–220.

Götze, Lutz (2004): Die Leitbegriffe Kultur und Interkulturalität aus der Sicht der Linguistik. In: Lüsebrink 2004b, S. 33–43.

Gruzinski, Serge (2004): *Les cinq parties du monde*. Paris: Seuil.

Hahn, Alois/Platz, Norbert H. (Hg.) (1999): *Interkulturalität als neues Paradigma*. Öffentliche Ringvorlesung 1996/97. Trier (Trierer Beiträge. Aus Forschung und Lehre an der Universität Trier).

Hall, Edward T. (1959): *The Silent Language*. New York: Doubleday.

Hijiya-Kirschnereit, Irmela (2001): *Eine gewisse Farbe der Fremdheit. Aspekte des Übersetzens Japanisch-Deutsch-Japanisch*. München: Iudicium (Reihe des Deutschen Instituts für Japanstudien).

Hofmann, Michael (2006): *Interkulturelle Literaturwissenschaft*. Stuttgart: UTB.

Kirsch, Fritz Peter (2011): *Interkulturelle Literaturwissenschaft*. Ein romanistischer Zugang. Hamburg: Dr. Kovac.

Leggewie, Claus (1990): *Multi-Kulti. Spielregeln für die Vielvölkerrepublik*. Berlin: Rotbuch Verlag (Rotbuch Taschenbuch 28).

Leggewie, Claus (2003): *Die Globalisierung und ihre Gegner*. München: C. H. Beck (Becksche Reihe 1487).

Lüsebrink, Hans-Jürgen (1996): Interkulturelle Romanistik – zur Konzeption der landes- und kulturwissenschaftlichen Studiengänge in Saarbrücken. In: *Grenzgänge. Beiträge zu einer modernen Romanistik* 5, S. 138–143.

Lüsebrink, Hans-Jürgen (Hg.) (2004b): *Konzepte der Interkulturellen Kommunikation. Theorieansätze und Praxisbezüge in interdisziplinärer Perspektive*. St. Ingbert: Röhrig Universitätsverlag (Saarbrücker Studien zur Interkulturellen Kommunikation Bd. 7).

Lüsebrink, Hans-Jürgen (2007): Interkulturelle Romanistik. In: Straub u. a. 2007, S. 163–170.

Lüsebrink, Hans-Jürgen/Walter, Klaus Peter (Hg.) (2003): *Interkulturelle Medienanalyse. Methoden und Fallbeispiele aus den romanischen Kulturen des 19. und 20. Jahrhunderts*. St. Ingbert: Röhrig Universitätsverlag (Saarbrücker Studien zur Interkulturellen Kommunikation Bd. 6).

Mall, Ram Adhar (1999): Interkulturelle Philosophie. Theorie und Praxis. In: Hahn/Platz 1999, S. 2–9.

Nickel, Tobias (1995): Human Ressources im touristischen Managementaustausch. Probleme und Chancen durch Kulturdifferenz aus psychologischer Sicht. In: Fontanari, Marion L./Rohte, Sven (Hg.): *Management des europäischen Tourismus. Erfahrungen, Konzepte, Visionen*. Wiesbaden: Gabler, S. 197–208.

Ozankom, Claude (2004): Missionarisch Kirche sein in Afrika – Inkulturation als Aufgabe und Chance. In: *Zur Debatte. Themen der Katholischen Akademie in Bayern* 34, 7, S. 17–18.

Paulmann, Johannes (2004): Grenzüberschreitungen und Grenzräume. Überlegungen zur Geschichte transnationaler Beziehungen von Mitte des 19. Jahrhunderts bis in die Zeitgeschichte. In: Conze, Eckart/Lappenküper, Ulrich/Müller, Guido (Hg.): *Geschichte der internationalen Beziehungen. Erneuerung und Erweiterung einer historischen Disziplin*. Weimar/Wien: Böhlau, S. 169–196, hier S. 177.

Pernau, Margrit (2011): *Transnationale Geschichte*. Göttingen: Vandenhoeck & Ruprecht.

Popp, Herbert (2004): Reisen bildet – Klischees bleiben. In: *Forschung. Das Magazin der Deutschen Forschungsgemeinschaft*, Spezial, S. 56–59.

Thomas, Alexander (1991a): *Kulturvergleichende Psychologie. Eine Einführung*. Göttingen: Hogrefe.

Thomas, Alexander (1991b): *Kulturstandards in der internationalen Begegnung*. Saarbrücken/ Fort Lauderdale: Breitenbach (Sozialwissenschaftlicher Studienkreis für internationale Probleme Bd. 61).

Wallerstein, Immanuel (2007): *Die Barbarei der anderen. Europäischer Universalismus*. Berlin: Wagenbach (engl. Originalausgabe: *European Universalism. The Rhetoric of Power*. New York: The New Press).

Wierlacher, Alois (Hg.) (2000): *Kulturthema Kommunikation. Konzepte – Inhalte – Funktionen*. Festschrift und Leistungsbild des Instituts für Internationale Kommunikation und Auswärtige Kulturarbeit (IIK Bayreuth) aus Anlass seines zehnjährigen Bestehens 1990– 2000. Möhnesee: Résidence-Verlag.

Wierlacher, Alois (2001): *Architektur Interkultureller Germanistik*. München: Iudicium.

Wierlacher, Alois/Bogner, Andrea (Hg.) (2003): *Handbuch interkulturelle Germanistik*. Stuttgart/Weimar: Metzler.

Wierlacher, Alois, in Zusammenarbeit mit Zhiqiang Wang (1996): Zum Aufbau einer Reiseführerforschung interkultureller Germanistik. In: *Jahrbuch Deutsch als Fremdsprache* 22, S. 277–297.

2. Konzepte und Problembereiche

Amselle, Jean-Loup (1996): *Vers un multiculturalisme français. L'empire de la coutume*. Paris: Aubier.

Anderson, Benedict (1983): *Imagined Communities. Reflections on the Origin and Spread of Nationalism*. London: Verso.

Armstrong, E./Zamudio-Taylor, Victor (Hg.) (2000): *Ultra Baroque. Aspects of Post Latin American Art*. San Diego.

Assmann, Aleida/Assmann, Jan (1990): Kultur und Konflikt. Aspekte einer Theorie des unkommunikativen Handelns. In: Assmann, Jan/Harth, Dietrich (Hg.): *Kultur und Konflikt*. Frankfurt a. M.: Suhrkamp.

Barber, Benjamin (1995): *jihad vs. McWorld. Terrorism's Challenge to Democracy*. New York: Ballatine Books.

Barmeyer, Christoph I. (2000): *Interkulturelles Management und Lernstile. Studierende und Führungskräfte in Frankreich, Deutschland und Québec*. Frankfurt a. M.: Campus.

Barmeyer, Christoph I./Schlierer, Hans-Jörg/Seidel, Fred (Hg.) (2007): *Wirtschaftsmodell Frankreich. Märkte, Unternehmen, Manager*. Frankfurt a. M./New York: Campus.

Barmeyer, Christoph (2012): *Taschenlexikon Interkulturalität*. Göttingen: Vandenhoeck & Ruprecht (UTB 3739).

Bernabé, Jean/Chamoiseau, Patrick/Confiant, Raphaël (1989): *Éloge de la créolité*. Paris: Gallimard/ Presses Universitaires Créoles.

Bhabha, Homi (1994): *The Location of Culture*. London: Routledge.

Bolten, Jürgen (2001; 2007): *Interkulturelle Kompetenz*. Erfurt: Landeszentrale für politische Bildung Thüringen.

Bolten, Jürgen (2007): *Einführung in die interkulturelle Wirtschaftskommunikation*. Göttingen: Vandenhoeck & Ruprecht.

Bourdieu, Pierre (1977): Champ du pouvoir, champ intellectuel et habitus de classe. In: *Scolies* 1, S. 7–26.

Bruck, P. A. (1994): Interkulturelle Entwicklung und Konfliktlösung. In: Luger, K./Renger, R.: *Dialog der Kulturen*. Wien 1994, S. 343–357.

Burke, Peter (1992): *History and Social theory*. Cambridge: Polity Press.

Carpentier, Alejo (1984): De lo real maravilloso americano (1949). In: Carpentier, A.: *Tientos, diferencias y otros ensayos*. Barcelona, S. 66–77.

Carroll, Raymonde (1987): *Évidences invisibles. Américains et Français au quotidien*. Paris: Seuil.

Coulmas, Florian (2003): *Die Kultur Japans. Tradition und Moderne*. München: C. H. Beck.

Demorgon, Jacques (2000): *L'Interculturation du monde*. Préface de Lucette Colin et Rémi Hess. Paris: Anthropos.

Deutsches Historisches Museum (2004): *Namibia – Deutschland. Eine geteilte Geschichte. Widerstand, Gewalt, Erinnerung*. Berlin: Deutsches Historisches Museum/Landeszentrale für politische Bildung.

Dinges, Martin (2004): Neue Kulturgeschichte. In: Lüsebrink 2004b, S. 201–220.

D'Iribarne, Philippe (2002): *Cultures et mondialisation. Gérer par-delà les frontières*. Avec Alain Henry, Jean-Pierre Segal, Sylvie Chevrier, Tatjana Globokar. Edition revue et corrigée. Paris: Seuil (Coll. Points 482).

Dülmen, Richard van (2001): *Historische Anthropologie, Entwicklung, Probleme, Aufgaben*. 2. Auflage. Köln u. a.: Böhlau (UTB Bd. 2254).

Ertler, Klaus-Dieter/Löschnigg, Martin (2004): Introduction. In: Ertler/Löschnigg (Hg.): *Canada in the Sign of Migration and Trans-Culturalism/Le Canada sous le signe de la migration et du transsculturalisme. From Multito Trans-Culturalism/Du multiculturalisme au transculturalisme*. Frankfurt a. M. u. a. (Canadiana Bd. 1), S. 9–15.

Espagne, Michel (1994): Sur les limites du comparatisme en histoire culturelle. In: *Genèses. Sciences sociales et histoire* 17, S. 112–121.
Globalisierung und Identität. Viertes internationales Germanistik-Symposium in Taiwan. 5.–6. Mai 2001. Taipeh: Hu Jen Universität.
Gouaffo, Albert (2004): *Wissens- und Kulturtransfer im kolonialen Kontext. Das Beispiel Kamerun – Deutschland 1884–1919*. Würzburg: Königshausen & Neumann.
Gruzinski, Serge (2000): The Baroque Planet/El Planeta Barroco. In: Armstrong/Zamudio-Taylor (2000), S. 111–125.
Gruzinski, Serge (2004): *Les cinq parties du monde*. Paris: Seuil.
Gruzinski, Serge (Hg.) (2007): *Planète métisse*. Paris: Musée du Quai Branly/Arles: Actes Sud.
Hahn, Alois/Platz, Norbert H. (Hg.) (1999): *Interkulturalität als neues Paradigma*. Öffentliche Ringvorlesung 1996/97. Trier (Trierer Beiträge. Aus Forschung und Lehre an der Universität Trier).
Gruzinski, Serge (Hg.) (2008): *La Planète métisse*. Paris: Musée du Quai Branly/Arles: Actes Sud.
Hahn, Alois (1987): Identität und Selbstthematisierung. In: Alois Hahn/Volker Kapp (Hg.): *Selbstthematisierung und Selbstzeugnis: Bekenntnis und Geständnis*. Frankfurt a. M.: Suhrkamp (STW 643), S. 9–24.
Hall, Edward T. (1959): *The Silent Language*. New York u. a.: Anchor Books, Doubleday.
Hall, Edward T. (1966): *The Hidden Dimension*. New York u. a.: Anchor Books, Doubleday.
Hall, Edward T./Hall, Mildred Reed (1990): *Understanding Cultural Differences. Germans, French and Americans*. Yarmouth: Intercultural Press.
Hansen, Klaus P. (2003/2011): *Kultur und Kulturwissenschaft*. 4. Aufl. Tübingen/Basel: Francke.
Haupt, Heinz-Gerhard (1995): La lente émergence d'une histoire comparée. In: Boutier, Jean/ Julia, Dominique (Hg.): *Passés recomposés. Champs et chantiers aujoud'hui de l'Histoire*. Paris: Éditions Autrement (Série Mutations Nr. 150/151), S. 196–207.
Heckmann, Friedrich (2015): *Integration von Migranten. Einwanderung und neue Nationenbildung*. Wiesbaden: Springer.
Helmolt, Katharina von/Müller-Jacquier, Bernd (1991): *Französisch-deutsche Kommunikation im Management-Alltag*. Erhoben in Kooperation mit IKL Kommunikationstraining Mannheim und BASF, Frankreich. Bayreuth, unveröff. Manuskript, 57 S.
Heringer, Hans Jürgen (2004): *Interkulturelle Kommunikation. Grundlagen und Konzepte*. Tübingen/Basel: Francke (UTB 2550).
Hinnenkamp, Volker (1994): *Interkulturelle Kommunikation*. Heidelberg: Julius Groos Verlag (Studienbibliographien Sprachwissenschaft Bd. 11; Sonderband).
Hofstede, Geert (1993): *Interkulturelle Zusammenarbeit. Kulturen – Organisationen – Management*. Wiesbaden: Gabler.
Hofstede, Geert (2001): *Culture's Consequences. Comparing Values, Behaviors, Institutions, and Organizations Across Nations*. 2. Aufl. London: Sage Publications.
Huntington, Samuel S. (1996): *The Clash of Civilizations and the Remaking of World Order*. New York: Touchstone.
JPB. La Synergie Franco-Allemande (1990): *Studie über deutsch-französisches Management auf der Basis einer bei 216 deutschen und französischen Mutter- und Tochtergesellschaften durchgeführten Umfrage*. Le Vésinet.
Kohl, Karl-Heinz (2001): Aneignungen. Kulturelle Vielfalt im Kontext der Globalisierung. In: Kohl, Karl-Heinz/Schafhausen, Nicolaus (Hg.): *New Heimat*. Frankfurt a. M./New York: Lukas & Sternberg, S. 8–18.
Lacoste, Yves (1997): Tout sauf la fin de l'histoire. In: *Le Monde*, 24.10.1997, S. 18.
Ladmiral, Jean-René/Lipiansky, Edmond Marc (1989): *La Communication interculturelle*. Paris: Armand Colin (Bibliothèque Européenne des Sciences de l'éducation).
Laplantine, François/Nouss, Alexis (2001): *Métissages. De Arcimboldo à Zombi*. Paris.
Lavric, Eva (2002): Interlinguale und interkulturelle Mißverständnisse. In: *Moderne Sprachen*, 46/1, S. 1–16.
Leenen, Wolf Rainer/Scheitza, Alexander/Wiedemeyer, Michael (Hg.) (2006): *Diversität nutzen*. New York/München/Berlin: Waxmann.
Leggewie, Claus (1993): Vom Deutschen Reich zur Bundesrepublik – und nicht zurück. Zur politischen Gestalt einer multikulturellen Gesellschaft. In: Bredella, Lothar/Christ, Herbert (Hg.): *Zugänge zum Fremden*. Gießen: Verlag der Ferber'schen Universitätsbuchhandlung, S. 37–55.
Litters, Ulrike (1995): *Interkulturelle Kommunikation aus fremdsprachendidaktischer Perspektive*. Tübingen: Gunter Narr (Giessener Beiträge zur Fremdsprachendidaktik).
Lösch, Klaus (2005): Begriff und Phänomen der Transdifferenz: Zur Infragestellung binärer Differenzkonstrukte. In: Allolio-Näcke, Lars/Kalscheuer, Britta (Hg.): *Differenzen anders den ken. Bausteine zu einer Kulturtheorie der Transdifferenz*. Frankfurt a. M.: Campus, S. 26–49.

Lüsebrink, Hans-Jürgen (1992/93): ›Métissages‹. Contours et enjeux d'un concept-carrefour dans l'aire francophone. In: *Etudes Littéraires* (Université Laval, Québec, Canada) 25/3, S. 93–108.

Lüsebrink, Hans-Jürgen (1995): ›Häretische Lektüren‹ und Traditionsbruch. Zum Umgang mit Klassikern in kulturellen Umbruchperioden der Neuzeit. In: Assman, Jan/Gladigow, Bernhard (Hg.): *Text und Kommentar. Archäologie der literarischen Kommunikation IV*. München, S. 375–387.

Lüsebrink, Hans-Jürgen (2004a): Die interkulturelle Dimension der Kulturwissenschaft in den Fremdsprachenphilologien. Konzepte, Methoden, Entwicklungsperspektiven. In: Altmeyer, Claus/Forster, Roland/Grub, Frank Thomas (Hg.): *Deutsch als Fremdsprache in Wissenschaft und Unterricht: Arbeitsfelder und Perspektiven. Festschrift für Lutz Götze zum 60. Geburtstag*. Frankfurt a. M. u. a.: Peter Lang, S. 241–257.

Lüsebrink, Hans-Jürgen (2004b) (Hg.): *Konzepte der Interkulturellen Kommunikation. Theorieansätze und Praxisbezüge in interdisziplinärer Perspektive*. St. Ingbert: Röhrig Universitätsverlag (Saarbrücker Studien zur Interkulturellen Kommunikation Bd. 7).

Lüsebrink, Hans-Jürgen (1992/93): »Métissages«. Contours et enjeux d'un concept-carrefour dans l'aire francophone. In: *Etudes Littéraires* (Université Laval, Québec, Canada), 25/3, n° thématique: »Métissages Caraïbes Brésil«, S. 93–108.

Maalouf, Amin (1998): *Les identités meurtrières*. Paris: Grasset. – Dt. Übersetzung: *Mörderische Identitäten*. Frankfurt a. M.: Suhrkamp 2000 (Edition Suhrkamp 2159).

Maletzke, Gerhard (1996): *Interkulturelle Kommunikation. Zur Interaktion zwischen Menschen verschiedener Kulturen*. Opladen: Westdeutscher Verlag.

Meyer, Thomas (1997): *Identitäts-Wahn. Die Politisierung des kulturellen Unterschieds*. Berlin: Aufbau Taschenbuch Verlag.

Middell, Matthias (2000): Kulturtransfer und historische Komparatistik. In: *Comparativ* 10, S. 7–41.

Mintzel, Alf (1997): *Multikulturelle Gesellschaften in Europa und Nordamerika. Konzepte, Streitfragen, Analysen, Befunde*. Passau: Wissenschaftsverlag Rothe.

Mitterauer, Michael (1992): *Familie und Arbeitsteilung. Historisch-vergleichende Studien*. Wien/Köln: Böhlau.

Mouralis, Bernard (1999): *République et colonies. Entre histoire et mémoire: la République française et l'Afrique*. Paris: Présence Africaine.

Müller, Bernd-Dietrich (Hg.) (1981): *Konfrontative Semantik. Zur Kritik am Fremdsprachenunterricht aus grundlagentheoretischer Sicht kritischer Psychologie und sozialwissenschaftlicher Linguistik*. Weil der Stadt (Reihe Lexika Bd. 8).

Müller, Harald (1998): *Das Zusammenleben der Kulturen. Ein Gegenentwurf zu Huntington*. Frankfurt a. M.: Fischer (Fischer Taschenbuch 13915).

Müller-Jacquier, Bernd (1980): Zur Logik interkultureller Verstehensprobleme. In: *Jahrbuch Deutsch als Fremdsprache* Bd. 6, S. 102–119.

Müller-Jacquier, Bernd (1986): Interkulturelle Verstehensstrategien – Vergleich und Empathie. In: Neuner, Gerhard (Hg.): *Kulturkontraste im DaF-Unterricht, Reihe: Studium DaF – Sprachdidaktik*. München: Iudicium, S. 33–84.

Müller-Jacquier, Bernd (1999): *Interkulturelle Kommunikation und Fremdsprachendidaktik*. Koblenz: Universität Koblenz-Landau (Fernstudium Fremdsprachen in Grund- und Hauptschulen).

Müller-Jacquier, Bernd (2000): Linguistic Awareness of Cultures. Grundlagen eines Trainingsmoduls. In: Bolten, Jürgen (Hg.): *Studien zur internationalen Unternehmenskommunikation*. Leipzig: Popp, S. 20–49.

Nevers, Edmond de (2002): *Lettres de Berlin et d'autres villes d'Europe*. Texte établi, présenté et annoté par Hans-Jürgen Lüsebrink. Québec: Nota Bene.

Ortiz, Fernando (1940): *Contrapunteo cubano del tabaco y el azucar*. La Havanna.

Osterhammel, Jürgen (1996): Sozialgeschichte im Zivilisationsvergleich. Zu künftigen Möglichkeiten komparativer Geschichtswissenschaft. In: *Geschichte und Gesellschaft* 22. Jg., H. 2, S. 143–164.

Pernau, Margrit (2011): *Transnationale Geschichte*. Göttingen: Vandenhoeck & Ruprecht.

Riesz, János (2006): *Léopold Sedar Senghor und der afrikanische Aufbruch im 20. Jahrhundert*. Wuppertal: Peter Hammer.

Roosevelt, Thomas, R. (1996): *Redefining Diversity*. New York: AMACOM.

Roosevelt, Thomas, R. (2001): *Management of Diversity. Neue Personalstrategien für Unternehmen. Wie passen Giraffe und Elefant in ein Haus?* Wiesbaden: Gabler.

Schindling, Anton (1996): Glaubensvielfalt als Kulturkonflikt – Europa in der Frühen Neuzeit. In: Bade, Klaus J. (Hg.): *Die multikulturelle Herausforderung. Menschen über Grenzen – Grenzen über Menschen*. München: C. H. Beck (BsR 1184), S. 46–66.

Schmitz, Lena (2015): *Nationalkultur versus Berufskultur. Eine Kritik der Kulturtheorie und Methodik Hofstedes*. Bielefeld: Transcript.

Schugk, Michael (2004): *Interkulturelle Kommunikation. Kulturbedingte Unterschiede in Verkauf und Werbung*. München: Vahlen.

Schulte, Axel (1990): Multikulturelle Gesellschaft: Chance. Ideologie oder Bedrohung? In: *Aus Politik und Zeitgeschichte. Beilage zur Wochenzeitung »Das Parlament«*, B. 23–24, 1. Juni, S. 3–15.

Schulz-Buschhaus, Ulrich (1979): Die Unvermeidlichkeit der Komparatistik. Zum Verhältnis von einzelsprachlichen Literaturen und Vergleichender Literaturwissenschaft. In: *Arcadia. Zeitschrift für Vergleichende Literaturwissenschaft* Bd. 14, H. 1, S. 223–236.

Seemann, Axel (2000): *Deutsche Führungskräfte in Frankreich. Eine empirische Studie des interkulturellen Integrationsprozesses im beruflichen und privaten Bereich*. St. Ingbert: Röhrig Universitätsverlag (Saarbrücker Studien zur Interkulturellen Kommunikation Bd. 3).

Senghaas, Dieter (1997): Die fixe Idee vom Kampf der Kulturen. In: *Blätter für deutsche und internationale Politik* 2, S. 215–221.

Spillner, Bernd (1997): Methoden des interkulturellen Sprachvergleichs: Kontrastive Linguistik, Paralleltextanalyse, Übersetzungsvergleich. In: Lüsebrink, Hans-Jürgen/Reichardt, Rolf, in Verb. mit Annette Keilhauer und René Nohr (Hg.): *Kulturtransfer im Epochenumbruch. Frankreich – Deutschland, 1770 bis 1815*. Leipzig: Leipziger Universitätsverlag (Deutsch-Französische Kulturbibliothek Bd. 9.1), S. 103–130.

Stark, Hans Peter (1982): Was sagt der Jugoslawienkonflikt über Frankreichs Ostpolitik? In: *Dokumente* H. 2, S. 128–133.

Strasser, Johano (1997): Kein Kampf der Kulturen. In: *Die Zeit*, Nr. 51, 12.12.1997, S. 20.

Straub, Jürgen/Weidemann, Arne/Weidemann, Doris (Hg.) (2007): *Handbuch interkulturelle Kommunikation und Kompetenz. Grundbegriffe – Theorien – Anwendungsfelder*. Stuttgart/Weimar: Metzler.

Subrahmanyam, S. (1997): Connected Histories: Notes Towards a Reconfiguration of Early Modern Eurasia. In: Lieberman, V. (Hg.): *Beyond Binary Histories: Re-Imagining Eurasia to c. 1830*. Ann Arbor: Michigan University Press, S. 289–316.

Terkessidis, Mark (2010): *Interkultur*. Berlin: Suhrkamp.

Terkessidis, Mark (2015): *Kollaboration*. Berlin: Suhrkamp (Edition Suhrkamp 2686).

Thieme, Werner Maximilian (2000): *Interkulturelle Kommunikation und Internationales Marketing. Theoretische Grundlagen als Anknüpfungspunkt für ein Management kultureller Unterschiede*. Frankfurt a. M.: Peter Lang.

Thomas, Alexander (Hg.) (1991a): *Kulturvergleichende Psychologie. Eine Einführung*. Göttingen: Hogrefe.

Thomas, Alexander (Hg.) (1991b): *Kulturstandards in der internationalen Begegnung*. Saarbrücken/Fort Lauderdale: Breitenbach (Sozialwissenschaftlicher Studienkreis für internationale Probleme Bd. 61).

Thomas, Alexander (1993): Psychologie interkulturellen Lernens und Handelns. In: Thomas, Alexander (Hg.): *Kulturvergleichende Psychologie*. Göttingen: Hogrefe, S. 377–424.

Thomas, Alexander (1996): *Psychologie interkulturellen Handelns*. Göttingen: Hogrefe.

Thomas, Alexander (2004): Kulturverständnis aus der Sicht der Interkulturellen Psychologie: Kultur als Orientierungssystem und Kulturstandards als Orientierungshilfen. In: Lüsebrink 2004b, S. 145–156.

Trompenaars, Fons (1993): *Handbuch globales Managen. Wie man kulturelle Unterschiede im Geschäftsleben versteht*. Dt. von Werner Grau. Düsseldorf u. a.: Econ.

Venohr, Elisabeth (2007): *Textmuster und Textsortenwissen aus der Sicht des Deutschen als Fremdsprache. Textdidaktische Aspekte ausgewählter Textsorten im Vergleich Deutsch-Französisch-Russisch*. Frankfurt a. M. u. a.: Peter Lang.

Welsch, Wolfgang (1995): Transkulturalität. Lebensformen nach der Auflösung der Kulturen. In: *Information Philosophie* 2, S. 5–20.

Welsch, Wolfgang (1995): Transkulturalität. Zur veränderten Verfasstheit heutiger Kulturen. In: *Zeitschrift für Kulturaustausch* 45/1, S. 39–44.

Welsch, Wolfgang (1999): Transkulturalität. Zwischen Globalisierung und Partikularisierung. In: Drechsel, Paul (Hg.): *Interkulturalität. Grundprobleme der Kulturbegegnung*. Mainz: Studium generale der Johannes-Gutenberg-Universität, S. 45–72.

Welsch, Wolfgang (2005): Auf dem Weg zu transkulturellen Gesellschaften. In: Allolio-Näcke, Lars/Kalscheuer, Britta/Manzeschke, Arne (Hg.) (2005): *Differenzen anders denken. Bausteine zu einer Kulturtheorie der Transdifferenz*. Frankfurt a. M.: Campus, S. 314–341.

Werner, Michael (1997): Dissymmetrien und symmetrische Modellbildungen in der Forschung zum Kulturtransfer. In: Lüsebrink, Hans-Jürgen/Reichardt, Rolf, in Verb. mit Annette Keilhauer und René Nohr (Hg.): *Kulturtransfer im Epochenumbruch. Frankreich – Deutschland, 1770 bis 1815*. Leipzig: Leipziger Universitätsverlag (Deutsch-Französische Kulturbibliothek Bd. 9.1), S. 87–101.

Werner, Michael/Zimmermann, Bénédicte (2002): Vergleich, Transfer, Verflechtung. Der Ansatz der *Histoire croisée und die Herausforderung des Transnationalen*. In: Geschichte und Gesellschaft 28, S. 607–636.
Werner, Michael/Zimmermann, Bénédicte (Hg.) (2004): *De la Comparaison à l'Histoire Croisée*. Paris: Seuil.
Wierlacher, Alois (2004): Interkulturelle Germanistik. In: Lüsebrink 2004b, S. 177–200.

3. Interaktion

Agar, Michael (1994): Intercultural frame. In: *Intercultural Journal of Intercultural Relations* 18, S. 221–237.
Agar, Michael (1994): *Language Shock. Understanding the Culture of Communication*. New York: Morrow.
Bachmann, Saskia/Gerhold, Sebastian/Müller, Bernd-Dietrich/Wessling, Gerd (1995): *Sichtwechsel Neu 1, 2, 3: Allgemeine Einführung*. Stuttgart: Klett Edition Deutsch.
Barmeyer, Christoph I. (2000): *Interkulturelles Management und Lernstile. Studierende und Führungskräfte in Frankreich, Deutschland und Québec*. Frankfurt a. M.: Campus (CIRAC. Deutsch-französische Studien zur Industriegesellschaft Bd. 25).
Barmeyer, Christoph I. u. a. (2000): *Mentalitätsunterschiede und Marktchancen im Frankreichgeschäft. Zur interkulturellen Kommunikation im Handwerk (mit Schwerpunkt Saarland/Lothringen)*. Studie und Handbuch. St. Ingbert: Röhrig Universitätsverlag (Saarbrücker Studien zur Interkulturellen Kommunikation Bd. 4).
Barmeyer, Christoph I./Bolten, Jürgen (Hg.) (1998): *Interkulturelle Personalorganisation*. Sternenfels/Berlin: Wissenschaft und Praxis (Schriftenreihe Interkulturelle Wirtschaftskommunikation Bd. 4).
Barmeyer, Christoph/Wietersheim, Stefanie von (2007): *Business Know-How Frankreich. So wird Ihre Geschäftsreise zum Erfolg*. Heidelberg: Redline Wirtschaft.
Barmeyer, Christoph I./Schlierer, Hans-Jörg/Seidel, Fred (Hg.) (2007): *Wirtschaftsmodell Frankreich. Märkte, Unternehmen, Manager*. Frankfurt a. M./New York: Campus.
Barrios, Catarina (2008): Interkulturelle Mediation in Teams mit multinationaler Belegschaft aus Deutschland und Lateinamerika. In: Kumbier, Dagmar/Schulz von Thun, Friedemann: (Hg.): *Interkulturelle Kommunikation: Methoden, Modelle, Beispiele*. Reinbek bei Hamburg, S. 248–310.
Barsoux, Jean-Louis/Lawrence, Peter (1992): Wie Frankreich seine Kader schmiedet. In: *Harvard Businessmanager* 1, S. 30–37.
Bennett, Milton J. (1986): A Developmental Approach to Training for Intercultural Sensitivity. In: *International Journal for Intercultural Relations* Nr. 10, S. 179–186.
Bennett, Milton J. (1993): Towards Ethnorelativism: A Developmental Model of Intercultural Sensitivity. In: Paige, Michael R. (Hg.): *Education for the Intercultural Experience*. Yarmouth, ME: Intercultural Press. S. 21–71.
Berkenbusch, Gabriele/Weidemann, Doris (2010): *Herausforderungen internationaler Mobilität. Auslandsaufenthalte im Kontext von Hochschule und Unternehmen. Kultur – Kommunikation – Kooperation*, Bd. 1. Stuttgart: ibidem-Verlag.
Blommaert, Jan (1991): How much culture is there in intercultural communication? In: Blommaert, Jan/Verschueren, Jef (Hg.): *The Pragmatics of Intercultural and International Communication*. Amsterdam/Philadelphia: John Benjamins, S. 13–31.
Boecker, Malte C./Ulama, Leila (2008): Interkulturelle Kommunikation – Die Schlüsselkompetenz im 21. Jahrhundert. Gütersloh, Bertelsmann-Stiftung/Milano, Fondazione Cariplo. In: http://www.bertelsmann-stiftung.de/fileadmin/files/BSt/Presse/imported/downloads/ xcms_bst_dms_30236_30237_2.pdf.
Boltanski, Luc (1981/1990): *Les cadres. La formation d'un groupe social*. Paris: Minuit. Dt. Übersetzung: *Die Führungskräfte. Entstehung einer sozialen Gruppe*. Frankfurt a. M.: Campus.
Bolten, Jürgen (Hg.) (1995): *Cross Culture – Interkulturelles Handeln in der Wirtschaft*. Sternenfels/Berlin: Wissenschaft und Praxis (Schriftenreihe Interkulturelle Wirtschaftskommunikation Bd. 1).
Bolten, Jürgen (1995): Grenzen der Internationalisierungsfähigkeit. Interkulturelles Handeln aus interaktionstheoretischer Perspektive. In: Bolten 1995, S. 24–42.
Bolten, Jürgen (1999): *InterAct. Ein wirtschaftsbezogenes interkulturelles Planspiel für die Zielkulturen Australien, Deutschland, Frankreich, Großbritannien, Niederlande, Russland, Spanien und die USA*. Sternenfels/Berlin: Wissenschaft und Praxis.
Bolten, Jürgen (2000): Interkultureller Trainingsbedarf aus der Perspektive der Problemerfahrungen entsandter Führungskräfte. In: Götz 2000, S. 61–80.

Bolten, Jürgen (2001): *Interkulturelle Kompetenz*. Erfurt: Landeszentrale für politische Bildung Thüringen.

Bolten, Jürgen (2007/2015): *Einführung in die interkulturelle Wirtschaftskommunikation*. 2., überarb. und erw. Aufl. Göttingen: Vandenhoeck & Ruprecht (UTB 4371).

Breidenbach, Stephan (1995): *Mediation. Struktur, Chancen und Risiken von Vermittlung im Konflikt*. Köln: Otto Schmidt.

Breitenbach, Diether (1979): *Kommunikationsbarrieren in der internationalen Jugendarbeit*. Saarbrücken/Fort Lauderdale: Breitenbach.

Breitenbach, Diether (1995): *Kommunikationsbarrieren in der internationalen Jugendarbeit. Vortrag im Rahmen der Öffentlichen Ringvorlesung »Friedens-, Konflikt- und Umweltforschung« an der Universität Göttingen*. Göttingen: Institut für interkulturelle Didaktik der Universität. http://www.ikud.de/iikdiaps2-96.htm.

Brislin, Richard/Yoshida, Tomoko (1994): *Intercultural Communication Training: An Introduction*. Thousand Oaks/London/New Delhi: Sage Publications (Communicating Effectively in Multicultural Contexts).

Brislin, Richard W./Cushner, Kenneth/Craig, Cherrie/Yong, Mahealani (Hg.) (1986): *Intercultural Interactions. A Practical Guide*. Newberry Park/London/New Delhi (Cross-Cultural Research and Methodology Series 9).

Brot für alle (Hg.) (1993): *Bafa Bafa* [ein Gruppen- und Simulationsspiel zum Thema Kulturbegegnung, Tourismus in Entwicklungsländern, wir und die anderen; entwickelt vom Navy Personal Development Research Center, San Diego, Kalifornien, USA].

Bufe, Wolfgang u. a. (1989): *Entdeckende Landeskunde: Sprachenlernen in der interkulturellen Begegnung*. Frankfurt a. M.: Pädagogische Arbeitsstelle des Deutschen Volkshochschul-Verbandes.

Bufe, Wolfgang (1990): Überlegungen zur interkulturellen Begegnung in der Erwachsenenbildung anhand eines Filmbeispiels. In: *Fremdsprachen und Hochschule* 30, S. 52–72.

Busch, Dominic (2005/2007): *Interkulturelle Mediation. Eine theoretische Grundlegung triadischer Konfliktbearbeitung in interkulturell bedingten Kontexten*. 2. Aufl. Frankfurt a. M.: Peter Lang.

Caspari, Daniela (2005): Ansätze interkulturellen Lernens in Französischlehrwerken für die Grundschule. In: Schumann 2005, S. 161–177.

Clendinnen, Inga (1993): »Fierce and Unnatural Cruelty«. Cortés and the Conquest of Mexico. In: Greenblatt, Stephen (Hg.): *New World Encounters*. Berkeley, Ca.: University of California Press, S. 12–47.

Cobb, Richard (1983): *French and Germans, Germans and French: A Personal Interpretation of France Under Two Occupations 1914–1918/1940–1944*. Hanover: University Press of New England.

Colin, Lucette/Müller, Burkhard (Hg.) (1996): *La pédagogie des rencontres interculturelles*. Paris: Anthropos-Economica.

Collett, Peter (1993/1994): *Der Europäer als solcher ... ist unterschiedlich. Verhalten, Körpersprache, Etikette*. Aus dem Englischen von Maren Klostermann. Hamburg: Ernst Kabel (Engl. Originalausgabe: Foreign Bodies. A Guide to European Mannerisms. London 1993).

Coulmas, Florian (2003). *Die Kultur Japans. Tradition und Moderne*. München: C. H. Beck.

DFJW (2004): *Das Deutsch-Französische Jugendwerk (DFJW) und interkulturelle Suchprozesse. Forschungsorientierte Fortbildungsprogramme im DFJW*. Arbeitstext zum interkulturellen Lernen Nr. 8.

Deardorff, Darla K. (2006): The identification and assessment of intercultural competence as a student outcome of internationalization at institutions of higher education in the United States. In: *Journal of Studies in International Education* Jg. 10, H. 3, S. 241–266.

Díaz del Castillo, Bernal (1568/1988): *Geschichte der Eroberung von Mexiko*. Mit zahlreichen Abbildungen, herausgegeben und bearbeitet von Georg A. Narciß. Mit einem Nachwort von Georg A. Narciß und Tzvetan Todorov. Frankfurt a. M.: Insel.

Erickson, Frederick/Shultz, Jeffrey (1982): *The councelor as gatekeeper*. New York: Academic Press.

Fellmann, Gabriela (2006): Interkulturelles Lernen sichtbar machen. Lernertagebücher. In: *Praxis Fremdsprachenunterricht* 3, S. 26–33.

Fendler, Ute/Vatter, Christoph (2005): Medienwissenschaft und Interkulturelle Kommunikation im E-learning. In: Haberer, Monika/Wagner, Horst (Hg.): *E-learning – Sprachen und Kultur*. Aachen: Shaker, S. 91–106.

Filtzinger, Otto (2004): Interkulturelle Bildung und Förderung früher Mehrsprachigkeit im Elementarbereich. In: *Grenzgänge. Beiträge zu einer modernen Romanistik*. 11. Jahrgang, Heft 21, S. 61–72.

Franceschini, Rita (2004): »Mami, pettinare ist auf italienisch, kämmen ist in deutsch«: Das Pendel ›function-to-form‹ und ›form-to-function‹ im gelenkten Fremdsprachenfrüherwerb (GeFFE). Analysen anhand des Fühbeginns im Saarland. In: Altmayer, Claus u. a. (Hg.): *Deutsch als Fremdspra-*

che in Wissenschaft und Unterricht: Arbeitsfelder und Perspektiven. Festschrift für Lutz Götze. Frankfurt a. M.: Lang, S. 63–83.

Gersten, M. C. (1990): Intercultural competence and expatriates. In: *The International Journal of Human Resource Management* 1, n° 3, S. 341–362.

Gildea, Robert (2003): *Marianne in Chains: Daily Life in the Heart of France during the German Occupation.* New York: Picador 2002.

Götz, Klaus (Hg.) (2000): *Interkulturelles Lernen, interkulturelles Training.* München: Rainer Hampp.

Gudykunst, William B. (1983): *Intercultural communication theory. Current perspectives.* Beverly Hills u. a.: Sage Publications.

Gudykunst, William B./Hammer, Mitchell R. (1983): Basic Training Design: Approaches to Intercultural Training. In: Landis, Dan/Brislin, Richard W. (Hg.): *Handbook of Intercultural Training. Vol. I: Issues in Theory and Design.* New York u. a.: Pergamon Press, S. 118– 154.

Günthner, Susanne (1993): *Diskursstrategien in der interkulturellen Kommunikation. Analysen deutsch-chinesischer Gespräche.* Tübingen: Niemeyer.

Günthner, Susanne (1994): »Also moment SO seh ich das NICHT«. Informelle Diskussionen im interkulturellen Kontext. In: *Zeitschrift für Literaturwissenschaft und Linguistik* Jg. 24, H. 93, S. 97–122.

Günthner, Susanne (2002): Höflichkeitspraktiken in der interkulturellen Kommunikation – am Beispiel chinesisch-deutscher Interaktionen. In: Lüger, Heinz-Helmut (Hg.): *Höflichkeitsstile.* 2., korr. Aufl. Frankfurt a. M. u. a.: Peter Lang, S. 295–313.

Habermas, Jürgen (1981): *Theorie des kommunikativen Handelns.* Frankfurt a. M.: Suhrkamp (Suhrkamp Wissenschaft).

Hammes Di Bernardo, Eva (2001): Bilingual-bikulturelle Erziehung als Weg zum interkulturellen Zusammenleben. In: *KiTa spezial. Fachzeitschrift für Leiter/innen der Tageseinrichtungen für Kinder* Nr. 3, S. 37–41.

Heinrich, Christiane (2004): *Interkulturelles Lernen im frühen Fremdsprachenlernen in saarländischen Kindergärten und Grundschulen unter besonderer Berücksichtigung von Projektarbeit im deutsch-französischen Grenzraum.* Magisterarbeit im Studiengang Französische Kulturwissenschaft und Interkulturelle Kommunikation. Saarbrücken, Universität des Saarlandes, Manuskr., LIX + 153 S.

Helmolt, Katharina von (1997): *Kommunikation in internationalen Arbeitsgruppen. Eine Fallstudie über divergierende Konventionen der Modalitätskonstituierung.* München: Iudicium (Reihe interkulturelle Kommunikation Bd. 2).

Helmolt, Katharina von/Müller-Jacquier, Bernd (1991): *Französisch-deutsche Kommunikation im Management-Alltag.* Erhoben in Kooperation mit IKL-Kommunikationstraining Mannheim und BASF, Frankreich. Universität Bayreuth, Forschungsprojekt Interkulturelles Verhaltenstraining.

Heringer, Hans Jürgen (2004): *Interkulturelle Kommunikation. Grundlagen und Konzepte.* Tübingen/Basel: Francke.

Heringer, Hans Jürgen (2008): Hotwords als Basis einer Unterrichtsmethode. In: Schulz, Renate A./Tschirner, Erwin (Hg.): *Communicating across Borders: Developing Intercultural Competence in German as a Foreign Language.* München: Iudicium, S. 176–190.

Heringer, Hans Jürgen (2011): Interkulturelle Kommunikation – ohne Sprache? In: Czuka, Eckehard/Neuland, Eva, unter Mitwirkung von Baher Elogihary (Hg.): *Interkulturelle Kommunikation. Perspektiven einer anwendungsbezogenen Germanistik.* München: Iudicium, S. 51–61.

Heringer, Hans Jürgen (2014): *Interkulturelle Kommunikation.* 4. Aufl. Tübingen: Francke (UTB 2550).

Hiller, Gundula Gwenn/Lüsebrink, Hans-Jürgen/Oster-Stierle, Patricia/Vatter, Christoph (Hg.) (2017): *Interkulturelle Kompetenz in deutsch-französischen Studiengängen/Les Compétences Interculturelles dans les cursus franco-allemands.* Wiesbaden: Springer.

Hinnenkamp, Volker (1998): *Missverständnisse in Gesprächen. Eine empirische Untersuchung im Rahmen der Interpretativen Soziolinguistik.* Opladen/Wiesbaden: Westdeutscher Verlag.

Hofmann, Laila Maija (2000): *Führungskräfte in Europa.* Wiesbaden: Gabler.

Hoopes, David (1981): Intercultural Communication Concepts and the Psychology of Intercultural Experience. In: Pusch, Margaret D. (Hg.): *Multicultural Education. A Cross-Cultural Training Approach.* Chicago: Intercultural Network, S. 9–38.

House, Juliane (1994): Kontrastive Pragmatik und interkulturelles Lernen: von metapragmatischem Wissen zu kommunikativem Handeln. In: Bausch, Karl-Richard u. a. (Hg.): *Interkulturelles Lernen im Fremdsprachenunterricht.* Tübingen: Narr 1994, S. 85–96.

House, Juliane (1998): Kontrastive Pragmatik und interkulturelle Kompetenz im Fremdsprachenunterricht. In: Börner, Wolfgang/Vogel, Klaus (Hg.): *Kontrast und Äquivalenz. Beiträge zu Sprachvergleich und Übersetzung.* Tübingen: Gunter Narr (Giessener Beiträge zur Fremdsprachendidaktik), S. 62–88.

Hüffer, Martina (2004): *Interkulturelles Lernen in der Begegnung. Die Evaluation deutsch-französischer Jugendbegegnungen an der Europäischen Akademie Otzenhausen.* Magisterarbeit im Studiengang

Französische Kulturwissenschaft und Interkulturelle Kommunikation. Saarbrücken: Universität des Saarlandes, Manuskr., V, 250 S.

Hüser, Dietmar (2003): Sex & Crime & rap music – Amerika-Bilder und Französisch-Sein in einer globalen Weltordnung. In: Kimminich, Eva (Hg.): *Rap: More than words. Amerika im französischen Rap zwischen Traum und Alptraum.* Frankfurt a. M.: Peter Lang, S. 67–96.

Hüser, Dietmar (Hg.) (2004): *RAPublikanische Synthese. Eine französische Zeitgeschichte populärer Musik und politischer Kultur.* Köln/Weimar/Wien: Böhlau.

Huntington, Samuel S. (1996): *The Clash of Civilizations and the Remaking of World Order.* New York: Touchstone.

Jenkins-Krumm, Eva-Maria (2009): Erwartungen an Sichtwechsel. In: Bauer, Gerd Ulrich (Hg.): *Standpunkte und Sichtwechsel. Festschrift für Bernd Müller-Jacquier zum 60. Geburtstag.* München: Iudicium, S. 15–23.

Kaelble, Hartmut (1997): Famille/Familie. In: Picht, Robert/Hoffmann-Martinot, Vincent/ Lasserre, René/Theiner, Peter (Hg.): *Fremde Freunde. Deutsche und Franzosen vor dem 21. Jahrhundert.* München/Zürich: Piper, S. 87–91.

Kapuscinski, Ryszard (2001): *Afrikanisches Fieber. Erfahrungen aus vierzig Jahren* [1998]. Aus dem Polnischen von Martin Pollack. München/Zürich: Piper.

Knapp, Annelie (2012): Mehrsprachigkeit und Multikulturalität im Studium: das MUMIS.Projekt. In: Schumann (2012), S. 11–25.

Koen, Emy (1986): Krankheitskonzepte und Krankheitsverhalten in der Türkei und bei Migrantinnen in Deutschland: ein Vergleich. In: *Curare 9*, S. 129–136.

Kotthoff, Helga (1989): *Pro und Contra in der Fremdsprache. Pragmatische Defizite in interkulturellen Argumentationen.* Frankfurt a. M.

Kotthoff, Helga (1997): Rituelle Trinksprüche beim georgischen Gastmahl: Zur kommunikativen Konstruktion von Vertrautheit und Fremdheit. In: Knapp-Potthoff, Annelie/Kühlmann, Torsten (2004): *Auslandseinsatz von Mitarbeitern.* Göttingen: Hogrefe.

Krewer, Bernd/Bohlender, G./Richter, S. (1996): *Modellversuch Interkulturelles Lernen im Schüleraustausch. Evaluation unter kultur- und entwicklungs-psychologischen Gesichtspunkten.* Saarbrücken: LPM.

Kühlmann, Torsten (2004): *Auslandseinsatz von Mitarbeitern.* Göttingen: Hogrefe.

Lewis, Richard D. (2000). *When Cultures Collide – Managing Successfully Across Cultures.* London: Brealey Publishing.

Liedke, Martina (Hg.): *Aspekte interkultureller Kommunikationsfähigkeit.* München: Iudicium (Reihe Interkulturelle Kommunikation, Bd. 3), S. 65–91.

Lüsebrink, Hans-Jürgen (1997): Historische Semantik als Diskurspragmatik: der Begriff Nation in Frankreich und Deutschland. In: Lüsebrink, Hans-Jürgen/Reichardt, Rolf, in Zusammenarbeit mit Annette Keilhauer und René Nohr (Hg.): *Kulturtransfer im Epochenumbruch. Frankreich/Deutschland 1770–1815.* Leipzig: Leipziger Universitätsverlag 2 Bde. (Reihe Deutsch-Französische Kulturbibliothek, Bände 9.1 und 9.2), Bd. 9.2, S. 851–876.

Lüsebrink, Hans-Jürgen (2006): Atahualpas Bibelfrevel und Moctezumas Überlistung. Zur interkulturellen Dimension des Diskurses über die Conquista Südamerikas. In: Carl, Horst/Vogel, Christine (Hg.): *Medienereignisse von der Frühen Neuzeit bis zur Gegenwart.* Göttingen: Vandenhoek & Ruprecht.

Lüsebrink, Hans-Jürgen, unter Mitarbeit von Sophia Dorka und Patricia Otten (2011): Filme zum deutsch-französischen Schüleraustausch – methodische Ansätze, Filmbeispiele und Einsatzmöglichkeiten im Unterricht. In: Vatter u. a. 2011: *Interkulturelles Lernen,* S. 189– 283.

Lüsebrink, Hans-Jürgen/Vatter, Christoph (2013): *Interkulturalität in Kriegszeiten (1914–1954). Interculturalités en temps de guerre (1914–1954).* Bielefeld: Transcript, S. 95–233.

Meyer-Kalkus, Reinhart (1990): Fortgesetzte Missverständnisse, produktiver Kontakt. Zu Unterschieden der Sprach- und Wissenskulturen in Deutschland und Frankreich. In: *Merkur 498,* S. 694–700.

Morris, Desmond (1977): *Der Mensch, mit dem wir leben. Ein Handbuch unseres Verhaltens.* München: Knaur.

Morris, Desmond/Collett, Peter u. a. (1979): *Gestures: Their Origins and Distributions.* London: Methuen.

Müller, Bernadette (2010): *Die Bedeutung von Karrieremanagement im Rahmen der Auslandsentsendung von Führungskräften. Vertragstheoretische Analyse und illustrative Fallstudie der Robert Bosch GmbH.* München/Mering: Rainer Hampp Verlag.

Müller, Bernd-Dietrich (1989): Familie. In: Leenhardt, Jacques/Picht, Robert (Hg.): *Esprit – Geist. 100 Schlüsselbegriffe für Deutsche und Franzosen.* München/Zürich: Piper (Serie Piper), S. 311–314.

Müller, Stefan/Gelbrich, Katja (2014): *Interkulturelle Kommunikation.* München: Verlag Franz Vahlen.

Müller, Werner (1987): *Von der »Völkerverständigung« zum »interkulturellen Lernen«: Die Entwicklung des internationalen Jugendaustauschs in der Bundesrepublik Deutschland.* Starnberg: Studienkreis für Tourismus.

Müller, Werner (1993): Die Modellseminare für Jugendreisen und Internationale Begegnungen. In: Hahn, Heinz/Kagelmann, Jürgen H. (Hg.): *Tourismuspsychologie und Tourismussoziologie.* München: Quintessenz, S. 600–603.

Müller-Jacquier, Bernd (1999): *Interkulturelle Kommunikation und Fremdsprachendidaktik.* Koblenz: Universität Koblenz-Landau (Fernstudium Fremdsprachen in Grund- und Hauptschulen).

Müller-Jacquier, Bernd (2000): Linguistic Awareness of Cultures. Grundlagen eines Trainingsmoduls. In: Bolten, Jürgen (Hg.): *Studien zur internationalen Unternehmenskommunikation.* Leipzig: Popp, S. 20–49.

Müller-Jacquier, Bernd (2004): ›Cross-cultural‹ versus Interkulturelle Kommunikation. Methodische Probleme der Beschreibung von Inter-Aktion. In: Lüsebrink, Hans-Jürgen (Hg.): *Konzepte der Interkulturellen Kommunikation. Theorieansätze und Praxisbezüge in interdisziplinärer Perspektive.* St. Ingbert: Röhrig Universitätsverlag (Saarbrücker Studien zur Interkulturellen Kommunikation Bd. 7), S. 69–113.

Müller-Jacquier, Bernd (2007): Konstruktionen von Fremdheit in Erfahrungsberichten. In: Kühlmann, Torsten/Müller-Jacquier, Bernd (Hg.): *Deutsche in der Fremde. Assimilation – Abgrenzung – Integration.* St. Ingbert: Röhrig Universitätsverlag, 2007, S. 17–45.

Nazarkiewicz, Kirsten/Krämer, Gesa (2012): *Handbuch interkulturelles Coaching. Konzepte, Methoden, Kompetenzen kulturreflexiver Begleitung.* Göttingen: Vandenhoeck & Ruprecht.

Osterhammel, Jürgen (1997): Wissen als Macht: Deutungen kulturellen Nichtverstehens bei Tzvetan Todorov und Edward Saïd. In: Auch, Eva-Maria/Förster, Stig (Hg.): *Kulturkonflikte und Imperialismus in Asien vom 18. bis zum 20. Jahrhundert.* Paderborn: Schöningh, S. 145–169.

Otten, Hendrik (1984): *Zur politischen Didaktik interkulturellen Lernens – Ein Planungskonzept für internationale Jugendarbeit.* Opladen: Leske & Budrich.

Otten, Hendrik (1994): Interkulturelle Jugendarbeit. In: Otten, Hendrik/Treuheit, Werner (Hg.): *Interkulturelles Lernen in Theorie und Praxis: Ein Handbuch für Jugendarbeit und Weiterbildung.* Opladen: Leske & Budrich, S. 237–238.

Petereit de Lopez, Katja/Mangold, Joachim/Thimmel, Andreas (Hg.) (1996): *Interkulturelles und länderkundliches Lernen in der politischen Erwachsenenbildung: Situationsanalyse und Bedarfserhebung für Nordrhein-Westfalen, Rheinland-Pfalz und das Saarland.* Hilden: SSIP.

Rehbein, Jochen (1985): Medizinische Beratung türkischer Eltern. In: Rehbein, Jochen (Hg.): *Interkulturelle Kommunikation.* Tübingen: Gunter Narr (Kommunikation und Institution 12), S. 349–419.

Rehbein, Jochen (1994): Widerstreit. Semiprofessionelle Rede in der interkulturellen Arzt-Patienten-Kommunikation. In: *Zeitschrift für Literaturwissenschaft und Linguistik* Jg. 24, H. 93, S. 123–151.

Riesz, János (1994): L'acculturation à l'envers comme thème littéraire. In: Kushner, Eva/Dmic, Milan V. (Hg.): *Acculturation.* Bern u. a.: Peter Lang, S. 25–37.

Röseberg, Dorothee/Wolfradt, Uwe (2016): Expérience de l'altérité culturelle, autoréflexion et personnalité. Implications pour un cursus universitaire à vocation internationale. In: Gundula Gwenn Hiller/Hans-Jürgen Lüsebrink/Patricia Oster-Stierle/Christoph Vatter (Hg.): *Interkulturelle Kompetenz in deutsch-französischen Studiengängen. Les competences interculturelles dans les cursus franco-allemands.* Berlin: Springer-Verlag, S. 68–87.

Roger, Philippe (2002): *L'ennemi américain. Généalogie de l'antiaméricanisme français.* Paris: Seuil (la couleur des idées).

Rost-Roth, Martina (1994): Verständigungsprobleme in der interkulturellen Kommunikation. Ein Forschungsüberblick zu Analysen und Diagnosen in empirischen Forschungen. In: *Zeitschrift für Literaturwissenschaft und Linguistik* Jg. 24, H. 93, S. 9–45.

Schugk, Michael (2004): *Interkulturelle Kommunikation. Kulturbedingte Unterschiede in Verkauf und Werbung.* München: Verlag Franz Vahlen.

Schumann, Adelheid (Hg.) (2005): *Kulturwissenschaften und Fremdsprachendidaktik im Dialog. Perspektiven eines interkulturellen Französischunterrichts.* Frankfurt a. M.: Peter Lang (KFU. Kolloquium Fremdsprachenunterricht Bd. 19).

Schumann, Adelheid (2012) (Hg.): *Interkulturelle Kommunikation in der Hochschule. Zur Integration internationaler Studierender und Förderung interkultureller Kompetenz.* Bielefeld: Transcript.

Searle, John (1969): *Speech Acts. An Essay in the Philosophy of Language.* Cambridge: Cambridge University Press.

Seemann, Axel (2000): *Deutsche Führungskräfte in Frankreich. Eine empirische Studie des interkulturellen Integrationsprozesses im beruflichen und privaten Bereich.* St. Ingbert: Röhrig Universitätsverlag (Saarbrücker Studien zur Interkulturellen Kommunikation Bd. 3).

Sontheimer, Kurt (1989): Nation. In: Leenhardt, Jacques/Picht, Robert (Hg.): *Esprit – Geist. 100 Schlüsselbegriffe für Deutsche und Franzosen.* München/Zürich: Piper (Serie Piper), S. 195–199. Aktualisierte Neufassung in: Picht, Robert/Hoffmann-Martinot, Vincent/Lasserre, René/Theiner, Peter (Hg.) (1997): *Fremde Freunde. Deutsche und Franzosen vor dem 21. Jahrhundert.* München/Zürich: Piper, S. 141–145.

Stahl, Günter (1998): *Internationaler Einsatz von Führungskräften.* München/Wien: Oldenbourg.

Thiagarajan, Silvasailam/Steinwachs, Barbara (1990): *Barnga. A Simulation Game on Intercultural Clashes.* Yarmouth/London: International SIETAR Press.

Thije, Jan D. ten (1997): Intercultural Communication in Team Discussions: Discursive Interculture and Training Objectives. In: Knapp-Potthoff, Annelie/Liedtke, Martina (Hg.): *Aspekte interkultureller Kommunikationsfähigkeit.* München: Iudicium, S. 125–154.

Thomas, Alexander (1991): Psychologische Grundlagen interkultureller Kommunikation und interkulturellen Lernens im Zusammenhang mit Jugendaustausch. In: Gogolin, Ingrid u. a. (Hg.): *Kultur- und Sprachenvielfalt in Europa.* Münster/New York: Waxmann, S. 188–202.

Thomas, Alexander (1994): Können interkulturelle Begegnungen Vorurteile verstärken? In: Ders. (Hg.): *Psychologie und multikulturelle Gesellschaft. Problemanalysen und Problemlösungen.* Göttingen: Hogrefe, S. 227–238.

Thomas, Alexander (1996): *Psychologie interkulturellen Handelns.* Göttingen: Vandenhoeck & Ruprecht.

Thomas, Alexander (2003): Interkulturelle Kompetenz. Grundlagen, Probleme, Konzepte. In: *EWS* 14, S. 137–150.

Thomas, Alexander (2007): Jugendaustausch. In: Straub u. a. 2007, S. 657–667.

Thomas, Alexander/Kinast, Eva-Ulrike/Schroll-Machl, Sylvia (2000): Entwicklung interkultureller Handlungskompetenz von international tätigen Fach- und Führungskräften durch interkulturelle Trainings. In: Götz 2000, S. 97–122.

Thomas, Alexander/Hagemann, Katja/Stumpf, Siegfried (2003) (Hg.): Training interkultureller Kommunikation. In: Bergemann, Niels/L. Sourisseaux, Andreas (Hg.): *Interkulturelles Management.* Zweite, überarb. Auflage. Berlin/Heidelberg/New York: Springer, S. 237–272.

Todorov, Tzvetan (1988): Nachwort. In: Díaz del Castillo, Bernal (1568/1988), S. 633–653.

Treuheit, Werner/Janssen, Bernd/Otten, Hendrik (1990): *Interkulturelles Lernen in Jugendbegegnungen.* Bonn: Europa-Union-Verlag.

Vatter, Christoph (2004): Interkulturelle Kommunikation im E-Learning: Perspektiven und Chancen des interkulturellen kooperativen Lernens mit den Neuen Medien. In: Bolten, Jürgen (Hg.): *Interkulturelles Handeln in der Wirtschaft. Positionen – Modelle – Perspektiven – Projekte.* Sternenfels: Wissenschaft & Praxis, S. 196–207.

Vatter, Christoph (2005): Interkulturelles Lernen mit Neuen Medien. In: Rüstow, Lutz u. a. (Hg.): *Wertvorstellungen und Perspektiven. Erwachsenwerden und interkulturelles Lernen als Thema in Forschung und Fremdsprachenunterricht.* 26. Austauschlehrertagung des Carolus-Magnus-Kreises vom 12.–16. November 2004 in Saarlouis. [O. O.]. Carolus-Magnus-Kreis, S. 25–33.

Vatter, Christoph, in Zus.arbeit mit Hans-Jürgen Lüsebrink und Joachim Mohr (Hg.) (2011): *Interkulturelles Lernen im interregionalen Schüleraustausch zwischen Deutschland und Frankreich.* Evaluationsergebnisse und didaktische Materialien des COMENIUSRegio-Projektes ILIS. St. Ingbert: Röhrig Universitätsverlag.

Vatter, Christoph (2011): Videotagebücher als Medium zum interkulturellen Lernen im Schüleraustausch. In: Vatter u. a. 2011: *Interkulturelles Lernen,* S. 285–297.

Wachtel, Nathan (1971): *La Vision des Vaincus. Les Indiens du Pérou devant la conquête espagnole, 1530–1570.* Paris: Gallimard.

Warthun, Nicole (1998): Interkulturelle Schulungsmaßnahmen: Was wünschen sich Mitarbeiter zur Vorbereitung auf internationale Berufskontakte? In: Barmeyer/Bolten 1998, S. 123–137.

Watson, O. M. (1970): *Proxemic Behavior. A Cross-Cultural Study.* The Hague.

Weidemann, Doris (2004): *Interkulturelles Lernen. Erfahrungen mit dem chinesischen ›Gesicht‹.* Deutsche in Taiwan. Bielefeld: Transcript.

Wode, Henning (1999): Frühe Mehrsprachigkeit für Kinder. Chance oder Risiko? In: *Sprache und Region* Heft 7, S. 1–8.

Zapf, Elke Christine (2005): Interkulturelle Kommunikation im Kontext des beruflichen (kaufmännischen) Schulwesens am Beispiel des Faches Französisch. In: Béhar, Pierre/ Grunewald, Michel (Hg.): *Frontières, transferts, échanges transfrontaliers et interculturels. Actes du XXXVIe Congrès de l'Association des Germniastes de l'Enseignement Supérieur.* Frankfurt a. M.: Peter Lang (Col. Convergences Bd. 38), S. 359–376.

Zapf, Elke Christine (2009). *Interkulturelle Wirtschaftskommunikation im kaufmännischen Schulwesen. Mitarbeiterbedarf – subjektives Verständnis der Französischlehrer/-innen – Umsetzung in Lehrwerken. Eine Untersuchung im deutsch-französischen Grenzraum.* St. Ingbert: Röhrig Universitätsverlag.

4. Fremdwahrnehmung

Amossy, Ruth (1991): *Les idées reçues. Sémiologie du stéréotype.* Paris: Nathan.

Amossy, Ruth (1995): Stéréotypie et argumentation. In: Goulet, Alain (Hg.): *Le stéreotype.* Caen: Presses Universitaires de Caen.

Amossy, Ruth (2000): *L'argumentation dans le discours. Discours, politique, littérature d'idées, fiction.* Paris: Nathan.

Amossy, Ruth/Hirschberg-Pierrot, Anne (1997): *Stéréotypes et clichés. Langue, discours, société.* Paris: Nathan Université.

Amossy, Ruth/Rosen, Elisheva (1982): *Le discours du cliché.* Paris: SEDES.

Amossy, Ruth (1989): La mise en scène de la star hollywoodienne: (auto)biographies. In: *Cahiers de sémiotique textuelle,* n° 16, sous la direction de Philippe Lejeune, S. 63–77.

Arndt, Ernst Moritz (1813): *Über Volkshaß und über den Gebrauch einer fremden Sprache.* Leipzig.

Barmeyer, Christoph I., in Verb. mit Hans-Jürgen Lüsebrink (1996): *Interkulturelle Qualifikationen im deutsch-französischen Management kleiner und mittelständischer Unternehmen (mit Schwerpunkt Saarland/Lothringen).* St. Ingbert: Röhrig Universitätsverlag (Saarbrücker Studien zur Interkulturellen Kommunikation Bd. 1).

Barthes, Roland (1957/1982): *Mythologies.* Paris: Seuil (Coll. Points). Dt. Übersetzung: *Mythen des Alltags.* Deutsch von Helmut Scheffel. Frankfurt a. M.: Suhrkamp (Edition Suhrkamp 92).

Barthes, Roland (1964): Rhétorique de l'image. In: *Communications,* »Recherches sémiologiques« 4, S. 40–51.

Bassewitz, Susanne von (1990): *Stereotypen und Massenmedien. Zum Deutschlandbild in französischen Tageszeitungen.* Wiesbaden: Deutscher Universitätsverlag.

Bausinger, Hermann (1987): Kultur kontrastiv. Exotismus und interkulturelle Kommunikation. In: Wolff, Armin/Rug, Wolfgang (Hg.): *Vermittlung fremder Kultur, Theorie, Didaktik, Praxis.* Regensburg, S. 1–16.

Bausinger, Hermann (1988): Stereotypie und Wirklichkeit. In: *Jahrbuch Deutsch als Fremdsprache 14,* S. 157–170.

Bendieck, Britta/Denzel, Heidi/Herzog, Irene/Jans, Klaus/Jansen, Christine/Vossen, Carmen (2003): *Tagesprogramm (Modular) für ein Training Interkulturelle Kommunikation. Interkulti 1 – Projekt 22–32 PMC Goethe-Institut Inter Nationes. Abschlussbericht.* Amsterdam: Goethe-Institut Inter Nationes.

Bernabé, Jean/Chamoiseau, Patrick/Confiant, Raphaël (1989): *Éloge de la créolité.* Paris: Gallimard/ Presses Universitaires Caribéennes.

Berque, Jacques (1990): Allianz gegen Deutschland. Nur eine europäisch-nordafrikanische Allianz kann das Vierte Reich verhindern. In: *Transatlantik* August, S. 14–17.

Bitterli, Urs (1976/2004): *Die ›Wilden‹ und die ›Zivilisierten‹: Grundzüge einer Geistes- und Kulturgeschichte der europäisch-außereuropäischen Begegnung.* 3. Aufl. München: C. H. Beck.

Bourdet, Yvon (1967): *Préjugés français et préjugés allemands. Étude empirique concernant un millier de jeunes Allemands et de jeunes Français des deux sexes vivant ensemble dans les camps de vacances.* Paris.

Canclini, Néstor García (1989): *Culturas híbridas. Estrategías para entrar y salir de la modernidad.* México: Grijalbo.

Carpentier, Alejo (1984): De lo real maravilloso americano [1949]. In: Ders.: *Tientos, diferencias y otros ensayos.* Barcelona, S. 66–77.

Colonna d'Istria, Robert (2005): Terres sauvages. La vision des mondes primitifs de Jules Verne est celle d'un bourgeois du XIXe siècle. Elle repose sur une idée: la supériorité de l'Occidentaux sur les sauvages. In: *Le Figaro,* hors série, »Jules Verne«, Sonderheft, S. 72–77.

Dülmen, Richard van (2001): *Historische Anthropologie. Entwicklung, Probleme, Aufgaben.* Köln/Weimar/Wien: Böhlau. 2., durchgesehene Auflage 2001 (UTB 2254).

Eck, H. (1982): Das semantische Differential zur Anwendung im Bereich der Anthropogeographie. In: *Geographische Zeitschrift* 70, S. 56–68.

Escher, Anton (1994): Die Wahrnehmung und Einschätzung deutscher Touristen in Fes aus der Sicht der marokkanischen »Guides«. In: Popp 1994, S. 261–268.

Faulstich, Werner (1991): Stars: Idole, Werbeträger, Helden. Sozialer Wandel durch Medien. In: *Medien und Kommunikation. Konstruktionen der Wirklichkeit.* Studienbrief 7. Weinheim/Basel: Beltz-Verlag, S. 39–79.

Fischer, Volkhard (1994): Wie werden in der BRD lebende Ausländer von deutschen Studenten wahrgenommen? In: Thomas, Alexander (Hg.): *Psychologie und multikulturelle Gesellschaft. Problemanalysen und Problemlösungen.* Göttingen: Hogrefe, S. 150–162.

Fischer-Lichte, Erika (1988): *Semiotik des Theaters.* Bd. 1: *Das System der theatralischen Zeichen.* Tübingen: Gunter Narr.

Forster, Georg (1985): Parisische Umrisse [1793]. In: Günther, Horst (Hg.): *Die Französische Revolution. Berichte und Deutungen deutscher Schriftsteller und Historiker*. Frankfurt a. M.: Deutscher Klassiker Verlag (Bibliothek der Geschichte und Politik Bd. 12), S. 597–649.

Foucault, Michel (1971): *L'Ordre du discours. Leçon inaugurale au Collège de France prononcée le 2 décembre 1970*. Paris: Gallimard.

Glasenapp, Gabriele von (1998): Savoir-vivre – savoir-faire. Das Bild vom Nachbarn in der Produktwerbung. In: Haus der Geschichte der Bundesrepublik Deutschland (Hg.): *Visà-vis: Deutschland und Frankreich*. Köln: Dumont, S. 141–150.

Graumann, Carl Friedrich/Wintermantel, Margret (1989): Discriminatory Speech Acts: A Functional Approach. In: Bar-Tal, D./Graumann, Friedrich Carl u. a. (Hg.): *Stereotyping and Prejudice*. Berlin/New York: Springer, S. 183–204.

Gudykunst, William B./Nishida, Tsukasa (1993): Interpersonal and intergroup communication in Japan and the United States. In: Gudykunst, William B. (Hg.): *Communication in Japan and the United States*. Albany (New York): Suny Press, S. 149–214.

Hahn, Alois (1997): »Partizipative« Identitäten. In: Münkler/Ludwig 1997, S. 115–158.

Hahn, Alois (1997): Die soziale Konstruktion des Fremden. In: Sprindel, Walter M. (Hg.): *Die Objektivität der Ordnungen und ihre kommunikative Konstruktion. Für Thomas Luckmann*. Frankfurt a. M.: Suhrkamp, S. 140–163.

Harding, John (1968): Stereotypes. In: *International Encyclopedia of the Social Sciences* Bd. 15, S. 259–262.

Hart, Heinrich (2005): *Mongolenhorden im Zoologischen Garten. Berliner Briefe*. Hg. von Lars-Broder Keil. Berlin: Aufbau Taschenbuch Verlag.

Hartinger, Walter (1999): Der Umgang mit dem Fremden in der ostbayerischen Volkskultur der Frühen Neuzeit. In: Lenz/Lüsebrink 1999, S. 303–329.

Haus der Geschichte der Bundesrepublik Deutschland (Hg.) (1999): *Krauts – Fritz – Piefkes ...? Deutschland von außen*. Bonn: Bouvier.

Heise, Gertrud (1985): *Reise in die schwarze Haut. Ein Tagebuch*. Frankfurt a. M.: Fischer.

Hobsbawm, Eric (1980): *Nations and Nationalism since 1780*. 2. Aufl. Cambridge: Cambridge University Press.

Hüser, Dietmar (2000): Selbstfindung durch Fremdwahrnehmung in Kriegs- und Nachkriegszeiten. Französische Nation und deutscher Nachbar seit 1870. In: Aschmann, Birgit/Salewski, Michael (Hg.): *Das Bild »des Anderen«. Politische Wahrnehmung im 19. und 20. Jahrhundert*. Stuttgart: Franz Steiner Verlag (HMRG-Beiheft), S. 55–79.

Jahn, Peter (Hg.) (2007): *Unsere Russen – unsere Deutschen. Bilder vom Anderen 1800 bis 2000*. Ausstellungskatalog. Deutsch-Russisches Museum Karlshorst e. V. Berlin: Ch. Links Verlag.

Jahoda, Marie (1964): Stereotype. In: *A Dictionary of the Social Sciences*. London: Tavistock Publications, S. 694–695.

Jeismann, Michael (1992): *Das Vaterland der Feinde. Studien zum nationalen Feindbegriff und Selbstverständnis in Deutschland und Frankreich, 1792–1918*. Stuttgart: Klett-Cotta.

Jones, J. M. (1997): *Prejudice and Racism*. 2. Aufl. New York: McGraw-Hill.

Keim, Inken (2002): Die Verwendung ethnischer Stereotypen im interethnischen Erstkontakt: Zum Zusammenhang von Selbst- und Fremddarstellung, Interaktionsmodalität und Perspektivität. In: Kotthoff 2002, S. 245–274.

Kolboom, Ingo (1991): Deutschlandbilder Franzosen: »Der Tod des Dauerdeutschen«. In: Trautmann, Günter (Hg.): *»Die hässlichen Deutschen«? Deutschland im Spiegel der westlichen und östlichen Nachbarn*. Darmstadt: Wissenschaftliche Buchgesellschaft.

Kolesch, Doris (1997): *Roland Barthes*. Frankfurt a. M./New York: Campus Verlag (Reihe Campus Einführungen).

Kolumbus, Christoph (1981): *Schiffstagebuch* [1492]. Frankfurt a. M.: Röderberg.

Kotthoff, Helga (Hg.) (2002): *Kultur(en) im Gespräch*. Tübingen: Gunter Narr (Literatur und Anthropologie Bd. 14).

Krakau, Knud (1985): Einführende Überlegungen zur Entstehung und Wirkung von Bildern, die sich Nationen von sich und anderen machen. In: Adams, Willi Paul/Krakau, Knud (Hg.): *Deutschland und Amerika. Perzeption und historische Realität*. Berlin, S. 9–18.

Kretzschmar, Sonja (2002): *Fremde Kulturen im europäischen Fernsehen. Zur Thematik der fremden Kulturen in den Fernsehprogrammen von Deutschland, Frankreich und Großbritannien*. Mit einem Vorwort von Ulrich Wickert. Wiesbaden: Westdeutscher Verlag.

Kuhn, Gerhard (1994): Wahrnehmungen und Einschätzungen deutscher Studienreiseteilnehmer in Marokko. In: Popp 1994, S. 149–152.

Leggewie, Claus (2003): *Die Globalisierung und ihre Gegner*. München: C. H. Beck (Becksche Schwarze Reihe 1487).

Lenz, Bernd/Lüsebrink, Hans-Jürgen (Hg.) (1999): *Fremdheitserfahrung und Fremdheitsdarstellung in okzidentalen Kulturen. Theorieansätze, Medien/Textsorten, Diskursformen.* Passau: Wissenschaftsverlag Richard Rothe (PINK Bd. 4).

Link, Jürgen (1983): *Elementare Literatur und generative Diskursanalyse.* München: Fink.

Lippmann, Walter (1922): *Public Opinion.* New York: Macmillan.

Lüsebrink, Hans-Jürgen (1989): »Tirailleurs Sénégalais« und »Schwarze Schande« – Verlaufsformen und Konsequenzen einer deutsch-französischen Auseinandersetzung (1910– 1926). In: Riesz/ Schultz 1989, S. 57–75.

Lüsebrink, Hans-Jürgen (2004a): Missionarische Fremdheitserfahrung und anthropologischer Diskurs. Zu den *Nachrichten von der Amerikanischen Halbinsel Californien* (1772) des elsässischen Jesuitenmissionars Johann Jakob Baegert. In: Hofmann, Sabine/Wehrheim, Monika (Hg.): *Lateinamerika. Orte und Ordnungen des Wissens.* Festschrift für Birgit Scharlau. Tübingen: Gunter Narr, S. 69–82.

Lüsebrink, Hans-Jürgen (2004b): Wissen und außereuropäische Erfahrung im 18. Jahrhundert. In: Dülmen, Richard van/Rauschenbach, Sina, unter Mitwirkung von Meinrad von Engelberg (Hg.): *Macht des Wissens. Die Entstehung der modernen Wissensgesellschaft.* Wien/Weimar: Böhlau, S. 629–653.

Lüsebrink, Hans-Jürgen (2005): Perzeptionen des Partners in Frankreich und der Bundesrepublik – Kontinuitätslinien und Brüche seit den 1950er Jahren. In: Miard-Delacroix, Hélène/Hudemann, Rainer (Hg.): *Wandel und Integration. Die Pariser Verträge 1954 im Prozeß der deutsch-französischen Annäherungen der Nachkriegszeit – Mutations et intégration. Les accords de Paris de 1954 dans le processus des rapprochements franco-allemands d'après-guerre.* München: Oldenbourg.

Lüsebrink, Hans-Jürgen/Riesz, János (1984): *Feindbild und Faszination. Vermittlerfiguren und Wahrnehmungsprozesse in den deutsch-französischen Kulturbeziehungen.* Frankfurt a. M.: Diesterweg (Reihe Schule und Forschung).

Maalouf, Amin (1998): *Les identités meurtrières.* Paris: Grasset. Dt. Übersetzung: *Mörderische Identitäten.* Frankfurt a. M.: Suhrkamp 2000.

Maigne, Vincenette (1985): Exotisme: évolution en diachronie du mot et de son champ sémantique. In: *Exotisme et création.* Actes du colloque international de Lyon. Lyon: Presses Universitaires de Lyon, S. 9–16.

Mermet, Gérard (2003): *Francoscopie. Pour comprendre les Français. Faits, tendances, analyses.* Paris: Larousse.

Moebus, Joachim (1981): Über die Bestimmung des Wilden und die Entwicklung des Verwertungsstandpunkts bei Kolumbus. In: Kohl, Karlheinz (1981): *Mythen der Neuen Welt. Zur Entdeckungsgeschichte Lateinamerikas.* Berlin: Verlag Fröhlich & Kaufmann, S. 22– 48.

Mohr, Christoph (1993): Obsessionell. Das Deutschlandbild der Franzosen. In: *Auslandskurier* 11, S. 15.

Mohrmann, Ruth-E./Meyer, Silke (2002): Von Krautköpfen und Froschfressern. Mit den Augen eines Engländers unterwegs im Europa des 18. Jahrhunderts: Historische Karikaturen und Illustrationen geben unerwartete Einblicke in damalige und heutige Klischees und deren Kontext. In: Forschung *(DFG)*, 3–4, S. 7–9.

Mork, Andrea (1999): Der Fall der Mauer – Reaktionen und Folgen. In: Haus der Geschichte der Bundesrepublik Deutschland, S. 10–15.

Mosbach, Doris (1994): Exotische Menschen als Zeichen in europäischer Anzeigen- und Plakatwerbung. In: *Zeitschrift für Semiotik* Bd. 16, H. 3–4, S. 217–253.

Müller, Jochen (1994): *Von Kampfmaschinen und Ballkünstlern. Fremdwahrnehmung und Sportberichterstattung im deutsch-französischen Kontext. Eine Presse- und Fernsehanalyse.* St. Ingbert: Röhrig Universitätsverlag (Saarbrücker Studien zur Interkulturellen Kommunikation mit Schwerpunkt Deutschland/Frankreich Bd. 9).

Müller-Jacquier, Bernd (2010): Identifizieren, Erklären, Vernetzen: Bedeutungserklärungen im Transfer von Fremdkulturwissen. In: Costa, Marcella/Müller-Jacquier, Bernd (Hg.): *Deutschland als fremde Kultur: Vermittlungsverfahren in Touristenführungen.* München: Iudicium, S. 118–140.

Münch, Richard (1998): *Globale Dynamik, lokale Lebenswelten. Der schwierige Weg in die Weltgesellschaft.* Frankfurt a. M.: Suhrkamp (STW 1342).

Münkler, Herfried/Ludwig, Bernd (Hg.) (1997): *Furcht und Faszination. Facetten der Fremdheit.* Berlin: Akademie Verlag.

Pekelder, Jacco (2013): *Neue Nachbarschaft. Deutschland und die Niederlande, Bildformung und Beziehungen seit 1990.* Münser: agenda Verlag.

Pfaffenbach, Cormella (1999): Kulturkonflikt oder Kulturkontakt? Nutzungs- und Kommunikationsmuster deutscher und tunesischer Touristen. In: Popp, Herbert (Hg.): *Lokale Akteure im Tourismus der Maghrebländer.* Passau: L. I. S. Verlag (Maghreb-Studien Bd. 12), S. 35–69.

Pleines, Jochen (1994): Die Sprachlosigkeit des Touristen. In: Popp 1994, S. 171–175.
Popp, Herbert (Hg.) (1994): *Die Sicht des Anderen. Das Marokkobild der Deutschen, das Deutschlandbild der Marokkaner.* Referate des deutsch-marokkanischen Symposiums in Rabat, November
1993. Passau: Passavia (Maghreb-Studien 4).
Popp, Herbert (2004): Reisen bildet – Klischees bleiben. In: *Forschung Spezial, Das Magazin der Deutschen Forschungsgemeinschaft,* S. 56–59.
Quasthoff, Uta M. (1973): *Soziales Vorurteil und Kommunikation – Eine sprachwissenschaftliche Ana-
lyse des Stereotyps. Ein interdisziplinärer Versuch im Bereich Linguistik, Sozialwissenschaft und Psy-
chologie.* Frankfurt a. M.: Athenäum Fischer.
Quasthoff, Uta M. (1978): The Uses of Stereotype in everyday argument. In: *Journal of Pragmatics* 2,
S. 1–48.
Quasthoff, Uta M. (1981): Sprachliche Bedeutung, soziale Bedeutung und soziales Handeln: Stereo-
type aus interkultureller Sicht. In: Müller, Bernd Dietrich (Hg.): *Konfrontative Semantik.* Weil der
Stadt: Lexika-Verlag, S. 75–94.
Quasthoff, Uta M. (1989): Ethnozentrische Verarbeitung von Informationen: Zur Ambivalenz der
Funktionen von Stereotypen in der interkulturellen Kommunikation. In: Matusche, Petra (Hg.):
Wie verstehen wir Fremdes? München: Goethe-Institut, S. 37–62.
Rafoni, Béatrice (2004): *Le Japonisme en France: analyse d'un processus interculturel.* Diss., Universität
Metz: Département de Communication, Manuskript.
Räthzel, Nora (1997): *Gegenbilder. Nationale Identität durch Konstruktion des Anderen.* Opladen:
Westdeutscher Verlag.
Real, Michael (1989): *Super Media: A Cultural Studies Approach.* Newbury Park u. a.: Sage Publications
1989.
Régnier, Faustine (2004): *L'exotisme culinaire. Essai sur les saveurs de l'Autre.* Paris: Presses Universitai-
res de France (Coll. Le Lien Social).
Rez, Helmut/Kraemer, Monika/Kobayashi, Reiko (2005): Interkulturelle Irritationen verstehen. Kom-
munikationspsychologische Analyseinstrumente und ihre Anwendung auf japanisch-deutsche
Interaktionen. In: *Handlung – Kultur – Interpretation.* München.
Riesz, János (1995): »Exotismus« als Kampfbegriff. Zum Streit um die ›richtige‹ Kolonialliteratur in
Frankreich (1870–1930). In: *Kulturrevolution. Streitschrift für angewandte Diskurstheorie,*
Nr. 32/33, Dez., S. 75–87.
Riesz, János/Schultz, Joachim (Hg.) (1989): »*Tirailleurs Sénégalais«. Zur bildlichen und literarischen
Darstellung afrikanischer Soldaten im Dienste Frankreichs – Présentations littéraires et figuratives
de soldats africains au service de la France.* Frankfurt a. M. u. a.: Peter Lang.
Said, Edward W. (1978): *Orientalism.* New York: Vintage Books.
Sarfati, Georges-Elia (2004): L'analyse du discours et la question du texte: L'horizon du sens commun
et de la doxa. In: Amossy, Ruth/Maingueneau, Dominique (Hg.): *L'analyse du discours dans les étu-
des littéraires.* Toulouse: Presses Universitaires du Mirail, S. 429–438.
Sarter, Heidemarie (1982): Frankreichbilder in der Reklame. Überlegungen zur Produktion und Repro-
duktion alltäglicher Vorurteile. In: Höhne, Roland/Kolboom, Ingo (Hg.): *Von der Landeskunde zur
Landeswissenschaft. Beiträge zum Romanistentag '81.* Rheinfelden: Schäuble, S. 15–42.
Schäfer, B. (1973): Die Messung der »Beurteilung von Völkern« mit Hilfe eines Eindrucksdifferentials.
In: *Archiv für Psychologie* 125, S. 29–38.
Schmidt, Dagmar/Wilke, Jürgen (1998): Die Darstellung des Auslands in den deutschen Medien: Er-
gebnisse einer Inhaltsanalyse 1995. In: Quand, Siegfried/Gast, Wolfgang (Hg.): *Deutschland im
Dialog der Kulturen. Medien, Images, Verständigung.* Konstanz, S. 167–181.
Scholz, Christian (2000): *Personalmanagement. Informationstheoretische und verhaltenstheoretische
Grundlagen.* 5. Aufl. München: Vahlen.
Schon, Nathalie (2003): *L'Auto-exotisme dans les littératures des Antilles françaises.* Paris: Karthala.
Senghor, Léopold Sedar (1964): *Poèmes* (1946). Paris: Seuil.
Siegfried, André (1937): *Le Canada: puissance internationale.* 2. Aufl. Paris: Armand Colin.
Spillner, Bernd (1982): Stilanalyse semiotisch komplexer Texte. Zum Verhältnis von sprachlicher und
bildlicher Information in Werbeanzeigen. In: Ders. (Hg.): *Stilforschung und Semiotik* [=Themen-
heft KODIKAS/CODE. Ars Semeiotica. An International Journal of Semiotics 4/5, Heft 1], Tübin-
gen/Philadelphia/Amsterdam, S. 91–106.
Sugitani, Masako (1996): Kontextualismus als Verhaltensprinzip: »Kritisch« erlebte Interaktionssituationen in der japanisch-deutschen Begegnung. In: Thomas, Alexander (Hg.): *Psychologie interkulturellen Handelns.* Göttingen u. a.: Hofgrefe, S. 227–246.
Thomas, Alexander (1993): Interkulturelle Begegnung und Vorurteilsbildung. In: *Psychologische Beiträge* 35, S. 210–224.

Thomas, Tanja (2002): Nationale Selbst- und Fremdbilder in Talkshows: Konstruktionen im Kontext »Doppelte Staatsbürgerschaft«. In: Kotthoff 2002, S. 151–179.

Tiemann, Dieter (1979): »*Ce que je sais sur l'Allemagne*«. *L'image que des élèves français se font de leur voisin d'outre-rhin*. Paris/Bad Honnef: Office franco-allemand pour la Jeunesse/ Deutsch-Französisches Jugendwerk (Rapports et Documents 1).

Tiemann, Dieter (1982): *Frankreich- und Deutschlandbilder im Widerstreit. Urteile französischer und deutscher Schüler über die Nachbarn am Rhein.* Bonn.

Weisenfeld, Ernst (1979): Die Deutschlandbilder der Franzosen. In: *Dokumente* 36. Jg., H. 1, S. 37–43.

Weiss, Martin (1998): *Studienreisen nach Marokko. Angebote, Teilnehmerkreis, Reisemotive, Images.* Passau: L. I. S. Verlag (Maghreb-Studien 9).

Zick, Andreas (2010): Spielarten des Rassismus. In: http://www.heimatkunde.boell.de/2010/04/01/ spielwaren-des-rassismus.

Ziegler, Gudrun (2004): *Kommunizieren in der Fremdsprache: zur Funktion von Stereotypisierungen im fremdsprachlichen Unterricht.* Diss. Universität des Saarlandes, Fach Deutsch als Fremdsprache.

5. Kulturtransfer

Ang, Ien (1996): *Living room wars: rethinking media audiences for a postmodern world.* London u. a.: Routledge.

Asendorpf, Dirk (1997): »Das Internet gefährdet unsere Identität«. Interview mit Subbiah Arunchalam vom Indian Institute of Technology. In: *Die Zeit* 52, 19. 12., S. 62.

Ashcroft, Bill/Griffiths, Gareth/Tiffin, Helen (1989): *The Empire writes back: theory and practice in post-colonial literatures.* London: Routledge.

Bader, Wolfgang (1983): Von der Allegorie zur Kolonialstuck: Zur produktiven Rezeption von Shakespeares Tempest in Europa, Amerika und Afrika. In: *Poetica-Zeitschrift für Sprach- und Literaturwissenschaft* 15 (3–4), S. 247–288.

Baier, Lothar (1988): *Firma Frankreich. Eine Betriebsbesichtigung.* Berlin: Wagenbach (Wagenbachs Taschenbücherei Bd. 155).

Barmeyer, Christoph (2012): *Taschenlexikon Interkulturalität.* Göttingen: Vandenhoeck&Ruprecht (UTB 3739).

Barmeyer, Christoph I./Bolten, Jürgen (Hg.) (1998): *Interkulturelle Personalorganisation.* Sternenfels: Wissenschaft & Praxis (Schriftenreihe Interkulturelle Wirtschaftskommunikation Bd. 4).

Barrault, Frédéric (2003): »Le temps des représailles«. In: *Le Spectacle du Monde*, mai, 26.

Baudrillard, Jean (2002): Das ist der vierte Weltkrieg. In: *Der Spiegel*, Nr. 3, S. 178–181.

Baudry, Pascal (2004): *Français et Américains. L'autre rive.* 2. Aufl. Paris: Village mondial.

Boltanski, Luc (1981): America, America ... le plan Marshall et l'importation du management. In: *Actes de la Recherche en Sciences Sociales* n° 38, S. 19–39.

Bolten, Jürgen (2007): *Einführung in die interkulturelle Wirtschaftskommunikation.* Göttingen: Vandenhoeck & Ruprecht.

Bonnal, Françoise (1990): Les goûts publiciatires des Européens. In: Schnapper, Dominique/Mendras, Henri (Hg.): *Six manières d'être européens.* Paris: Gallimard, S. 267–274.

Brodersen, Hans (2001): Neue Medien in Frankreich. Eine vorläufige Bilanz. In: Weber, Thomas/Woltersdorff, Stefan (Hg.): *Wegweiser durch die französische Medienlandschaft.* Marburg: Schüren, S. 150–180.

Bruendel, Steffen (1998): Negativer Kulturtransfer. Die »Ideen von 1914« als Aufhebung der »Ideen von 1789«. In: Schalenberg, Marc (Hg.): *Kulturtransfer im 19. Jahrhundert.* Berlin: Centre Marc Bloch (Les Travaux du Centre Marc Bloch, n° 12), S. 153–172.

Burke, Peter (2000): *Kultureller Austausch.* Aus dem Englischen von Burkhard Wolf. Frankfurt a. M.: Suhrkamp (Edition Suhrkamp 2170).

Cappelle, Annick (1996): Harlequin Romances in Western Europe. The Cultural Interactions of Romantic Literature. In: Dean/Gabillet 1996, S. 91–100.

Cerny, Charlene/Seriff, Suzanne (1996): *Recycled – Re-seen. Folk Art from the Global Scrap Heap.* Santa Fe: Museum of International Folk Art.

CineGraph u. a. (Hg.) (2011): *Europas Prärien und Cañons. Western zwischen Sibirien und Atlantik.* München: Text + Kritik.

Colombani, Jean-Marie/Wells, Walter (2004): *France Amérique. Deliaisons dangereuses.* Paris: Éditions Jacob-Duvernet.

Dard, Olivier/Lüsebrink, Hans-Jürgen (2008): *Américanisations et anti-américanismes comparés.* Villeneuve d'Ascq: Presses Universitaires du Septentrion.

Dean, John/Gabillet, Jean-Paul (Hg.) (1996): *European Readings of American Popular Culture*. Westport: Greenwood Press.

Didier, Aliénor (2012): *Die kulturelle Prägung fiktionaler Adaptionsprogramme – Ein interdisziplinärer Untersuchungsgegenstand, illustriert anhand des Vergleichs von ›R. I. S – Delitti Imperfetti‹ (IT) – ›Police Scientifique‹ (FR) – ›Die Sprache der Toten‹ (DE)*. Saarbrücken, Phil. Diss.

Didier, Aliénor (2014): *Fernsehformat-Adaption interkulturell. Theorieansätze und empirische Untersuchungen am Beispiel des R. I.S — Formats, dem »europäischen CSI«, in Italien, Frankreich und Deutschland*. Würzburg: Königshausen & Neumann.

Dieterle, Gabriele S. (1992): *Verhaltenswirksame Bildmotive in der Werbung: theoretische Grundlagen – praktische Anwendung*. Heidelberg: Physica-Verlag.

Dimitrieva, Katia/Espagne, Michel (Hg.) (1996): *Philologiques IV. Transferts culturels triangulaires France-Allemagne-Russie*. Paris: Editions de la Maison des Sciences de l'Homme.

Diner, Dan (2002): *Feindbild Amerika. Über die Beständigkeit eines Ressentiments*. München: Propyläen.

Dionne, Claude/Mariniello, Silvestra/Moser, Walter (Hg.) (1996): *Recyclages. Économies de l'appropriation culturelle*. Montréal: Balzac.

Dmoch, Thomas (1997): *Interkulturelle Werbung. Verhaltenswissenschaftliche Grundlagen für die Standardisierung erlebnisbetonter Werbung*. Aachen: Shaker Verlag (Reihe Berichte aus der Betriebswirtschaft).

Domenig, Aya (2001): »Cute Heidi«. Zur Rezeption von Heidi in Japan. In: Halter 2001, S. 149– 165.

Durham, Carolyn A. (1998): *Double Takes. Culture and Gender in French and Their American Remakes*. Hanover: University Press of New England (Contemporary French Culture and Society).

Elteren, Mel van (1994): *Imagining America. Dutch Youth and its Sense of Place*. Tilburg.

Elteren, Mel van (1996): Rocking and Rapping the Dutch Welfare State. In: Dean/Gabillet 1996, S. 55– 67.

Espagne, Michel (1990): La référence allemande dans la fondation d'une philologie française. In: Espagne, Michel/Werner, Michael (Hg.): *Philologiques I. Contribution à l'histoire des disciplines littéraires en France et en Allemagne au XIXe siècle*. Paris: Editions de la Maison des Sciences de l'Homme, S. 135–158.

Espagne, Michel (1997): Die Rolle der Mittler im Kulturtransfer. In: Lüsebrink/Reichardt 1997, Bd. I, S. 309–330.

Espagne, Michel (Hg.) (2005): *Russie – France – Allemagne – Italie. Transferts culturels quadrangulaires du néoclassicisme aux avant-gardes*. Tusson: Du Lérot (Coll. »Transferts«).

Espagne, Michel/Werner, Michael (1988): Deutsch-französischer Kulturtransfer als Forschungsgegenstand. Eine Problemskizze. In: Dies. (Hg.): *Transferts. Les relations interculturelles dans l'espace franco-allemand* (XVIIIe et XIXe siècle). Paris, S. 11–34.

Fantasia, Rick (1995): Fast Food in France. In: *Theory and Society* 24, S. 201–243.

Ferracci, Marie-Thérèse (2002): McDonald's, le paradoxe français. In: *Valeurs Actuelles* 22 novembre, S. 44–47.

Fischer-Lichte, Erika (2004): *Ästhetik des Performativen*. Frankfurt a. M.: Suhrkamp (Edition Suhrkamp 2373).

Frank, Thomas (1999): Cette impardonable exception française. In: *Le Monde Diplomatique*, avril, 12.

Gassert, Philipp (1999): Amerikanismus, Antiamerikanismus, Amerikanisierung. Neue Literatur zur Sozial-, Wirtschafts- und Kulturgeschichte des amerikanischen Einflusses in Deutschland und Europa. In: *Archiv für Sozialgeschichte* 39, S. 531–561.

Genette, Gérard (1987): *Seuils*. Paris: Seuil.

Gouaffo, Albert (1998): *Fremdheitserfahrung und literarischer Rezeptionsprozeß. Zur Rezeption der frankophonen Literatur des subsaharischen Afrika im deutschen Sprach- und Kulturraum (unter besonderer Berücksichtigung der Bundesrepublik Deutschland und der DDR 1949–1990)*. Frankfurt a. M.: IKO-Verlag für Interkulturelle Kommunikation.

Haberer, Monika (2001): Neue Medien in Frankreich. Vom Minitel zum Internet. In: *Französisch heute* 2, S. 158–169.

Hahn, Stephen (2000): *Werbediskurs im interkulturellen Kontext. Semiotische Strategien bei der Adaption deutscher und französischer Werbeanzeigen*. Wilhelmsfeld: Gottfried Egert Verlag.

Halter, Ernst (2001): *Heidi – Karrieren einer Figur*. Zürich: Offizin.

Hannerz, Ulf (1992): *Cultural Complexity*. New York.

Hobsch, Manfred (2002): *Mach's noch einmal. Das große Buch der Remakes*. Berlin: Schwarzkopf & Schwarzkopf.

Hollwedel, Alke/Ludwig, Jörg/Middell, Katharina (2004): *Passage Frankreich – Sachsen. Kulturgeschichte einer Beziehung 1700 bis 2000. Katalog zur gleichnamigen Ausstellung [...]*. Halle/Saale: Mitteldeutscher Verlag.

Hijiya-Kirschnereit, Irmela (2000) (Hg.): *Japan. Der andere Kulturführer*. Frankfurt a. M.: Insel.

Hüser, Dietmar (2003): Sex & Crime & rap music – Amerika-Bilder und Französisch-Sein in einer globalen Weltordnung. In: Kimminich, Eva (Hg.): *Rap: More than words. Amerika im französischen Rap zwischen Traum und Alptraum*. Frankfurt a. M.: Peter Lang, S. 67–96.

Hüser, Dietmar (Hg.) (2004): *RAPublikanische Synthese. Eine französische Zeitgeschichte populärer Musik und politischer Kultur*. Köln/Weimar/Wien: Böhlau.

Hutchings, Robert (2003): »L'Europe sera à la traîne«. Propos recueillis par Araz Gutekjian. In: *Valeurs Actuelles* 14 février, S. 28.

Jordan, Lothar/Kortländer, Bernd (1995): *Nationale Grenzen und internationaler Austausch. Studien zum Kulturtransfer in Europa*. Tübingen: Niemeyer.

Kolboom, Ingo (2000): Plädoyer für eine neue deutsch-französische Nähe. Wider die »Normalisierung« als Diskurs der Entfremdung. In: *Dokumente. Zeitschrift für den deutsch-französischen Dialog* Heft 3, S. 207–214.

Kortländer, Bernd (1995): Begrenzung – Entgrenzung. Kultur- und Wissenstransfer in Europa. In: Jordan/Kortländer 1995, S. 1–19.

Kroeber-Riel, Werner (1992a): Globalisierung der Euro-Werbung. Ein konzeptueller Ansatz der Konsumentenforschung. In: *Marketing. Zeitschrift für Forschung und Praxis* 14. Jg., Nr. 4, S. 261–266.

Kroeber-Riel, Werner (1992b): Emotionale Werbung (erlebnisbetonte Werbung, Lebensstilwerbung). In: Diller, Hermann (Hg.): *Vahlens großes Marketinglexikon*. München: Vahlen, S. 263–265.

Kroeber-Riel, Werner (1996): *Bildkommunikation. Imagerystrategien für die Werbung*. München: Vahlen.

Kuisel, Richard F. (1993): *Seducing the French. The Dilemma of Americanization*. Berkeley/ Los Angeles/London: University of California Press.

Lange, André/Newman-Baudais, Susan (2007): *Focus 2007. World Film market trends*. European Audiovisual Observatory (https://tinyurl.com/h614j7h).

Lee, P. S. N. (1991): The Absorption and Indigenisation of Foreign Media Culture – A Study on a Cultural Meeting Point of the East and West: Hong Kong. In: *Asian Journal of Communication* 1.2, S. 52–72.

Liebes, Tamar/Katz, Elihu (1990): *The Export of Meaning. Cross-Cultural Readings of ›Dallas‹*. New York/Oxford: Oxford University Press.

Lüsebrink, Hans-Jürgen (1995a): De l'Analyse de la réception littéraire à l'étude des transferts culturels. In: *Discours social/Social discourse. Analyse du discours et sociocritique des textes* (Montréal), Bd. 7, n° 3–4, été-automne, S. 39–46.

Lüsebrink, Hans-Jürgen (1995b): Patriotisme et formes locales de sociabilité. Les fêtes de 1814 en souvenir de la Bataille des Nations de Leipzig. In: *Cahiers d'Etudes Germaniques*, n° thématique »Transferts culturels et région. L'exemple de la Saxe/Region und interkultureller Transfer am Beispiel Sachsen«, n° 28, S. 159–171.

Lüsebrink, Hans-Jürgen (1997): Historische Semantik als Diskurspragmatik: der Begriff Nation in Frankreich und Deutschland. In: Lüsebrink/Reichardt 1997, Bd. II, S. 851–876.

Lüsebrink, Hans-Jürgen/Reichardt, Rolf (1990): *Die ›Bastille‹. Zur Symbolgeschichte von Herrschaft und Freiheit*. Frankfurt a. M.: Fischer.

Lüsebrink, Hans-Jürgen/Reichardt, Rolf, in Zusammenarbeit mit Annette Keilhauer und René Nohr (Hg.) (1997): *Kulturtransfer im Epochenumbruch. Frankreich/Deutschland 1770–1815*. Leipzig: Leipziger Universitätsverlag, 2 Bde. (Reihe Deutsch-Französische Kulturbibliothek, Bände 9.1 und 9.2).

Lüsebrink, Hans-Jürgen/Riesz, János (Hg.) (1984): *Feindbild und Faszination. Vermittlerfiguren und Wahrnehmungsprozesse in den deutsch-französischen Kulturbeziehungen*. Frankfurt a. M.: Diesterweg (Reihe Schule und Forschung).

Manderbach, Jochen (1988): *Das Remake: Studien zu seiner Theorie und Praxis*. Siegen (Veröffentlichungen des Forschungsschwerpunkts Massenmedien und Kommunikation an der Universität-Gesamthochschule Siegen).

Mast, Claudia (2002): *Unternehmenskommunikation. Ein Leitfaden*. Mit Beiträgen von Gerhard Maletzke, Simone Huck und Monika Stöckl. Stuttgart: Lucius&Lucius (UTB Bd. 2308).

Mathy, Jean-Philippe (1993): *Extrême Occident. French Intellectuals and America*. Chicago/London: University of Chicago Press.

Meffert, Heribert/Bolz, Joachim (1994): *Internationales Marketing-Management*. Stuttgart u. a.: Kohlhammer.

Mermet, Gérard (2002): *Francoscopie 2003. Pour comprendre les Français*. Paris: Larousse.

Mermet, Gérard (2004): *Francoscopie 2005. Pour comprendre les Français*. Paris: Larousse.

Mermet, Gérard (2006): *Francoscopie. Pour comprendre les Français*. Paris: Larousse.

Middell, Katharina/Middell, Matthias (1995): La Saxe et la France: pour une histoire régionale inter-culturelle. In: *Revue Germanique Internationale* 4, S. 201–214.
Middell, Matthias (2001): Überlegungen zu Regionalisierung und Kulturtransfer. In: *Cahiers d'Études Germaniques* 28, S. 7–22.
Middell, Matthias (2000): Kulturtransfer zwischen Frankreich und Sachsen. In: Berger, Günter/Sick, Franziska (Hg.): *Französisch-deutscher Kulturtransfer im Ancien Régime.* Tübingen: Stauffenburg.
Middell, Matthias (2004): Passage. In: Hollwedel/Ludwig/Middell 2004, S. 13–23.
Miller, Daniel (1992): The Young and the Restless in Trinidad. A Case of the Local and the Global in Mass Consumption: In: Silverstone, Roger (Hg.): *Consuming Technologies: Media and Information in Domestic Spaces.* London u. a.: Routledge, S. 163–182.
Moran, Albert (1998): *Copycat Television. Globalisation, Program Formats and Cultural Identity.* Luton: University of Luton Press.
Moran, Albert (Hg.) (2009): *TV-Formats Worldwide. Localizing Global Programs.* Bristol: Intellect.
Muhs, Rudolf/Paulmann, Johannes/Steinmetz, Willibald (Hg.) (1998): *Aneignung und Abwehr. Inter-kultureller Transfer zwischen Deutschland und Großbritannien im 19. Jahrhundert.* Bodenheim: Philo-Verlagsgesellschaft.
Müller, Gesine (2015): Konstruktion von Weltliteratur und Verlagspolitiken. In: Bosshard, Marco Thomas (Hg.): *Buchmarkt, Buchindustrie und Buchmessen in Deutschland, Spanien und Lateinamerika.* Berlin: LIT, S. 147–160.
Müller, Stefan/Gelbrich, Katja (2004): *Interkulturelles Marketing.* München: Vahlen.
Müller, Stefan/Gelbrich (2014): *Interkulturelle Kommunikation.* München: Verlag Franz Vahlen.
Nies, Fritz (1983): Drei Musketiere und ein kleiner Prinz? Französische Literatur in der Bundesrepu-blik. In: Jordan, Lothar/Kortländer, Bernd/Nies, Fritz (Hg.): *Interferenzen. Deutschland und Frank-reich. Literatur – Wissenschaft – Sprache.* Düsseldorf: Droste, S. 138–152.
Nies, Fritz (1996): Metaphysik versus Erotomanie. Wechselwirkungen zwischen Literaturaustausch und Nationalstereotypen. In: Süssmuth, Hans (Hg.): *Deutschlandbilder in Dänemark und England, in Frankreich und den Niederlanden.* Baden-Baden: Nomos (Schriften der Paul-Kleinewefers-Stif-tung Bd. 3), S. 337–349.
Olson, Scott Robert (1999): *Hollywood Planet. Global Media and Competitive Advantage of Narrative Transparency.* Mahwah, N. J./London: Lawrence Erlbaum.
Paulmann, Johannes (1998): Internationaler Vergleich und interkultureller Transfer. Zwei For-schungsansätze zur europäischen Geschichte des 18. bis 20. Jahrhunderts. In: *Historische Zeit-schrift* 267, S. 649–685.
Protopopoff, Daniel (1998): »A bout de souffle« en version américaine. In: *CinémAction* »Le remake et l'adaptation«, n° 53, octobre, S. 122–123.
Protopopoff, Daniel/Serceau, Michel (1989a): Les remakes américains de films européens: une greffe stérile. In: *CinémAction* n° 53, octobre, »Le remake et l'adaptation«.
Protopopoff, Daniel/Serceau, Michel (1989b): Faux remakes et vraies adaptations. In: *CinémAction* n° 53, octobre, »Le remake et l'adaptation«, S. 37–45.
Riesz, János (1985/1993): Anglophone und frankophone afrikanische Roman-Titel in deutscher Über-setzung. In: *Die Neueren Sprachen* Bd. 84, 1, S. 5–18; wieder abgedruckt in: *Koloniale Mythen – Afrikanische Antworten. Europäisch-afrikanische Literaturbeziehungen I.* Frankfurt a. M.: IKO – Ver-lag für Interkulturelle Kommunikation, 1993 (Studien zu den frankophonen Literaturen außer-halb Europas Bd. 1), S. 345–360, 2. Aufl. 2000.
Rigoulot, Pierre (Hg.) (2002–2003): Anti-Américanisme, identité et démocratie. In: *Les Cahiers d'His-toire Sociale* 21, hivers 2002–2003, S. 3–93.
Rioux, Christian (2002): L'antiaméricanisme fleurit de plus belle en France. In: *Le Devoir* (Montréal), 11 septembre, S. A5.
Roger, Philippe (2002): *L'Ennemi américain. Généalogie de l'antiaméricanisme français.* Paris: Seuil.
Scholz, Christian/Stein, Volker (2013): *Interkulturelle Wettbewerbsstrategien.* Göttingen: Vanden-hoeck & Ruprecht (UTB 3993).
Thomas, Tanja (2002): Nationale Selbst- und Fremdbilder in Talkshows: Konstruktionen im Kontext »Doppelte Staatsbürgerschaft«. In: Kotthoff, Helga (Hg.): *Kultur(en) im Gespräch.* Tübingen: Gun-ter Narr (Literatur und Anthropologie Bd. 14), S. 151– 179.
Tunstall, Jeremy (1977): *The Media are American. Anglo-American Media in the World.* London: Con-stable.
Tunstall, Jeremy (2008): *The Media were American. U. S. Media in Decline.* Oxford: Oxford University Press.
Usunier, Jean-Claude (1992): *Commerce entre cultures. Une approche culturelle du marketing interna-tional.* 2 Bde. Paris: Presses Universitaires de France.

Vatter, Christoph (2004): Neue Medien: Internet und Multimedia. In: Lüsebrink, Hans-Jürgen/Walter, Klaus Peter/Fendler, Ute/Stefani-Meyer, Georgette/Vatter, Christoph (Hg.): *Französische Kultur- und Medienwissenschaft. Eine Einführung.* Tübingen: Gunter Narr (Narr Studienbücher), S. 233–254.

Walter, Jacques (1995): *Directeur de communication. Les avatars d'un modèle professionnel.* Paris: L'Harmattan (Coll. Logiques Sociales).

Watson, James L. (Hg.) (1997): *Golden Arches East. McDonald's in East Asia.* Stanford: Stanford University Press.

Werner, Michael (1995): Maßstab und Untersuchungsebene. Zu einem Grundproblem der vergleichenden Kulturtransfer-Forschung. In: Jordan, Lothar/Kortländer, Bernd (Hg.): *Nationale Grenzen und internationaler Austausch. Studien zum Kultur- und Wissenstransfer in Europa.* Tübingen: Niemeyer, S. 20–33.

Werner, Michael (1997): Dissymmetrien und symmetrische Modellbildungen in der Forschung zum Kulturtransfer. In: Lüsebrink/Reichardt 1997, Bd. I, S. 87–102.

Wiecha, Eduard A. (Hg.) (2006): *Amerika und wir. US Kulturen – Neue europäische Ansichten.* München/Mering: Rainer Hampp Verlag.

Wiener, Joel H./Hampton, Mark (Hg.) (2007): *Anglo-American Media Interactions, 1850– 2000.* Houndmills/New York: Palgrave Macmillan.

6. Perspektiven

Ammon, Ulrich (2004): Ein Gespräch über Schwierigkeiten deutscher Sprachenpolitik, besonders im Hinblick auf die deutsche Sprache. In: Altmeyer, Claus/Forster, Roland/Grub, Frank Thomas (Hg): *Deutsch als Fremdsprache in Wissenschaft und Unterricht: Arbeitsfelder und Perspektiven. Festschrift für Lutz Götze zum 60. Geburtstag.* Frankfurt a. M.: Peter Lang.

Ashcroft, Bill/Griffiths, Gareth/Tiffin, Helen (1989): *The Empire writes back: Theory and practice in post-colonial literatures.* London: Routledge.

Barmeyer, Christoph/Mayrhofer, Ulrike (2008): The contribution of intercultural management to the success of international mergers and acquisitions: An analysis of the EADS group. In: *International Business Review,* 17, S. 28-38.

Barmeyer, Christoph/Mayrhofer, Ulrike (2014): How the French Cintext shaped the organization of the Airbus Group? In: *International Journal for Organizational Analysis,* vol. 22, issue 4, S. 426-448.

Barmeyer, Christoph I./Schlierer, Hans-Jörg/Seidel, Fred (Hg.)(2007): *Wirtschaftsmodell Frankreich. Märkte, Unternehmen, Manager.* Frankfurt a. M./New York: Campus.

Bertrand, Romain (2011): *L'histoire à parts égales. Récit d'un rencontre Orient-Occident (XVIe – XVIIe siècle).* Paris: Seuil.

Bhabha, Homi K. (1994): *The Location of Culture.* New York: Routledge.

Bolten, Jürgen (2007): *Interkulturelle Kompetenz.* Erfurt: Landeszentrale für politische Bildung Thüringen.

Bolten, Jürgen (2007/2015): *Einführung in die interkulturelle Wirtschaftskommunikation.* 2., überarb. und erw. Aufl. Göttingen: Vandenhoeck & Ruprecht (UTB 4371).

Boubeker, Ahmed/Ottersbach, Markus (2015) (Hg.): *Diversité et participation. Approches franco-allemandes de l'action sociale pour la jeunesse des quartiers marginalisés.* Paris: Téraèdre.

Büchle, Karin (2002): Probleme sprachlicher Höflichkeit in der Briefkommunikation (deutschspanisch). In: Lüger 2002, S. 249–263.

Chakrabarty, Dipesh (2000): *Provincializing Europe. Postcolonial Thought and Historical Difference.* Princeton: Princeton University Press.

Cohen, Daniel (2004): *La Mondialisation et ses ennemis.* Paris: Grasset.

Diop, Papa Samba (2011): *Archéologie litteraire du roamn sénégalais. Écriture romanesque et cultures régionales au Sénégal (des origines à 1992).* Frankfurt a. M. IKO-Verlag für Interkulturelle Kommunikation (Studien zu den frankophonen Literaturen außerhalb Europas Bd. 9). Neuauflage Paris: Harmattan.

Ette, Ottmar (2012): *TransArea. Eine literarische Globalisierungsgeschichte.* Berlin/Boston: De Gruyter.

Fendler, Ute (2008): *Filming back.* L'histoire coloniale vue par des cinéastes africains: Sembène Ousmane et de Med Hondo. In: Fleury, Béatrice/Walter, Jacques (Hg.): *Dynamiques des peuples et constructions identitaires* (Questions de Communication, Série Actes 6). Nancy: Presses Universitaires de Nancy, S. 209–221.

Gehrmann, Susanne/Riesz, János (2004): *Le Blanc du Noir. Représentations de l'Europe et des Européens dans les littératures africaines.* Münster: LIT-Verlag.

Götze, Lutz (1998): Perspektiven einer europäischen Sprachpolitik. In: *DaF,* 25/5, S. 545– 552.

Götze, Lutz/Traoré, S. (1998): Pseudo-Englisch, ›Dummdeutsch‹, ›Plastikwörter‹ und Übersetzungsprobleme. In: *Nouveau Cahiers d'Allemand* 63/3, S. 311–322.

Gumbrecht, Hans Ulrich (2010): Negative Anthropologie der Globalisierung. In: Ders.: *Unsere breite Gegenwart*. Frankfurt a. M.: Suhrkamp, S. 33–59.

Harbsmeier, Michael (Hg.) (2001): *Stimmen aus dem äußersten Norden. Wie die Grönländer Europa für sich entdeckten*. Stuttgart: Thorbecke.

Harbsmeier, Michael (2004): Inverted Explorations: Inuit Experiences of Denmark. In: Despoix, Philippe/Fetscher, Justus (Hg.): *Cross-Cultural Encounters. Interkulturelle Begegnungen*. Kassel: Kassel University Press (Georg-Forster-Studien Beiheft 2), S. 77– 105.

Heimböckel, Dieter/Honnef-Becker, Irmgard/Mein, Georg/Sieburg, Heinz (Hg.) (2010): *Zwischen Provokation und Usurpation. Interkulturalität als (un)vollendetes Projekt der Literatur- und Sprachwissenschaften*. München: Fink.

Held, Gudrun (2002): Richtig kritisieren – eine Frage des höflichen Stils? Überlegungen anhand italienischer, französischer und österreichischer Beispiele. In: Lüger 2002, S. 113– 128.

Hofmann, Michael (2006): *Interkulturelle Literaturwissenschaft. Eine Einführung*. München: Wilhelm Fink.

Horn, Soerk Aurel (2005): *Interkulturelle Kompetenz im Zugang zu japanischen Märkten*. Mit einem Geleitwort von Dr. Dr. h.c. Sung-Jo Park. Wiesbaden: Deutscher Universitäts-Verlag.

Jolly, Gurbir Singh/Wadhwani, Zenia B./Barretto Deborah (Hg.) (2007): *Once upon a Time in Bollywood. The Global Swing in Hindi Cinema*. Toronto: Tsar Publications.

Kelts, Roland (2006): *Japanamerica. How Japanese Pop Culture has Invaded the U. S.* New York/Houndmills: Palgrave.

Kirsch, Fritz Peter (2011): *Interkulturelle Literaturwissenschaft. Ein romanistischer Zugang*. Hamburg: Kovač.

Kleinberger Günther, Ulla (2002): Sprachliche Höflichkeit in innerbetrieblichen *e-mails*. In: Lüger, S. 147–164.

Kohl, Karl-Heinz (2001): Aneignungen. Kulturelle Vielfalt im Kontext der Globalisierung. In: Kohl, Karl-Heinz/Schafhausen, Nicolaus (Hg.): *New Heimat*. Frankfurt a. M./New York: Lukas & Sternberg, S. 8–18.

Kourouma, Ahmadou (1997): Écrire en français, penser dans sa langue maternelle. In: *Études Françaises* H. 33/1, S. 115–118.

Kroeber-Riel, Werner (1993): *Bildkommunikation. Imagerystrategien für die Werbung*. München: Franz Vahlen.

Leggewie, Claus/Zifonun, Darius (2010): Was heißt Interkulturalität? In: *ZIG – Zeitschrift für Interkulturelle Germanistik* 1, S. 11–31.

Léon-Portilla, Miguel (Hg.) (1974): *El Reverso de la Conquista. Relaciones aztecas, mayas e incas*. México: Editorial Joaquín Mortiz (Coll. El legado de la América Indígena).

Léon-Portilla, Miguel (Hg.) (1998): *Visión de los vencidos. Relaciones Indígenas de la Conquista*. Edición con nuevos textos. Introducción, selección y notas Miguel León-Portilla. México: Universidad Nacional Autónoma de México.

Lüger, Heinz-Helmut (Hg.) (2002): *Höflichkeitsstile*. 2., korrigierte Auflage. Frankfurt a. M. (Cross Cultural Communication Bd. 7).

Mecklenburg, Norbert (2003): Interkulturelle Literaturwissenschaft. In: *Handbuch interkulturelle Germanistik*. Hg. von Alois Wieslacher und Andrea Bogner. Stuttgart: Metzler, S. 433–439.

Minc, Alain (2004): *Ce monde qui vient*. Paris: Grasset.

Moosmüller, Alois (1997): *Kulturen in Interaktion. Deutsche und US-amerikanische Firmenentsandte in Japan*. Münster u. a.: Waxmann (Münchener Beiträge zur Interkulturellen Kommunikation Bd. 4).

Müller-Jacquier, Bernd (1999): *Interkulturelle Kommunikation und Fremdsprachendidaktik*. Koblenz, Universität Koblenz-Landau (Fernstudium Fremdsprachen in Grund- und Hauptschulen).

Müller-Jacquier, Bernd (2004): ›Cross-cultural‹ versus Interkulturelle Kommunikation. Methodische Probleme der Beschreibung von Inter-Aktion. In: Lüsebrink, Hans-Jürgen (Hg.): *Konzepte der Interkulturellen Kommunikation. Theorieansätze und Praxisbezüge in interdisziplinärer Perspektive*. St-Ingbert: Röhrig Universitätsverlag (Saarbrücker Studien zur Interkulturellen Kommunikation Bd. 7), S. 69–113.

Neuland, Eva (2010): Sprachliche Höflichkeit. Eine Perspektive für die interkulturelle Sprachdidaktik. In: *ZIG – Zeitschrift für interkulturelle Germanistik* 1, S. 9–23.

Osterhammel, Jürgen (2009): *Die Verwandlung der Welt. Eine Geschichte des 19. Jahrhunderts*. München: C. H. Beck. – Engl. Ausgabe: *The Transformation of the World. A Global History oft he Nineteenth Century*. Princeton/Oxford: Princeton University Press.

Payer, Margarete (2001): Internationale Kommunikationskulturen. In: Riekert, Wolf-Fritz/Michelson, Martin (Hg.): *Informationswirtschaft. Innovation für die Neuere Ökonomie*, S. 173–205.

Pernau, Margrit (2011): *Transnationale Geschichte*. Göttingen: Vandenhoeck & Ruprecht. Reichardt, Ulrich (2010): *Literaturen und Kulturen des Globalen*. Berlin: Akademie-Verlag.

Reichardt, Ulfried (2010): *Globalisierung: Literaturen und Kulturen des Globalen*. Berlin: Akademie-Verlag.

Riesz, János (2000): *Koloniale Mythen – afrikanische Antworten. Europäisch-afrikanische Literaturbeziehungen I*.2., verb. und um sechs Kapitel erweiterte Auflage. Frankfurt a. M.: IKO – Verlag für Interkulturelle Kommunikation (Studien zu den frankophonen Literaturen außerhalb Europas Bd. 1).

Schiffauer, Werner (2016): *Schule, Moschee, Elternhaus. Eine ethnologische Intervention*. Unter Mitwirkung von Neslihan Kurt, Susanne Schwalgin und Meryem Uçan. Berlin: Suhrkamp.

Schlierer, Hans-Jörg (2004): *Kulturspezifische Stilmerkmale deutscher und französischer Geschäftsberichte. Eine kontrastive Analyse*. St. Ingbert: Röhrig Universitätsverlag.

Schmidt, Peter A. (1990): Kulturspezifik von Technik-Texten: Ein translatorisches Problem. In: Spillner, Bernd (Hg.): *Interkulturelle Kommunikation*. Frankfurt a. M.: Athenäum, S. 87–89.

Schön, Annika (2011): *Ethnomarketing in Deutschland und Frankreich. Entstehungskontexte, Konzeptionen und kommunikative Umsetzung im Vergleich*. Mag.-Arbeit Saarbrücken, Romanistik/Interkulturelle Kommunikation.

Scholz, Christan/Stein, Volker (2013): *Interkulturelle Wettbewerbsstrategien*. Göttingen: Vandenhoeck & Ruprecht (UTB 3993).

Schreiter, Anne (2015): *Deutsch-chinesische Arbeitswelten. Einblicke in den interkulturellen Unternehmensalltag in Deutschland und China*. Bielefeld: transcript.

Sterner, Barbara (2010): *Public Relations in multinationalen Unternehmen: Eine explorative Fallstudie zur Koordination und Ausgestaltung von PR in einem multinationalen Finanzdienstleistungsunternehmen*. St. Ingbert: Röhrig Universitätsverlag.

Subrahmanyam, Sanjay (2005): *Explorations in Connected History*. 2 Bde. Oxford: Oxford University Press.

Terkessidis, Mark (2010): *Interkultur*. Berlin: Suhrkamp.

Terkessidis, Mark (2015): *Kollaboration*. Berlin: Suhrkamp.

Tesson, Sylvain (2005): Une nouvelle géopolitique de l'exotisme. Comment le nouvel ordre mondial engendré par les attentats de 2001 aux États-Unis a influé sur le tourisme. In: *Le Figaro*, 26.7., S. 10.

Tunstall, Jeremy (2008): *The Media were American. U. S. Media in Decline*. Oxford: Oxford University Press.

Utz, Peter (2007): *Anders gesagt – autrement dit – in other words. Übersetzt gelesen: Hoffmann, Fontane, Kafka, Musil*. München: Hanser.

Varrod, Pierre/Laporte, Laurence (Hg.) (2003): *Atlas géopolitique et culturel. Dynamiques du monde contemporain*. Paris: Le Robert.

Venohr, Elisabeth (2005): *Textmuster und Textsortenwissen aus der Sicht des Deutschen als Fremdsprache. Textdidaktische Aspekte ausgewählter Textsorten im Vergleich Deutsch – Französisch – Russisch*. Phil. Diss. im Fach Deutsch als Fremdsprache. Saarbrücken, Universität des Saarlandes, Manuskr., 365 S., XXIV S., 26 S.

Wachtel, Nathan (1971): *La Vision des Vaincus. Les Indiens du Pérou devant la conquête espagnole, 1530–1570*. Paris: Gallimard.

Sachregister